新时代公安派出所工作丛书

总 主 编　熊一新

副总主编　杨玉海　王彩元

U0863505

派出所社区警务工作手册

主　编　展万程

副主编　张　艺　唐晓嵩

宋福荣　张陶然

中国人民公安大学出版社

·北　京·

图书在版编目（CIP）数据

派出所社区警务工作手册/展万程主编. —北京：中国人民公安大学出版社，2023. 1

（新时代公安派出所工作丛书/熊一新总主编）

ISBN 978-7-5653-4412-1

Ⅰ. ①派… Ⅱ. ①展… Ⅲ. ①派出所-社区-治安管理-中国-手册 Ⅳ. ①D631. 41-62

中国版本图书馆 CIP 数据核字（2021）第 243662 号

派出所社区警务工作手册

主编 展万程

副主编 张 艺 唐晓嵩 宋福荣 张陶然

出版发行：中国人民公安大学出版社
地 址：北京市西城区木樨地南里
邮政编码：100038
经 销：新华书店
印 刷：北京市科星印刷有限责任公司

版 次：2023 年 1 月第 1 版
印 次：2023 年 1 月第 1 次
印 张：26. 25
开 本：787 毫米×1092 毫米 1/16
字 数：470 千字

书 号：ISBN 978-7-5653-4412-1
定 价：98. 00 元

网 址：www. cppsup. com. cn www. porclub. com. cn
电子邮箱：zbs@ cppsup. com zbs@ cppsu. edu. cn

营销中心电话：010-83903991
读者服务部电话（门市）：010-83903257
警官读者俱乐部电话（网购、邮购）：010-83901775
公安综合分社电话：010-83901870

《派出所社区警务工作手册》

编 写 人 员

展万程　唐晓嵩　张　艺　宋福荣

张陶然　陆金梅　于远亮　刘海亮

乐俊刚　黄凌娟　王　锴

总　序

习近平总书记在党的二十大报告中提出："推进国家安全体系和能力现代化，坚决维护国家安全和社会稳定""完善社会治理体系。健全共建共治共享的社会治理制度，提升社会治理效能"。党的二十大报告要求发展壮大群防群治力量，强化社会治安整体防控，夯实国家安全和社会稳定的基层基础，建设更高水平的平安中国。

公安派出所是县级公安机关直接领导的派出机构，是担负维护辖区稳定、守护一方平安、服务人民群众、推进社区治理职责的基层综合性战斗实体。公安派出所作为公安工作的根基，是国家安全体系和基层社会治理体系的重要组成部分。抓基层、打基础是公安工作的永恒课题，是推进国家安全体系和能力现代化、维护国家安全和社会稳定的固本之举。习近平总书记高度重视公安基层基础工作，他在全国公安工作会议上指出，要坚定不移走改革强警之路，要聚焦战斗力标准。立足实战化要求，"把机关做精，把警种做优，把基层做强，把基础做实""要树立大抓基层、大抓基础的导向，推动重心下移，警力下沉，保障下倾，增强基层实力、激发基层活力、提升基层战斗力"。《中共中央关于加强新时代公安工作的意见》提出实施改革强警战略，要牢固树立强基固本战略导向；强调"打造共建共治共享社会治安治理格局"，要"坚持和发展新时代'枫桥经验'，创建'枫桥式公安派出所'，完善基层社会治理机制，提升基层治理水平"。

为了深入贯彻落实习近平总书记关于新时代公安工作的一系列重要指示精神和《中共中央关于加强新时代公安工作的意见》，进一步推动公安工作改革，实现公安工作高质量发展，公安部党委自2020年以来连续三年就加强公安派出所工作发出公安部一号文件，要求从全局和战略高度，大力加强和改进公安派出所工作，紧紧围绕不断增强人民群众获得感、幸福感、安全感的总目标，牢牢把握对党忠诚、服务人民、执法公正、纪律严明的总要求，坚持把公安派出所工作置于基础性、先导性地位来抓，筑牢整个公安工作的根基。2020年1月，公安部发布《公安部关于加强新时代公安派出所工作的意见》（公通字〔2020〕1号）。意见首先从性质定位、指导思想和主要目标三个方面阐述了加强新时代公安工作的重要意义和总体要求。其次，从维护辖区稳定、守护一方平安、服务人民群众、推进社区治理四个方面，明确新时代公安派出所的主要职责任务。最后，系统阐述了加强新时代公安派出所工作的路径：从坚持强所固本的改革导向、深化城乡社区警务战略、优化派出所警务机制三个方面，以改革的精神推动工作重心向公安派出所下移；以坚持发展新时代“枫桥经验”、多元化解矛盾纠纷、开展多种形式平安创建、做好新时代群众工作为重点，全面创建“枫桥式公安派出所”；以大力实施科技兴所、向派出所精准投放大数据资源、推动派出所基础工作形态转变、推进智能安防社区建设、推进服务提质增效为抓手，加强公安派出所警务智能化建设；以加强执法制度建设、规范执法办案机制、加强执法监督管理、强化民警执法保障为核心，加强公安派出所执法规范化建设；从加强经费保障和装备配备与基础设施建设、解决社区警务工作保障问题、扶持一批条件艰苦派出所三个方面，加强公安派出所警务保障标准化建设；以加强派出所党建工作、配齐配强派出所领导班子、提升派出所民警业务素质、规范派出所辅警管理、激发派出所队伍活力、坚持全面从严治警为重点，加强公安派出所队伍正规化建设；以加强派出所工作领导、规范派出所工作评价、落实松绑减负措施、落实加强派出所工作责任为保障，加强新时代公安派出所工作的组织领导。意见要求，通过三到五年不懈努力，推动派出所工作体制机制优化完善，实现警力配置优化，执法执勤规范，工作方式智能，警务保障有力，队伍建设过硬，符合新时代要求的派出所警务运行机制基本完善，与新型城乡社区治理相适应的新型社区警务机制基本健全，公安基层治理水平全面提升。

城乡社区警务是公安基层基础工作的基石。公安机关深入实施城乡社区警务战略，坚持贯彻党的群众路线，积极推进社区民警专职化，探索加强网格化管理服务，是面对新形势新任务，对党中央作出加强城乡社区治理和服务体系建设的重大决策部署，要求关口前移、重心下移、源头治理所作出的重大战略举措。城乡社区警务是落实党对公安工作方针政策、措施要求的“最后一公里”，也是公安机关维护稳定、服务群众的“最初一公里”。为履行好新时代公安机关捍卫政治安全、维护社会安定、保障人民安宁的使命任务，为进一步做好城乡社区警务工作，2021年1月，公安部发布了《公安部关于进一步做好城乡社区警务工作的意见》（公通字〔2021〕1号）。意见要求：必须紧紧依靠基层党组织，统筹各方资源力量，推动社区警务与社区治理深度融合；坚持以人为本，服务与管理相结合，促进人的全面发展，保持社区既充满活力又安定有序；明确社区民警负有管理实有人口、掌握社情民意、组织安全防范、维护社区秩序、服务辖区群众等五项职责任务；始终把防控风险隐患作为社区警务一项重要工作，树立底线思维，增强忧患意识，建立完善重大风险隐患预警机制，坚持把防控风险隐患的关口向社区前移；坚持科技支撑，人力与科技相统一，运用科技信息化手段，提升基础工作质效；坚持专群结合，充分发动群众、组织群众、依靠群众，建设人人有责、人人尽责、人人享有的社会治理共同体；坚持分类指导，从实际出发，加强统筹协调，针对地区、城乡差异采取与之相适应的警务模式和运行机制；努力实现基础牢、出事少、治安好、党和人民满意的派出所工作目标。

为进一步推进重心下移、关口前移，支持保障派出所更好地履行职责任务，提升公安机关整体战斗力，2022 年 1 月，公安部发布了《公安部关于建立健全警种部门支援派出所机制的意见》（公通字〔2022〕1 号）。建立健全警种部门支援派出所机制，是公安部党委的重要决策部署，是深化公安改革的重要内容，是公安机关加强机构人员职能整合、业务工作融合、机制流程衔接的重要措施。意见要求，各级公安机关要更加注重系统观念、法治思维、强基导向，统筹警种部门资源和力量，在警力、技术、装备、智力等方面为派出所提供“无条件、有时限”的支援。意见系统阐述了警种部门支援派出所工作的七项机制。一是充分认识建立健全警种部门支援派出所机制的重要性与必要性；二是坚持联系实际，建立健全符合基层一线实战要求，与派出所警务模式有效衔接的警务运行机制和值班备勤制度，坚持突出实效，加强通报调度和监督奖惩，落实警种部门支援责任，确保支援行动链条最短、形成闭环、落实见效，切实做到在派出所最需要的时候提供最有力的支援和保障，推动形成机关围着基层转的支援体系；三是以日常警情处置后台支援、扰乱公共秩序类警情处置支援、危害公共安全类警情处置支援、紧急求助类警情处置支援、人员失踪类警情处置支援为重点，加强对派出所警情处置工作的支援；四是以治安要素管控归口支援、矛盾纠纷化解支援、治安精准防控支援、治安乱点整治支援为核心，加强对派出所基础管控工作的支援；五是以办案技术手段支援、侦查办案能力培训、办案监管服务支援，以及派出所对处警工作中首接的办案负面清单刑事案件和疑难复杂案件向专业侦查警种移交为抓手，加强对派出所案件办理工作的支援；六是以优化内部服务、加强警情分流、加强警力保障、加强科技赋能、加强警务保障、加强权益保护六个方面为重点，加大对派出所工作的支持保障力度；七是以加强组织领导、压实工作责任、健全运行机制、狠抓措施落实为保障，确保支援派出所机制落地见效。意见要求，通过警种部门和基层派出所的共同努力，形成优化协同高效的警务运行模式，切实履行好新时代公安机关捍卫政治安全、维护社会安定、保障人民安宁的使命任务。

为贯彻落实部党委关于加强基层基础工作标准化的部署要求，更好地促进派出所履职尽责，夯实公安工作根基，提升基层治理水平，在近年连续三年发出三个一号文件的基础上，2022 年 7 月，公安部发布《公安部关于完善派出所警务运行机制　推进派出所工作标准化建设的意见》（公通字〔2022〕16 号）。意见紧紧围绕新时代公安机关职责使命，深刻把握新形势下公安基层基础工作的新内涵新特点，坚持分类指导、实战导向、预防警务，以深化派出所警务运行机制改革为动力，以推进派出所工作标准化建设为牵引，以加大科技信息化手段应用为支撑，全面加强派出所警务智能化、执法规范化、保障标准化、队伍正规化建设。意见要求：从规范派出所“两队一室”设置，明晰队室职责任务，健全两队互为协同、一室支撑两队的警务运行机制，以社区民警为牵动，打造包括辅警、警务助理和治保会、网格员、保安员等群防群治队伍以及各方面社会力量在内的社区警务团队等四个方面为核心，完善派出所“两队一室”警务运行机制；从建立基础信息采录清单、健全“一标三实”全量采集制度，加强治安要素重点管控机制，实施智能安防全域覆盖等三方面为突破口，推进派出所基层管控工作标准化；以明确派出所办案范围、提高派出所打击效能、全方位实施派出所执法监督为抓手，加强派出所案件办理工作规范化；以立足联系群众经常化、化解矛盾法治化、政务服务便利化为核心坚持发展新时代“枫桥经验”长效化；以推动出台《公安派出所条例》为契机，把派出所的性质地位、设置规范、职责权限、警力配备、警务保障和组织关系等法定化；以推进派出所警务智能化建设、加强派出所保障标准化建设、加强派出所队伍正规化建设为重点，全面加强派出所工作标准化保障建设；以加强组织领导、坚持条块结合、加强分类指导、把握正确导向等四个方面为保障，全面加强派出所工作标准化建设的组织实施。意见要求，按照精细化、规范化、信息化、法制化要求，大力加强派出所工作标准化建设，至 2025 年基本形成标准规范完备、运作机制顺畅、保障支持有力、监督考评科学的派出所工作新局面。

为深入学习贯彻党的二十大精神，深入贯彻落实习近平总书记在全国公安工作会议上的重要讲话精神和党中央关于加强新时代公安工作的意见精神，以及公安部党委关于加强新时代公安派出所工作的一系列文件的精神，深刻领悟“两个确立”的决定性意义，增强“四个意识”、坚定“四个自信”、做到“两个维护”，切实把全警思想和行动统一到党的二十大精神上来，深入推进国家安全体系和能力现代化，切实履行好新时代使命任务，切实落实严格规范公正文明执法要求，坚定不移推进公安改革，进一步推动公安机关和公安队伍革命化、正规化、专业化、职业化建设，提高派出所民警业务素质和能力水平，满足建设学习型公安队伍的需要，促进公安派出所的长远建设和公安工作的长远发展，人民公安出版社策划了由熊一新任总主编、杨玉海、王彩元任副总主编的《新时代公安派出所工作丛书》。

丛书对改革开放以来尤其是对进入中国特色社会主义新时代以来的公安派出所工作进行了全面系统的梳理和总结，并结合派出所工作实际进行了深入的研究和探讨。丛书理论与实践相结合，历史与现实相结合，国际与国内相结合，案例与论述相结合，突出系统性、科学性、针对性、规范性和实战性。它的出版将填补派出所工作领域此类丛书的空白，可以作为必备的工具书来装备基层所队。

《新时代公安派出所工作丛书》具有以下特点。

丛书适应新形势需要。一是将推进国家治理体系和治理能力现代化融入书中。二是将全国开展学习“枫桥经验”和公安机关开展创建“新时代枫桥派出所”的新内容写进书中。三是围绕公安中心工作，把公安部对派出所工作的新要求注入书中。四是把派出所在疫情防控工作中面临的新情况、新问题以及经验教训编入丛书，为今后派出所应对此类事件给出了参考。

丛书编写科学。一是编写队伍结构按照“三结合”的要求组织，即三分之一是公安院校的专家学者、三分之一是派出所工作的分管领导、三分之一是实战部门的业务骨干。二是编写方式以问题为导向，结合公安派出所工作实际，在大纲和书稿的编写中充分发挥业务部门和基层实战单位的作用。三是在编写过程中反复调研，反复论证，充分征求业务部门和派出所的意见和建议。

丛书针对性强，从所长、教导员（指导员）到办案民警的工作需求都有相关分册论述。同时根据派出所民警岗位经常要轮换的实际，使民警轮换到哪个岗位就可以学哪个分册。目前有十个分册陆续出版，包括《派出所长工作手册》（陈菊娟主编）、《派出所教导员工作手册》（陈菊娟主编）、《派出所综合指挥室业务手册》（田显俊主编）、《派出所接处警手册》（周俊主编）、《派出所治安案件办理手册》（李富声主编）、《派出所纠纷调解工作手册》（李植主编）、《派出所社区警务工作手册》（展万程主编）、《派出所户口管理工作手册》（肖海英主编）、《派出所公共关系工作手册》（张家忠主编）、《派出所综合内勤工作手册》（王树民主编）。

总之，丛书的出版对推进国家安全体系和能力现代化，完善基层社会治理体系，加强公安派出所规范化、标准化建设，提升派出所民警素质能力水平具有极强的现实意义和深远的历史意义。

丛书的编写在部局的指导和各地公安机关及院校的支持下，在出版社和总主编的精心组织下，在所有作者的辛勤付出下，历经困难，经过5年的努力最终结出了硕果。在前期调研时，通过对几百位派出所长的问卷，了解了派出所的需求和对丛书渴望；在大纲的编写过程中，各分册主编又深入基层搜集第一手资料；在专家的评审中，资深专家从各个角度进行了专业的论证，提出了许多改进的意见和建议；在为丛书召开的研讨会中，全国各地专家学者认真审议，为丛书的完善积极建言献策；在书稿的修改过程中，各位作者不辞辛苦，不断修改、反复查缺补漏。可以说丛书的出版是所有参与其中的同志们心血和智慧的结晶。在此衷心感谢在丛书编写出版工作中给予了大力指导、支持和帮助的公安机关领导，公安院校专家、学者，公安一线民警。特别要感谢本丛书专家委员会成员冯锁柱、张先福、王龙天、陈菊娟、曾伟、李志强、张勤等专家，他们在丛书的编写、审核、把关过程中给予了严格的专业性指导。

丛书是新中国成立以来反映派出所工作内容的第一套系列出版物，开了派出所工作内容系统化出版的先河。社会是发展的，派出所工作也会随着经济社会发展不断发展变化，而图书因其媒介的特质不可能与之保持同步，因此书中可能会存在内容滞后的问题。但是丛书所揭示的派出所工作的基本规律、基本特征和基本工作方法是不变的，从这个角度看，本套丛书为派出所工作图书今后的出版奠定了基础，在此基础上，丛书会与时俱进，将根据派出所工作的新情况、新问题、新要求进行不断的更新和提高，以适应未来各个时期派出所工作的需要。

本丛书在编写过程中，参考了有关教材、著作和文献资料，在此，向有关作者表示诚挚的谢意！丛书编写出版工程量大，编写人员学识、经验有限，所以一定会存在许多疏漏之处，敬请广大读者予以谅解，同时希望广大读者在阅读和使用丛书的过程中发现问题及时反馈，以便我们再版时及时修正。

总主编　熊一新

于2023年1月10日中国人民警察节

目　录

第一章　绪　论

【学习目标】

通过本章学习，使社区民警了解社区警务的含义及其基本思想，了解国内外社区警务的产生、发展历史，理解社区警务的理论基础，掌握社区警务工作的主要内容，为构建社区警务知识体系，提高社区警务相关工作能力打好基础。

【重点提示】

· 社区警务的含义
· 社区警务的基本思想
· 社区警务的理论基础
· 社区警务的主要内容

第一节　社区警务的含义及其基本思想

引导案例

社区民警张建文的一天

张建文是望江派出所始版桥社区的社区民警，以下记录了他真实的一天：

7：00 他被刺耳的闹钟铃声吵醒。昨晚，根据群众举报，他和搭档侦破了一起卖淫嫖娼案，直到凌晨 4 点多才回到宿舍。

8：00 他到派出所例行签到、汇报工作。

8：30 他离开派出所，赶往社区警务室。不过 5 分钟的路程，他不时与辖区居民打招呼。经过社区门口的警务宣传栏和公告栏时，他想起今天该换上新的内容了，随后他开始思考和设计新的内容。

9：15 近江新村的胡先生来所反映租住在其楼上的外地人没办暂住证的问题。

9：32 东宝一弄的章女士来所反映有人经常在小区大门口聚赌的情况。说话间，张建文的电话响了好几次，全是居民们打来的，有咨询政策的，有请求帮助的，也有举报违法犯罪的，他认真地一一记在社区警务民情日记上。

10：20 余先生来所领取女儿的出国初审表。

11：10 他忙完手头上的事情后，想起 87 岁的叶婆婆前天不小心摔了一跤，立即奔赴孤寡老人叶婆婆的家前去探望并提供帮助。

12：50 他草草吃了点饭，便继续投入工作。

14：30 他在出租私房集中的近江新村一带转了一圈。始版桥社区的 329 户居民有私房出租，他几乎熟悉所有的房东。张建文还想去几个地方：群众反映居民区内一个仓库噪音很大，而且有火灾隐患，他要去现场查实后进行处理；孤儿马玲家的电灯坏了，他得去帮她修一下……但这时电话又响了："有个老年痴呆症病人找不着家了，小张你快过来看看吧。"老人说不清自己的家到底在哪里，张建文带着他到处打听，花了三个多小时才终于碰上了老人焦急的女儿。

18：00 他去给孤儿马玲修电灯，修好后天已经全黑下来了。吃过晚饭后，他开始整理一天的工作日志。

22：00 始版桥东村 9 幢的两户居民发生纠纷，4 楼一住户家的污水漫进了三楼一住户的家里。他查明原因后，打电话请来了管道疏通工。

22：45 问题全部解决了，也正好到了他值夜班的时间。

问题：根据上述材料，谈谈你对社区警务的认识。

一、社区概述

（一）社区的含义

社区，是与整个社会密切相连的，以一定地域为基础的，社会关系密切的社会生活群体或社会生活共同体。在这个社会群体或社会生活共同体中，人们具有共同的权利义务、共同的生活空间、共同的精神纽带，感情相依、利益相连、出入相通、守望相助、危困相扶。在社区体制改革中，调整和划分社区依据居民居住的自然地缘关系、相对独立的区域、社区的资源配置、适度的管辖人口和居民的心理认同感，按照有利于社区的自治、管理、服务和资源利用，有利于提高工作效能的原则，对原有居民委员会进行适当调整，以调整后的社区居民委员会所辖区域为社区。社区规模一般为 1000 户至 3000 户。

知识拓展

社区概念的社会学解读

社区是社会构成的细胞，是社会学理论范畴中的一个基本概念。社区理论曾一度被认为是社会学的基石。最先提出这个概念的是德国的社会学家滕尼斯，他在1887年出版的《社区与社会》一书中，第一次使用了“社区”这个概念，并对之做了明确的阐述，但其含义与现在明显不同。在这本书中，滕尼斯运用社区和社会这两个概念来说明社会变迁的趋势。他认为，社区是由具有共同价值取向的同质人口组成的一种关系亲密、出入相友、守望相助、疾病相扶的富有人情味的社区关系或社会共同体。人们加入这一团体，不是根据自己的意愿或有目的的选择，而是因为他生长于这个共同体之中，是自然形成的。这样的社会共同体逐渐向由具有不同价值观念的异质人口组成的，由劳动分工和契约联系起来的，缺乏感情和关系疏远的社会过渡，这是历史发展的必然趋势。但在当时及以后的一段时间里，滕尼斯关于社区和社会的理解，并未引起人们的关注。直到第一次世界大战以后，在资本主义国家，人们开始对由于社会制度造成的人际关系淡漠、疏远感到厌恶和不安，才开始对滕尼斯提出的“社区”概念产生兴趣。美国的查尔斯·罗密斯把滕尼斯的社区译成了英文“community”。“community”一词含义广泛，可以指社区、社会、团体、公众、共有等。在社会学里，它主要是指在一起生活、工作的人的共同体。中文的“社区”概念是从英文“community”翻译过来的，进一步突出了其地域性特征。1933年，费孝通等学者第一次将“community”一词译为中文的“社区”，并一直沿用下来，逐渐成为我国社会学中的一个专门概念。

据粗略统计，目前社会学界关于“社区”的定义，有一百多种。根据我国社会学界在研究实践中使用“社区”这一概念和当前全社会开展社区建设的实际情况看，综合各种学说，可以揭示社区的内涵。社区是一个地域性的社会生活共同体，包含着社会群体、活动区域、社会关系和社会互动、社区意识和文化维系力等方面要素。

（二）社区的构成要素

社区作为人类社会地域生活共同体，其主要构成要素包括以下六个方面。

1. 人口要素。人是社区生活的主体，对于社区而言，一定数量规模的人口是必不可少的构成要素。如果一个社区没有人，就没有了服务的对象与主体，社区也就失去了赖以生存的生命精神。社区人口是指具有稳定的社会交往关系的一定数量的人群，主要是指居住在本区域内的居民，这里的居民不是指孤立的、没有联系的个人的集合体；相反，他们彼此结成了各种各样的社会关系，共同进行着社会活动。

社区的人口要素包括：（1）人口的数量，即社区居民人口的多少；（2）人口的质量，指一定社区人口的总体素质，如身体素质、文化素质、思想素质、道德修养等；（3）人口的结构，亦称人口构成，是指社区内各种类型居民人口的数量比例关系，如婚姻构成、性别构成、年龄构成、民族构成、职业类型、语言构成、国籍构成等；（4）人口的分布，即社区中人口的自然或地理空间分布状况，包括人口的密度等；（5）人口的流动，指社区内居民的进出与数量的增减及其在空间分布上的变化。

2. 地域要素。社区是一种地域性社会，它总要占有一定的地域空间，有着一定的边界，为人们的活动提供场所，是人们共同生活的基础。社区的地域要素包括自然地理条件和人文地理条件：自然地理条件包括所处方位、地貌特征、自然资源、空间形状等，而人文地理条件则包括人文景观、建筑设施等。地域为社区居民生产和生活提供所需要的环境与资源，也可以为社区居民提供交往的空间。

地域要素是社区存在与发展的重要衡量标准，是社区开展各种活动的内在依托和基本前提。对应于国内目前的情况，农村中的一个乡、村落或城市中的一个街道、一个居民小区等，都可以界定为范围不一的社区。在农村社区，地域概念基本是自然形成的区域，没有明确的地理界限，大多是一种心理归属的范畴。城市社区则基本上与行政区划有密切关系，有明确的界限之分，是一个管辖区的概念。

3. 组织要素。作为一种生活共同体，社区的正常运转离不开组织的存在。社区居民之间的社会互动以及社会关系会形成并且依赖于某种稳定的组织架构。一般认为，社区组织是社区内有目的、有计划地建立起来的以满足社区居民生存和发展需要的各种团体和机构，包括社区内部的各种社会群体、社会组织。

为了满足人们生存和发展的需要，社区一般由多种类型的组织构成。通常来说，每个社区都会有独立的组织机构来管理社区公共生活，协调社区人际关系及各种纠纷，维护社区居民的共同利益，并且为社区居民提供必需的公共资源。组织是社区居民生活的重要推手，正是在社区组织的协调与管理之下，社区居民才能过上正常的社区生活。

4. 文化要素。在社区构成的基本要素中，文化要素也是必不可少的，它是一个社区赖以生存的内在动力要素，也是一个社区存在和延续的精神基础。社区文化包括当地人们的信仰、价值观、道德规范、制度、传统、风俗习惯、生活方式以及显示当地特点的方言和象征等，它从思想上和心理上对社区成员起着维系作用，对社区成员的社区认同感、归属感起着至关重要的作用。

正所谓“一方水土养育一方人”，由于受到不同历史传统、地理环境和人口构成的影响和作用，社区文化呈现出一定的地域性与特殊性。一般而言，每个社区都有自身独特的文化特征，它是识别社区的重要标志。社区文化既满足了社区居民的需要，也为社区居民的共同活动提供了规则和约束，总是有形无形地为社区居民提供着比较系统的行为规范，不同程度地约束着社区居民的行为方式和道德实践，客观上对居民担负着社会化的功能以及对居民生活的某种心理支持。

5. 心理要素。人们在特定的社区中过着长期的共同生活，会对自己所属的社区产生心理上的纽带联系，这种心理上的纽带联系通常表现为社区居民对社区的归属感、认同感、依恋感和责任感等。归属感是指社区居民在社区生活中产生的自豪、羞耻等方面的情感；认同感是指社区居民对于长期生活的社区的认同心理，即是否把自己看作社区的一个成员；依恋感是指社区居民在社区长期生活之后暂时离开会产生的特殊情感，常常表现为对社区的恋恋不舍；责任感是指社区居民对整个社区的担当意识，即是否能够自觉履行一个社区居民的义务。

同一地区的人们在长期的共同生活中，在相同的行为规范、文化传统和生活方式氛围里会形成共同意识，它是维系社区成员关系的强大精神凝聚力。例如，在传统农村地区，村民们世代居住在一个地方，形成了强烈的乡土观念和共同归属感。随着现代化的发展，传统的认同感和“落叶归根”的归属感，已经发生了很大的变化，但强调社区意识、塑造社区精神对于社区的维持与发展具有重要的意义。

6. 物质要素。物质要素是指与社区居民生活密切相关的基础服务设施。在社区发展中，物质要素主要发挥着基础性作用，它是保障社区居民生存的必要手段，也是社区居民维持正常生活所必需的基本物质前提。对于社区居民来说，要开展各种社区活动，离不开社区基础服务设施的保障。社区基础服务设施的提供，可以在一定程度上提高社区活动开展的丰富性、多样性等，从而为社区居民提供更高质量的社区服务。具体而言，这些基础服务设施包括生产经营及日常生活运转所需的房屋、道路与交通工具，文化、教育、医疗活动的相关配套设施以及社区举行各种活动、比赛等需要的设施，等等。在当代社会中，社区基础服务设施是否完善、配套、实用，是衡量一个社区发展现代化水平的重要评价指标。对一个社区而言，如果没有良好的基础服务设施做保障，社区居民就不可能有丰富的物质生活。而且，如果居民对社区基础服务设施的需求长期得不到满足，就很难在社区生活中获得足够的幸福感。

社区的形成必须具备以上六个要素，才可以构成一个相对独立的社区。社区构成的基本要素之间是相互依赖、有机统一的辩证关系。其中，地域是社区的地理环境要件，人口是社区生活的主体要件，组织与群体是社区居民交往和整合得以实现的客观机制，文化是社区居民交往与整合得以实现的精神要件，共同的社会心理是社区居民产生归属感和认同感的前提，物质则是社区居民开展社会活动的基础保障。

知识拓展

虚拟社区

虚拟社区是一群具有共同的需求、共同的兴趣，甚至共同目标的人们，在网络上持续地、相对稳固地集合与聚合，通过数字化空间谋求群体生活形成的团体。虚拟社区是为了满足现实社区所不能满足的互动和需要而产生的“另类空间”，是真实客观存在的虚拟现实空间。虚拟社区成员利用网络技术在虚拟空间里建立起了许多现实场景，在虚拟社区的互动中，社区成员在这里孕育出了新的人际关系，拓展了新型的生存和生活空间。

虚拟社区和现实社区都以“社区”后缀，都具有了社区的要素特征，虚拟社区作为人们的社会互动关系得以发生和扩展的虚拟化的场所，是人们通过数字化空间谋求群体生活的一种新的方式。但是随着时代的进步与发展，社区的基本构成要素也在发生改变。虚拟社区以网络为重要媒介，在一定程度上打破了地域限制，传统意义上的地域要素不再是社区基本的构成要素，而文化要素、心理要素等仍然是其重要的组成部分。

（三）社区的基本类型

1. 按社区功能分类。根据社区对社会具有的功能性特征，可以把社区分为经济社区、政治社区、文化社区、军事社区和生活社区等。经济社区又可以根据社区从事经济活动种类的不同分为工业社区、农业社区、渔业社区、林业社区、商业社区和服务性社区等。不同功能的社区，其活动内容和表现形式是不同的。政治社区是指以政治中心和行政管理为基本功能的一类社区，省、市、县等各种行政区域的管理机关的所在地，如首都、省会、县城等，城市中各类党政机构的聚集区也可视为政治社区。文化社区是指以文化、教育、科技、旅游等为主要功能，各种教育、科研、文化艺术单位比较集中，人口的职业结构、生活方式以及社会的组织形式都受文化、教育、科技等事业制约的社区。军事社区则是指以军事目的为中心所形成的社区，如军营、军事基地等。生活社区是指以满足生活需要为其基本功能，结构形态主要适应吃、穿、住、行、教育、娱乐需要，如城市中的各类生活小区等。

2. 按社区内部结构分类。不同的社区在反映社会结构和社会生活的完整性方面存在着明显的差别。根据社区内部组织功能完整程度，可以将社区分为整体社区与局部社区。整体社区是指具有相对独立意义，基本上具备了人类社会生活所包括的主要方面，能够满足大多数社区成员经济生活、社会交往等基本社会活动需要的社区，如一个城市、一个集镇、一个独立的村落等。大多数的社区成员可以在社区范围内开展经济、政治、文化等各种社会活动，满足基本的社会生活需求。而局部社区则是指虽然在功能和结构上具有相对独立性，但它在反映社会结构和社会生活的完整性方面则不像整体社区那样全面，社区成员的生产职业活动等社会活动往往要在社区以外进行，如城市中的一个街道或居民住宅区，尽管有生活服务设施、街道办事处、社区中心和居民委员会等组织，但社区大部分成员要到社区以外从事生产或其他活动。

3. 按社区的形成方式分类。根据社区是否为自然形成这一标准，可以把社区分为自然社区和法定社区。自然社区是以自然居住群体的形成、发展来确定的社区，如农村中的自然村落，居民世代繁衍，自成一体，成为共同生活体。法定社区是以行政管理的权力范围来确定的社区，如乡、镇、县、市或城市中的街道办事处、居民委员会等因行政区划而成，其边界的划定主要是出于管理的需要和便利。自然社区与法定社区有时是重合的，如我国的很多自然村也是一个行政建制村；有时是不重合的，如北京市的行政区内，既包含着城市社区，也包含着集镇社区和乡村社区。

4. 按社区的多元综合标准分类。依据社区的经济结构、人口密度、人口聚集规模、组织特征、文化模式、地域条件等多元综合标准对社区进行分类，可以把社区分为农村社区、城市社区和城镇社区。通常把社区成员以农业为主要经济活动内容、人口密度较低、人口聚集规模不大、社会结构较为简单、血缘关系比较浓厚的社区划分为农村社区；把社区成员主要从事非农业生产劳动、人口密度较高、人口聚集规模较大、社会结构较为复杂、社区成员的异质化程度较高、人际关系以业缘关系为主的社区划分为城市社区；而把介于城市社区和农村社区之间的居民点，或性质与城市基本相同但规模尚小的居民点划分为集镇或城镇社区。

除了上述四种主要划分方法之外，还有其他的社区类型划分。例如，按照历史发展的进程，以社会生产力发展水平高低为标准，可以把社区划分为传统社区、发展中社区和现代社区或发达社区等三种类型；按照社区规模的大小，可以分为巨型社区、大型社区、中型社区和小型社区等类型；按照文化因素，可以分为民族型社区、富人社区、贫民社区、白人社区、黑人社区；按照网络现实因素，可以分为实在社区与虚拟社区等。这些社区类型的划分都是相对的，而且也无优劣好坏之分，究竟采取何种分类应视实际情形而定。

（四）社区的社会功能

社区对人类生活以及人类自身的发展产生着深刻的影响，结合我国目前社区建设与发展中面临的问题，可以将社区的社会功能概括为以下几个方面：

1. 社会服务功能。社区的服务功能主要指社区在政府的资助和政策扶持下，由社区内的各种法人团体、机构以及志愿者提供具有公益性质的社会服务，通过一些基础性保障和福利性照顾，满足社区居民的不同需求。这种公益性质的社会服务主要表现为无偿性的服务和不以营利为目的的微利性服务。目前我国的社区中已经普遍建立起社区服务中心，如家政服务、卫生保健、职业培训和介绍、文化休闲、救助中心等各类服务机构，为社区居民提供优抚、家政、就业、文化、治安等各方面的服务。

2. 社区整合功能。社会整合功能是指调整或协调社会中不同因素的矛盾、冲突与纠葛，使之成为统一体系的过程和结果。就社区而言，整合的实质在于异中求同，体现在组织整合、价值整合、资源整合、人际关系整合和功能整合五个方面。社区在对各组织协调、管理、服务的过程中，充当着整合的主体角色，通过社区福利保障服务以及其他利益调整活动，增强社区内部组成之间的利益相关性。社区通过一系列社区文化、教育活动，使社区成员在心理上产生彼此相连的聚合感，通过活动过程与结果的共享营造一种强烈的社区归属感的文化氛围。社区正是通过这样一些工作的开展，将社区构成要素的分力汇成合力，发挥社区整合的功能，从而维系社区的存在与发展。

3. 社会化功能。社会化是指自然人成长为社会人的过程。社区作为一种社会化的机构，对社区居民起着重要作用。社区有一套社会化体系，通过各种教育方式，将社区内重要的社会知识、技能、价值与行为模式由上一代传给下一代，从而使社区居民（尤其是青少年和儿童）形成自觉遵守与维护社会秩序的价值观念和行为方式，取得社会人的资格。例如，街道社区内的家庭、学校和同辈群体，对青少年与儿童的社会化起着重要的作用；街道社区开展的各类文化、教育活动对社区成年人也产生着重大影响。需要注意的是，社区的社会化功能也可能存在反社会化的负功能，比如不健康的社区风气会对个人产生不良影响。

4. 社会控制与稳定功能。社区的社会控制功能一方面表现在社区拥有一整套社会控制体系，如由社区居委会、物业管理公司、人民调解组织、治安保卫队以及活跃于社区内的志愿者等共同组成的社区治安防范网络，在保障社区安全等方面发挥着重要作用。他们不仅能够正面教育和鼓励人们自觉遵守社会规范，维护社会秩序，而且可以利用反面教材的作用，对违反社会规范的人予以惩罚。另一方面，社区内的风俗习惯、道德准则和行为规范对生活于社区内的个人来说，也是一种控制力量，目的在于使个人的行为与社区的标准相一致。相较而言，社区内开展的各种社会教育活动是一种内在的社会控制，而社区的赞誉、责备等则属于外在的社会控制，迫使人们不得不规范和约束自己的行为。

5. 社会参与功能。社区建设与社区发展离不开政府的规划、指导等行政职能的作用，也离不开广大居民对社区公共事务的积极参与。社区可以为居民参与社会事务提供区域社会的场所，提供居民参与民主建设和民主管理的机会。这样一方面能促进居民间的互助与情感交流，培养居民的社区意识和公益精神，消除现代社会中的人际冷漠现象，使居民对社区有更多的投入和更强的认同感，提高社区的价值整合；另一方面，居民通过积极主动地参与各项社会事务，也可以进一步发挥自己的潜能，充分挖掘社区资源，提升自己和家人的生活质量，促进社区的繁荣与发展。

二、社区警务的含义

（一）警务的含义

警务，通常认为是英文“Policing”的翻译。广义的警务指全社会实施的维护治安、打击犯罪的行为。狭义的警务指警察队伍（机关）的工作与行为，可以抽象理解为一切警察行为的总和，也可以具体地理解为警察工作，即某一项警察行为。警务可以分成三个层次来理解，即指导思想的警察哲学层面、具体工作的警察勤务层面和具体技术的警用技术层面。

（二）社区警务的含义

社区警务作为一种警务布局，其核心是改变传统的警察与社区相隔离的状态，使警务工作落实到社区，构建和谐的警民关系，实现“基础牢、出事少、治安好、党和人民满意”的目标。社区警务的内涵在实践中不断丰富和发展，现已成为一个集合概念。

1. 社区警务是一种警务理论。社区警务理论在借鉴和吸纳系统科学、犯罪学、社会管理学、信息科学以及公安学等学科理论的基础上，深入探讨社区各类机构与团体在维护社区秩序、保障社区安全等方面的重要作用。通过抑制社区成员违反社会规范的行为，保持社区良好的社会风气，维护警察在社区工作中的地位。社区警务工作能够最大限度地体现警察的职能与价值，通过预防来遏制和减少犯罪，最终达到减少犯罪、维护良好社会治安秩序的目的。

2. 社区警务是一种警务战略。作为一种警务发展战略，社区警务即立足社区，实行警察与民众的合作。通过警察的服务密切警民关系，增强民众的参与意识，形成控制网络并辅之以各种矫正和疏导措施，以预防犯罪、先发制敌。凡推行社区警务战略的国家和地区，其整体警务方式主要体现在：遏制犯罪的战略立足点不是打击，而是构筑一种有效的防控机制；警察职能作用的发挥，除依照国家法律行使职权外，还应当努力做好法制宣传、社会公益、预防犯罪等方面的工作；在警力总体部署中，建立一个专门从事社区警务工作的机构，由固定的警力操办此事；在工作衡量标准上，不仅看出勤率、破案率和应付报案的能力，重点应放在考察和评价预防、遏制违法犯罪的能力上。

3. 社区警务是一种工作方式。社区警务无论是作为一种新型的警务理论，还是作为一种警务发展战略，其理念价值和治安目标的实现都需要警方和社区共同实施一系列具体的警务工作。社区警务体现为警方和社区之间的一种相互作用过程，旨在共同发现和解决社区问题，使警察工作与社区治安自治工作有机结合，主要包括社区警察与社区的联系与合作、社区群众治安组织的各项工作、各项社区治安活动等内容。

知识拓展

社区警务树

欧美社区警务战略的核心是“社区警务树”（Community Policing Tree）。英国社区警务的旗手、德文郡警察局局长约翰·安德逊曾形象地把社区警务的理念比作一棵大树。树干是警察机关，树枝、树叶是警察机关的各个部门、警种及其分工，果实是警察工作的成效，树下的土壤则是社区。警察这棵大树的根扎在教堂、学校、工厂、企业之中。

树有多高，根有多深。“社区警务树”所体现的基本理念是：警察大树要想长好，根必须往深长，根往深长的方向就是社区，警察开展工作不能脱离群众的土壤。产生犯罪的根源在社会，抑制犯罪的主力军应当是人民群众，而非依靠警察单打独斗。警务工作的成效依赖于社会或社区，社会或社区是打击与抑制犯罪的主体，所有警察工作，包括治安防范、刑事侦查、交通管理，都离不开社区的支持。因此，警察要与社区建立密切联系，通过双方的努力创造社会和谐。

三、社区警务的基本思想

社区警务既是一种警务工作模式和方法，更是一种警务哲学、一种全新的社会思想体系，可概括为：一体化认识、两大原则、三个导向、“四化”特征。

（一）一体化认识

所谓一体化认识，是指在思考和解决社区警务有关问题时，应从宏观上进行理解和把握，采取一体化的思维方式。社会是一个大系统，各种因素相互制约、相互影响，某一局部的改变会影响全局；同时，要解决某一局部问题也必须从全局考虑，不能单纯地“头痛医头，脚痛医脚”。根据多年的实践和总结，社会治安问题不能仅依靠警察来解决，要想彻底治理违法犯罪现象，必须动员、组织社会各方面的力量参与。

1. 犯罪与社会一体。犯罪是一种与人类社会并存的社会现象，它的产生、发展和变化受到一定时空范围内政治、经济、社会、文化等因素综合作用的影响和制约。社会治安问题是各种社会消极因素的综合反映，必须依靠全党、全社会的共同努力，实行综合治理。社会变革会打破社会生态平衡，社会生态平衡的变化会引起道德规范的多元化，从而有可能导致犯罪率上升，而警察人数的增加或减少与发案数、破案数没有直接比例关系。警察是遏制犯罪的重要力量，但不是唯一的力量，社区以及由其构成的整个社会才是遏制犯罪的真正力量之源。

2. 权利与义务一体。对于警察和公众，维护社会的公共安全既是权利又是义务。在遏制犯罪的实践中，不应过分强调警察工作的专业性从而夸大其作用，把维护社会公共安全的责任都推给警察。社会公众绝不仅仅是公共安全的享受者，还应是维护公共安全义务的承担者。我国公安机关自产生伊始就一直强调要坚持党委领导下的群众路线，维护社会治安秩序是每位公民的权利和义务。

3. 警察与公众一体。警察来自公众，服务于公众，受公众监督，得到公众的支持，警察工作的成效在于发动社会公众参与维护社区治安的深度与广度。因此，密切警民关系，是社区警务中警察获得社区公众支持的重要途径。

4. 警务与社区一体。社区建设是一个包括社区组织、社区服务、社区治安、社区环境、社区医疗卫生、社区文化建设等在内的系统工程。作为维护社区治安的社区警务不仅是社区建设的重要内容，而且是社区建设和发展的重要保证。警务与社区相互依存，共同发展。离开警务，社区难以持续发展；离开社区，警务也无法持续发展。

（二）两大原则

1. 预防为主。中外警务工作发展的无数历史经验和教训都表明，必须把预防犯罪作为警务工作的首要目标。只有做好犯罪预防工作，才能真正实现社会的长治久安。发案率上升是社会政治、经济、文化冲突的产物，要遏制犯罪，关键在于预防，而预防的关键在于社区参与和各部门的齐抓共管。

2. 警民合作。实施社区警务必须遵循“警力有限，民力无穷”的理念，充分认识到社区群众在社区治安方面蕴含着无穷的智慧和力量，要加强警察与社区居民之间的合作，在平等、互助、互利、互信的基础上，为实现社区安全的共同目标而努力。社区警务为促进警民合作创造了新的机会，警察不应把自己视为独立于社区之外的力量，公众也不应把警察当作陌生人，通过警民之间的理解与合作，使整个社会抑制犯罪的能力不断提高。

（三）三个导向

1. 社区导向。新时代公安派出所的职责任务就是推进社区治理，要通过深化城乡社区警务战略，与社区自治、网格化管理深度融合，推动构建共建共治共享社区治理格局。因此，在实施社区警务战略的过程中，要立足社区，建立公共安全共同利益机制，合理配置和充分利用社区警务资源，在权力分配、职责定位、警力配置、警务保障等方面，均以社区为考虑问题的前提、核心和关键。社区警力要真正下沉到社区，尽可能多地与社区居民保持接触，经常听取社区居民的陈述、意愿和要求；与社区居民结成合作伙伴关系，激发社区居民参与社区治安管理的热情，形成社区治安“人人有责、共同维护”的局面。

2. 治本导向。在实施社区警务战略过程中，必须从引起社区治安问题的根本原因入手，尽可能地减少和消除引发社区治安问题的各种因素，只有这样才能真正实现警务运作模式由被动反应型向主动进攻型的转变。因此，必须全面、系统地发现、分析和解决社区治安中存在的问题，建立维护社区治安的长效机制。在社区警务工作中，警察不再只是跟着案件走，而应将预防违法犯罪作为首要的工作，与社区共同寻找、分析和解决引发违法犯罪行为的隐患；要更加注重社区预防、控制违法犯罪的机制建设，着力在治本上下功夫，把提高社区公众的安全感作为社区警务工作的首要目标。

3. 服务导向。在实施社区警务战略过程中，必须紧紧依托、服从、服务于社区的发展与建设。要牢固树立“以人民为中心的理念”和“服务是宗旨、服务是内容、服务是方法、服务是关键”的意识，使服务成为沟通警民感情、密切警民关系的桥梁和纽带。要坚持寓管理于服务之中，结合接处警、受立案、入户访、办发证和许可审批，采集掌握实有人口关系人员、物品、案事件等信息，提高服务管理的精准性、实效性。全面掌握孤寡老人、困难儿童、重度残疾人、严重精神障碍患者等特殊人群底数情况，加强关爱帮扶，提供优先服务、上门服务。

（四）“四化”特征

1. 警务工作社区化。社区警务不是一个孤立的系统，社区警务不能仅作为警察工作的一个方面来看，必须从全社会的各个部门、层次共同协作的角度来认识，并加以落实。社区警务的重要理论依据就是产生犯罪的根源在社会，遏制犯罪的根本力量也在社会，社会公众在预防和控制违法犯罪中的作用是根本性的。随着社区警务的推进，社区居民遏制犯罪的积极作用日益显现。在社区警务中要避免警察“孤军奋战”的局面，要注重通过充分挖掘、利用社区资源，向社会要警力。积极与社区居民代表、社区议事协商委员会、社区居民委员会、小区业主委员会、物业管理公司等组织和公众进行协作，使治安工作拥有广泛的社会基础。警方与社区之间树立共管的意识，双方就共同关心的问题发表意见，找出并分析违法犯罪行为的模式，共同做好治安防范工作。

2. 警察形象柔性化。社会公众需要的警察是充满同情心的、乐于助人的人，而不是“武装到牙齿”的机器人。警察工作的主要内容是为社会与公众服务，以报警电话为例，涉及各类案件以及灾害、事故类的报警通常仅占不到20%，各类紧急、非紧急群众求助、咨询以及部分重复报警、无效电话等，占80%以上。在社区警务中，警察不应是令人生畏的执法者的形象，而应是有人情味、注重人际沟通、善于听取意见、提供各方面服务、随时为群众排忧解难、扶危救急的社会公仆形象。在治安方略上，警察也要注意避免过去那种以暴制暴、硬碰硬的对策，而应更加注重通过社区沟通、社区教育、社区防范来缓解社区治安的压力。

3. 警民关系伙伴化。社区警务强调警察通过广泛的社区服务密切警民关系，寓管理于服务之中，通过建立社区合作机构等形式，与社区成员建立亲密的伙伴关系，共同研究、制定和实施解决社区治安问题的对策，从而缓解传统警务方式所造成的警民关系紧张、对立的状况。随着社会的日趋民主化、人文化，警察的角色定位也渐渐发生了变化，呈现出平民化特色，向亲和性角色过渡。按照社区警务的要求，警民关系应定位于伙伴关系，警民之间的密切联系使居民了解警方在打击和预防犯罪方面所做的努力，共同发现和解决社区问题，也使居民明确自己应该担负的责任。

4. 治安对策前置化。社区警务本质上是以防范治本为主的战略，不再是单纯追求案发后的快速反应、及时破案，而是注重防范在先，及时发现社区治安隐患，关注社区中不稳定的犯罪边缘群体，超前采取措施，加强教育、防范和整改，力争把问题解决在萌芽状态。从警务模式上看，社区警务是一种主动型警务，依靠治安对策的前置来净化违法犯罪产生的土壤。先发制人，后发制于人。公安机关应把单纯强调打击转向坚持打防并重，加强违法犯罪的治理和预防工作，从根本上减少违法犯罪的发生，维护社会稳定。同时，社区民警也要创造性地开展工作，真正把工作做在前面，对社区治安问题超前处置，从而实现社区警务的目标。

【引导案例参考答案】

社区警务工作是典型的基层警务工作，平时与琐碎为友，与繁杂为伴，邻里纠纷、家庭矛盾、住宅失窃……各种大事小情都要处理，是一项包罗万象、沟通上下、综合服务性的工作。群众工作是公安机关的基础性工作，社区民警的工作一刻也不能离开群众的支持和配合，因此，作为社区民警就应当贴近居民，依靠居民，取信于居民。

社区民警每天都同人民群众打交道，在处理与群众的关系上，要始终把自己摆在人民公仆的位置上，正确看待手中的权力，始终保持同人民群众的血肉联系。要勤走百家门，遍识百家人，熟知百家情，成为社区的老熟人；要爱管“闲事”“小事”，耐心调处邻里琐事、帮扶困难群众，沉下心来处理工作中的每一件事。社区警务工作就是要自觉把群众放在主人翁地位，心系群众，保护群众的合法权益，真心真意为群众谋利益，这样才能做到顺民心、得民心、稳民心。

第二节 社区警务产生的历史背景及现实意义

引导案例

从某种意义上来说，我国是世界上开展社区警务最早的国家。英国德文郡前警察局局长、警察科学理论家安德逊曾说：“中国人向我请教社区警务，其实中国早有人民公社。社区即公社，社区警务包含着中国社会治理犯罪的内容。”美国警学专家F. L·马萨拉曾撰文指出：“在社区警务方面，美国的执法机构应该而且能够从中国学到许多东西。中国的社区警务一直是很有活力的，它把全心全意为人民服务作为工作的根本宗旨，保护人民群众的民主、安全和其他合法权益。在治安行政管理上走依靠群众的路线一直是他们长期坚持的传统。”他认为“这样的社区警务形式应该算是社区警务的典范之作。”

问题：如何认识外国专家对我国社区警务的评价？

一、西方国家社区警务产生的历史背景

社区警务的出现既是20世纪六七十年代西方国家社会政治经济发展的产物，又是西方警务工作演化的必然结果。自从现代警察诞生以来，根据不同时期占统治地位的警务战略的不同，西方国家共经历了四次具有重大历史意义的警务变革。

（一）世界警务发展史上的三次重大警务变革

1. 第一次警务变革：现代都市警察建立。第一次警务变革以1829年伦敦大都市警察机构的建立为标志。18世纪末，英国的工业化与城市化产生了严重的阶级对立，犯罪增长，治安混乱。面对严峻的挑战，1829年，英国内政大臣罗伯特·比尔爵士提出《伦敦大都市警察法》，制定了新警察的“十二条原则”，系统地阐述了其警务思想，并在伦敦建立了一支常规的、有别于军队的现代职业制服警察队伍，这是西方公认的世界上最早的正式警察。罗伯特·比尔创立的这支警察队伍强调以预防犯罪和骚乱为主，重视警民关系，以服务公众为基本职能，使其成为新旧警察的分水岭。

知识拓展

罗伯特·比尔的建警十二条原则

（1）警察应以军队为榜样，建成一支稳定的行之有效的队伍；

（2）警察必须在政府的控制之下；

（3）以减少犯罪来证明警察的效率与效益；

（4）发布犯罪统计是警察的基本工作；

（5）以时间和地域科学分配警力

（6）制怒、宁静、有礼是警察质量的根本保障；

（7）以形象赢得尊重；

（8）招募、训练适当人选是执法之本；

（9）公众安全需要每个警察挂牌服务；

（10）警察首脑机关必须接近公众；

（11）警察需先见习，后上岗；

（12）以警察掌握的犯罪记录作为分配警力的依据。

2. 第二次警务变革：警察专业化建设。第二次警务变革始于20世纪初期，以美国的警察专业化为标志。19世纪末至20世纪初，世界各国警察大部分处于初创阶段，训练时间不足、水平低下，整体素质较差，腐化现象普遍，尚称不上一支完全独立意义上的专业化队伍。美国率先开展的警察专业化运动，其核心是突出强调警察是一支独立的执法队伍，只效忠于法律，专注于承担执法任务，通过执法专业化摆脱地方政治势力对警察的控制，使警察成为一支独立的、高效率的执法队伍。其主要措施是加强各种培训，倡导警察的高度专业化，如许多警察部门都设置了刑事警察、交通警察、巡逻警察、防暴警察等各种不同的警种，并注意提高其专业素质，同时引进军事化管理，强调集中统一指挥。第二次警务变革是现代警察独立与成熟的标志，然而在这次专业化的运动中，警察职业初创时所担负的大量服务公众的非专业化警务活动也被淡化了。

3. 第三次警务变革：警务现代化建设。第三次警务变革的标志是西方各国的警察现代化运动。20世纪30年代至70年代，西方主要资本主义国家经济实力增强，警察编制和预算均有大幅的增长，各国纷纷增加警力，改善警务技术和装备，逐步实现了警察的现代化。这一时期的警务战略思想是以现代化的交通、通信、刑侦设备装备警察，使得警察成为一支高度专业化、现代化的职业队伍。这一时期警察的职能主要限于打击犯罪，衡量警察个人工作业绩的标准是其逮捕的犯罪嫌疑人数量；警务战略的基本目标是控制犯罪、逮捕犯罪嫌疑人，衡量警察机构打击犯罪工作成效的标准有二，一是警察反应时间，即警察从接报警到赶到发案地所用的时间，二是巡经次数，即单位时间内巡逻车对社区内特定地点的巡逻次数。

（二）对第三次警务变革的反思

第三次警务变革暴露出许多方面的问题，使警方陷入被动的局面。

第一，警察控制犯罪的能力有限。进入20世纪60年代以后，西方国家经济处于波动时期，社会矛盾大量暴露出来，同时受到世界性移民浪潮的冲击，社会出现动荡。虽然增加了警察人数、装备越发现代化、扩大了日常巡逻覆盖面，但并未改变社会失范行为剧增、犯罪呈大幅度增长的趋势。社会对警察控制犯罪的能力产生怀疑，公众加深了对警察的信任危机。

第二，警察巡逻和快速反应警务风格存在着明显的局限性，一方面，预防控制犯罪和警察抓获现行犯之间并无必然联系，另一方面，警察联系公众的时间和机会大为减少，增加了居民对警察的陌生感。因此，依赖快速反应战略已明显不适应形势发展的需要，积极探索预防为主的先发型警务战略成为警务部门的必然选择。

第三，警民关系疏离。第三次警务变革立足于使警察成为“打击犯罪的战士”，警察形象是头戴钢盔、肩别对讲机、手持盾牌、腰挎手枪、“钻在汽车里，来去不见人”的“机械战警”。警察虽然被现代化的设备武装到了牙齿，但犯罪并未得到有效遏制，与公众直接接触的机会也很少，两者之间缺乏面对面的交流沟通，更谈不上密切合作。警民关系冷淡，警察远离民众，民众也很少向警方提供有关犯罪的线索，警民之间产生严重隔阂，造成警民关系恶化。

第四，财政不堪重负。警察部门把不能很好地完成治安目标的主要原因归咎于人员少、装备差、技术落后等因素，要求增加对警察部门的人力和预算投入，从而使警察机构与快速增长的犯罪率同步膨胀，成为城市财力不堪重负的包袱。

西方各国警察现代化运动所产生的影响迫使有识之士反思现代警务科技和装备的局限性，重新认识到扎根社区、服务民众的警务传统在现代社会仍然具有不可替代的价值。

（三）第四次警务变革：社区警务战略的实施

第四次警务变革以社区警务为基本内容和主要形式，对警察专业化、现代化、社会化的弊端的弥补和警务自身发展有着重要的意义。社区警务兴起于20

世纪六七十年代的美国，后在英国全面推向高潮。从 20 世纪 80 年代开始，“社区警务”的理念很快被西方各主要国家广泛认同和采纳，后发展成第四次西方警务变革浪潮，成为适应时代要求的警务战略。

第四次警务变革是以推行社区警务为主要内容的，它特别强调警察与社区群众的关系，强调要充分地挖掘和利用社区资源和社区力量，彻底改变过去警察是“打击犯罪的战士”的形象，重新塑造良好的警察形象——“社会的服务员”，逐渐形成一种崭新的先发型的、强调预防犯罪为主的主动性警务风格。具体地说，第四次警务变革包含以下主要内容：

其一，深刻认识到社会是预防和控制犯罪的主体和根本力量。犯罪的根源在于社会，打击、预防和控制犯罪的根本力量也在社会，警察只在其中发挥重要的职能作用，仅仅依靠警察的力量是不可能从根本上解决犯罪问题的，必须依靠全社会的力量，必须强化“社会治安，人人有责”的观念。

其二，警务变革要立足社区，依靠社区，依靠公众。新的警察哲学理论“警力无增长改善论”，强调警务工作的改革和发展，一定不能追求警察高比值、高度警务装备现代化的美国模式，而应当把工作重点指向社区。

其三，警务变革不能单纯地追求警务装备的现代化。实现了警务装备的现代化，虽然减轻了警察的工作量和劳动强度，提高了警察的工作效率，但一个致命的弱点就是疏远了警察与公众的关系，削弱了警务工作的群众基础。警务变革应坚持服务导向，强调警察的服务意识和服务精神。

其四，强调建立主动提前型警务风格，把警务工作的重点放到预防犯罪上来。警务工作变革的重点从过分强调快速反应转向积极、主动地预防犯罪，强调警察沉入社区，研究问题在先，预防为主，标本兼治，重在治本。

其五，综合评价警察的工作效能。在衡量警察工作效率的标准上，过去主要是以犯罪率、破案率为标准；实践证明，这并不能真实地反映犯罪现状，更不能全面客观地反映警察的工作，相反，还容易滋生弄虚作假的现象。对警察工作效能的评价，应该坚持内外结合的原则，既重视警察的自我评价，又重视社会的反映，从多层面、多角度制定的多项指标来综合评价警察的工作，如群众的安全感、群众对警察工作的满意程度等。只有这样，才能做到全面、真实、客观和准确。

二、社区警务在中国的产生与发展

（一）中国古代与社区警务类似的治安实践

中国古代的社会治安实践孕育了极为丰富的社区警务思想及实践，对当今的社区警务改革及其发展都极具借鉴和启迪意义，需要后人不断地挖掘、总结和升华。

中国古代是一个以农立国的传统社会，除少数都市、集镇和商埠外，大多是以血缘、地缘和业缘为纽带结合而成的乡村。因此中国人的乡土观念特别强，具有浓重的社区情感和社区意识。村民聚族而居，日出而作，日落而息，安居乐业；邻里乡亲，关系亲密，扶危济困，守望相助，乡规民约，共同遵守，社仓义学，传统悠久。中华民族这种优秀文化传统，十分有益于社区警务的开展，中国古代社区警务萌芽之历史源流可以追溯到两千多年前的秦朝。秦朝盛行设置专门的基层治安机构“亭”，并建立了较为严密的户籍登记、“什伍连坐”和“联防制度”；此后，宋代的“保甲制”，明朝的“十家牌法”“击鼓呼应”，清代普遍盛行的“打更”“看巡夜”等，都体现了社区警务的思想萌芽和实践探索。

同时，中国古代社会治安文化也有丰富的积淀，如“月黑风高夜，杀人放火天”“饱暖思淫欲，饥寒起盗心”“露财诲盗，露色诲淫”等都是较为深刻的治安文化总结。在环境构建方面，唐朝的“里坊制”、宋朝的“厢坊制”，以及在此基础上发展演变而成的北京的四合院、上海的石库门，还有客家的围屋、湘西的土楼等社区环境建设格局，都较丰富地体现了中国古代的安全文化元素。

（二）中华人民共和国成立初期的警务实践

中华人民共和国成立后至改革开放前是我国社区警务思想形成和发展的重要时期。中华人民共和国成立后至“文化大革命”前的这一阶段，我国处于计划经济体制下，社会呈现出一种相对封闭、静止的状态，流动人口非常少，公安机关的人口管理比较单一，只要凭借严格的户籍制度就能有效地实行人口管理；同时，在各级行政组织的严密管控和大力支持下，能够充分调动并发挥以治保会为骨干的社会治安力量的积极性和主观能动性，有效地预防和控制了违法犯罪，从而形成严密的社会治安控制网络。

公安派出所坚持专门机关与广大群众相结合的方针，奉行全心全意为人民服务的宗旨，全面夯实治安基层基础工作，强调预防违法犯罪，形成以治安管理为中心、户口管理为基础、居委会为依托、群众工作为保障的比较成熟的社区警务工作模式。这一阶段，虽无社区警务之名，但已经形成了丰富、成熟的社区警务思想和实践，社会治安出现了少有的“天下大治”局面，城市乡村到了“路不拾遗，夜不闭户”的程度。可以说，公安机关在逐步摸索中奠定了“社区警务”的雏形。

（三）改革开放后的警务实践与社区警务战略的产生与发展

1. 改革开放后公安工作所面临的形势。实行改革开放政策后，中国经济社会由封闭走向开放、由传统走向现代，尤其是随着社会主义市场经济体制的推行，人、财、物、信息的大流动，以及人们的价值观日趋多元化，各社会群体之间利益冲突加剧，违法犯罪日益严重。为应对日益严峻的社会治安形势，我国公安机关不得不投入大量的人力、物力和财力，长时间保持了对违法犯罪的严打态势，一度陷入了“重打轻防”的误区，忽视犯罪预防和群众工作，警民关系淡化，公安工作走入“打不胜打，防不胜防”的“怪圈”，处于十分被动的境地。人民群众对社会治安不满意，反映十分强烈。如此形势促使公安机关对原有警务理念和模式进行深刻反思，并积极探索警务改革的路径和方法。

2. 社区警务改革的探索与社区警务战略的全面实施。20 世纪 70 年代末至 90 年代初，我国社会治安综合治理方针逐步形成、确定下来，并在全国推行、实施。这一方针的提出是我国治安工作史上一个划时代的变革。它实际上是治安工作的一次新的革命性变革，形成了世界“社区警务”的“典范之作”。此时，欧美国家社区警务变革的经验及理论概括为中国社区警务改革提供了有益的借鉴。20 世纪 80 年代末 90 年代初，我国一批警务学者开始对欧美国家的社区警务理论进行译介、引进、比较和系统研究，从一定意义上说为我国的社区警务改革提供了理论借鉴，发挥了开阔视野、启迪思想的作用，并直接推动了我国社区警务改革的步伐及深入发展。

1997 年 4 月，公安部在江苏省苏州市召开了全国公安派出所工作改革会议。这次改革意义重大，重新明确了公安派出所社区治安管理和防范的基本职能，明确了“发案少、秩序好、社会稳定、群众满意”的警务战略目标。2000 年 12 月，我国全面推进城市社区建设，以改善社区治安环境为己任的社区警务建设无疑是社区建设的重要内容。2002 年 3 月，公安部在杭州召开全国公安派出所工作会议上明确要求全国大中城市公安机关在 2004 年之前全面实施社区警务战略，进一步明确公安派出所是“集管理、防范、打击、服务等多种职能于一体的基层综合性战斗实体”，提出加强以人口管理为重点的基础工作，实施社区警务战略，推进公安派出所规范化建设，努力实现社区警务应达到的目标，这是继 1997 年“苏州会议”后我国警务战略的又一重大调整，全面实施社区警务战略已成为我国基层警务改革的发展方向。同年 8 月，公安部、民政部联合发布了《关于加强社区警务建设的意见》，明确规定了加强社区警务建设的内容和要求，成为建设和发展社区警务战略的指导性文件。

2006年9月，公安部又专门下发《关于实施社区和农村警务战略的决定》，全面推动和部署在全国实施社区和农村警务改革战略，并要求与社区建设同步规划、同步推进和同步发展，在城市原则上以社区为单位划分警务区、配置社区民警，逐步建立与新型社区管理体制、社会主义新农村建设相适应的社区、农村警务工作机制，为全面建成小康社会、构建社会主义和谐社会创造良好的治安环境。实施社区和农村警务战略是我国公安机关警务观念、警务机制、警务方式改革的重大举措，对进一步加强公安基层基础建设促进基层公安工作的发展和进步，维护社会治安稳定和和谐发展具有十分重要的现实意义。

社区警务是公安基层基础工作的基石，是落实党对公安工作方针政策、措施要求的“最后一公里”，也是公安机关维护稳定、服务群众的“最初一公里”。以习近平同志为核心的党中央高度重视公安基层基础工作，明确要求大抓基层、大抓基础，重心下移、警力下沉、保障下倾，做精机关、做优警种、做强基层、做实基础。党的十八大以来，公安机关深入实施城乡社区警务战略，坚持贯彻党的群众路线，坚持发展新时代“枫桥经验”，积极推进社区民警专职化，探索加强网格化管理服务，不仅为推进基层社会治理、服务公安现实斗争，努力实现基础牢、出事少、治安好、党和人民满意的派出所工作目标提供了有力支撑，也使社区警务战略的内涵不断拓展和深化，形成了以枫桥警务为代表的具有中国特色的新型社区警务机制，使公安派出所社区警务持续焕发出蓬勃生机和活力。

【引导案例参考答案】

20世纪五六十年代，国内警民关系融洽，社会治安良好，人民群众对社会治安倾注极大的热情。在当时的计划经济体制下，社会控制严密，违法犯罪很少发生。国外许多专家、学者直言，社区警务实际是学习、借鉴中国警方20世纪五六十年代警务工作的结果。

当时，派出所职能比较明确，即以基层基础工作、预防违法犯罪作为中心内容。其工作以户口管理为基础，以熟悉常住成年人口为重心，以群众工作为保障。当时派出所管理的范围主要是居民区，机关、企事业单位由内保部门领导的单位保卫力量分管，特行、公共场所则由治安部门负责。当时的中国社会处于一种相对封闭状态，城乡之间、地区之间人口流动量很小，通过户籍制度实行人口管理，依托各级行政组织和强有力的治保会就能够形成严密的社会治安控制网络，一般的违法犯罪都能被及时发现。因此，以派出所外勤民警为主导，以治保会为骨干，加上人民群众维护治安的积极性空前高涨，各项犯罪目标防范和犯罪主体防范工作都卓有成效，大量违法犯罪被控制在萌芽状态。这一时期我国实行的警务方式虽未冠以“社区警务”的称谓，而是叫作公安基层基础工作，但就其指导思想、警务战略以及具体措施无不蕴含着现代意义的社区警务内涵，而被国外专家、学者赞为社区警务发展战略之先河。

中华人民共和国成立以来，公安机关在警务实践中积累了丰富的治理经验，也蕴含着杰出的政治智慧，它们既有中国特色的一面，也有共同性、普遍性的一面。警务工作除了要向西方学习先进经验以外，更要善于总结和发扬我们自身的优秀传统，结合我国独特的历史文化和民族特性进行改革创新，这既是实现国家治理体系和治理能力现代化的必然要求，也是在新时代坚持道路自信、理论自信、制度自信和文化自信的重要体现。

第三节　社区警务的理论基础

引导案例

新中国成立之初的群防群治

在社会治安的管理体制下，解放初期我们强调的“群防群治”，是以企业、行政事业单位、街道、村落的治保委员会为基础，广大人民群众积极参与治安管理的一种方式，被称为预防和治理犯罪的“人民战争”，尽管人力成本较高，但确有实效。

1950年在“镇反”“肃反”运动中，全国城乡各地普遍建立了治安保卫委员会（即治保会）。这种组织是群众性的自治组织，是公安机关依靠群众维护社会治安的重要力量，也是新中国群防群治工作的起源。1950年9月，第一次全国治安工作会议召开，分析研究了当时的国家治安情况和敌我斗争形势，明确了治安行政的工作方针和任务，要求采取依靠人民警察，依靠行政力量，依靠政府的政策法令，依靠人民群众监督的方式开展治安工作。人民群众是公安机关的依靠对象，也是公安工作的监督者。1952年8月，公安部发布《治安保卫委员会暂行组织条例》，要求在基层普遍建立治安保卫委员会。

治保会的性质是群众性治安保卫组织，是群众参与维护社会治安的最早方式。1954年底，全国人大常委会通过的《公安派出所组织条例》，明确派出所的工作职责之一就是“指导治安保卫委员会的工作”。根据当时的社会背景，公安部门工作将重点定位在防范敌特活动方面，而治保会作为群众与政府联系的纽带，作为公安机关的辅助力量，在基层治安防范工作中发挥着重要作用。

问题： 新中国成立之初群防群治的传统与社区警务的开展具有怎样的关系？

一、西方社区警务的理论基础

（一）社会契约理论

契约论的思想在古希腊就已经初步形成，后经发展，目前已成为西方国家重要的哲学思想。社会契约理论认为，社会公众共同订立契约，把自然权利交给国家，由国家代替他们行使这种权利。如果政府忠实于并且实现了它对公民的义务，人们就应该遵守这种行为规范。警察工作具有一种政治功能，警察既是政府的法律代表，同时也是人民的公仆，人民有权利要求警察提供服务，警察也有权利要求公众实现他们对国家的契约。犯罪是一种社会现象，预防犯罪和控制犯罪是社会共同的责任，社区公众在维护社会治安、预防犯罪方面应该具有义务。警察是政府的一部分，政府又是社会的一部分，因此，警察的治安责任与作用是相对的。警察组织社区公众参加旨在维护社会治安、减少违法犯罪、改善社区生活质量的活动，能充分调动社区公众的治安责任感和积极参与感，强化社区的治安功能。警察通过与公众增进了解，创造良好的社区环境和条件来提高警方对社区的服务水平，由此建立起一个严密的打击、防范、服务体系。

由于社会契约理论超越了部族、宗教和种族的界限，特别是它避开了阶级这一敏感的话题，有利于在西方各国开辟不同文化、不同传统的多元化社会的警察工作，从而在西方国家赢得了广泛的支持，并在警务工作中得以借鉴和利用，罗伯特·比尔警务原则中的永远和公众保持水乳交融关系就是在恢复历史传统。

（二）破窗理论

破窗理论的思想最初是由美国学者比德曼等在研究犯罪被害恐惧感时提出来的。1982 年，美国哈佛大学的两位学者詹姆斯·威尔逊和乔治·凯林以“破碎的窗户”为题发表了一篇论文，提出了破窗理论。该理论认为，如果某人打破了一扇窗而不被及时修理的话，将有更多的窗被打破，这些破窗表明本地区居民对自己的社区漠不关心，恶劣的环境加上人们的冷漠就会使犯罪滋生、蔓延。有媒体曾称赞这篇文章为“警务活动的圣经”“社区警务的蓝本”，甚至引起了美国警务活动的革命，并在学术界催生了环境犯罪学的研究热潮。破窗理论告诉我们，任何一种，哪怕是极其偶然、个别、轻微的有损公共管理秩序的行为，都不能视而不见、不闻不问、应对迟缓、处置不力，否则，客观上就会产生纵容更多的人“去打烂更多的窗户玻璃”的严重后果。长此以往，各种违法犯罪就会愈演愈烈，会对社会治安秩序造成严重冲击和影响。

破窗理论作为社区警务的重要理论，让越来越多的人特别是从事社区警务工作的专业人士明确认识到社区环境对于社区公共安全的重要性。当然，要有效解决“破窗户”现象和违法犯罪问题仅仅依靠政府部门和警察力量是远远不够的，也是不可能实现的。警察不能拘泥于警务工作，应该将关注的眼光和工作重心置于对社区人文、自然环境的教育改造和治理当中去，并紧密结合社区建设的总体规划和要求，同步建设和发展社区警务战略及技术。只有警方与社区之间建立良性互动的合作关系，才能形成合力，对社区的各种“破窗户”现象及衍生的违法犯罪问题实行综合治理，最大限度地消除违法犯罪的诱发条件和因素，从而实现预防和控制违法犯罪之目的。

二、中国社区警务的理论基础

社区警务不单单有西方理论作为基础，对于国内的探索与实践也存在一系列“本土化”的警务理论作为基础，其中较为典型的就是公安工作的基本方针与社会治安综合治理理论。

（一）公安工作的基本方针

公安工作的基本方针，是指我国各项公安业务工作都必须遵循的共同指导原则。我国公安工作的基本方针是“党委领导下的专门机关与广大人民群众相结合”，它完整地表述了公安工作中党的领导、公安机关和人民群众三者之间的关系，反映了我国公安工作的特色和优势。党的领导和群众路线，在长期的公安工作实践中已形成一个有机整体，成为我国公安工作的基本方针。

在党委领导下，把公安机关的职能作用与广大人民群众的积极主动精神结合起来，共同保卫国家安全，维护社会稳定，这就是我国社区警务的理论依据。人民群众是社会治安的基本力量，警察机关是维护社会的主导机关，在充分发挥警察机关维护社会治安主导作用的同时，还要把群众路线贯穿在各项警务工作当中，这是公安工作取得成功的根本保证。人民警察要深入群众，听取群众的意见和要求；要宣传、动员、组织人民群众参与到社会治安防控中，充分调动人民群众的治安积极性，建立各种形式的群众治安组织；相信群众在维护社会治安方面的智慧和能力，加强警民联系，携手预防社区违法犯罪问题，共同创建和谐稳定的社区治安环境。

（二）社会治安综合治理

社会治安综合治理是我国在长期社会治安实践中，针对我国国情提出的预防、控制和减少犯罪的重要方针。社会治安综合治理，是在党委、政府统一领导下，在充分发挥政法部门特别是公安机关骨干作用的同时，组织和依靠各部门、各单位和人民群众的力量，综合运用政治的、经济的、行政的、法律的、文化的、教育的等多种手段，通过加强打击、防范、教育、管理、建设、改造等方面的工作，实现从根本上预防和治理违法犯罪，化解不安定因素，维护社会治安持续稳定的一项系统工程。

社会治安综合治理方略既是对我国公安工作基本方针的继承，又是在更高层次上的发展。社会治安综合治理和社区警务在很多方面存在一致性，这一土生土长的警务战略为作为“舶来品”的社区警务运作奠定了基础。

1. 二者理论依据一致。社会治安综合治理重要的理论依据是，犯罪是一种社会现象，必须运用综合性手段和措施进行治理才能有效。社区警务理论基础同样认为产生犯罪的根源在社会，抑制犯罪的根本力量也在社会。

2. 二者基本理念一致。社会治安综合治理与社区警务都倡导“打防并举、标本兼治、重在治本”“谁主管、谁负责”“属地管理”等基本理念。

3. 二者基本内容一致。社会治安综合治理的工作范围包括打击、防范、教育、管理、建设、改造这六个方面，社区警务的工作内容同样也体现在这些方面。

4. 二者实施主体一致。各级党委、政府、政法机关，各级社区管理组织和各个组成单位的领导，以及具有行为能力、可对行为负责任的所有公民，既是社会治安综合治理的重要主体，也是社区警务工作的重要主体，二者都强调各主体之间的合作，也都强调群众的作用。

5. 二者工作目的或目标一致。社会治安综合治理强调运用综合性手段和措施进行治理，其根本目的是预防和控制犯罪，以达到国家社会稳定、长治久安。在这一宏观战略目标的统领下，社区警务强调立足社区，形成群防群治的治安控制网络，共同开展社区治安和治安防范、管理，共同预防和减少犯罪，确保社区安宁和治安秩序稳定。

【引导案例参考答案】

群防群治的基本设想和思路，在于群策群力、众志成城，联系、发动和组织群众，使群众保持高度的警惕性和旺盛的斗志参与到维护治安秩序与社会安全的工作中，使坏人坏事和扰乱社会治安的现象成为众矢之的，使治安的破坏者无机可乘、无所遁形。基层群防群治队伍是富有中国特色的基础性、群众性的治安力量，在社区群众工作中充分发挥着维护社会治安的积极作用。群防群治的传统既体现出坚持群众观点、走群众路线的公安工作基本方针，还彰显出社会治安综合治理的思想，为社区警务工作的开展奠定了实践和理论基础，组织动员开展群防群治工作也是社区警务工作内容的重要组成部分。

第四节　社区警务的主要内容

引导案例

黄山派出所深入推进社区警务改革　打造数字化智能社区警务新亮点①

徐州市公安局云龙分局黄山派出所位于城市核心区的东部板块，针对辖区实际问题，深入推进社区警务改革，走出了一条符合黄山实际、具有黄山特色的基层基础工作新路子。

优化"警组制"，夯实基层工作。实行"N+1 警组制"，其中"1"固定为社区警务队，以基础防范、动态管控、提供情报线索为日常工作主要内容，实现对辖区人、地、物、事、组织等要素的全面掌控。规定社区民警一律沉在社区开展基础工作，方便群众报警求助、办理居住证、入户前手续办理、摸排不稳定因素、化解矛盾纠纷等。

拓展新亮点，强化信息化应用。派出所先后组建了物业、网吧、房屋中介、寄递业等场所行业微信群，24 小时在线指导、实时监督，并结合上级部署开展的各类集中整改专项行动，第一时间在群内下发通知、开展视频培训，有效解决了行业场所人员流动频繁、阵地管控监督薄弱等警务难题。充分发挥房屋中介机构覆盖面广、信息灵通的优势，将辖区房屋租赁信息上传到系统中，社区民警接收信息后，第一时间上门走访、核实完善人员信息。扎实推进智能小区建设，为小区安装了人脸识别门禁和车辆智能道闸，将小区居民人卡捆绑、人房关联、人车关联，实现采集人像、比对人员、关注预警一体化。积极引入"廊文化"，打造集中华民族美德、廉政文化、法制文化、科技普法、安全防范等知识为一体的

① 案例选自 2017 年 8 月 9 日《徐州日报》第 005 版，通讯员张静、韩艺，有删改。

单元文化墙，让百姓在家门口就能享受到文化的盛宴。

建立新机制，防范风险隐患。加强辖区巡逻防控，每天高峰时期提前投放警力，在早市、学校附近开展巡控；平峰期警力分布在步行街商圈、社区等人员密集区域；夜间低峰期民警带领警辅人员和治安积极分子，在辖区开展夜巡防控；晚上10点以后，民警在小区周边开展巡逻，物业保安在小区内开展步巡，并通过微信拍照、通知物业负责人等形式制止、杜绝小区保安睡岗情况。

问题：本案例中，社区警务的工作内容体现在哪些方面？

一、西方社区警务的主要内容

根据西方国家社区警务理论与实践的内在要求，其工作内容主要包括以下五个部分：

（一）社区预防犯罪

社区预防犯罪是西方国家社区警务的首要任务，是最重要的工作内容。警方通过制定有组织、有计划、有针对性的预防犯罪方略，从而实现震慑和预防犯罪之目的。英国20世纪70年代发展起来的“邻里联防”计划就是一种基本的预防犯罪形式。社区邻里联防一般是应当地居民的要求由警方发起，并由社区警察具体组织实施的。警方负责划分邻里联防的区域范围，召集有关会议，帮助社区居民代表及邻里联防负责人，分发各种预防犯罪的小册子等宣传品。“邻里联防”计划的具体要求和主要内容包括以下四个方面：一是物体标志（Operation Identification）；二是犯罪报告（Crime Reporting）；三是家庭安全（Home Security）；四是个人安全（Personal Safety）。除此之外，一些社区还在街道、路口、马路两旁和居民楼墙上等醒目位置设置或张贴邻里联防的标志图案，以震慑犯罪。

（二）密切警民关系

现代化巡逻车的普遍使用，通信设备的极大改善，无疑大幅度提升了警察的高度机动性和快速反应能力，但同时也形成了新的弊端——警察与公众之间的隔阂。为了改善警民关系、有效提高巡逻的效能，英国、美国、澳大利亚等西方国家尝试改革巡逻勤务方式，普遍重视并建立步行巡逻制度。这样一来，警察走出巡逻车，深入社区，有较多的时间和机会接触社区居民、了解掌握有关情况，在解决社区矛盾纠纷、消除犯罪隐患和诱发因素等方面发挥了更大的作用。日本、新加坡等国家则不盲从以欧美国家为代表的机动车巡逻为主导的世界性趋势，而是大力发展城乡警岗制度。借助这些星罗棋布的警察岗亭，岗亭警察可以非常方便地走访管区内的居民，随时为公众提供咨询服务、听取意见和建议、指导公众开展安全防范。总之，各国通过最大限度地增加警察与社区公众接触的机会，实现改善警民关系之目的。

（三）改善警察形象

理论研究结果和实践都充分证明，公众要求警方协助解决的各种问题，大多与执法活动和犯罪无关。然而，警方如果不帮助公众解决他们迫切关心的问题，就不会赢得公众的支持。此外，公众反映的问题可能间接地与违法犯罪有关系，警方在处理这些问题的过程中，就有可能发现犯罪的线索或预防犯罪的发生。因此，社区警务就是要纠正警察中存在的不愿做“社会工作”的倾向，强化社区警察的“社会工作者”角色意识，加强与当地公众和社区团体的联系，扩大社会服务，改善警察形象，使得公民主动配合警察的工作。

（四）增强社区沟通

建立社区沟通、反馈机制，丰富信息源头是社区警务工作的重要组成部分，它使得警方可以直接从社区获得丰富的信息资源。例如，澳大利亚警方大力发展社区邻里联防网络，并在社区设立联络官。联络官一般通过各种社区团体的联络委员会进行工作，每月召开一次社区邻里联防会议，当地警察部门派人参加。警方与社区的各种社会团体、居民开诚布公地共同讨论犯罪、警察工作和安全防范等问题，通过这种方式及与社区居民接触的其他机会，警方往往能够从社区获取很多重要信息。

（五）治安资源开发

西方国家在实施社区警务战略中，往往多渠道开发社会资源，组织吸收社会力量参与到社区警务工作当中。通过组织社区居民成立辅助社区警务力量，在社区警察的监督指导和督促下，义务参与社区警务工作，共同预防犯罪。例如美国和英国都建立了较为成熟的辅助警察制度，这些辅助人员身着警服，没有薪水，经过培训后上岗执勤，主要承担打击夜间盗窃、打架斗殴、破坏公私财物、扰乱社会治安管理等工作。

二、中国社区警务的主要内容

我国的社区警务工作主要由公安派出所承担。其内容多，涉及面广，主要包括以下六个方面：

（一）掌握社情民意

社区民警应密切联系辖区群众和单位，线下线上结合，倾听意见和呼声。排查分析社情动态和安全隐患，加强风险预知预警预防。及时收集、掌握、报告涉及国家政治安全、社会稳定、违法犯罪的线索和信息。掌握社情民警的前提是做好社区治安信息工作。

社区治安信息是反映社区治安状况、治安环境、治安防控以及其他相关因素产生、发展和变化规律的一切消息、情报资料、数据等的总称。开展社区治安信息调查的主要目的是为党委、政府、警察部门和社区等组织及时掌握治安态势、研究治安规律、进行科学治安防范决策提供参考依据。社区警务以发现和解决社区治安问题为主要内容，开展社区治安信息调查工作有助于及时发现和掌握各类社区治安问题，因而成为有效推行社区警务战略的基础性措施。

要增强情报信息意识，加强信息员队伍建设，拓宽信息来源和渠道，建立覆盖社会面的群众性情报信息网络。利用社区广泛的人力资源，及时收集、上报涉及社会政治稳定和治安稳定的各类信息，特别是深层次、预警性的情报信息；定期排查、分析社情动态和突出的治安问题；将收集、掌握的各类情况信息录入计算机，进行积累、分析、比对，切实做到基础工作信息化。就社区治安信息调查的内容而言，主要包括以下几个方面：（1）社区概况调查，包括对社区历史沿革和地理环境的调查，对社区行政区划基本情况、道路交通情况、单位情况、场所情况以及行业情况的调查等。（2）社区人口状况的调查，包括对社区人口密度、人口素质、人口流动和人口变化等问题的调查，对社区人口的年龄、性别、职业结构和实有人口（常住、暂住、境外、重点）结构及人际环境的调查。（3）社区治安状况的调查，包括危害社区治安的消极因素及其影响情况，主要是掌握社区内各种违法犯罪状况和排查各类社区矛盾，特别是社会热点问题及群体性事件情况；维护社区治安的积极因素及其影响情况；公民对正常秩序与社会控制状况的体验和安全感受等内容。

（二）管理实有人口

人口管理是公安工作的基础，能否提供破案和违法犯罪线索是衡量人口管理工作好坏的重要标准之一，可以说，管好人口才能管好治安。公安派出所负责辖区户口登记工作，包括出生、死亡、迁出、迁入、变更更正和暂住登记等基本业务。很多社区警务室（站）能够为社区居民办理户口、身份证、暂住证等证件，在依法办证的前提下，社区警务室（站）应当灵活地把握便民利民的原则，公布办证手续、简化办证程序、缩短办证时间。根据现住地管理的原则，公安机关通过户口登记、人口调查、查验居民身份证等专门工作与群众工作相结合，全面、准确地登记辖区实有人口，对常住人口、暂住人口、重点人口做到底数清、情况明。社区人口管理主要包括：（1）建立健全人口档案，并及时做好各类人口的调查和跟踪考察等日常管理工作，为提升警务效能服务；（2）加强管理流动人口，掌握可能违法犯罪的高危人群动向；（3）重点掌握出租房屋和暂住人口的动态情况；（4）及时了解和掌握境外人员在辖区内居留、就业等情况，严格登记管理，并按规定报告上级主管部门。

（三）组织安全防范

社区安全防范工作是一项长期工程，具有见效慢、持久性的特点，需要投入大量精力进行日常管理。作为社区安全防范工作的中坚力量，社区警务人员要在安全防范工作中发挥重要作用。社区安全防范要以控制和减少辖区可防性、多发性案件为重点，充分调动社区人力、物力、财力资源，落实人防、物防、技防措施，构筑社区治安防范体系，提高安全防范水平。

社区安全防范要从多个方面开展工作：（1）严格日常监督检查，及时发现安全漏洞与隐患。（2）动员、指导、督促辖区居民、单位、行业场所积极开展安全防范，建立健全安全防范制度，落实安全防范措施，预防、减少各类案件和治安灾害事故的发生。（3）根据需要组织公众参与自卫互助，切实加强并认真指导、组织治保会、保安队、义务巡逻队等群防群治力量对社会面、居民区和内部单位的巡逻防范和邻里守望活动，增强群众的自我防范意识和能力。（4）强化案件多发时段、区域、部位的巡逻力量和巡逻密度，有效减少入室盗窃、偷盗机动车等可防性案件的发生。（5）加强防范硬件建设，动员社区单位和居民安装物防（如防盗门窗、车棚）、技防（如无线报警器、电视监控）产品，提高防范能力。

（四）维护社区秩序

按照属地管理的原则，应当对社区内各种公共复杂场所与地段、特种行业、企事业单位和要害部位，实行属地治安管理，采取严密安全的管理制度，强化日常巡逻和治安检查，及时发现和消除治安隐患，预防和减少违法犯罪及各种治安灾害事故。

社区治安管理的内容主要体现在以下几个方面：（1）社区公共场所管理。公共场所包括公共交通场所、公共娱乐场所、公共服务场所和公共商贸场所等，这些地区人员集中、流动频繁、情况复杂，容易发生各种违法犯罪活动和治安灾害事故，公安机关必须加以重点控制。（2）社区特种行业管理。特种行业是指工商服务业中由于其经营的业务内容容易被利用进行各种违法犯罪活动，根据国家法律、法规规定，由公安机关实施特殊治安管理的行业。特种行业包括全国性特种行业（如旅馆业、刻字业、旧货业）和地方性特种行业（如机动车维修业、洗浴按摩业等）。(3) 重点地区秩序管理。重点地区是指因其功能、结构、地理等因素，容易成为违法犯罪分子袭击目标的区域，主要包括：要害部门、部位及其周边，如党政首脑机关、重点建设工程、重要电力和煤气设施、重要通信枢纽站等；重要行业及其周边，如金融、物资、粮食等系统的金库、粮库、物资仓库、危险物品生产区等；其他重要地区，如反映一个地区总体形象的繁华街道、广场等。

（五）服务社区群众

服务社区群众是指社区警务组织及警务人员（主要是指基层警察组织和社区警察）为推行社区警务战略，实现社区治安管理的目标，主动与社区公众建立治安联动关系，依法宣传、动员、组织、指导社区公众参与社区治安治理，为社区公众提供安全服务的工作。社区警务的根基在于社区群众。要做好社区警务工作，必须走群众路线，一切为了群众，一切依靠群众。社区警务的核心就是改善警民关系，当好社区基层组织的帮手，积极与公众一起参加社区公益活动，充分发动社区居民共同维护社区治安。因此，社区群众工作是推行社区警务战略的主线或基础措施。

社区民警要牢固树立全心全意为人民服务的宗旨意识，建立良好的警民关系，努力提高为群众服务的效率和质量。要深入群众之中，倾听群众意见，了解群众疾苦，尽力为群众排忧解难，切实做好宣传、组织和服务相关工作；及时受理报警求助，在规定时限内办理群众申办事项；积极参与排查调处民间矛盾纠纷，努力把不稳定因素化解在基层、化解在萌芽状态；积极参与社区公益活动，与公众保持固定、亲密、良好的合作关系。

（六）打击社区违法犯罪

社区警务中打击违法犯罪主要通过其管理和防范的整体效能得以实现。根据公安部相关规定，社区有权侦办非系列案件、非专业技术案件、非严重暴力刑事案件和治安案件，因此，社区民警打击社区违法犯罪主要表现在三个方面：一是查破或协助办理社区内发生的各类治安行政案件；二是积极协助侦破涉及社区的各类刑事案件，及时提供有价值的线索；三是保护社区内发生的重大案件现场，并做好前期处置工作。

【引导案例参考答案】

本案例中，社区警务的工作内容主要体现在以下几个方面：

一是社区情报信息工作，挖掘情报线索。例如，建立场所行业微信群以方便情报信息的沟通；推进智能小区建设以实现人口、车辆出入信息采集。

二是进行实有人口管理。例如，办理居住证，开展入户调查登记，联系房屋中介机构实现以房管人。

三是搞好社区安全防范。充分利用社会信息化资源来拓展社区警务工作的广度和深度，如摸排不稳定因素、加强辖区巡逻防控、打造安全防范知识文化墙、开展纠纷调解，减少辖区可防性案件的发生。

四是社区治安管理，强化阵地管控监督。例如，对物业、网吧、房屋中介、寄递业等场所行业进行在线指导、实时监督，开展各类集中整改专项行动。

五是社区群众工作。例如，要求社区民警沉在社区开展基础工作，方便群众报警求助，把社区警务室打造成服务百姓的窗口。

第二章　社区治理与社区警务

【学习目标】

通过本章学习，使社区民警掌握社区治理的主要内容，全面了解社区警务与社区之间的系统关系，掌握在社区治理背景下推进平安社区建设的标准及主要措施。

【重点提示】

· 社区治理的含义

· 社区警务与社区治理之间的关系

· 平安社区建设的内涵

根据中共中央、国务院印发《关于加强和完善城乡社区治理的意见》的精神，到2020年，基本形成基层党组织领导、基层政府主导的多方参与、共同治理的城乡社区治理体系，城乡社区治理体制更加完善，城乡社区治理能力显著提升，城乡社区公共服务、公共管理、公共安全得到有效保障。再过5到10年，城乡社区治理体制更加成熟定型，城乡社区治理能力更为精准全面，为夯实党的执政根基、巩固基层政权提供有力支撑，为推进国家治理体系和治理能力现代化奠定坚实基础。社区警务工作是城乡社区治理体系的重要组成部分。推进社区治理是新时代公安派出所深化城乡社区警务战略的重要职责任务，而伴随着社区治理体系的完善，也将为我国社区警务工作创造良好的发展机遇。本章重点介绍社区治理与社区警务工作之间的紧密关系，以及平安社区的创建等内容。

第一节 社区治理概述

引导案例

上海创新社区治理 全面深化社区警务改革①

上海公安持续深入推进社区警务改革，推动社区警务深度融入基层组织、融入社区群众，积极构建与社区治理高度融合的现代社区警务机制，全力打造平安上海的牢固“基石”，不断增强人民群众安全感、满意度、获得感。

“一居一警、一村一警”覆盖全市。通过优化警力配置、创新制度机制、完善考评体系，全力打造一支沉得下、留得住、扎得深的专职化社区民警队伍，为深入推进社区警务建设打下了坚实基础。为保证社区民警有充足时间沉入社区，上海市公安局明确规定不得将社区民警“挪作他用”，不得安排社区民警日间参加派出所值班，严禁减少社区民警在编岗位，确保常态勤务下社区民警每周在社区开展工作不少于5个半天。此外，上海市公安局还专门制定勤务规范和考核办法，从制度层面指导督促社区民警沉入社区开展工作。为保证社区民警队伍稳定性，上海市公安局规定社区民警原则上5年内不允许变动岗位，如确需要调动的，也要做到“先进后出”，先补充警力、再办理调动；制定出台激励政策，进一步提升职业荣誉感和归属感，确保社区民警岗位“有人干、愿意干、抢着干”。

规范社区警务室建设，创新科技手段应用。按照“有独立成间，有鲜明的标识特征、凸显社区警务室专业服务功能、能体现社区治理主题”的标准，上海市公安局大力推进社区警务室建设，努力将警务室打造成集政策咨询、纠纷调处、信息采集、户籍办理初审、身份证遗失补办等多种功能于一体的工作服务站。每名社区民警都配备了新一代移动警务终端，做到警务信息“随采集、随录入”，现场查询、当场反馈群众的咨询类求助。此外，上海市公安局还在互联网上建立了市局、分局、派出所三级“阳光警务”大厅群，其中在派出所“阳光警务”大厅专门设置社区警务模块，方便群众网上查询了解相关法律政策、社区治安状况等信息，并可以预约办事。

---

① 案例摘编自吴艺．上海：让社区警务深度融入基层组织和社区群众［EB/OL］．中国警察网，http：//news. cpd. com. cn/n3559/c37720430/content. html：2017-04-30.

以党建引领社区治理，多元调处矛盾纠纷。为构建多元共治的社区治理新格局，上海市公安局以党建为抓手推动社区治理，积极推动落实党员社区民警兼任居（村）委党组织副书记、非党员社区民警兼任居（村）委综治工作站副站长，充分发挥社区民警组织协调、宣传引导、指导服务的作用，推动各方力量形成“多位一体”的社区治理模式。为了把矛盾纠纷化解在基层，上海市公安局建立完善以社区民警为骨干的矛盾纠纷多元调处机制，在派出所设立“人民调解工作室”，通过社区民警与人民调解员、律师等专业社会力量的协作配合，合力开展矛盾纠纷调解工作。为进一步提升社区安全防范水平，上海市公安局还积极推动居（村）委治保主任专职化，使其与社区民警协作配合更加紧密，合力做好社区群防群治、防范宣传、矛盾纠纷排查等工作。

问题： 1. 请问社区警务工作与社区治理之间的关系是什么?

2. 在社区治理创新中如何推进社区警务战略?

社区是社会治理的基本单元。社区治理事关党和国家大政方针贯彻落实，事关居民群众切身利益，事关基层和谐稳定。社区警务是实现党领导下的政府治理和社会调节、居民自治良性互动，全面提升社区治理法治化、科学化、精细化水平和组织化程度，促进社区治理体系和治理能力现代化的一项重要基础工作。

一、社区治理的含义及特征

社区治理（community governance）是指在法治化、规范化的前提下，由政府行政组织、社区党组织、社区自治组织、社区非营利组织、辖区单位以及社区居民等多元主体共同管理社区公共事务的活动。① 社区治理区别于社区管理。传统的社区管理（community management）突出了社区的行政色彩，强调政府在社区中的领导地位，主要以行政手段对社区事务进行管理。而社区治理则是从治理的理论基点出发，强调在社区治理中，政府应是权力主体之一，而不是社区治理中的唯一权威，它应该更好地发挥引导和服务作用，而不是进行行政性的强制，它应该引领社区逐步过渡到“自我教育、自我管理、自我服务、自我约束”的理想状态。社区治理的目标是通过多元主体对社区治理的参与，在多元主体格局职责分明而又相互依赖的基础上促进社区的善治，最终实现协商民主、整合资源、促进社区建设。

---

① 郭小建．社区治理［M］．西南交通大学出版社，2018.

根据社区治理的含义，社区治理的特征主要包含四个方面。

1. 社区治理主体的多元化。尽管党委政府在社区治理过程中依然会发挥主导性的影响作用，但党委政府不再是社区治理的唯一主体。在党委政府之外，还有其他治理主体，例如企业、社会组织和居民等，它们通过同政府机构，以及彼此之间建立起多种多样的协同治理关系，通过相互之间的协商与合作，来共同决定和处理社区公共事务。其中社区民警作为政府公务人员，也是社区治理主体的重要组成部分。

2. 社区治理过程的目标化。社区治理除了明确的任务目标之外，过程目标更是其所注重的因素。社区治理要解决社区存在的问题，完成特定的、具体的经济社会发展任务。此外，社区治理还要培育社区治理的基本要素，包括调动社区居民参与公共事务，培育改善社区组织体系，建立正式、非正式的社区制度规范，建构社区不同行为主体互动机制等。这些社区治理的过程目标只有在社区治理的长期过程中才能逐渐培育起来。

3. 社区治理内容的全面化。社区治理的内容涉及社区成员社会生活的多个方面，事关社区成员的切身利益。它包括社区服务与社区照顾；社区安全与综合治理；社区公共卫生与疾病预防；社区环境及物业管理；社区文化和精神文明建设；社区社会保障与社区福利等。要做到社区公共事务的治理就必须最大限度地整合社区内外资源，构建社区治理机制，调动社区居民参与，达成社区事务的善治。

4. 社区治理手段的多维化、互动化。社区治理区别于政府行政管理，其权力运行方式并不总是单一的、自上而下的。社区治理并不是通过发号施令、制定执行政策等来达到管理目标，它通过协商合作、协同互动、协作共建等来建立对共同目标的认同，进而依靠人民内心的接纳和认同来采取共同行动，联合起来对社区公共事务进行善治。多维度、上下互动的过程使得社区治理得到人们的认同，而不是外界的强制和压力。

二、社区治理的基本原则

（一）坚持党的领导，固本强基

加强党对社区治理工作的领导，推进社区基层党组织建设，切实发挥基层党组织领导核心作用，带领群众坚定不移贯彻党的理论和路线方针政策，确保社区治理始终保持正确政治方向。坚持党对社区治理工作的领导，必须始终把加强基层党的建设、巩固党的执政基础作为贯穿城乡社区治理的一条红线，强化党对社区自治组织和其他社会组织的领导核心作用，推动党的政治优势、组织优势转化为发展治理优势。始终高举党的旗帜，加强社区党组织服务供给、依法办事、文化引领、舆论引导、矛盾预防化解、群众工作、信息化运用等方面能力建设，大力彰显公共资源的政治属性，提高党员和居民群众对党建工作的认可度、满意度。加强典型引导，以模范先锋引导社会思潮，构建先进文化，塑造社会伦理，培育社区精神。

（二）坚持以人为本，服务居民

坚持以人民为中心的发展思想，把服务居民、造福居民作为社区治理的出发点和落脚点，坚持依靠居民、依法有序组织居民群众参与社区治理，实现人人参与、人人尽力、人人共享。社区治理需要社区居民共同参与，我国明确提出支持和帮助居民群众养成协商意识、掌握协商方法、提高协商能力，推动形成既有民主又有集中，既尊重多数人意愿又保护少数人合法权益的城乡社区协商机制。在提高社区服务供给能力方面，做好与城乡社区居民利益密切相关的劳动就业、社会保障、卫生计生、教育事业、社会服务、住房保障、文化体育、公共安全、公共法律服务、调解仲裁等公共服务事项。依托“互联网+政务服务”相关重点工程，加快城乡社区公共服务综合信息平台建设……这些举措从维护民众切身利益出发，以民生为导向，为社区居民提供便利的生活服务，旨在提升社区居民的生活质量和幸福感。

（三）坚持改革创新，依法治理

强化问题导向和底线思维，积极推进社区治理理论创新、实践创新、制度创新。弘扬社会主义法治精神，坚持运用法治思维和法治方式推进改革，建立惩恶扬善长效机制，破解社区治理难题。习近平总书记强调：“社区工作是一门学问，要积极探索创新，通过多种形式延伸管理链条，提高服务水平，让千家万户切身感受到党和政府的温暖”。法治、德治、自治相结合的社区治理模式是基层社会治理的一次理论创新和实践创新，是加强和完善基层社会治理的发展方向，也是推进社会治理体系和治理能力现代化的重要内容。一是加强社区民主自治。要进一步强化群众自治主体地位，规范社区自治组织运行，加大民主决策、民主监督实践，通过沟通协商找到全社会意愿和要求的最大公约数，引导自治组织和广大群众实现民事民议、民事民办、民事民管。二是加强社区法治。要运用各种形式加大法治、扫黑除恶宣传教育力度，切实培养群众办事依法、遇事找法、解决问题用法的良好习惯。三是加强社区德治。要充分发挥中华优秀传统文化优势，弘扬社会主义核心价值观，完善村规民约、社区公约的制订修订工作，健全自治章程、村规民约、社区公约等行为准则，开展道德课堂、道德评议、乡贤人物宣传等活动，通过德治礼序的权威、生活风俗的教化来规范社会秩序。

（四）坚持城乡统筹，协调发展

城市社区治理和农村社区治理既有共性要求也有个性要求。适应城乡发展一体化和基本公共服务均等化要求，促进公共资源在城乡间均衡配置。统筹谋划城乡社区治理工作，注重以城带乡、以乡促城、优势互补、共同提高，促进城乡社区治理协调发展。一是统筹城乡社区均衡治理。把城市社区和农村社区有机结合起来，推动城市和农村两个治理场域的统筹治理，促进城乡社区治理互动化、一体化，以城乡联动治理夯实基层治理基础。二是协调城乡社区各领域治理。统筹谋划城乡社区政治、经济、文化、生活、环境、安全等各治理领域，推动政治引领、经济奠基、文化凝聚、生活提升、环境友好、安全保障等，从全局上、整体上把握社区治理的所有要素、所有环节、所有内容，推进城乡社区的全面治理。三是统筹提高城乡社区治理水平和补齐治理短板。推动城乡社区治理全面可持续发展，增强治理有效性，就应把提高治理能力与补齐治理短板有效结合起来，以补齐短板来促进能力提升，以提高能力带动短板解决，通过治理优势和不足的协调互助，实现城乡社区全面总体性治理。

（五）坚持因地制宜，突出特色

推动各地立足自身资源禀赋、基础条件、人文特色等实际，确定加强和完善社区治理的发展思路和推进策略，实现顶层设计和基层实践有机结合，加快形成既有共性又有特色的社区治理模式。创新社区治理应该避免简单的模式复制与移植。社区治理是一项因地制宜的差异化实践，普遍意义上的“万能模式”并不存在。因此，在社区的建设发展过程中，应该找准自身定位，发挥特色优势，形成多样化、差异化的社区形态。创新社区治理不仅要坚持问题导向，还要强化源头治理。问题导向的关键在于迅速找到问题的症结并予以解决，重在化解。源头治理的关键在于人与人之间的关系，重在预防。预防和化解，二者缺一不可。

三、健全完善城乡社区治理体系

（一）充分发挥基层党组织领导核心作用

把加强基层党的建设、巩固党的执政基础作为贯穿社会治理和基层建设的主线，以改革创新精神探索加强基层党的建设引领社会治理的路径。加强和改进街道（乡镇）、城乡社区党组织对社区各类组织和各项工作的领导，确保党的路线方针政策在城乡社区全面贯彻落实。推动管理和服务力量下沉，引导基层党组织强化政治功能，聚焦主业主责，推动街道（乡镇）党（工）委把工作重心转移到基层党组织建设上来，转移到做好公共服务、公共管理、公共安全工作上来，转移到为经济社会发展提供良好公共环境上来。加强社区服务型党组织建设，着力提升服务能力和水平，更好地服务改革、服务发展、服务民生、服务群众、服务党员。继续推进街道（乡镇）、城乡社区与驻社区单位共建互补，深入拓展区域化党建。扩大城市新兴领域党建工作覆盖，推进商务楼宇、各类园区、商圈市场、网络媒体等的党建覆盖。健全社区党组织领导基层群众性自治组织开展工作的相关制度，依法组织居民开展自治，及时帮助基层群众解决自治中遇到的困难和问题。加强城乡社区党风廉政建设，推动全面从严治党向城乡社区延伸，切实解决居民群众身边的腐败问题。

（二）有效发挥基层政府主导作用

各省（自治区、直辖市）按照条块结合、以块为主的原则，制定区县职能部门、街道办事处（乡镇政府）在社区治理方面的权责清单；依法厘清街道办事处（乡镇政府）和基层群众性自治组织权责边界，明确基层群众性自治组织承担的社区工作事项清单以及协助政府的社区工作事项清单；上述社区工作事项之外的其他事项，街道办事处（乡镇政府）可通过向基层群众性自治组织购买服务等方式提供。建立街道办事处（乡镇政府）和基层群众性自治组织履职履约双向评价机制。基层政府要切实履行城乡社区治理主导职责，加强对城乡社区治理的政策支持、财力物力保障和能力建设指导，加强对基层群众性自治组织建设的指导规范，不断提高依法指导城乡社区治理的能力和水平。

（三）注重发挥基层群众性自治组织基础作用

进一步加强基层群众性自治组织规范化建设，合理确定其管辖范围和规模。促进基层群众自治与网格化服务管理有效衔接。加快工矿企业所在地、国有农（林）场、城市新建住宅区、流动人口聚居地的社区居民委员会组建工作。完善城乡社区民主选举制度，进一步规范民主选举程序，通过依法选举稳步提高城市社区居民委员会成员中本社区居民比例，切实保障外出务工农民民主选举权利。进一步增强基层群众性自治组织开展社区协商、服务社区居民的能力。建立健全居务监督委员会，推进居务公开和民主管理。充分发挥自治章程、村规民约、居民公约在城乡社区治理中的积极作用，弘扬公序良俗，促进法治、德治、自治有机融合。

（四）统筹发挥社会力量协同作用

制定完善孵化培育、人才引进、资金支持等扶持政策，落实税费优惠政策，大力发展在城乡社区开展纠纷调解、健康养老、教育培训、公益慈善、防灾减灾、文体娱乐、邻里互助、居民融入及农村生产技术服务等活动的社区社会组织和其他社会组织。推进社区、社会组织、社会工作“三社联动”，完善社区组织发现居民需求、统筹设计服务项目、支持社会组织承接、引导专业社会工作团队参与的工作体系。鼓励和支持建立社区老年协会，搭建老年人参与社区治理的平台。增强农村集体经济组织支持农村社区建设能力。积极引导驻社区机关企事业单位、其他社会力量和市场主体参与社区治理。

四、不断提升城乡社区治理水平

（一）增强社区居民参与能力

提高社区居民议事协商能力，凡涉及城乡社区公共利益的重大决策事项、关乎居民群众切身利益的实际困难问题和矛盾纠纷，原则上由社区党组织、基层群众性自治组织牵头，组织居民群众协商解决。支持和帮助居民群众养成协商意识、掌握协商方法、提高协商能力，推动形成既有民主又有集中，既尊重多数人意愿又保护少数人合法权益的城乡社区协商机制。探索将居民群众参与社区治理、维护公共利益情况纳入社会信用体系。推动学校普及社区知识，参与社区治理。拓展流动人口有序参与居住地社区治理渠道，丰富流动人口社区生活，促进流动人口社区融入。

（二）提高社区服务供给能力

加快城乡社区公共服务体系建设，健全城乡社区服务机构，编制城乡社区公共服务指导目录，做好与城乡社区居民利益密切相关的劳动就业、社会保障、卫生计生、教育事业、社会服务、住房保障、文化体育、公共安全、公共法律服务、调解仲裁等公共服务事项。着力增加农村社区公共服务供给，促进城乡社区服务项目、标准顺利衔接，逐步实现均等化。将城乡社区服务纳入政府购买服务指导性目录，完善政府购买服务政策措施，按照有关规定选择承接主体。创新城乡社区公共服务供给方式，推行首问负责、一窗受理、全程代办、服务承诺等制度。提升城乡社区医疗卫生服务能力和水平，更好满足居民群众基本医疗卫生服务需求。探索建立社区公共空间综合利用机制，合理规划建设文化、体育、商业、物流等自助服务设施。积极开展以生产互助、养老互助、救济互助等为主要形式的农村社区互助活动。鼓励和引导各类市场主体参与社区服务业，支持供销合作社经营服务网点向城乡社区延伸。

（三）强化社区文化引领能力

以培育和践行社会主义核心价值观为根本，大力弘扬中华优秀传统文化，培育心口相传的城乡社区精神，增强居民群众的社区认同感、归属感、责任感和荣誉感。将社会主义核心价值观融入居民公约、村规民约，内化为居民群众的道德情感，外化为服务社会的自觉行动。重视发挥道德教化作用，建立健全社区道德评议机制，发现和宣传社区道德模范、好人好事，大力褒奖善行义举，用身边事教育身边人，引导社区居民崇德向善。组织居民群众开展文明家庭创建活动，发展社区志愿服务，倡导移风易俗，形成与邻为善、以邻为伴、守望相助的良好社区氛围。不断加强民族团结，建立各民族相互嵌入式的社会结构和社区环境，创建民族团结进步示范社区。加强城乡社区公共文化服务体系建设，提升公共文化服务水平，因地制宜设置村史陈列、非物质文化遗产等特色文化展示设施，突出乡土特色、民族特色。积极发展社区教育，建立健全城乡一体化社区教育网络，推进学习型社区建设。

（四）增强社区依法办事能力

进一步加快城乡社区治理法治建设步伐，加快修订《城市居民委员会组织法》，贯彻落实《村民委员会组织法》，研究制定社区治理相关行政法规。有立法权的地方要结合当地实际，出台城乡社区治理地方性法规和地方政府规章。推进法治社区建设，发挥警官、法官、检察官、律师、公证员、基层法律服务工作者作用，深入开展法治宣传教育和法律进社区活动，推进覆盖城乡居民的公共法律服务体系建设。在社区治理中，社区工作人员尤其是居委会工作人员是重要的组织者、推动者、实践者。他们是否树立法治思维、依法办事，影响着社区治理法治化进程。应着力提高其法治素养，增强其法治观念，提高其依法办事能力，使他们在处理烦琐的社区事务时有所依循，在法治框架内解决各种矛盾和问题，并引导社区居民通过法律途径解决涉法矛盾纠纷。在社区治理实践中，不仅需要相关法律、行政规范性文件发挥作用，而且有大量事务需要乡规民约、自治规则等发挥软法功效。实现软法与国家法律的相互补充、相互支撑，形成完善的社区治理法制体系，是建构良好社区治理秩序的重要基础。在社区治理中厉行法治，必须强化程序意识、规则意识。涉及社区居民利益的重大决策事项，应经过居民参与论证、集体讨论决定等程序，充分交流协商，达成基本共识；在出现争议时，要依法、规范、公正处置问题，让公平正义的理念得以彰显。

（五）提升社区矛盾预防化解能力

完善利益表达机制，建立党代会代表、人大代表、政协委员联系社区制度，完善党员干部直接联系群众制度，引导群众理性合法表达利益诉求。完善心理疏导机制，依托社会工作服务机构等专业社会组织，加强对城乡社区社会救助对象、建档立卡贫困人口、困境儿童、精神障碍患者、社区服刑人员、刑满释放人员和留守儿童、妇女、老人等群体的人文关怀、精神慰藉和心理健康服务，重点加强老少边穷地区农村社区相关机制建设。完善矛盾纠纷调处机制，健全城乡社区人民调解组织网络，引导人民调解员、基层法律服务工作者、农村土地承包仲裁员、社会工作者、心理咨询师等专业队伍，在物业纠纷、农村土地承包经营纠纷、家事纠纷、邻里纠纷调解和信访化解等领域发挥积极作用。推进平安社区建设，依托社区综治中心，拓展网格化服务管理，加强城乡社区治安防控网建设，深化城乡社区警务战略，全面提高社区治安综合治理水平，防范打击黑恶势力扰乱基层治理。

（六）增强社区信息化应用能力

提高城乡社区信息基础设施和技术装备水平，加强一体化社区信息服务站、社区信息亭、社区信息服务自助终端等公益性信息服务设施建设。依托“互联网+政务服务”相关重点工程，加快城乡社区公共服务综合信息平台建设，实现一号申请、一窗受理、一网通办，强化“一门式”服务模式的社区应用。实施“互联网+社区”行动计划，加快互联网与社区治理和服务体系的深度融合，运用社区论坛、微博、微信、移动客户端等新媒体，引导社区居民密切日常交往、参与公共事务、开展协商活动、组织邻里互助，探索网络化社区治理和服务新模式。例如，江西省南昌市公安局在全市范围内改造创建200个智慧平安社区，以智慧安防设备集成应用为重点，在社区内安装带MAC采集功能Wi-Fi围栏，智能探头、智能道闸、智能烟感、智能充电等设备，基本实现了小区数据自动采集、自动更新、高效获取，不断提高社区预测预警、动态管理能力，提升社区治理社会化、智能化、专业化水平，努力打造更多的零发案社区。

五、着力补齐城乡社区治理短板

（一）改善社区人居环境

完善城乡社区基础设施，建立健全农村社区基础设施和公用设施的投资、建设、运行、管护和综合利用机制。加快城镇棚户区、城中村和危房改造进程。加强城乡社区环境综合治理，做好城市社区绿化美化净化、垃圾分类处理、噪声污染治理、水资源再生利用等工作，着力解决农村社区垃圾收集、污水排放、秸秆焚烧以及散埋乱葬等问题，广泛发动居民群众和驻社区机关企事业单位参与环保活动，建设资源节约型、环境友好型社区。推进健康城市和健康村镇建设。强化社区风险防范预案管理，加强社区应急避难场所建设，开展社区防灾减灾科普宣传教育，有序组织开展社区应对突发事件应急演练，提高对自然灾害、事故灾难、公共卫生事件、社会安全事件的预防和处置能力。加强消防宣传和消防治理，提高火灾事故防范和处置能力，推进消防安全社区建设。

（二）加快社区综合服务设施建设

将城乡社区综合服务设施建设纳入当地国民经济和社会发展规划、城乡规划、土地利用规划等，按照每百户居民拥有综合服务设施面积不低于30平方米的标准，以新建、改造、购买、项目配套和整合共享等形式，逐步实现城乡社区综合服务设施全覆盖。加快贫困地区农村社区综合服务设施建设，率先推动易地搬迁安置区综合服务设施建设全覆盖。落实不动产统一登记制度，做好政府投资建设的城乡社区综合服务设施不动产登记服务工作。除国家另有规定外，所有以社区居民为对象的公共服务、志愿服务、专业社会工作服务，原则上在城乡社区综合服务设施中提供。创新城乡社区综合服务设施运营机制，通过居民群众协商管理、委托社会组织运营等方式，提高城乡社区综合服务设施利用率。落实城乡社区综合服务设施供暖、水电、燃气价格优惠政策。

（三）优化社区资源配置

组织开展城乡社区规划编制试点，落实城市总体规划要求，加强与控制性详细规划、村庄规划衔接；发挥社区规划专业人才作用，广泛吸纳居民群众参与，科学确定社区发展项目、建设任务和资源需求。探索建立基层政府面向城乡社区的治理资源统筹机制，推动人财物和责权利对称下沉到城乡社区，增强城乡社区统筹使用人财物等资源的自主权。探索基层政府组织社区居民在社区资源配置公共政策决策和执行过程中，有序参与听证、开展民主评议的机制。建立机关企事业单位履行社区治理责任评价体系，推动机关企事业单位积极参与城乡社区服务、环境治理、社区治安综合治理等活动，面向城乡社区开放文化、教育、体育等活动设施。注重运用市场机制优化社区资源配置。

（四）推进社区减负增效

依据社区工作事项清单建立社区工作事项准入制度，应当由基层政府履行的法定职责，不得要求基层群众性自治组织承担，不得将基层群众性自治组织作为行政执法、拆迁拆违、环境整治、城市管理、招商引资等事项的责任主体；依法需要基层群众性自治组织协助的工作事项，应当为其提供经费和必要工作条件。进一步清理规范基层政府各职能部门在社区设立的工作机构和加挂的各种牌子，精简社区会议和工作台账，全面清理基层政府各职能部门要求基层群众性自治组织出具的各类证明。实行基层政府统一对社区工作进行综合考核评比，各职能部门不再单独组织考核评比活动，取消对社区工作的“一票否决”事项。

（五）改进社区物业服务管理

加强社区党组织、社区居民委员会对业主委员会和物业服务企业的指导和监督，建立健全社区党组织、社区居民委员会、业主委员会和物业服务企业议事协调机制。探索在社区居民委员会下设环境和物业管理委员会，督促业主委员会和物业服务企业履行职责。探索完善业主委员会的职能，依法保护业主的合法权益。探索符合条件的社区居民委员会成员通过法定程序兼任业主委员会成员。探索在无物业管理的老旧小区依托社区居民委员会实行自治管理。有条件的地方应规范农村社区物业管理，研究制定物业管理费管理办法；探索在农村社区选聘物业服务企业，提供社区物业服务。探索建立社区微型消防站或志愿消防队。

六、适应社区治理创新，推动社区警务发展

实施社区警务战略是加强社区治理的需要，也是推进社区治理创新的重要组成部分。公安机关应积极适应当前社区治理的新要求、新期待，加速推进社区警务发展。公安机关应更新社区警务理念，充分调动社会组织、自治组织、每一名社区群众的积极性，建立社区群防群治网络，形成社区治安齐抓共管的局面，探索适应社区治理创新的社区警务新模式。公安机关在实施社区警务战略过程中，要注重引导社区治安治理。积极参与专业化、高素质的社区专职工作者队伍建设，加强社区专业人才培训，增强社区干部应对和处置群体性、突发性事件的能力；加强社区保安、社区巡防队等专职辅警力量培训，增强治安防范能力；强化对社区治安志愿者的培育，尤其是要加强以党员、团员为主要力量的社区志愿者队伍建设，不断发展社区义务服务队伍；整合各类社区企事业单位、社会组织的治安防范资源，确保防范力量最大化；指导社区党组织、自治组织发挥核心引领、自我管理的作用，通过警民协商、警民合作，共同维护社区治安稳定。

【引导案例参考答案】

1. 社区警务工作开展必须依托于社区治理，社会治理工作推动社区警务工

作的开展，社区警务与社区治理是密不可分的统一体。

2. 在社区治理创新中推进社区警务战略，应以自治、法治、德治“三治融合”为抓手，加强社区治理体系建设，推动社会治理重心向基层下移，实现社区民警与社区居民自治良性互动，推动社区民警积极践行新时代“枫桥经验”。

第二节　融入社区治理，创新发展社区警务

引导案例

深化“三治融合”，推进社区治理创新

2013年以来，桐乡市“突出党建引领、突出多元共治、突出协同发力”，持续推进社会治理深化完善，取得了积极成效。截至2018年，全市刑事警情下降34.3%，安全生产事故死亡下降42.5%，上访下降36.2%，纠纷受理下降26.5%。三治融合被写入党的十九大报告，并被中央政法委定位为新时代“枫桥经验”的精髓、新时代基层社会治理创新的发展方向。

一、突出党建引领，持续强化三治融合体系构建

坚持党的领导，发挥基层党建对三治融合基层社会治理实践的引领和带动作用，构建“网格+支部+党员先锋站”模式，在全市211个村社中建立网格支部713个、党员先锋站432个，做实做细“党建+治理”。一是完善制度体系。从2013年9月出台全国首个推进自治、法治、德治工作的实施意见，到2018年出台深化三治融合“桐乡经验”的意见，逐步建立起由40余个文件、制度、方案组成的三治融合基层社会治理制度体系，保障三治融合基层社会治理工作的长效推进。二是完善技术体系。将互联网党建与智慧化治理有机结合，健全完善扁平化联动处置机制，提升社会治理信息化水平。大力推广便民App应用，掌上服务、移动支付、智联互动等技术运用已成为便民新常态。深化四个平台建设，加快推进“雪亮工程”，建设智慧监控11000多个。三是完善评价体系。建立基层三治融合“桐乡经验”工作及善治村社评价指标体系，制定具体考核评价标准，以善治村社创建评审为抓手，大力提升城乡居民在基层社会治理中的参与度和获得感。

二、突出多元共治，持续夯实三治融合基层治理基础

从社会管理向社会治理转变，有效推动政府、社会组织、公民在社会治理中

的作用发挥。一是政府层面：重点在依法行政、普法教育、崇文尚德和提升基层自治组织自转能力上持续用力。在全省率先创立了“依法行政指数”，法律顾问制度，提高依法决策、依法行政水平。利用文化礼堂、红色驿站等阵地，广泛开展“法律十进”、社会主义核心价值观等宣传教育活动，将法治意识、道德观念传递到田间地头。二是社会组织层面：重点在培育扶持、放大其作用发挥空间上精准发力。大力推进社区、社会组织、社工“三社联动”，增强社团、商会、协会等组织的自我管理、自我教育、自我服务能力。推动政府向社会组织和社会力量购买服务，仅2017年，政府购买社会组织服务和专业社会工作经费就达1453万元。三是群众层面：重点在职能归位、活力提升上有效助力。建立城乡社区工作事项准入机制，明确村（社区）36项依法履行职责事项和40项协助政府工作事项；开展清牌子、减评比、去台账等基层组织“去机关化”行动，推动自治职能归位。创新“乌镇管家”等群防群治品牌，实现了社会信息无盲区、网格监督全覆盖、为民服务全方位。

三、突出协同发力，持续推动三治融合载体创新

在实践中，桐乡形成了以“一约两会三团”，即村规民约（社区公约）；百姓议事会、乡贤参事会；百事服务团、法律服务团、道德评判团为重点的三治融合创新载体，协同推动基层社会治理转型。一是活用“一约”，群众干事奔康热情进一步释放。让村（居）民参与制定、参与监督，以“村言村语”行为规范、传播文明新风，综合运用物质奖惩、道德约束等手段保障落实，使村规民约（社区公约）发挥了更好的治理效果。二是巧用“两会”，新时代文明风尚进一步培育。由村社党组织书记担任百姓议事会的召集人，由村党组织书记或村委会主任兼任乡贤参事会的秘书长，发挥乡贤的感召力，通过专题会议、个别访谈等多种形式，解决和协调村里的相关事务，实现村社事务的民事民议、民事民办、民事民管。目前，全市各村（社区）百姓议事会覆盖率达100%，乡贤参事会覆盖率达60%以上。三是善用“三团”，民间自我管理体系进一步深化。以志愿服务、法律服务、道德评判为抓手，将定期坐诊、按需出诊、上门问诊相结合，完善志愿者组织体系、公共法律服务体系和道德评判体系，打造市党群服务中心、“一米阳光”、“法律诊所”等为代表的市、镇、村三级服务组织。全市各村（社区）三团覆盖率达100%。

问题：1. “三治融合”的具体内涵是什么？

2. 社区治理与社区警务工作之间的关系是什么？

党的十九届四中全会指出，要构建基层社会治理新格局，实现政府治理和社会调节、居民自治良性互动，夯实基层社会治理基础。而根据《公安部关于加强新时代公安派出所工作的意见》要求，公安派出所应承担起推进社区治理的职责任务，深化城乡社区警务战略，与社区自治、网格化管理深度融合，推动构建共建共治共享社区治理格局。

一、社区警务与社区治理的关系

社区警务与社区治理关系密切，社区警务是社区治理的重要组成部分，而社区治理的现代化进程离不开社区警务工作的逐步完善。

（一）社区警务与社区治理是密不可分的统一体

社区警务与社区治理是密不可分的统一体主要表现在以下四个方面：一是组织相同。两者都是在党委和政府的领导下开展和进行的，而且社区警务的组织运作体系是社区治理工作架构中一个重要分支和组成部分，而社区治理所涉及的职能部门和社会组织更多更广，履行的职责和发挥的功能更为完备。二是目标相同。社区治理的工作目标较为宏观，根据社区发展目标需要，通过社区治理各方面工作成效来综合体现，而社区警务目标的实现，直接影响着社区治理的成败。三是方法相同。社区治理与社区警务的实施主体虽然不同，但都要采取主体引导、社会参与、社区自治的方法，都尽可能地挖掘社区力量和资源，走群众路线，实行与民众的合作，不断强化社区功能，有效地调查、发现和解决社区问题。四是过程相同。推进社区警务的过程就是社区治理的发展历程，许多工作的开展既是社区警务的要求，又是社区治理的内容，两者并不是“单打一”的割裂关系，而是相互借力、互为补充、融为一体、相辅相成的关系。

（二）社区警务与社区治理必然要同步发展

社区警务是社区治理的重要组成部分，是不可或缺的关键环节，只有保持同步发展，才能确保社区治理现代化水平得到长效、稳步、快速的提升。一方面，随着改革的深入和市场经济的发展，社会活动方式和组织形式业已发生了深刻的变化，其多元化的特征，迫使社会管理和服务的重心下移到社区，并使其内涵和外延不断得以延伸和拓展。现代化的社区治理涉及民政、卫生、文化、教育、环保和治安等多个职能，因此要求相关部门各司其职、各负其责、协同联动，只有这样才能保证社区治理顺利开展，而社区警务正是其中重要的一部分，没有社区警务的同步发展，社区治理将是不完整的。另一方面，随着物质文明的日益丰富，“安全”问题已成为人民群众的第一需要。因此，在当前社会问题还比较突出，防控力量还相对薄弱的情况下，根据社区居民的要求，在社区治理中同步推进社区警务无疑是一种行之有效且必不可少的手段，它不仅可以有效缓解警力的不足，改善和密切警民关系，而且能够通过组织和调动社区内各类群防群治力量，解决社区存在的治安问题，维护社区治安稳定，为社区治理保驾护航。

（三）社区警务要主动融入社区治理

首先，社区警务是以社区治理为前提的，社区警务不能孤立存在和运作，必须依靠和服务于社区治理，以社区为基础，在社区党政组织的支持下，发挥各职能部门的作用，指导和发动社区居民，通过改造社区自然、人文环境，全面、系统、长效地维护社区安全。其次，社区治理中丰富的人力、物力资源是开展社区警务工作的基础和依托。社区警务实质上是将维护社会治安中的主体力量由公安机关的单一行为转变为社区居民的整体行为，从而共同承担维护社会治安的职责。例如，浙江省温州市公安局主动将社区警务工作融入社区治理平台和“全科网格”工作体系，社区民警直接参与社区党务、政务、事务决策和管理，促进治理力量、措施、手段在基层整合，社区民警兼任网格治安指导员或村（居）干部。充分利用乡贤资源、调解志愿者等社会力量，依托人民调解、行政调解、司法调解，推进“乡情警务”“警调衔接”“警律联调”等机制建设，积极探索“网络在线调解”新模式，不断健全完善多元矛盾纠纷化解体系。①

二、社区警务与社区治理的协调发展

社区治理为实施社区警务战略带来了发展机遇，尽快建立与新型社区治理体制相适宜的社区警务工作运行机制，是公安工作坚持和发扬群众路线，强化公安基础工作的必由之路。

（一）加强社区治理规划，搭建社区警务建设平台

社区治理是一项内容博大的社会工程，内容十分丰富，包括社区的基础规划、构建新型社区及组织体系、建立新型社区组织运行机制和制度体系、建立政府与社区之间平等合作的新型关系、扩大社区参与、推动社区自治等。党委、政府要全面认识社区治理、社区警务建设两者的重要性及相互促进的辩证关系，把加强社区警务建设作为社区治理的一项重要内容，将其与社区治理同规划、同部署、同实施，并有效协调有关部门和单位，及时为社区警务建设提供必要的条件，并在财力、物力上予以大力支持。

① 资料来源于平安浙江网。

1. 根据社区特点，划分社区类型。在按照类型对社区进行划分时，应尽量考虑社区的同质性、社区资源的合理搭配，以增强社区居民对社区的认同感和归属感，做到资源共享，共同解决社区的实际问题和困难，这也有利于社区警务的开展。

2. 做好统筹规划，合理布局。政府相关部门在进行社区治理规划设计时，应当全面考虑公安派出所布局与社区警务室分布等问题，在因地制宜原则下将现实情况和发展要求相结合，既实现调整规划、促进发展的目标，又力求较小变动、相对稳定、方便工作。在整体规划、解决社区居委会办公用房时同步规划、解决社区警务室用房，方便民警开展警务工作。

3. 健全社区组织，夯实基层基础。社区党组织、自治组织、中介组织等既是社区治理的内容也是开展社区治理的主要力量，在建设好社区党组织的基础上，把治保会建设作为社区居委会建设的重要内容，配齐、配强质保人员，加强对治保人员的业务培训和工作指导、监督，健全各项工作制度，落实考核、奖励措施，充分发挥治保会的治安防范作用。此外，应当通过建立社区治安志愿者协会、社区党员巡逻队等社区群众组织，调动群众参与维护治安的积极性，便于开展社区群防群治活动。

（二）加强社区警务建设，深化社区治理

加强社区警务建设主要坚持以制度建设为主线，要以“基础牢、出事少、治安好、党和人民满意”为目标，挖掘制度资源，改革社区警务运作机制，积极建立社区警务长效机制。进一步明确社区民警工作职责，抓住重点环节，推进社区警务工作日常化、规范化、程序化和标准化，实现社区警务持续发展，提高社区警务建设水平，促进社区的和谐、稳定。

1. 根据社区特点，建立科学警力配置制度。应当根据不同类型社区的规模、地域、治安状况、人口因素以及民警的能力等因素，科学配置警力。原则上社区民警占派出所警力不低于40%。深入推广城区“一区一警两辅”和农村“一村一辅警”模式，农村一个或多个行政村划分为一个警务区，明确一名以上专（兼）职社区民警。人口较多、治安复杂的警务区，根据实际需要增加民警、辅警数量。

2. 规范社区警务室建设，完善社区警务工作机制。社区警务室是社区民警开展工作的平台，选址应相对居中，既方便居民又有利于警察快速反应、控制社区时空，并着力推进警务室与社区（村）居委、党群服务中心同址办公，按需配备必要的交通工具、警用装备、救援装备、服务设备和生活设施，改善社区民警、辅警工作条件，营造拴心留人、干事创业的环境。社区警务室的建设应当相对规范，做到样式统一、标志统一、配置统一，并规范统一地建立健全各项警务的具体工作制度。推行专职社区民警驻社区，社区事在社区办，建立完善社区民警带队巡逻、就地接处纠纷求助警情、社区发生案（事）件必到现场制度以及相邻警务区联勤协作机制、部门警种联动支援机制、社区警务与网格化服务管理联动机制等工作机制。推进社区民警进社区（村）“两委”班子，推动社区警务与基层治理深度融合。

3. 根据社区需要，创新警务模式。社区民警根据不同社区的特点，科学合理地确定工作重点、工作时间、工作方式。基层警务运行模式不能一刀切，应推行弹性工作制，确保专职社区民警80%以上的工作时间沉在社区；给予社区民警充分的自由裁量权，要把日常警务和社会工作的计划、实施权下放给社区民警，以促使其主动地、创造性地开展工作。

4. 完善社区警情公开制度，提升社区居民安全感与满意度。坚持把社区警务公开作为日常工作的重要内容之一，在社区开辟警务公开宣传窗、黑板报，把每个月的社区发案情况，一个时期治安防范的重点、对策及时公开。对公安机关查破涉及本社区的刑事、治安案件，社区民警应第一时间将查破案件信息及时通报，提高社区居民的安全感，提高社区群众防范意识和增强防范能力。

5. 融入社区，完善社区警务监督考核制度。社区民警应当接受社区居民、社区单位的监督，畅通监督渠道，完善监督举报形式，督促社区民警规范执法、热情服务、廉洁奉公。采取内部考核与外部考核相结合的方式制定考核制度。内部考核主要依据社区防范、阵地控制、人口管理、情报信息等方面量化指标，监督检查社区民警警务活动的落实情况。外部考核主要以社区公众对社区民警工作的满意度、对社区治安满意度的评议结果为主要依据。

6. 建立健全派出所和社区民警全员评比机制。强化考核结果运用，与职务职级晋升、表彰奖励分配挂钩，营造争先创优氛围。对社区民警通过基础工作为侦查破案提供有价值情报线索的，实行同功同奖；对及时发现化解隐患苗头、有效预防有可能引发重大案（事）件的，做到该奖必奖。对发生重大案（事）件的，组织倒查市县公安机关抓派出所工作情况，及时矫正纠偏。公安部和省级公安机关每年选树社区警务先进工作者和社区民警、派出所辅警先进典型，广泛开展学习宣传活动，最大限度地激发做实社区警务工作的积极性、主动性、创造性。

【引导案例参考答案】

1. “三治”是自治、法治和德治的简称，而“三治融合”是自治、法治和德治结构和功能有机协同的社会治理体系。

2. 社区警务与社区治理之间是紧密联系的，社区警务的发展必然依托于社区治理，而社区治理的现代化进程也离不开社区警务工作的逐步完善。

第三节　社区文化建设与社区警务环境建设

引导案例

乡贤是饱学之士、贤达之人，是“有功德于乡者”。近年来，德清县大力弘扬道德文化、游子文化、新居民文化，吸引各界乡贤能士关注乡村发展，探索发展基层“智囊团”——乡贤参事会，形成以村党组织为核心、村民自治组织为基础、乡村精英为骨干、村民广泛参与的现代农村治理新模式，有效推动了乡村治理能力的提升。截至2016年已发展乡贤参事会106个，累计参事3756次、服务5338次，受惠群众18万多人次。2016年5月7日，中国乡贤治理论坛在德清县举行，“乡贤参事”成为中国农村社区治理新亮点，“乡贤参事会协商文化村治模式”获2016中国十大社会治理创新奖。

一、整合资源、搭建平台

一是吸引三类精英。充分调动“德高望重的本土精英”关心公益事业、“功成名就的外出精英”关注家乡发展、“投资创业的外来精英”扎根第二故乡的积极性，采取个人荐、群众推、组织选等方式，择优产生会员，具体包括老党员、老干部、道德模范、企业主、“返乡走亲”机关干部、社会工作者、文化能人、科教人员等。目前共有会员3500余人，三类乡贤占比分别为59%、28%、13%。

二是建立三级平台。在村级层面，以村单建、跨村联建、村企（片区）合建等方式组建乡贤参事会。在镇（街道）层面，成立乡贤参事联合会，建立运营、激励和支持机制，为村乡贤参事会提供培育孵化、支持评估、交流培训等服务。在县级层面设立乡贤基金，为项目化运作提供资金保障，更好地发挥乡贤优势特长，激发乡贤组织活力。

二、明确定位、完善机制

一是明确功能职责。厘清村党支部领导权、村民（代表）大会议事权、乡贤参议权、村委会执行权，不断集聚乡贤的智力、人力、物力、财力等资源，突出“协商”“参议”两大主题，侧重于了解村情民意、提供决策咨询、带领帮扶致富、维护公序良俗、推进乡风文明等。

二是确定参事程序。制定乡贤参事会“章程”，按照民意调查“提”事、征询意见“谋”事、公开透明“亮”事、回访调查“审”事、村民表决“定”事、全程监督“评”事。充分考虑各方意见，在解决决策事项矛盾争议的前提下，求同存异，在参事会层面提出较为妥善的协商意见。

三是激活履职动力。组织秘书长联席会议、乡贤论坛等活动，运用微信、QQ等工具，促进乡贤之间、各参事会之间的交流，提高参事工作效率和透明度。建立激励机制，利用电视、农民信箱、乡贤榜、文化礼堂等载体宣传乡贤事迹，并把乡贤身份和贡献度作为评选优秀党员、劳动模范、推荐“两代表一委员”的重要依据。

三、立足实际、发挥实效

一是提升乡村服务。作为政府基本公共服务的延伸，乡贤参事会通过群众指导群众、群众帮助群众、群众服务群众的“亲民”模式，提升乡村服务的层级和水平，提升人民群众的获得感和幸福感。例如，雷甸镇乡贤参事会组建“德清嫂”美丽家园行动队、“新财富”兴业帮扶指导队、“老娘舅”平安工作队、“喜洋洋”文化社等服务队，开展各类活动150余次。

二是助推中心工作。结合当前农村工作重点，乡贤参事会积极为“五水共治”“项目双进”“三改一拆”等工作出谋划策，并主动示范带头践行。例如，洛舍镇乡贤采取家庭护水公约、流动红旗、家庭护水督查队等，带领村民在自我管理、互相监督中实现自觉治水；莫干山镇燎原村乡贤出资出力，与9家企业开展“帮扶共建”，引进合作项目22个，去年该村集体经济年收入增长47%。

三是弘扬文明乡风。总结乡贤治家创业、行善修德的经验，借其嘉言懿行垂范乡里，涵育文明乡风。例如，雷甸镇以乡贤为原型，提炼总结文明乡风，积极推动修订村规民约，弘扬好家风好家训。“双溪村民公约九条”中的“你诚信，我健康，绿色种植奔小康”“你尊老，我爱幼，和美生活乐悠悠”等都是从种植大户、最美乡村医生等乡贤身上总结提炼出来的。

四是带动机制创新。在乡贤正能量的带动和激发下，各村相继建立法制村干部、新居民“自我管理三步法”、先锋党员金牌调解、社会工作室等工作机制，在了解村情民意、反馈群众意见建议方面发挥重要作用。例如，禹越镇推行“法制村干部”制度以来，共举办“法制讲座”47场，调处矛盾纠纷287件；阜溪街道实施新居民“自我管理三步法”以来，共组织开展各类文艺演出、献爱心等大小活动60余次，调解矛盾纠纷76次。

问题：如何发挥乡贤在推进社区警务工作中的作用?

一、社区文化概述

社区是我国城乡的最基层单元，社区治理是社会治理的基础环节。社区文化建设和创新是完善社区治理、全面建设小康社会、实现社会主义精神文明建设的灵魂工程。

（一）社区文化的含义

文化，英文表述为culture，这个词源于拉丁语，原意为：耕耘、耕作。可见，从其最初的含义可以看出，所谓文化就有人们对自然界的开拓之意。著名社会学家吴文藻指出：“文化最简单的定义，可以说是某一社区内的居民所形成的生活方式……也可以说是一个民族应付环境——物质的、象征的、社会的和精神的环境——的总成绩。这样的文化可以分为四方面：1. 物质文化，是顺应物质环境的结果；2. 象征文化，或称‘语言文字’，系表示动作或传递思想的媒介；3. 社会文化，亦简称为‘社会组织’，其作用在于调适人与人之间的关系，乃应付社会环境的结果；4. 精神文化，包括科学、哲学、美学、艺术等，是文化的结晶，是与各个特殊的文化系统相别的枢纽……精神文化固为文化的重心，但不是独立的，而是与文化其他方面如物质文化、象征文化、社会文化交互作用，互相维系的。”① 实际上，文化是一个有机的整体，发生作用时，不是局部的，而是全部的，当然不容加以人为的机械的分割。

社区文化是人类文化的一种特殊形态。社区文化是社会文化的一个有机组成部分，是人类宝贵的物质财富和精神财富的一部分。下面从广义和狭义两个角度理解社区文化。广义的社区文化是指社区居民在特定的地域内，经过长期实践而创造出来的物质文化和精神文化的总和。它对人们的思想观念、道德情操、人格理想以及行为方式的形成和发展具有重大影响，对当地经济、社会的发展具有相当大的制约作用。狭义的社区文化是指社区居民在特定的地域内，经过长期实践逐步形成和发展起来的具有地方特色的价值观念、生活方式、行为模式等文化现

---

① 吴文藻．人类学社会学研究文集［M］．北京：民族出版社，1990：146.

象的集合。其中，价值观是社区文化的核心。将社区文化的广义和狭义的理解结合起来，才能正确揭示社区文化的内涵。[①] 社区文化对其居民的心理、性格、行为有深刻的影响，不同的社区文化特质不仅造就了人们特殊的习性，而且在一定程度上决定着人们的价值取向。

社区文化具有地域性、群众性、多样性等特点。（1）地域性。社区文化是在特定地域内生成和发展起来的文化，它要受到地理环境、生产方式、社会制度、意识形态等因素的制约。因此，它的生成和发展无不带有本社区特有的烙印。随着社区文化的积累和创新，其地域性的特点更加鲜明和独特。（2）群众性。首先，社区居民是社区文化的创造者和建设者。社区居民在社区文化建设中居于主导地位，也是社区文化建设的内在动力。因此，发动社区居民是社区文化工作的出发点和归宿。其次，社区居民是社区文化的服务对象。社区文化的根本宗旨是面向基层，服务群众，这也是开展社区文化建设的思路和价值取向。只有这样，社区文化建设才更有实效，文化建设才更有应用价值。最后，社区居民的实践是检验社区文化的客观标准。社区居民在实践中对社区文化的内容和形式进行选择，对社区文化的优劣进行评判。（3）多样性。一是社区公众的多样性决定社区文化服务对象的多样性。一个社区居民的构成多种多样，职业、文化层次、生活方式不同，需要的文化生活内容也不尽相同。二是文化形态的多样性，如企业文化、街道文化、家庭文化等，这些文化形态在不同范围内发挥引领作用，形成文化的综合作用。三是文化设施的多样性。社区内通过建设文化馆、社区学校、社区文化活动站、图书馆、文化宣传栏等形式开展文化宣传。

（二）社区文化建设的主要内容

1. 社区精神文明建设是社区文化建设的统领。社区精神文明建设的目标是在社区内努力创造利于社会主义现代化建设的舆论力量、价值观念、道德观念和文化条件，使社区成员逐步达到思想健康、精神充实、人际和谐、关爱社区、热心公益、帮困扶贫、维护法制的文明程度。其根本任务是弘扬真善美，抑制假丑恶。

2. 社区民俗是社区文化建设的特色传承。民俗就是指民间习俗，包括民间风俗习惯、传统礼仪、禁忌等，是人们在日常生活和生产交往中形成的一种行为准则。社区民俗是由社区自然环境、人文环境、生态环境、社会环境、建筑环境等因素影响和决定的带有社区地域性特征的民俗，是社区文化的特色组成部分。

---

① 于显洋．社区概论［M］．北京：中国人民大学出版社，2006：220.

社区民俗中有些是进步的，对维系人们的伦理关系、道德准则，调整家庭、邻里、社会群体的人际关系起着积极作用，有利于社会的稳定和发展，是社区民俗传承的主要内容；有些民俗已和社会变迁相脱节，成为阻碍社会进步的陈规陋俗，因此应进行改革或消除。

3. 社区教育是社区文化建设的基础工程。社区教育是广义教育的概念，泛指一切影响人的思想品德、增进人的知识和技能的活动，例如培养才智、训练技艺、普及科学、宣传道德和法律等。其具有主体的多元性（包括学校教育、家庭教育、职业教育和社会教育等）、属性的多样性（包括基础教育、职业教育、继续教育、终身教育）、对象的特殊性、内容的丰富性、形式的灵活性、条件的差异性等特点。

4. 社区文艺是社区文化建设的精华展示。社区文艺是指社区成员所从事的业余文学艺术活动，具有全民参与、自娱自乐、丰富多彩、雅俗共赏等特点。社区文艺具有娱乐、审美、教育、宣传、装饰、交际、经济等功能。社区文艺是形成社区认同感和归属感的主要途径，是形成社区吸引力、感化力、凝聚力和创造力的重要方法，是社区艺术风格、民俗特色和经济活力的直接或间接的展现。社区文艺包括娱乐、欣赏、创作和表演等活动。

5. 社区体育是社区文化建设的一个重点。社区体育是以基层社区为区域范围，以辖区的自然环境和体育设施为物质基础，以全体社区居民为主要对象，以满足社区成员的体育需求、增进社区成员身心健康、巩固和发展社区感情、增进社区凝聚力、活跃居民文化生活为主要目的，就地就近开展的区域性群众体育活动。体育不仅有健身的功能，还有审美享受、智力开发、性格培养和促进环境建设的功能，因此，社区体育是社区文化建设不可或缺的一项重要内容。

（三）社区文化的功能

1. 社区文化的导向功能。社区文化的形成和发展，使社区产生一种“文化定式”，而这种“文化定式”能把社区成员的努力方向引导到社区文化所确定的目标上来。社区文化建设越强有力，就越能促使社区成员把实现社区文化的目标变为自觉的行动。一方面，社区文化能够利用法律和合理的制度来使社区成员懂得应该做什么，不应该做什么，从而对社区成员的行为起到外在约束作用。另一方面，社区文化所倡导道德规范能够引导社区成员树立正确的价值观、人生观和道德观，从而对社区成员的思想和道德观念起到自我约束的作用。可见，社区文化的这一功能对于预防社区成员违法犯罪无疑有着重大的作用。因此，在社区警务运作过程中，应注意充分利用社区文化的这一功能，着力宣传社区的安全文化，使社区安全纳入社区成员的努力目标。

2. 社区文化的治理功能。随着社会的发展，大量的“单位人”向“社会人”转变，城市的矛盾向社区集中，社区治安治理也呈现出“综合性”的特点。维护社区的治安稳定需要加强对社区的社会控制，包括强制性控制和非强制性控制。强制性控制主要是针对危害社区治安稳定的违法犯罪行为进行严厉打击，通过法律程序绳之以法的措施。非强制性控制主要是对社区的各类人群通过社会规范包括道德规范的宣传和教育，使社区成员能够自觉运用社会规范来约束自己的行为。非强制性控制是最为有效、最为广泛的，能够调动社区成员参与社区治安治理活动，对社区治安综合治理具有潜移默化的促进作用。

3. 社区文化的整合功能。社区整合是指各种功能不同、性质不同的社区构成要素和单位在不同纽带的连接下形成一个整体，各部分在整体中根据社区共同生活的需要发挥自己的功能，从而造就社区整体功能，维持社区存在和发展。整合功能能把异质文化同质化，从而起到文化聚合作用。社区文化的整合功能取决于两个条件：一是社区成员能否共同参与；二是是否具备一系列鼓励整合行为、抑制非整合行为的制度和规范。社区通过种种文化活动吸引社区成员参与，从而增强社区成员之间的交往与互动、增加认同感和归属感，逐渐形成共同的价值观和生活方式，乃至社区精神，促使社区成员的思想和行为趋于一致，为社会整合提供总体方向。社区成员的社区认同感、归属感和责任感有利于增强社区的自组织功能和自我防范功能，从而有利于充分挖掘社区治安资源来进行社区安全防范。

二、社区文化建设与社区警务环境建设关系

（一）社区警务环境的含义

环境（general environment）是指某一特定生物体或群体以外的空间，以及直接或间接影响该生物体或群体生存与活动的外部条件的总和。通常所说的环境包括自然环境和人文环境两种。自然环境，是指未经过人的加工改造而天然存在的环境，是客观存在的各种自然因素的总和。人文环境是人类创造的物质的、非物质的成果的总和。物质的成果指文物古迹、绿地园林、建筑部落、器具设施等；非物质的成果指社会风俗、语言文字、文化艺术、教育法律以及各种制度等，这些成果都是人类的创造，具有文化烙印，渗透着人文精神。人文环境反映了一个民族的历史积淀，也反映了社会的历史与文化，对人的素质提高起着培育熏陶的作用。

社区警务环境主要体现在开展社区警务活动的人文环境，是指在社区中形成的以社区精神、社区风俗、社区教育、社区艺术等为主要内容的，与社区警务建设紧密相关的社区文化环境。社区警务环境是社区文化建设的体现，社区文化建设是社区警务环境的基础。良好的社区文化建设必然营造良好的社区人文环境，树立良好的社会风尚和培养有利于社区警务建设发展的软环境。

（二）社区文化建设在社区警务环境建设中的作用

1. 有利于警察形象和警民关系的改善。社区警务在理念上要求改变社区治安工作由公安机关唱独角戏的观念，强调社区本身在社会治安防范中所应承担的责任，由警察与社区合作来解决社区中存在的治安问题。通过社区文化建设，社区群众的责任感、归属感不断增强，维护社区治安稳定成为行为自觉，在警察与社区的沟通与协商过程中，两者建立的友好合作关系有利于警察树立在公众中的良好形象，拉近与公众之间的距离，这样，就为社区警务环境建设提供有力的群众基础。

2. 有利于社区警务环境建设目标的实现。社区文化建设应加速推进自治、德治和法治有机融合，助推社区警务环境建设。一是积极培育社区自治文化。社区自治的主要任务是健全自我管理、自我服务、自我教育、自我监督的基层社会自治体系，社区自治文化建设有助于推进社区警务工作完善，让社区居民根据社区治安特点不断提升安全防范意识。二是积极培育社区德治文化。强化社区文化的引领能力，讲好社区成员身边的故事，践行社会主义核心价值观，增强居民对社区的社会文化认同感、归属感、责任感和荣誉感，形成社区是我家的意识，打造社区文化的凝聚力、影响力和价值推动力。三是积极培育社区法治文化。法治文化培育有助于加强社区成员的依法办事能力。发挥社会组织的优势，发挥社区民警、社区公证员、基层法律服务工作者、社区志愿者的作用，推进覆盖城乡居民的公共法律服务体系建设，提升基层协商能力、社区矛盾预防能力、社区矛盾化解能力、利益意愿表达能力。加速培育以“三治融合”为主要内容的社区文化建设，可以进一步拓宽社区治安资源的挖掘渠道和范围，有利于社区警务环境建设。

3. 有利于从更高层次上诠释社区警务的内涵。社区警务贯彻的是以人为本、警民合作、预防为主的民主化、社会化警务思想。其中，以人为本是警务工作的出发点，也是警务工作的最高境界。人本精神是社区文化建设的基本原则，以满足广大人民群众自身的精神生活为根本目的，这与社区警务思想具有一致性。因此，发展社区文化事业将不断优化社区警务环境建设，更加有利于社区警务目标的实现。

（三）社区警务环境对社区文化建设的作用

1. 丰富了社区文化建设的内容。社区警务倡导的是安全文化，它是社区文化建设的重要内容之一。社区民警沉入社区开展治安防范知识、法律规范、道德文明的宣传教育，使社区安全文化的建设在内容、手段以及保障措施等方面都得到了不同程度的扩展。

2. 为社区文化建设创造了稳定环境。社区文化建设所要满足的是人类较高层次上的需要，通常情况下，只有在安定、有序的社会环境中人们才能产生对文化生活的普遍需求，而维护安定、有序的社区环境，以小治安促大治安正是我们开展社区警务的目的所在。社区警务环境的建设无疑可以为社区文化建设创造稳定的社会环境。

3. 为社区文化建设提供法治支持和保障。实施社区警务可以使公安机关的警务活动不断向社区内部延伸，因而，能够对社区中各种破坏社区文化建设的违法犯罪活动予以有效预防和打击，从而为社区文化建设提供以国家强制力为特征的法治支持和保障。

三、社区民警参与社区文化建设的途径

（一）组织和参与社区教育

教育是人类传递知识、塑造社会意识形态行为模式的社会教化过程。社区教育是社区文化建设的基本形式。社区教育旨在通过教育的途径，改善社区生活质量、提高社区居民的社区参与意识，推进社区文化建设。对社区居民进行教育，能不断提高居民行为的文明程度，鼓励居民积极参与社区治理，规范居民行为，维护社区的生活秩序。社区民警利用所掌握的信息资源，因地制宜、因人制宜，引导和组织社区居民开展多种形式的社会主义精神文明建设活动，正是沟通社区邻里关系、增强社区归属感、实现社区整合的有效途径。同时，通过参与各类社区教育，对化解社区内潜在的不稳定因素，提高“见警率”，建立和谐警民关系具有积极意义。

（二）积极参与社区精神文明建设

社区精神文明建设是社区文化建设的重点，具体来说，社区民警首先要以自身为表率，注重日常行为规范，在细微之处体现良好的社会公德，提高文化素养和执法水平，体现新时代人民警察的精神风貌，做社区精神文明建设的典范。其

次，社区民警在日常工作中要及时对社区内的不良行为进行劝导，以社区平安类社会组织、治安积极分子等为基础，建立社区精神文明劝导队，对社区内的不良行为进行引导。再次，社区民警要协助社区建立和形成有利于精神文明建设的良好运行机制。包括协助社区有关部门制定对社区成员具有指导作用的行为规范，协助社区有关部门制定和完善扬善抑恶的激励机制等。最后，社区民警要为社区精神文明建设保驾护航。从加强有关公共秩序、公私财物保护、环境保护、生态保护等方面的法律、法规的宣传教育入手，做好与社区精神文明建设有关的法律法规的宣传教育工作，对有违社会主义精神文明的各种违法犯罪活动进行及时、有力打击，为社区精神文明建设创造良好环境。

（三）积极引导和改革社区民俗

社区民警要正确认识社区民俗对社区文化建设的作用。对于那些有利于社会稳定和发展，能够体现社会主义精神文明要求的民俗活动，要予以鼓励和支持；对于不符合社会主义精神文明要求，不利于精神文明建设的陈规陋俗，要通过耐心细致的说服教育，倡导对其加以革新。在日常工作中，可以结合社区教育，加强相关法律、优良社区民俗的宣传力度，引导群众建立正确的民俗观。同时，对存在的陋习要通过做工作及时进行纠正、制止。

【引导案例参考答案】

乡贤文化是社区文化中的重要内容，充分发挥乡贤在社区警务工作中的作用是社区民警应该考虑的问题。社区民警应充分利用社区文化的积极作用，以辖区存在的治安乱点难点问题为导向，积极引导乡贤参与社区警务工作。

第四节 平安社区建设

引导案例

发挥“马长林警务室”作用 实现“三不”平安社区

罗师庄社区地处湖州市的城郊接合部，面积约1.65平方千米，实有人口2万余人，其中有来自全国26个省份、24个民族的流动人口约1.8万人。社区内有规模以上企业65家、个体工商户352家、出租房屋826户。在建立警务室以前，社区治理的各项基础工作薄弱，“偷盗案件多、打架斗殴多、矛盾纠纷多”，是一个典型的城中村和治安复杂村，环境脏乱差、群众意见大。2008年8月，开发区公安分局在社区建立警务室，已经年近五旬的社区民警马长林以改革破难的决心和敢为人先的韧劲，主动请缨到社区开展工作。警务室建立以后，按照市公安局党委提出的“防为主、防为上”工作方针，秉着“基础基础再基础、务实务实再务实”的工匠精神，从摸清出租房屋、承租人员入手，全面加强社区治理工作，辖区接报警总量、案件总量、矛盾纠纷总量均下降至历史最低点，为社区群众特别是广大新居民在“第二故乡”工作生活创造了良好环境，做到了“矛盾不上交、平安不出事、服务不缺位”。

一、坚持依法治理，做到“矛盾不上交”。积极运用法治思维和法治方式化解社会矛盾，牵头与浙江东方绿洲律师事务所进行合作，组建了“律师在身边服务队”，为社区群众多发性矛盾提供调解纠纷、维权诉讼、普法宣传等方面的法律援助。服务队每个月到企业、单位组织法律知识讲座，创办法律学校并举办法律知识讲堂，“摆摊”进行普法宣传及法律咨询，使得法治意识深入人心。截至目前，已组织法律咨询250余次，为1000余人提供法律援助，参与代理诉讼60余次。针对社区治理的现实需要，组建了老乡帮帮团、街面劝架团等平安志愿服务团队，由党员带队，新居民自愿报名，主动担起义务信息员、义务调解员和义务宣传员的角色。

二、坚持综合施策，做到“平安不出事”。把“少发案、少事故、少伤亡、少损失”作为对人民群众的最大责任，扎实开展“无贼社区”建设、“家园卫士”活动。大力推进社区“雪亮工程”建设，共新建高清视频监控点位120余个，人脸识别设备10套，道路微卡5个，同时积极动员企业、沿街店铺以及群众家庭等做好社会化监控建设，实现了对社区监控实时全覆盖。坚持社会联动，实施“家园卫士+”工程，把户籍在辖区的民警、人大代表、党政干部、企事业单位和社会团体负责人、道德模范、学生等纳入“家园卫士”队伍，协同做好社情民意收集、安全防范宣传、矛盾纠纷化解、治安巡逻防控等工作，不断深化治安防范共同体建设。通过努力，社区近年来没有发生重大刑事和治安案件，实现了由乱到治。

三、坚持心系群众，做到“服务不缺位”。坚持把群众当主人、当亲人、当老师、当靠山，“在联系群众上多一度热情、在服务群众上多一度热爱、在发动群众上多一度热量”，形成了“361°工作法”，打造社区命运共同体。针对新居民到罗师庄就业、居住方面面临的困难，推出了企业招工、房屋出租的无偿中介服务，每周从企业、房东收集招工、招租信息，在警务室门口和社区中心区域“摆摊”发布，受到广泛好评。三年中，警务室免费中介先后为1万多名新居民找到了工作和租房，共组织开展技能培训25场次、1000人次，为新居民在“第二故乡”工作和生活消除了后顾之忧。马长林把服务的视角进一步向新居民家庭延伸，特别是积极关注“小候鸟”这一特殊群体的成长，于2012年7月在警务站建起了全市首个“阳光假日小屋”，组织安利志愿者分会、湖州师范学院、湖州职业技术学院的志愿者周末、暑假期间为“小候鸟”们提供学业辅导、亲情陪伴、自护教育、法制教育等服务。马长林和他的志愿者们还积极通过“小候鸟”这个桥梁和纽带，把安全防范的知识和技能向广大家长传递，取得了“小手牵大手、一家共成长”的放大效应，使平安细胞遍布社区的每个角落。在马长林的带动下，警务室建立了“马长林学雷锋志愿服务基地暨分局警务共同体建设示范点”。截至目前，已经有公益服务类的志愿者团队11支、总人数达到1000余人，服务项目涵盖就业、幼教、医卫、修理、帮困等多个领域，充分满足了社区群众的需求。

问题：马长林警官是如何创建平安社区的?

社区是推进平安中国建设的基础和重要阵地，社区平安是社区和谐的基本前提和重要表现，平安社区建设是社区治理的一个基本内容和重要方面。当前我国社会正处于社会转型加速期，社会实践发生了结构性巨变，建立一套科学合理的平安社区建设工作机制，对于提高社区治理效率、促进经济社会协调发展、维护广大人民群众根本利益具有重大意义。

一、平安社区建设概述

平安社区是平安建设的基础，平安建设是平安社区的保障。因此，开展平安社区建设必须了解平安建设的提出和内涵。

（一）平安建设的提出

2005年12月5日，中共中央办公厅、国务院办公厅转发了《中央政法委员会、中央社会治安综合治理委员会关于深入开展平安建设的意见》，阐述了平安建设的重要意义，提出了平安建设的指导思想、目标任务、工作重点和主要措施。平安建设是当前中国社会治理中的一项基础性工作。加强和创新社会治理，是建设平安中国的基本途径。党的十八大以来，中央有关部门提出“在更高起点上全面推进平安中国建设”的新目标、新任务。2013年5月，习近平总书记就建设平安中国作出重要指示，强调把人民群众对平安中国建设的要求作为努力方向，坚持源头治理、系统治理、综合治理、依法治理，努力解决深层次问题，着力建设平安中国，确保人民安居乐业、社会安定有序、国家长治久安。2016年10月，习近平总书记就加强和创新社会治理作出重要指示，强调要继续加强和创新社会治理，完善中国特色社会主义社会治理体系，努力建设更高水平的平安中国，进一步增强人民群众的安全感。社会治理和平安建设日益融为一个密不可分的整体。全面深化平安建设，必须将其放在加强和创新社会治理全局中去谋划和实施。

（二）平安建设的指导思想

以邓小平理论、“三个代表”重要思想、科学发展观、习近平新时代中国特色社会主义思想为指导，深入贯彻习近平总书记系列重要讲话精神，全面贯彻党的十九大和十九届三中、四中全会精神，牢牢把握全面推进依法治国的总要求，牢固树立创新、协调、绿色、开放、共享的发展理念，充分发挥社会主义制度优势，坚持系统治理、依法治理、综合治理、源头治理，坚持改革创新，瞄准平安短板，聚焦基础建设，持续完善立体化社会治安防控体系，不断提升平安中国建设能力和水平。

（三）平安建设的目标任务

1. 捍卫国家政治安全和政权安全。健全维护国家政治安全的机制，有力打击敌对势力的颠覆渗透和分裂破坏活动。坚决遏制宗教极端思想的渗透蔓延势头，实现社会稳定和国家长治久安。

2. 保持社会治安大局持续稳定。形成党委领导、政府主导、综治协调、各部门齐抓共管、社会力量积极参与的社会治安防控体系建设工作格局，健全社会治安防控运行机制，提升“基础信息化、警务实战化、执法规范化、队伍正规化”建设水平，社会治安防控能力和执法公信力明显提高，暴力犯罪得到有效遏制，多发性案件和公共安全事故得到有效防范，人民群众安全感和满意度不断提升，社会更加和谐有序。

3. 努力营造社会安全生产环境。落实企业主体责任、部门监管责任、党委和政府领导责任，强化重点行业领域安全治理，加快健全隐患排查治理体系、风险预防控制体系和社会共治体系，坚决遏制重特大事故频发势头，切实降低事故发生频次和危害后果，为全面建成小康社会创造良好的安全生产环境。

4. 全面维护基层社会和谐稳定。构建多元化主体共同治理的新格局，完善公共服务、志愿服务、便民利民服务相互衔接的城乡社区服务体系，社会参与机制更加健全，完善社区服务体系，全面满足社区居民社会化服务需求。

（四）平安建设的工作重点

注重高起点规划、高水平建设、高智能应用、高共享发展，集聚各类创新资源，加强基础研究、关键技术研究、专用装备和应用示范研究，深化智能化建设。积极预防、妥善化解各类社会矛盾，确保社会既充满生机活力又保持安定有序。处理好维稳和维权的关系，既要解决合理合法诉求、维护群众利益，也要引导群众依法表达诉求、维护社会秩序。围绕影响群众安全感的突出问题，履行好打击犯罪、保护人民的职责，对涉黑涉恶、涉枪涉爆、暴力恐怖和个人极端暴力犯罪，以及盗抢骗、黄赌毒、食药环等突出违法犯罪，保持高压震慑态势，坚持重拳出击、露头就打。坚持打防结合、整体防控，专群结合、群防群治，把“枫桥经验”坚持好、发展好，把党的群众路线坚持好、贯彻好，充分发动群众、组织群众、依靠群众，推进基层社会治理创新，努力建设更高水平的平安中国。

（五）平安建设的主要措施

1. 加强组织领导，落实目标责任。建立和发挥平安中国建设部际联席会议制度，指导、协调和督促检查规划实施工作，及时通报规划实施进展情况，研究解决存在的问题。国务院各有关部门按照职能分工，主动参与、同步实施、分工协作、资源共享，制定相关配套政策措施和落实意见，督促和指导地方相关部门开展工作。各级政府是规划实施的责任主体，政府主要领导人是第一责任人，实行平安建设“一票否决制”，切实加强组织领导，明确职责分工，确保按期完成规划任务。

2. 强化法治引领，完善法规机制。强化法治对平安中国建设的引领和保障作用，坚持运用法治思维和法治方式落实平安中国建设规划。不断完善平安中国法规制度体系，进一步加强执法规范化建设，实现保障人民权益与维护社会秩序相统一。不断完善平安中国建设体制机制，建立健全多元化矛盾解决机制，引导社会各方面参与平安建设。

3. 加强队伍建设，完善人才保障。加强平安中国规划实施队伍建设，深化多层次人才培养机制，强化高层次领军人才培养。规范机构编制管理，健全人员分类管理，规范辅助人员管理，开展教育训练要素工程建设。深化相关职业资格制度建设，提升职业保障水平，完善工资待遇制度、职业风险保障制度和健康保护制度。

4. 加大资金投入，提升保障水平。探索建立多元化、多渠道、多层次的经费保障体系，发挥政府资金在平安中国建设中的引导作用，鼓励和吸引社会资本参与平安中国建设。各级政府要切实加大对平安中国建设的投入力度，把建设所需资金列入年度财政预算，确保建设资金足额到位，并按规定减免相关规费。

二、构建政府主导与社区自治相结合的平安社区建设体系

（一）政府主导是建设平安社区的必要条件

平安社区是在党和政府的领导下，依靠社区力量，利用社区资源，强化社区功能，解决社区问题，促进社区政治、经济、文化、环境的协调和健康发展，不断提高社区成员生活水平和生活质量。政府应该转变政府职能，利用社区党组织和居民自治组织的工作条件和社区工作人员的生活条件，建立与社会主义市场经济体制相适应的社区治理体制机制，构建新型的公共管理体系。在政府主导的前提下，平安社区应该形成党委领导、政府负责、有关部门配合、社区居委会主办、社会力量支持、群众广泛参与的社区治理格局。社区党组织处于领导地位，应充分发挥好核心作用和党员的先锋模范作用，社区党组织活动要融合、渗透到社区教育、社区文化和社区服务之中，建立和完善以社区党组织为基础、社区全体党员为主体、社区内各单位基层党组织共同参与的社区党建工作新格局。社区工作人员要抓好自身建设，切实发挥创建活动的主力军作用。社区居委会担负着具体落实任务，必须高标准、高质量、高效率地抓好创建工作。要充分发挥社区管委会、物业管理公司的作用，充分调动社区内机关、团体、部队、企业事业组织等一切力量广泛参与社区治理，最大限度地实现社区资源的共有共享，营造共驻社区、共建社区的良好氛围，扎实有序地推进平安社区建设。

（二）居民自治是建设平安社区的重要支撑

不断完善居民自治，保证广大居民依法行使民主权利，才能为平安社区建设提供广泛的力量支撑。只有完善居民自治，建立和完善党领导下的政府依法行政和社区依法自治相结合的机制，才能切实提高居民自治的意识和能力。社区自治体系是推进社区治理创新的必然要求。规范社区自治体系是扩大民主、保障自治、推进基层民主政治建设的需要，是实现党政机关、社区居民、社区单位乃至全社会广泛参与共驻共建的需要。通过社区自治过程中的民主选举、民主决策、民主管理和民主监督的实践来培育公民的公共意识、参与意识、合作精神和契约观念，增强参政议政意识，从而推动社团、行业、社会中介等非政府组织的大力发展。通过规范社区自治体系，可以保证社区自治方向，扩大基层民主，推进决策科学化、民主化和法治化，促进社区建设健康发展。充分发挥社区居民代表大会、议事监督机构的作用，实行社区公开，居民依法保证行使选举权、知情权、

参与权、监督权等民主权利，真正使社区不同群体的居民通过民主的制度安排，在社区实现和谐的利益表达方式，从而创造一个安定有序的社区环境。因此，平安社区建设就是社区居民在政府的指导下实现自我管理、自我教育、自我服务的过程。

三、构建外在与内在相结合的平安社区建设标准

（一）治安稳定是平安社区的主要标志

“平安社区”的核心，就是社区要“平安”，治安稳定是其主要特征。现代社会各种利益关系相互交织，矛盾冲突比较集中，加上流动人口多，治安形势复杂。平安社区建设要紧密围绕增强社区治安防范能力，整合社区治安防范力量，形成布局合理、反应迅速、打击有力、防控有效的社会治安防控体系和工作机制，维护社区安全稳定。要落实社会治安综合治理的各项措施，建立健全治安防范网络，有一支政治过硬、业务熟悉、防范技能强的群防群治队伍，技防、物防设施配套完善。要加强对刑满释放人员的安置帮教和流动人口的管理工作，有效化解矛盾纠纷以及妥善处置群体性事件，消除各种社会不稳定因素。对社区内处于违法犯罪边缘、有违法犯罪可能的特定对象进行监管控制、帮教转化，要落实社区矫正、禁毒等管控措施，以预防和减少犯罪。组织发动辖区内群众开展安全防范工作，主动协调横向职能部门形成安全防范合作伙伴关系，开展多元化的防范宣传和法制教育，提高辖区群众和单位的防范能力，探索社会参与、警民联防、打防结合、创建和谐平安社区的新途径。

（二）人际关系和谐是平安社区的内在表现

平安社区应建立在家庭内部和睦相处、邻里之间关爱互助和辖区成员融洽凝聚的基础之上。平安社区建设应高度重视整合社区居民中不同利益群体的社会关系，各个群体和谐相处，建立良好的社区参与机制，淡化和消除不同利益群体之间的隔膜和疏离、排斥状态，强化社区团结意识，重建人们之间的相互信任关系和相互接纳意识，使社区成员都能够主动参与社区事务和社区治理，使居民形成强烈的社区归属感，树立友好相处、家庭团结和睦、尊老爱幼、扶贫济困的风尚。因此，平安社区既要看邻里之间的“互助率”，邻里之间的“守望率”，还要看社区群体成员之间的“凝聚率”。

（三）环境净化、文化繁荣是平安社区的外在表现

社区是人们工作、学习、交往和生活的主要场所，社区环境对社区成员的精

神面貌和思想道德水平有着极其重要的影响。建设优美的社区环境是关系到社区中每一个居民切身利益的大事。平安社区构建要采取多种措施，提高社区居民的环境保护意识，把诸如垃圾科学分类、废旧物品回收、节水节能和绿化、家居等环保文化渗透进居民生活之中，提高社区居民的环保素养，促使大家共同参与，把社区建设成为环境优美、安全舒适、节能高效的现代绿色文明社区。社区内建筑、绿化、垃圾分类、污水处理、能源利用等要符合环保要求，居民要养成节约、环保、卫生的良好习惯，从而使社区公共场所整洁，市政设施良好，道路交通畅通，排水设施完备，垃圾及时清运，无严重噪声污染，各种健身娱乐设施、车辆进出有序，居民生活便利，环境绿化覆盖率高。

文化繁荣是平安社区建设的灵魂，是推动社区发展的力量源泉。平安社区文化建设必须满足居民群众的精神文化需求，提高居民群众的综合素质和文化品位，通过文化建设把社区内各个层次、各个界别、各种人员团结和凝聚起来，用积极健康的思想观念影响人们的思想和灵魂，用民族的、科学的、进步的文化代替没落的、颓废的、反科学的文化，打造“共建共治共享”社区治理共同体。实现社区文化繁荣要充分利用街道文化站、社区服务活动室、社区广场等现有文化活动设施，组织开展丰富多彩、健康有益的文化、体育、科普、教育、娱乐等活动，倡导科学文明健康的生活方式，形成健康向上、文明和谐的社区文化氛围，促使不同群体的社区居民在共同的文化活动中得到共鸣，增强归属感、认同感、亲情感，形成组织机构网络化、服务对象大众化、文化设施普遍化、活动形式多样化的社区群众文化发展新格局。

四、平安社区建设的基本措施

（一）党政领导重视，健全平安社区建设工作体系

各级党政领导必须高度重视平安社区建设，成立以党政主要领导为负责人的工作领导小组。社区安全是一个系统工程，需要各个部门的共同参与，而不仅仅是公安部门的职责。在平安社区建设中应该充分调动各个部门的积极性，共同参与、形成合力。例如，公安部门主要负责实施社区警务战略；司法部门主要负责推行法律进社区；社区内所辖企业、单位都参与安全防治工作；综合治理委员会则负责统筹协调各部门的工作。要改变过去由公安机关唱“独角戏”的状况，确保社区治安治理的效果。

（二）整合社区资源，创新平安社区创建模式

平安社区建设要在确保政府公共财力投入的基础上，广泛发动社会力量，充

分整合各种社会资源，健全基层“治保委员会”“调解委员会”“警务室”“治安巡逻队”“治安信息队伍”“治安志愿者队伍”“看楼护院队伍”“帮教队伍”等群众性的群防群治组织，加强人防、物防、技防建设，积极探索平安建设社会参与、群众参与的新方法和新途径，营造共建共治共享社区治理格局，实现政府、社会、群众的互动共赢。

（三）建立“打防结合、预防为主”的长效机制，维护社区稳定

在平安社区创建过程中，公安机关对发生在社区的违法犯罪活动要严厉打击，大力整治公共娱乐场所等治安复杂场所的公共秩序。同时，组织开展社区周边环境整治和社区内部重大矛盾纠纷、邻里和家庭纠纷、影响社区和谐稳定的重大治安隐患、影响生产生活的各类火灾、交通事故等安全隐患排查；对越级访、重复访、集体访、违规上访等事件，暂住人口、流动人员、特种行业等隐患，重点部门、要害场所的隐患，未成年人犯罪隐患等进行排查，使这些问题和隐患控制在基层，消灭在萌芽状态，为社区广大居民群众营造一个安居乐业的环境。

（四）加强宣传教育，提高社区居民法治意识

平安社区建设需要社区成员的积极参与，共同努力，在创建过程中要充分利用广播、电视、墙报、法律知识竞赛等宣传工具和手段，大力宣传法律、安全防范等知识，不断增强社区居民群众的法治观念，不断提高广大居民群众的法治意识，增强居民安全防范能力。在社区治理实践中，不仅需要相关法律、行政规范性文件发挥作用，而且有大量事务需要乡规民约、自治规则等发挥软法功效。实现软法与国家法律的相互补充、相互支撑，形成完善的社区治理法制体系，是建构良好社区治理秩序的重要基础。

（五）健全经费保障机制，确保平安建设顺利进行

实践证明，经费保障是推进平安社区建设的重要支撑，需要不断健全平安社区建设经费保障机制。一是加大政府对平安社区建设的投入力度。各级政府及其财政部门应加大建设经费的保障力度，及时将建设经费纳入同级财政预算，保证平安建设工作顺利开展，并且应随着经济的发展逐步增加投入。二是积极吸引社会资本投入平安社区建设。平安社区创建过程中应积极引入市场机制，解决平安社区建设投入不足问题。平安社区建设仅依靠政府财政资金是很难解决的，要打破经费上的条块分割，多元化渠道筹集资金，充分发挥市场在资源配置中的决定性作用，探索应用PPP（Public-Private Partnership）模式，吸引各类社会资本参

与项目投融资、建设和运营，共享开发利用平安社区建设成果。

【引导案例参考答案】

马长林警官是一名优秀的社区民警，在创建平安社区中以他所在辖区存在的治安乱点为导向，从出租房、流动人口服务管理入手，积极发挥治安志愿者作用，做到矛盾不上交、平安不出事、服务不缺位。

第三章 社区警务主体

【学习目标】

通过本章学习，使社区民警了解各类社区警务主体的性质和类型、在社区警务战略实施和具体工作中的作用，掌握通过建设和规范管理、引导发挥各类社区警务主体作用的途径和方式，为在社区警务工作中充分利用社区警务主体资源、推进社区治安的协同治理打好知识基础。

【重点提示】

·改革和加强公安派出所工作的主要途径

·社区民警的职责和工作内容

·社区民警的素质要求及提高途径

·社区社会性治安防范组织的种类、职责任务、管理与引导

·社区其他力量的作用

第一节 公安派出所

引导案例

建设“和合牛街”，争创“枫桥式公安派出所”①

北京市公安局西城分局牛街派出所是2019年公安部命名的百家“枫桥式公安派出所”之一。多年来，牛街派出所始终坚持“以人民为中心”发展理念，聚焦群众需求，回应群众期待，深化落实“街乡吹哨，部门报到”机制，充分发挥“穿警服的副书记”作用，将百姓的操心事、烦心事解决在家门口，真正

① 摘编搜狐网：10个派出所，10面旗帜！［EB/OL］. https：//m. sohu. com/a/396425469_120106425：2020-05-20.

做到“小事不出社区、大事不出街道”。

在为民服务上创新举措，以“沈琦杰出民警工作室”为平台，推出“平安小剧场”活动，在提升百姓安全防范意识的同时，拉近与群众距离，积极发动“西城大妈”力量，使宣传更具影响力和可操作性。

在规范执法上狠下功夫，坚持做好案管组“一查二盯三跟进”的工作模式，保障警情和案件规范处置；创新设计了“接待窗口自助接报案功能”和智能接警系统“小牛警官”，通过人机对话实现了群众自助报警，有效提高了接警效率。

在社区治理上主动担当，结合“背街小巷整治”等专项工作，主动参与谋划地区综合治理，发挥公安主力军和重要推手作用，落实社区7×24小时警务模式，持续加大辖区出租房屋和流动人口管理力度，全面提升辖区打防管控效果；同时，注重发动好、组织好、宣传好“西城大妈”，警民联动，邻里守望，真正实现了耳聪目明，全面掌控，全面提升社会治理水平。

在“和合牛街”建设上发挥作用，总结创新出“知风俗，顺民情，知需求，解民困，知问题，稳民心”的三知工作法，精准落实民族宗教政策，最大限度地贴近少数民族群众的生活，拉近与少数民族群众之间的关系，最大限度地发挥“桥梁”和“纽带”作用。

通过持续努力，近几年来牛街派出所形成“110”刑事、治安类警情逐年下降、群众安全感满意度逐年上升的良好态势。

问题：结合本案例，谈谈公安派出所在社区警务战略中的作用。

一、公安派出所在社区警务战略中的地位和作用

（一）公安派出所是实施社区警务战略的基本组织形态，是社区警务建设的主力军

公安派出所是我国实施社区警务战略的基本组织形态，是社区警务建设的主力军。公安派出所是公安机关的派出机构，是公安工作的前沿阵地，它直接、具体地承担了保卫社区安全、为社区群众服务的功能，因而同社区的联系也最紧密、最直接。因此，社区警务建设主要应由公安派出所来承担。同时，由于社区警务的开展是在公安派出所的管辖区域内进行的，社区警务建设过程中所涉及的警力配备、警务室配置、警务管理等各方面的事项，最终都要通过公安派出所去具体实施，由此也可看出公安派出所在社区警务建设中的主力军作用。

（二）社区警务中的各项业务工作是以公安派出所的业务工作为基础的，是对派出所业务工作的进一步拓展和深化

社区警务中的各项业务工作是以公安派出所的业务工作为基础的，是对派出所业务工作的进一步拓展和深化。推行社区警务的基本点有两个，其一是发扬优良传统，进一步密切警民关系，这是社区警务的生命所在；其二是预防、控制和减少犯罪，维护社会安定，这是社区警务的目的。可见，社区警务工作并没有脱离公安派出所的业务工作，而是适应社会发展对治安工作的要求，对派出所警务工作的进一步拓展和深化，因而是公安派出所改革的重要组成部分。

二、公安派出所在社区警务建设中的具体工作内容

根据社区警务的要旨，公安派出所应切实以社区、服务、治本为导向，改革警务运行模式，在如何促进警民互动互利，与社区建立伙伴合作关系和充分利用社区资源上下功夫，以达到与社区共同商讨、实施社区治安良策，强基固本，确保社会稳定的目标。具体来说，实施社区警务战略，加强社区警务建设，公安派出所应根据《公安部关于加强新时代公安派出所工作的意见》（公通字〔2020〕1号）（以下简称《意见》）重点做好以下工作：

（一）加强组织领导

要提高对实施社区警务战略重要意义的认识，切实加强对社区警务建设的组织和领导。紧紧围绕不断增强人民群众获得感、幸福感、安全感的总目标，认真落实全国公安工作会议精神，牢固树立大抓基层、大抓基础的导向，坚持以党建为统领，以警务机制改革为动力，以创建“枫桥式公安派出所”活动为载体，推动重心下移、警力下沉，使社区警务战略得以不断深化。

（二）优化派出所警务机制

要以落实责任制为核心，调整优化派出所警务机制。根据工作需要设立综合内勤、社区警务、案件办理等岗位，在警力较多的派出所推行“一室两队”改革，按照规定权限和程序设立综合指挥室、社区警务队、案件办理队，厘清社区民警的职责权限以及与其他警种的关系。

（三）推动警务机制转型

要构建适应社区警务需要的派出所警务工作机制，推动警务方式不断从“被动反应型”向“主动先发型”，从“单纯执法型”向“主动服务型”转变。

（四）推进社区民警专职化

要大力推进社区民警专职化，坚持传统加科技，履行管理实有人口、掌握社

情民意、开展群众工作、组织安全防范、维护治安秩序等职责。原则上社区民警占派出所警力不低于40%，专职社区民警80%以上的工作时间沉在社区。

（五）规范社区警务运行机制

根据《意见》精神，进一步规范社区警务运行机制，大力推广城区“一区一警两辅”和农村“一村一辅警”模式，打造专群结合的社区警务团队。推行专职社区民警驻社区，社区事在社区办，建立完善社区民警带队巡逻、就地接处纠纷求助警情、社区发生案（事）件必到现场制度以及相邻警务区联勤协作机制。推进社区民警进社区（村）“两委”班子，推动社区警务与基层治理深度融合。

（六）夯实社区警务工作基础

以创建“枫桥式公安派出所”活动为载体，坚持发展新时代“枫桥经验”，贯彻落实党的群众路线。坚持党建统领、专群结合，广泛深入开展创建活动，多元化化解矛盾、全时空守护平安、零距离服务群众。充分依靠和利用社区资源，构建社区治安防控网络，使之成为推行社区警务战略的突破口，夯实社区警务工作的基础。

三、改革和加强公安派出所工作，为社区警务建设创造良好条件

只有改革和加强派出所工作，才能建设高素质的派出所民警队伍和完成高质量的派出所工作，进而才能建立起强大的公安队伍，才能进一步加强公安工作。推行社区警务战略是改革和加强派出所工作的重要组成部分，能否为社区警务建设创造一个良好的环境，取决于改革和加强派出所工作的力度和成效。因此，必须大力改革和加强公安派出所工作。

（一）改革和加强公安派出所工作历程简介

改革开放以来，如何使派出所工作适应新形势发展的需要，一直是公安机关面临的一个重要课题。1980年和1984年公安部先后召开了全国城市公安派出所基础工作座谈会和全国公安基层基础工作会议，明确派出所中心工作在于“群众性基础工作”。为了进一步明确派出所职能，规范派出所工作，1988年公安部提出了“以治安管理为中心，以户口管理为基础”，将派出所建设成为“多功能、综合性、保一方平安的战斗实体”的改革方针和目标。随后公安部发布的《关于解决城市公安派出所工作改革中几个问题的意见》对城市公安派出所的职能予以明确，即“维护辖区社会治安，保一方平安，是派出所的中心任务。包括户口

管理在内的各项基础工作，都应该为完成这个中心任务服务。”该文件的下发标志着城市派出所职能发生重大转变，从以户口管理为主转变为以户口管理为基础、以治安管理为中心。从此，城市公安派出所成为集打击、防范、管理、服务和教育等各种功能为一体的基层治安组织。经过10多年的“严打”，我国社会治安形势总体上进入良性运行的轨道。新的社会环境要求我们在抓好“严打”的同时，必须集中精力去抓防范、抓管理、抓基础建设。另外，伴随着社会的文明与进步，人民群众对公安工作的要求也越来越高。在这种背景下，调整派出所工作重点，改革和加强派出所工作事关公安工作的全局，具有重要的战略意义，已经势在必行。为此，公安部先后于1997年、1998年和2002年分别在苏州、吉林、杭州召开了三次全国公安派出所工作会议。

在“苏州会议”上，提出了当前和今后一个相当长的时期内，改革和加强派出所工作的方向是：适应公安机关提高社会治安管理控制能力的总体要求，充分发挥派出所的职能和优势，充分调动民警的工作积极性，立足辖区，稳固基础，扎根群众，保一方平安。

在“吉林会议”上，提出了进一步深化派出所工作改革的基本要求是：以党的十五大精神为指导，坚持“打防结合，以防为主”的工作方针，坚定不移地贯彻执行派出所工作改革的基本思路，以创建人民满意派出所为动力，坚持业务工作、队伍建设两手抓，争取在两年内，使城市派出所工作改革各项措施、责任制落实到位，群众工作得到加强，队伍素质明显提高，违法违纪数量大幅下降，大部分派出所基本实现辖区内“发案少，秩序好，群众满意”的目标。此次会议后，公安部于1998年7月7日发出了《关于开展创建人民满意派出所活动的通知》（公通字〔1998〕51号），制定了《人民满意派出所的基本标准》。此后，公安部又于2000年召开全国治安系统处长会议，针对城市开展社区改革的新情况，对实施社区警务战略提出了要求。

在“杭州会议”上，提出了今后一个时期全面加强派出所基础工作，实施社区警务战略，推进派出所规范化、正规化建设的工作措施和奋斗目标。此次会议后，公安部于2002年6月14日下发了《公安部关于改革和加强公安派出所工作的决定》（公发〔2002〕6号），指出改革和加强派出所工作的指导思想和总体要求是：深入贯彻落实江泽民总书记“三个代表”重要思想，坚持专门工作与群众路线相结合的方针，以加强治安防范和管理工作为重点，以实施社区警务战略和规范化建设为载体，着力解决派出所在业务工作、队伍建设和警务保障中存在的突出问题，切实提高派出所发现、预防、控制、打击违法犯罪活动的能力和服务群众的水平，努力实现“发案少，秩序好，社会稳定，群众满意”的目标，以小区域的治安稳定带动和促进整个社会治安的稳定。同时，为进一步贯彻落实《中共中央办公厅国务院办公厅关于转发〈民政部关于在全国推进城市社区建设的意见〉的通知》（中办发〔2000〕23号）精神，大力加强城市社区建设，积极实施社区警务战略，2002年8月5日公安部、民政部制定了《关于加强社区警务建设的意见》，对社区警务建设作出具体要求。

2003年，在充分分析当时形势的前提下，《中共中央关于进一步加强和改进公安工作的决定》和第二十次全国公安会议进一步明确了新时期派出所工作的发展方向，指出“派出所是公安机关打击犯罪、维护治安、服务群众、保一方平安的基层综合性战斗实体，是公安工作的基石。”派出所综合实战型功能定位的提出，要求派出所通过有效的治安管理和防范措施，在辖区内将违法犯罪等危害性行为控制在公众“容忍”的范围内，以维持辖区正常、有序的状态，从而提高人民群众的安全感，密切警民关系。

在此后派出所改革和发展的历程中，虽然经历了正规化建设、基层基础建设、信息化建设等专项建设，但派出所功能定位、工作目标始终没变。各地公安派出所按照上述发展方向，努力推动警力下沉、警务前移，不断加强与人民群众的血肉联系，夯实派出所工作的群众基础，同时将派出所工作融入基层社会治理体系，涌现出一个又一个基层警务工作的典型。这其中，浙江省各地公安派出所特别是在“枫桥经验”发源地的诸暨市枫桥派出所，在坚持和发展“枫桥经验”的过程中，特别是党的十八大以来，在习近平新时代中国特色社会主义思想的指引下，紧扣新时代脉搏，顺应基层社会治理发展规律，不断创新群众工作方法，运用法治思维和法治方式，与当地干部群众一起，发展形成了“矛盾不上交、平安不出事、服务不缺位”的新时代“枫桥经验”，打造了适应新时代要求的枫桥警务模式，实现了警务理念新转变、警务手段新突破、警务方式新拓展、警务能力新提升。浙江省公安厅对枫桥派出所坚持发展新时代“枫桥经验”，创新警务模式的新做法给予充分肯定，并要求在全省公安机关开展“向枫桥派出所学习”活动，育一批“枫桥式基层所队”。2019年5月24日，公安部印发《全国公安机关创建“枫桥式公安派出所”活动工作方案》的通知，在全国范围内开展“枫桥式公安派出所”创建活动。2019年7月10日，公安部在浙江绍兴召开了全国“枫桥式公安派出所”创建现场会，启动了枫桥警务模式的全国性推广工作。2019年11月28日，公安部在北京召开全国公安派出所工作会议暨首批“枫桥式公安派出所”命名揭晓仪式，会议的主要任务是：以习近平新时代中国特色社会主义思想为指导，认真贯彻落实党的十九届四中全会和全国公安工作会议精神，回顾党的十八大以来派出所工作，总结成绩和经验，分析问题与不足，研究部署全面加强新时代派出所工作。本次会议后，公安部于 2020 年 1 月 18 日印发了《关于加强新时代公安派出所工作的意见》，明确公安派出所是县级公安机关直接领导的派出机构，是担负维护辖区稳定、守护一方平安、服务人民群众、推进社区治理职责的基层综合性战斗实体。必须坚持把派出所工作置于基础性、先导性地位来抓，从全局和战略的高度大力加强和改进派出所工作，筑牢整个公安工作的根基。同时，应牢固树立大抓基层、大抓基础的导向，坚持以党建为统领，以警务机制改革为动力，以创建“枫桥式公安派出所”活动为载体，推动重心下移、警力下沉、保障下倾，推进派出所警务智能化、执法规范化、保障标准化、队伍正规化建设，切实增强实力、激发活力、提升战斗力，努力实现基础牢、出事少、治安好、党和人民满意的工作目标。

（二）改革和加强公安派出所工作的主要途径

1. 以改革的精神推动工作重心向公安派出所下移。坚持强所固本的改革导向，优化派出所设置；坚持属地原则，建立派出所权力清单、责任清单，理顺事权关系，依法向派出所下放工作权力和必要手段，推进市县公安机关大部门、大警种制改革，深化警力编制内部挖潜，推动机关警力重点向派出所前置、派出所警力向社区前置。深化城乡社区警务战略，推进社区民警专职化，坚持传统加科技，履行管理实有人口、掌握社情民意、开展群众工作、组织安全防范、维护治安秩序等职责，打造专群结合的社区警务团队，建立完善社区民警工作运行机制，推进社区民警进社区（村）“两委”班子，推动社区警务与基层治理深度融合。优化派出所警务机制，以落实责任制为核心，调整优化派出所警务机制，根据工作需要设立综合内勤、社区警务、案件办理等岗位，在警力较多的派出所推行“一室两队”改革，建立完善相邻派出所、派出所与街面警务站协作机制，加强警情处置、案件办理的协作配合。

2. 全面创建“枫桥式公安派出所”。坚持发展新时代“枫桥经验”，坚持党建统领、专群结合，广泛深入开展创建活动，多元化化解矛盾、全时空守护平安、零距离服务群众。多元化化解矛盾纠纷，结合接处警、社区工作和执法办案等日常业务，全面深入排查矛盾纠纷，会同有关部门开展调处化解工作，对经评估可能影响安全稳定的矛盾纠纷进行全面干预，强化源头化解。依托综治平台加强人民调解、行政调解和司法调解“三调联动”，推广“庭所对接”“民调入所”“律师进所”，完善矛盾纠纷多元化化解机制。开展多种形式平安创建。坚持专项治理和系统治理、依法治理、综合治理、源头治理相结合，大力推进平安社区、平安乡村、平安单位建设，提高发现防控安全风险隐患的能力。坚持严打严治，主动摸排“黑拐枪”“黄赌毒”等违法犯罪线索，及时整治群众反映强烈的突出治安问题和治安乱点，确保辖区治安稳定。做好新时代群众工作，牢固树立全心全意为人民服务的宗旨意识，把会做群众工作作为派出所民警基本功，把群众路线贯穿派出所工作全过程，坚持民意导向，问需于民、问计于民，积极为民破小案、办小事、解小忧、帮小忙、惠小利，不断增强群众获得感、幸福感、安全感。坚持专群结合、群防群治，充分发动群众、组织群众、依靠群众，借助大数据、信息化等手段，实现自律和他律、刚性和柔性、治身和治心、人力和科技相统一。建立健全窗口服务评价、警务效能监测、第三方民意测评机制，完善派出所群众工作考评制度。

3. 加强公安派出所警务智能化建设。大力实施科技兴所，加快大数据、物联网、人工智能等新技术在派出所的应用，加强派出所综合指挥室智能化建设，全面推进智能感知设备、智能办案场所、智能警务终端、智能服务平台、智能考核系统建设应用，不断提升打防管控、服务群众和内部管理智能化水平，打造智慧型派出所。推动派出所基础工作形态转变，以新一代警综平台、社会治安防控实战应用平台为支撑，编制派出所基础信息采集录入清单、标准，实现基础工作信息“一次录入、全网通用”和“一次变更、全网更新”。全面推广移动警务应用，多维智能采集基础信息，扩大智能感知设备覆盖面。基于大数据应用，动态更新“一标三实”等基础信息，建立完善重点治安要素管控模型，实现基础工作指标可量化、过程可控制、成效可评价，打造信息智能核录、任务精准推送、工作实时监督的派出所基础工作新形态。完善智能安防系统标准，会同住房和城乡建设等部门将智能化安防系统建设要求纳入住宅小区设计方案进行统一技术审查，与智慧社区建设融合，多措并举推进以居民小区、学校、医院为重点的智能安防社区建设，做到信息自动采集、数据采用分离、管理智能高效、防范严密精准，提升社区警务智能化水平和预测预警预防能力，创建更多“零发案小区”“零发案村居”“零发案单位”。依托公安“互联网+政务服务”平台，搭建线上线下相结合的立体服务网络，推广在派出所、警务室（站）布设公安业务自助服务设备，实现“网上办、自助办、随时办”“异地办、就近办、一次办”，推进服务提质增效。在有条件的派出所或社区警务室建设智能安防体验区，开展体验式安全教育宣传，提升群众安全防范意识和自防自救能力。

4. 加强公安派出所执法规范化建设。加强执法制度建设，推动与派出所有关的立法工作。规范执法办案机制，明确派出所办理刑事案件范围。结合公安机关受立案制度改革，建立完善派出所办理刑事案件移交机制。严禁向派出所下达罚没款数额、行政拘留数、刑事拘留数、逮捕数、起诉数、发案数、退查率、破案率等不合理指标。加强执法监督管理，全面落实派出所派驻法制员、专兼职法制员配备，发挥其案件审核、执法管理职能作用。加强派出所办案区规范化智能化建设，建立健全与执法办案管理中心使用衔接机制。落实执法全流程记录机制，加强对派出所接报案、现场执法、案件办理、涉案财物管理等执法活动监督管理。网上网下结合，深化派出所执法办案公开，主动接受群众监督。强化民警执法保障，建立派出所出警民警与县（分）局情指中心、派出所综合指挥室在线联系，加强派出所移动图传设备配备，实时掌握一线处警情况，必要时及时提供支援、还原事实真相。

5. 加强公安派出所警务保障标准化建设。加强经费保障、装备配备和基础设施建设，完善派出所装备配备标准，建立派出所装备定期巡检、维护、补充、更新机制，强化一线执法执勤用车和特种专业技术用车等装备保障。完善派出所基础设施建设，合理划分功能区，按需建设综合指挥室，落实“乡镇一间房、城市一张床”人均备勤休息用房保障条件，完善内部安全设施。推动制定派出所辅警经费保障、装备配备标准。解决社区警务工作保障问题，推行在县级公安机关公用经费中保障社区警务工作专门经费，加强社区警务室建设，配备必要的交通工具、办公用品、警用装备、服务设备和生活设施，满足社区民警、辅警驻社区工作、生活需要。对条件艰苦的派出所予以扶持，解决派出所无房危房、无执法执勤用车问题。

6. 加强公安派出所队伍正规化建设。加强派出所党建工作，坚持政治建警，加强忠诚教育，切实增强“四个意识”、坚定“四个自信”、做到“两个维护”。坚持党管干部原则，加强乡镇（街道）党组织在派出所所长培养中的作用。加强派出所党支部标准化、规范化建设，锚定“四个铁一般”目标，充分发挥党组织战斗堡垒作用和党员先锋模范作用。按照新时期好干部标准，选好配齐配强派出所领导班子，优化班子年龄、专业结构，注重培养选拔优秀年轻干部，并加强对派出所领导班子培训。经常性开展岗位练兵、比武竞赛活动，培养岗位能手、专业标兵，因地制宜设置训练场地，配备必要装备，加强体能、技战术训练，提升派出所民警业务素质。规范派出所辅警管理，根据派出所工作任务和实战特点，依法依规明确辅警职权、细化岗位职责，按照“谁使用、谁管理、谁负责”原则，落实派出所民警、辅警责任捆绑，建立主要领导、分管责任领导、带辅警责任民警三级管理机制，加强辅警勤务监督、绩效考核，规范其职业发展。落实爱警惠警及家庭困难民警的帮扶措施，建立完善激励机制，营造拴心留人、干事创业、健康向上的环境，畅通民警职业发展通道，激发派出所队伍活力。加强作风建设，着力整治不作为慢作为等突出问题和不良风气，弘扬新时代人民警察精神，严格落实公安机关内部人员干预、插手案件办理的记录、通报和责任追究规定，严肃查处办关系案人情案金钱案等问题，切实做到全面从严治警。

【引导案例参考答案】

公安派出所是实施社区警务战略的基本组织形态，是社区警务建设的主力军。社区警务中的各项业务工作是以公安派出所的业务工作为基础的，是对派出所业务工作的进一步拓展和深化。本案例中，牛街派出所通过加强对社区警务工作的组织领导、优化派出所警务机制，推动警务机制转型和社区民警专职化，规范社区警务运行机制，夯实了社区警务工作基础，确保了社区治安稳定，社区群众安全感满意度不断提升。

第二节　社区民警

引导案例

社区民警创新设立“微信警务室”　社区治安请百姓助力①

黄礼借鉴当下时髦的电商运营“online to offline”模式（O2O），把社区警务工作与“互联网+”有机结合起来，于2013年底通过微信创建了“黄礼微信警务室”微信工作群。通过几年来的科学管理和规范运行，目前“黄礼微信警务室”的群成员由原来的20多人发展到现在的170人，形成了一套独特的“线上+线下”“微宣传、微服务、微调解、微调度、微破案”“五微工作法”，功能涵盖社区民警人口管理、治安管理、安全防范、情报信息收集、舆情引导等日常工作，既解决警力不足，又解决警民节奏不同步、文化差异难沟通、相互缺乏信任感等新情况、新问题，达到快速、高效、低成本警务效果。在“黄礼微信警务室”的影响下，辖区物业、企事业单位负责人、社区干部、小区楼栋长、行业意

① 摘编自谭勇超．广西公安16个集体27名个人受表彰［DB/OL］．广西新闻网，http：//news.gxnews.com.cn/staticpages/20170522/newgx5922a284-16210240-1.shtml：2017-05-22.

见领袖及媒体记者等各行各业的群成员通过组建本单位、本部门二级、三级平安建设微信群，层层传达转发微信警务平安信息，逐级扩散影响力，编织串联起一张更大的平安网络。目前，以“黄礼微信警务室”为核心，辖区内还联动着近3万名群众，实现了“联系一百人，牵动上万人”的倍增效应。

问题：1. 结合本案例，谈谈社区民警应具备的素质和能力。

2. “互联网+”时代派出所民警应如何创新社区警务工作？

社区民警是实施社区警务的中坚力量。英国社区警务的旗手约翰·安德森在概括社区警务的要素时，将社区警察列为社区警务的三要素之一（另两个要素是公众参与和多机构齐抓共管），认为社区警察是改善警民关系的枢纽。因此，必须高度重视社区民警在社区警务中的作用。

一、社区民警的职责和工作内容

社区民警的职责和工作内容主要由公安部下发的《关于实施社区和农村警务战略的决定的规定》《公安派出所正规化建设规范》《公安部关于进一步做实城乡社区警务工作的意见》等文件规定，同时应结合当前社区警务工作的实际来确定。

（一）社区民警的职责

1. 管理实有人口。常态化开展辖区标准地址、实有人口、实有房屋、实有单位等基础信息采集。全面掌握辖区实有人口基本情况，动态管控重点人口，参与服务管理特殊人群。分析人口动态，服务社区治理。

2. 掌握社情民意。密切联系辖区群众和单位，线下线上结合，倾听意见和呼声。排查分析社情动态和安全隐患，加强风险预知预警预防。及时收集、掌握、报告涉及国家政治安全、社会稳定、违法犯罪的线索和信息。

3. 组织安全防范。具体负责指导治保会工作，加强平安类社会组织等群防群治力量建设。指导、监督辖区单位开展内部治安保卫工作。宣传教育群众增强安全意识和防范能力，组织开展治安巡逻和邻里守望活动。推动住宅小区、单位、楼宇和村庄智能安防建设。

4. 维护社区秩序。依法加强辖区娱乐服务场所、特种行业、危险物品和新兴重点行业治安管理。就地接处矛盾纠纷警情，参与治安调解和矛盾纠纷多元化解。社区发生案（事）件必到现场，依法参与处置，加强跟进回访。参与治安灾害事故预防和先期处置工作。

5. 服务辖区群众。接受群众咨询求助，提供紧急救助。依法按规定提供公安政务便民利民服务。定期向群众代表报告工作，自觉接受监督。积极参与帮扶困难群众。

（二）社区民警的工作内容

1. 群众工作。群众工作是党一切工作的根本路线，也是社区警务工作的一项重要内容，社区民警要强化公仆意识和服务意识，坚持“从群众中来，到群众中去”。社区民警的群众工作包括：

（1）矛盾纠纷排查、调处。要坚持和发展新时代“枫桥经验”，对进入视线的矛盾纠纷，认真了解情况、积极参与化解。原则上由社区民警负责本社区的矛盾纠纷调处，其他民警应急调处的通报社区民警，一时化解不了的移交社区民警跟进，加强矛盾纠纷多元预防调处化解。积极会同基层组织，帮助群众解决合理合法诉求，引导群众依法表达诉求，妥善防范应对涉稳问题。针对数字经济条件下涉稳风险因素和多发性侵财犯罪规律特点，加强对社区民警识别防控风险能力培训和对群众安全防范教育，组织开展降警情、控发案工作，切实守好一方平安。

（2）群防群治工作。要坚持人民群众主体地位，创新完善新形势下鼓励和引导社会组织、企事业单位、社区居民积极参与社区治安治理的制度机制，推动形成共建共治共享的基层社会治理格局。总结推广一些地方发挥基层党组织、双报到党员作用，采取积分奖励、荣誉激励调动群防群治力量积极性，参与问题联治、工作联动、平安联创的工作经验，完善见义勇为人员认定表奖、补偿救济机制，形成维护安全稳定的强大合力。加强专业治安志愿者队伍建设，推动健全社会心理服务体系和危机干预机制，在打开群众心结、疏导社会心理上下功夫，培育自尊自律、理性平和、积极向上的心态，把安定人心的工作做实。

（3）服务群众。要牢固树立以人为中心的理念，把人民群众对美好生活的向往更多向民主、法治、公平、正义、安全等方面延伸作为工作的着眼点和着力点，坚持自治、法治、德治结合，创建更多平安村居单位，促进居住工作环境更加安定和谐有序。坚持寓管理于服务之中，结合接处警、受立案、入户访、办发证和许可审批，采集掌握实有人口关系人员、物品、案（事）件等信息，提高服务管理的精准性、实效性。全面掌握孤寡老人、困难儿童、重度残疾人、严重精神障碍患者等特殊人群底数情况，加强关爱帮扶，提供优先服务、上门服务。坚持人民公安为人民，建立健全民意感知体系，对政务服务和有效警情接处等情况进行满意度调查，以人民满意为追求，有针对性地加强警务调度支援，提高社区警务效能。

2. 情报信息收集。情报信息收集要坚持实事求是、积极主动、重点突出、见微知著的原则，尽可能地排除各种非客观因素，多层次、多渠道、多侧面进行信息收集。要深入实地，采集客观、真实、正确、可靠的信息。要主动出击，保证信息收集的及时性、鲜活度。要增强信息敏感度，既要有对大政方针、国内外大事的敏感度，也要有对群众关心的、社区细微事物的敏感度。信息收集过程必须依法进行，不得侵犯公民的人身权利、民主权利。对于需要保密的信息必须切实保守秘密。

（1）情报信息收集内容。一是派出所负责收集的情报信息，包括社会各界对国内外重大事件、热点问题的反应，可能引发群体性事件的线索，敌对组织、邪教、会道门以及其他非法组织活动的情况，预谋实施爆炸、杀人、抢劫、盗窃等犯罪活动的信息，因各类矛盾纠纷可能铤而走险、制造事端的危险人员的情况，其他可能影响社会政治稳定和治安稳定的情报信息。二是根据业务工作（如人口管理等）要求收集的情报信息，包括辖区治安状况（主要包括辖区治安积极和消极因素及影响情况）和辖区基础要素信息（主要包括人口信息、物品信息、单位信息、房屋信息等）。

（2）情报信息收集渠道。主要有：结合治安管理工作进行采集；通过对有轻微违法犯罪人员开展帮教和对刑满释放人员安置和帮教收集信息；通过对刑事案件、治安案件、治安灾害事故的侦查、查处、调查活动发现、采集；通过做群众工作发现、采集；通过组织开展群防群治活动发现、采集；通过网格化服务管理工作体系发现、采集；通过各种档案资料以及网络、电视等媒介发现、收集。

3. 实有人口管理。实有人口管理要求以房屋为载体，以入户调查为手段，了解掌握居住人员的基本情况，分别落实管控措施，及时采集变更人口信息，做到清楚辖区实有人口数量，熟悉掌握重点对象情况，了解一般人员情况，人口信息达到“全、新、实、准”的要求，主动、热情服务群众。为搞好实有人口管理，首先要统一思想认识，明确工作目标；其次要坚持动静结合，完善管理工作机制；再次要积极开展入户调查，摸清人口底数；最后要实行因人分类，加强分类管理。

4. 安全防范。安全防范即通过建立良好的防范网络和防范机制，采取有效的防范措施，预防入室盗窃、入室抢劫以及盗窃机动车等可防性案件、“黄赌毒”案件、治安灾害事故等。可采取的方法主要有：向辖区居民和单位通报治安情况和宣传安全防范知识，提高其自防意识和技能；指导治保会和群防群治队伍建设；组织居民和单位进行巡逻、看护；指导辖区居民和单位安装物防、技防设施；组织辖区治保会和单位开展安全检查；组织开展平安社区、单位、村组、楼院创建活动等。

5. 治安管理。按照属地管理的原则，掌握辖区重点行业场所的经营业主、从业人员、经营状况等基本情况。督促辖区内部单位建立健全安全保卫制度。有针对性地进行治安检查，消除安全隐患，整治治安秩序。管理辖区危险物品，经常性开展安全隐患排查。全面掌握社区公共复杂场所、特种行业、出租房屋、重要企事业单位、重点要害部位等重要社会治安要害部门情况，并对其进行协同治理，加强日常安全检查，通过集中专项整治打击等多种措施维护社会秩序稳定。社区民警在管理过程当中对发生在社区内的治安案件，要依法做好调查处理，对于较为重大需要派出所或其他部门处置的治安案件应该要做好案件的前期处置和移交工作。社区民警要通过各项基础工作，及时发现违法犯罪可疑情况或线索，并及时提供给有关部门，积极配合其他部门做好排查工作。

6. 巡逻盘查。巡逻盘查是社区民警的基本勤务之一，是净化社区治安环境、遏制违法犯罪的重要手段。巡逻盘查的内容主要包括：维护巡逻区域特别是党政机关、重点要害部位、大型公共场所、校园周边、大型居民区等重点地区的治安秩序；对可疑人员依法进行盘问和检查；对可疑物品依法进行检查；接受群众询问、口头报案等；力所能及地为群众提供服务。巡逻盘查中应注意按规定着装和携带装备，按照“警力跟着警情走”和“科学用警”的原则，确定巡逻区域、线路、时间和频次。在对可疑人员、物品和车辆进行盘查时，应按照规范要求进行，并注意做好自我防护。

7. 基础信息采集。社区民警应当采集维护掌握辖区标准地址、实有人口、实有房屋、实有单位等基础要素信息。采集时要突出标准地址信息的先导性、基础性作用，按照“先一标、后三实”“先房后人”的流程，开展地址元素信息采集。在实有人口中要突出重点人员、流入居住人员信息采集，在实有房屋中要突出租借用、容易藏污纳垢的房屋信息采集，在实有单位中要突出涉枪涉爆、特种行业、寄递物流、娱乐场所、留宿洗浴等容易滋生违法犯罪的单位信息采集，增强信息采集工作的针对性、有效性。要不断拓宽信息采集的渠道，争取相关部门和单位支持，充分利用房管、人社、计生、市场监督管理等部门和电信、水、电、气、物流寄递、网约车、网上餐饮外卖等行业的信息资源。

二、社区民警的素质要求

（一）社区民警的基本素质要求

1. 政治素质要求。习近平总书记在党的十九大报告中提出，“政治素质是衡量新时代党员干部素质和能力的首要标准和根本要求。”2019年召开的全国公安工作会议强调，要从政治上建设和掌握公安机关，引导全警增强“四个意识”、坚定“四个自信”、做到“两个维护”，始终在思想上政治上行动上同党中央保持高度一致。社区民警处于联系群众、组织群众、服务群众的最前沿，应毫不动摇地坚持和贯彻执行党的基本路线和方针政策，以正确的立场、观点和方法认识世界、观察和处理社区治安问题，做好社区治安工作，努力践行全心全意为人民服务的宗旨。

2. 文化素质要求。文化素质是社区民警的基本素质，是做好社区警务工作的基础。毛泽东同志曾经说过，“没有文化的军队是愚蠢的军队，愚蠢的军队是战胜不了敌人的。”同样，社区民警要掌握各项技能，履行职责，更好地开展警务工作，必须具备较高的文化素质。否则，不仅会影响工作效果，更会影响到人民警察的形象。应特别强调的是，作为新时代的人民警察，应把较高的科技素养作为社区民警文化素质的重要组成部分，以适应社区警务工作科学化、现代化的要求。

3. 业务素质要求。社区民警的工作涉及社区治安信息工作、实有人口管理、社区安全防范、社区治安管理、为民服务等多方面的内容，要搞好这些工作，就必须具有较强的相关专业知识。例如，要明确自己所从事工作的性质、任务、职责范围、具体内容及原则、方法；要熟悉与业务工作相关的法律、法规和政策；要具备社区警务智慧化的意识和能力；要掌握社区人口管理的方法；要能掌握社区敌社情动态和治安、刑事案件发生的一般规律；要熟悉社区治保会、社区保安力量、社区专业辅警力量等群众性力量以及“红枫义警”“朝阳群众”“武林大妈”等社会组织的性质、作用，并知道如何将其组织和发动起来开展社区治安防范活动等。

4. 心理素质要求。社区民警的职责、任务和工作特点及环境因素，决定了社区民警除具有普通人的心理特征外，还应具有良好的职业心理要求和心理品质。其心理素质的总体要求主要包括三个方面：一是在认识素质方面，要具备良好的感知能力、敏锐的观察能力以及较强的注意力、记忆力、预见力、想象力和思维能力等；二是在情感素质方面，要具有较强的调适自己情绪的能力、较强的应激能力以及良好的意志品质等；三是在个人性格方面，要外向乐观（即要有较强的社交能力、语言表达能力）、要具有较强的坚韧性和技巧性、要有崇高的职业道德感等。

5. 身体素质要求。身体素质是指社区民警在体质、精神活力和魄力等方面应具备的条件。日常的社区警务工作是非常复杂、紧张而又艰苦的。一方面，社区民警要在群众的配合下，通过管理和防范，预防、发现和控制各类违法犯罪行为，维护社区的治安秩序；另一方面，社区民警又必须在社区中做好服务人民群众的工作。因此，社区民警需要具备良好的身体素质，练就过硬的警体技能才能适应社区警务工作的需要，实现“基础牢、出事少、治安好、党和人民满意的工作目标”。

（二）社区民警的职业能力要求

1. 依法办事能力要求。依法办事是社区民警进行社会治理法治建设的一个重要标志，是公安民警核心能力的体现，也是做好社区警务工作的重要环节。社区民警要有现代法治意识，要运用法律武器武装自己，不断更新自己的法律知识，尤其是人权保护意识、程序意识和证据意识等执法规范与保障人权的相关法律知识。在社会治理现代化的视野下，社区民警还应加强情理法融合能力，学会用情去感化群众，用理去疏通关系，用法去执行各项业务，真正做到情理法的统一。

2. 社会交往能力要求。社区民警工作在社区，扎根在社区，主要的工作内容之一就是与社区居民、社区单位打交道，做群众工作。因此，对社区民警的社会交往能力要求也会相应提高。在某种程度上，社区民警的社会交往能力是社区警务战略能否成功的关键。民警的社会交往能力强，组织发动群众好，协调能力强，群众和各单位积极支持民警工作，社区内各项警务工作就能顺利开展。否则，就如龙困沙滩，寸步难行。社区民警的社会交往能力包括三个方面：一是较强的社会公关能力，要善于向社区公众推介公安机关、社区民警及其在社区中的警务工作，使社区公众改变传统印象，重新认识和审视公安机关、社区民警及其工作。二是构建和谐警民关系的能力，要学会并熟练运用“三懂四会”群众工作能力，努力在社区构建和谐警民关系。三是协调与单位部门及公安机关内部各部门、警种之间关系的能力，要善于通过协调与这些单位、部门及警种的关系，充分挖掘和调用各种资源，形成维护社区治安、服务社区群众的合力，从而提高社区民警工作中的效率、张力和效度。

3. 服务群众能力要求。服务是沟通警方与社区群众关系的桥梁，社区民警要有较强的服务意识，要通过社区服务，取得社区群众的信任和支持，从而在社区民警和社区群众之间尽可能地达到无障碍沟通。为此，社区民警必须通过不断地摸索，逐步积累服务社区群众的经验和阅历，提高社区服务的知识和技能。

4. 开拓创新能力要求。“知常明变者赢，守正创新者进。”社区民警应在坚持真抓实干的基础之上，坚持以社区治安问题为导向，认真研究社区治安新情况，敢于思考，善于思考，勇于创新，善于创新，因人而异，因地而异，因事而异探索新思路，寻求新模式，解决新问题。要将理论创新和实践创新、技术创新与模式创新结合起来，大胆创新维护社区治安、服务社区群众的新方法、新模式，探索提高社区警务效能的新机制。

（三）提高社区民警素质的途径

1. 加强政治理论学习，开展经常性的思想教育活动。通过开展政治学习、参加党组织生活、听党课、听先进人物事迹报告会、参加辅导讲座等形式，结合学习强国平台、公众微信号、微博等网络平台，拓宽社区民警学习渠道，全面推进线上线下政治理论学习，加强理论学习与实践检验相结合，丰富社区民警学习内容，帮助社区民警树立正确的世界观、人生观、价值观，促进社区民警知行合一，做到清正廉洁，勤政爱民，爱岗敬业，乐于奉献，将广大社区民警培养成为廉洁、公正、务实、高效、团结、奉献的社区安全守护神。

2. 构建社区民警知识体系框架，建立社区民警培训制度。随着国家体制机制改革和社会经济、科学技术的发展进步，社区警务工作所面临的形势发生了翻天覆地的变化。对此，需要结合当前社区公共安全发展形势，设计社区警务培训整体知识框架体系，制定严密的常态化社区民警培训制度，全面提升社区民警的综合能力。一是统筹规划、科学设计、合理安排社区警务知识框架体系，并根据社区警务的发展情况，不断更新迭代，将社区警务前沿知识提供给社区警务民警学习。二是鼓励社区民警积极参与继续教育活动，通过网络自主学习、自学考试、函授、在职培训等形式，不断拓宽社区民警视野，更新其业务知识，提升其业务能力。三是强化社区民警轮值轮训制度，开展各项业务知识培训。通过邀请专家、学者、有丰富经验的民警举办专题讲座，根据“社区需要什么，就训什么；缺什么，就补什么”的理念，保障社区民警业务技能常训常新。四是开展岗位练兵大比武，通过开展岗位练兵活动，抓典型、树标兵，促进社区民警业务素质的提高，从而更好地为群众服务。

3. 强化公关意识，提高社会交往能力，构建新型警民关系。要努力培养社区民警的公关意识，并要求民警在日常本职工作中大胆运用和创造。平时，要鼓励社区民警多与各层次、各行业社会成员打交道，在联系交往的实践中不断提高自己做群众工作的能力、协调部门关系的能力。对社区民警自身而言，要自觉维护公安民警的形象与公众利益，准确把握新时代警察公共关系的基本理论与方法，结合社区警务实际工作开展警察公共关系工作。此外，社区民警还应时刻注意自己的形象，不利于警民关系的事不做，不利于警民关系的话不说。

4. 完善监督机制，强化内外监督。政治坚定、纪律严明、作风过硬、业务精通是赢得群众拥戴的基础。要确保社区民警队伍始终保持旺盛的生机和战斗力，就必须建立健全一整套监督管理机制。一方面，社区民警要自觉广泛地接受外部监督。要采用“走出去，请进来”的方法，实行定期报告工作制度，民主测评制度，警务通报制度，聘请人大代表、政协委员、社会各界群众为执法执纪监督员制度，广泛征求群众的意见，接受社会监督。另一方面，要严格内部监督机制。要加强公安内部督察队伍建设，强化纪检督察力量，实行 8 小时内和 8 小时外监督制度。此外，还要严格实行办事条件、程序、结果公开制度，使权力在阳光下运行，不搞暗箱操作。

5. 完善激励机制，严格考评制度。要通过考核，兑现奖惩，引导社区民警勤政敬业，脚踏实地，努力做好本职工作，积极投身到社区警务工作中。要引导社区民警树立争先创优意识，创一流的工作业绩，融一流的警民关系，形成一种比、学、赶、帮、超的浓厚氛围。为此，首先必须建立起完善的社区民警工作考核制度，对社区民警的工作业绩作出公平、公正、合理、全面的考核和评价；其次要完善竞争机制，强化竞争意识，真正形成奖优罚劣、优胜劣汰的管理模式；最后要引入激励机制，如通过提高福利待遇、立功受奖等多种激励方式激发民警的内在潜能。

三、社区民警的关系协调

（一）社区民警之间的分工协作

社区警务作为一种全新的警务思想、警务模式、警务方式方法体系，虽然其核心是整体思维和系统运作，但从警务运作的具体方式来看，仍然必须以社区为基础来建立防范管理机制，进而构筑全社会范围的安全体系。因此，社区民警之间的分工主要体现在以社区为基础，在各自分管社区内进行基层治安信息、实有人口管理、社区安全防范、社区治安管理、为民服务等工作，从而完成各自的工作职责。但基于社区警务对整体思维和系统运作的内在需求，社区民警之间又必须加强协作。具体来说，这种协作主要有以下两种情况：

1. 同一社区内社区民警之间的协作。这种协作主要适用于“一区双警”或

“一区多警”的情况。从协作的内容上看，主要体现为沟通信息，交流情况，相互合作，协调配合，取长补短，共同提高。

2. 不同社区间社区民警之间的协作。这种协作又包括两种情形，一种是“一区一警”情况下不同社区的社区民警之间的协作，另一种是“一区双警”或“一区多警”情况下不同社区间社区民警之间的协作，这两种情况下的协作在实践中都叫作“社区联勤”。在协作的内容上，与同一社区内社区民警之间的协作大致相同。

（二）社区民警与其他警种的协作

当前我国公安机关正在大力推进与国家治理体系和治理能力现代化相适应的现代警务模式构建，各地公安机关围绕厘清岗位责任，优化组织结构，减少权责交叉，避免多头指挥等问题，进行了一系列的改革，最终目标是通过构建立体化、智能化、法治化的社会治安防控体系，满足人民群众对公共安全的需求。在这些改革中，推进各警种之间在信息化、情指行一体化、警务扁平化机制的环境下形成“嵌入式”协同参与的公共安全治理模式是一项十分重要的内容，也是加强社区民警与其他警种之间的协作的内在动因。

1. 社区民警与刑侦部门之间的分工协作。社区民警与刑侦部门在社区安全方面各有分工：社区民警的职责在于搞好社区安全防范，预防和控制违法犯罪行为的发生，而刑侦部门的职责在于侦查破案，打击社区内发生的各种犯罪行为。两者之间的协作，主要表现在两个方面：

（1）社区民警对刑侦部门工作的协助，主要包括：搜集并向刑侦部门提供犯罪信息和线索；向刑侦部门提供有关人口信息资料；协助刑侦部门排摸和控制犯罪嫌疑人；对社区内发生的刑事案件做好现场保护工作，并对案发现场的犯罪嫌疑人进行控制；对于治安案件查处中发现的犯罪行为，及时、主动地将有关案件材料以及犯罪嫌疑人移交刑侦部门。

（2）刑侦部门对社区民警工作的协助，主要包括：将社区内的刑事案件发案情况（特点、规律等）提供给社区民警，以利于社区民警查找防范漏洞，从而有针对性地做好防范工作；将刑事案件的办理情况及时通报社区民警，以利于社区民警做好有关人员的解释工作；做好刑事案件的个案“回访”工作，与社区民警一道帮助受害人分析案件发生的原因，做好受害人的解释工作，并使受害人从中受到教育，提高防范能力。

2. 社区民警与治安民警之间的分工协作。

（1）社区民警与治安民警的分工。通常情况下，社区民警本身就负有社区治安管理的职责，责任管辖区范围较大、情况较为复杂的社区，社区民警与治安民警通过大数据平台、综合指挥室等强化社会治安基础信息共建、共享。社区民警与治安民警在实际工作中相辅相成，不可分割，两者在工作的侧重点不一样。社区民警主要负责对本社区内的日常治安秩序进行维护，防止发生各类治安问题，并负责查处一般治安案件；而治安民警则主要负责派出所辖区内重点行业、场所的治安管理和重大治安案件的查处。

（2）社区民警与治安民警的协作。两者之间的协作主要表现在：就社区内的治安管理工作和治安案件查处工作经常沟通信息，交流情况；在防范工作上互相支持和加强，弥补对方在防范工作上的漏洞；对各自管辖范围内的治安管理工作和治安案件查处工作互相支持和配合。

3. 社区民警与交通民警之间的分工协作。

（1）社区民警与交通民警之间的分工。从职责上看，社区民警与交通民警之间存在明显的分工。社区民警的职责主要是在社区内从事基层治安信息、实有人口管理、安全防范、治安管理、为民服务等工作。交通民警在社区交通管理中的职责主要是宣传道路交通法规、组织指挥社区道路交通，纠正交通违法，处理交通事故，维护社区道路交通秩序和治安秩序。

（2）社区民警与交通民警之间的协作。社区民警对交通民警的协助主要包括：协助交通民警做好交通法律法规的宣传工作，提高社区成员的交通安全意识；对社区巡查中发现的各种交通违法行为进行劝导和制止，必要时交由交通民警处理；在社区道路发生交通堵塞、秩序混乱等情况时，如遇交通民警不在场，应主动做好疏导交通、维持秩序等工作；即使交通民警在场时，也应做好相关的协助工作；对社区内发生的交通事故，如交通民警不在现场，应主动做好现场的保护和对肇事者的控制工作；如交通民警正在对交通事故进行处理，则应协助其做好维持现场秩序、控制肇事者等工作。对涉及社区成员的交通事故，协调交通民警做好有关的后续处理工作。交通民警对社区民警的协助主要包括：在日常交通勤务中协助社区民警维护好社区道路及两边区域内的治安秩序；在必要时协助社区民警做好社区内有关场所的交通疏导工作；协助社区民警做好治安案件现场周围的交通疏导工作；对在交通勤务中发现的各种违反治安管理行为进行劝导和制止，必要时交由社区民警处理；遇有集中行动和专项整治等情况时，配合社区民警做好社区道路巡查、盘问检查、设卡堵截等工作。

当前，各地公安机关正在推进公安派出所与交警队之间的“所队融合”改革，这为社区民警与交通民警之间的协作提供了十分有利的条件。

【引导案例参考答案】

1. 从本案例可以看出，社区民警除应具备政治素质、心理素质、文化素质、身体素质等公安民警都应有的素质外，还应具备较强的业务素质，业务素质是社区民警综合素质的核心。社区民警的业务素质包括社区人口管理、治安管理、安全防范、情报信息收集、服务群众等方面的知识和技能，社区民警应熟悉掌握这些素质和技能，并在社区警务实践中加以运用。

2. "互联网+"时代，社区警务工作所面对的社会环境发生了很大变化，对社区民警提出了更高的要求。社区民警的工作要想适应"互联网+"时代社区警务工作的需要，就应加强社区警务工作的创新，特别是要学会运用"互联网+"技术来推进社区警务方式方法和手段的创新。本案例中，黄礼以微信为载体，建立微信警务室，利用微信这一即时通信工作的便利性，改造社区警务工作流程、吸收社会力量参与社区警务、提高服务社区群众效率，体现了社区警务方式方法和手段的创新。因此，"互联网+"时代开展社区警务工作，既要熟练应用社区警务传统方式方法和手段，又要紧跟社会发展形势，运用"互联网+"时代的各种技术手段来创新工作方法和手段，只有将这两者有机结合起来，才能有效提升社区警务工作效能。

第三节　社会性治安防范组织

引导案例

充分发动群众　构筑共建共治共享格局①

2019年公安部命名的全国首批百家枫桥式公安派出所之一——苏州市公安局姑苏分局观前派出所通过长期践行"我用心、您放心"的精神，拥有了深厚的群众基础。近年来，该所利用自身优势，充分发动群众和社会各方力量，逐步构建起共建共治共享的社会治理格局。

观前派出所有一本"联勤联防大事记"，详细地记录了公安机关与保安人员联勤联防机制的建立和发展历程。2009年，针对观前小商品市场矛盾纠纷、扒

① 与新中国同岁守护百年老街七十载——记苏州市公安局姑苏分局观前派出所，https：//www.sohu.com/a/332164733_100135080.

窃拎包等警情高发的情况，观前派出所尝试推出与小商品市场保安人员之间的相互协作机制，有效压降了案件和矛盾纠纷。第二年，这项举措扩展至辖区五大商场，此后年年扩容，至2018年底，已覆盖辖区所有大型商场市场、物业公司、金银珠宝店铺等行业单位，并且有了一个更接地气的名字——“蓝盾”平安志愿者协会。

问题：如何看待保安服务组织等社会性治安防范组织在社区警务中的作用?

一、社区治保会

（一）社区治保会的性质

社区治保会，全称为社区治安保卫委员会，是设置在社区基层单位的、群众性的治安保卫组织，是公安机关联系群众的桥梁和纽带。我国《宪法》第111条第2款明确规定：“居民委员会、村民委员会设人民调解、治安保卫、公共卫生等委员会，办理本居住地区的公共事务和公益事业，调解民间纠纷，协助维护社会治安，并且向人民政府反映群众的意见、要求和提出建议”。这一规定说明，社区治保会是隶属于社区居委会的基层群众性自治组织，而不同于基层政权组织或其他经济组织。

（二）社区治保会的设置和类型

治保会的设置根据《中华人民共和国城市居民委员会组织法》《中华人民共和国村民委员会组织法》和《治安保卫委员会暂行组织条例》的规定，城市按居民区，在社区居民委员会领导下设立；农村则按行政村的建制，在村民委员会领导下设立；厂矿、企业、事业、学校等单位按行政单位或生产组织设立。这一原则明确规定了治保会组织设置的范围、体制和隶属关系。治保会不搞跨地区、跨单位的联合组织，不搞总会、分会，完全与行政单位或生产组织相一致。由此可见，社区治保会的组织形式主要有城市社区治保会、农村社区治保会和单位内部治保会三种类型。

（三）社区治保会的任务

治保会的基本任务是协助公安机关维护社会治安。但在不同的历史条件，不同时期，不同区域条件下，其具体任务是各不相同的。根据《治安保卫委员会暂行组织条例》的规定和当前的实际情况，社区治保会的具体任务主要可列为以下十个方面。

1. 向群众进行遵守社会主义法制的宣传教育。

2. 发动和组织群众做好“四防”工作，落实安全防范措施。

3. 会同有关组织，做好“帮教”工作。

4. 协助公安机关或社区民警，组织联防，搞好治安巡逻，维护公共秩序和单位内部的正常秩序。

5. 揭发、控制、扭送各种刑事犯罪人员。

6. 保护或配合保护发案现场，协助公安机关或社区民警查破案件。

7. 劝阻和制止违反治安管理行为。

8. 协助公安机关或社区民警依法对被管制、假释、宣告缓刑、监外执行和被剥夺政治权利的违法犯罪人员以及被监视居住的人进行监督、考察、教育。

9. 向公安机关或社区民警反映治安信息和群众对公安机关的意见、要求，并对公安机关的工作提出建议。

10. 协助公安机关或社区民警做好其他治安保卫工作。

（四）社区治保会的职权

社区治保会的职权是指社区治保会在维护社区治安，完成各项任务的工作中所具有的职责和权限。具体来说，社区治保会的职权主要有下列几项：

1. 扭送违法犯罪嫌疑人。对现行刑事犯罪嫌疑人以及被通缉在逃的犯罪嫌疑人，治保会人员有报告或扭送公安机关的职责；但没有逮捕、拘留关押、审讯和处理的权力。

2. 揭发、检举违法犯罪嫌疑人。对非现行的违法犯罪嫌疑人，治保会人员有协助公安机关或社区民警调查、监视或向公安机关或社区民警检举、揭发、报告的职责；但没有传讯、搜查的权力。

3. 保护现场和协助破案。对已经发生的刑事案件，治保会人员有保护发案现场，维护现场秩序，提供破案线索的职责；但没有变动现场、处理现场和勘查现场以及侦查破案的权力。

4. 监督考察。对被管制、被剥夺政治权利、假释、缓刑、监外执行的罪犯，治保会有组织群众依法对其进行监督、考察、教育、改造的职责；但没有缩短和撤销管制、假释、缓刑期限的权力。

5. 制止违法行为。对有违反治安管理行为的人，治保会成员有劝阻、制止和批评教育的职责；但没有没收财物、罚款等处罚的权力。

（五）加强对社区治保会工作的指导

加强对社区治保工作的指导和帮助是改革和加强治保会工作，充分发挥治保会作用的关键。这种帮助和指导主要体现在组织建设和业务建设两个方面，具体来说，就是要做好以下几个方面的工作：

1. 建立健全社区治保组织。改革开放后，各地在治保会建设中出现了一些新情况、新问题。在农村，由于大量的农村剩余劳动力外流，再加上经济上的困难，致使无法成立治保会；在城市的一些新建住宅小区，由于住户来自不同的地方，相互之间缺乏沟通和了解，出现了无人愿意从事治保工作的现象，治保会的一些职能往往由小区保安兼任。对此，公安机关和社区民警应根据有关规定和要求，通过与社区基层组织的沟通和协调，尽可能地把社区治保会普遍建立和健全起来。

2. 认真抓好组织建设。改革开放以来，随着我国政治、经济形势的发展，治保会的工作重点、动员群众的方式都发生了很大的变化。在20世纪50年代初期按义务体制建立起来的治保会，已越来越不适应形势的发展变化。特别是治保队伍中文化程度偏低、成员老化、缺少骨干、报酬难解决等问题的出现给治保队伍建设带来很大困难，致使有的治保会形同虚设，防范无人管，出事无人问，发案无人报。因此，优化治保会成员结构，不断提高其政治、文化和业务素质，是加强治保会组织建设和增强治保会活力的一项根本措施。

公安机关和社区民警对社区治保会组织建设进行指导首先要做好参谋，帮助社区把治保会的成员选好，尤其是主任要配齐、配强。要把那些责任心强、办事公道、群众拥护、身体健康、愿意为群众办事的人选拔到治保会中来。要改变治保会成员结构，在城镇、农村，除应继续发挥“老治保”“编外老公安”的骨干作用外，积极动员，聘请退（离）休干部、教师、职工和复员、退伍军人以及知识青年参加治保会工作，是解决这一问题的重要途径。

3. 抓好思想建设。

（1）加强党的基本路线教育。尤其是在改革开放和市场经济条件下，作为社区的重要治安防范力量，社区治保人员会面临很多实际问题，尤其是如何处理好个人利益与社会利益的关系问题。因此，公安机关和社区民警应对社区治保人员进行必要的政治宣传和思想教育，使社区治保组织在改革开放和市场经济条件下能起到配合党和政府巩固和加强人民民主专政的积极作用。

（2）加强群众路线教育。社区治保会虽是基层群众自治性组织，成员本身就是群众，但一旦组织起来，担负维护社会治安的特殊任务就使其有了脱离群众的可能性，就可能出现要特权、抖威风等脱离群众、欺压群众的现象，从而影响社区安全防范工作的开展。因此，对治保人员加强群众路线教育很有必要。要通过宣传教育，使社区治保人员树立起相信群众、依靠群众的认识，在工作中坚持从群众中来，到群众中去，通过努力提高为群众服务的社会效益来增强治保组织的凝聚力号召力，更广泛地联系群众、动员群众，提高群众自治、自防、自卫能力，维护好社会治安秩序。

（3）关心和尊重治保人员工作，切实帮助解决工作中的实际困难。治保人员长期工作、生活在维护社区治安秩序第一线，工作任务繁重，环境条件艰苦，在工作中还随时可能受到打击和报复。因此，在思想教育中必须热忱关心，理解和支持治保人员的工作，切实帮助他们解决工作中的困难，关心他们政治上的进步，要增强同治保人员的感情，做他们的后盾，保护治保人员的积极性；对打击报复治保人员的行为，要坚决制止，依法惩处。这样，才能通过思想教育，有效地提高其思想觉悟和政策水平，使其更加热爱治保工作，积极努力地去做好治保工作。

总之，加强思想教育要结合解决实际问题才能奏效。同时，还要利用多种渠道宣传治保会工作。特别是通过典型事例的宣传，增进社会各界以及广大人民群众对治保工作的支持和了解。

4. 抓好业务落实。

（1）抓好对治保会的分类指导。所谓分类指导是对治保会工作开展的情况进行分类，然后有针对性地进行指导。

（2）把治保工作纳入基层公安机关的工作规划。认真抓好治保工作的计划安排，使治保人员明确和了解公安机关的要求，知道应该干什么，怎样去做等，做到心中有数，避免和减少盲目性。

（3）加强对治保人员的培训，不断提高治保人员的业务素质。为此，公安机关和社区民警应从实际出发，采取以会代训、以老带新、集中训练等多种形式，指导、帮助治保人员学习法律，学习治保业务知识，明确治保会的性质、作用和任务，提高政策法律水平和群防群治的工作能力。

5. 协助社区合理解决治保人员的报酬和治保会活动经费。公安机关和社区民警应通过出主意、向有关方面反映意见等方式，协助社区通过各种途径合理解决治保人员的报酬和治保会的活动经费，从而确保社区治保会工作的顺利开展。

6. 及时对社区治保会工作进行总结。表彰那些在治保会工作中敢管、敢抓，经常积极反映治安动态，勇于同坏人坏事作斗争，积极帮助教育违法犯罪青少年，积极配合公安机关侦破案件，在工作中做出成绩的治保会和个人。对其中成绩显著，表现突出的，应建议县、市公安机关在每年召开的表彰大会上给予表扬和奖励，以推动治保会工作的开展。

7. 要总结新经验，推广好做法。随着改革开放的不断深入以及社会的不断发展，治保会工作会出现一些新问题，但也会总结许多新的经验，有些新经验、好做法既应该好好总结，更应该去推广，以把治保工作做得更好，如治保会成员的专职化（即脱离生产，作为一种职业，给工资待遇等）或部分专职化、治保会成员的招聘制、治保会工作的责任制等。

热点聚焦

宣威市加强治保会建设　激活基层治理神经末梢①

云南曲靖宣威市按照“共建、共治、共享”的思路，把治保会建设作为延伸综治工作触角、维护社会长治久安、助力市域社会治理的有力抓手，推动建成警民互动、警民共建、警民共治工作新格局。

搭建区域统筹的力量体系。落实市域社会治理工作部署要求，创新思路，整合资源推进新时代治保会建设，进一步提升基层治理能力。人员整合“有人干事”。采取民主推选、派出所把关、择优录用的方式高标准优选治保主任、治保成员，组建治保会，实现治保力量全覆盖。健全制度“规范干事”。制定社会治安防控体系群防群治建设工作实施方案和治保会规范化建设考核实施办法，进一步压实责任。建立治保会例会学习、情报信息收集研判、矛盾纠纷排查调处、考核奖惩等六项工作制度，确保规范履职。采用到派出所“轮值培训”、协助民警开展警务活动等多种方式，定期组织业务知识和履职技能培训，切实提升治保人员业务水平。落实保障“有条件干事”。整合资金统一推进治保会软硬件建设，提升规范化水平；建立经费待遇保障机制，对治保会工作情况开展绩效考核，整合调解员、交通信息员两类人员经费，落实治保主任待遇，实现“一岗多能”；乡镇（街道）每年划拨工作经费保障治保会正常运转；政法委建立“以案定补”考核机制，切实提高治保人员的工作积极性。

建立警保联动的工作体系。整合片区警务室、治保会、矛调中心，加强区域警务联勤联动。严格落实矛盾调处定期分析研判机制，由驻村民警组织村（居）

① 摘编自《宣威市加强治保会建设激活基层治理神经末梢》，资料来源网址：http：//credit. qj. gov. cn/staticPage/3c5137ee-24ca-4945-b135-45d60be1dcde. html.

委会治保主任每月对辖区开展矛盾纠纷大排查，对疑难、复杂的矛盾纠纷进行联席会商，形成合力联动调处，缩短调解时间，化解信访积案，基本实现“矛盾解决在当地”。推进村（社区）警务治保一体化，组织治保人员结合村（社区）情况特点，在驻村民警的指导下，分季节、分时段、分部位开展重点巡逻防控，实现治安联控联防，切实预防各类案件发生，有效降低发案率。

建立多向发力的治理体系。明确治保会职能，发挥“五大”作用，统筹开展民情民意收集、矛盾纠纷化解、政策法规宣传、治安稳定维护等工作，使治保会成为收集情报信息的“前哨站”，调处矛盾纠纷的“主力军”，宣传发动群众的“直播间”，帮扶重点人员的“劝导站”。

二、单位内部保卫组织

单位内部保卫组织，简称单位内保组织，是指机关、团体、企业、事业单位为加强单位内部的治安保卫工作，维护单位的生产秩序、工作秩序、教学和科研秩序而依法设置的内部治安保卫机构。根据国家《关于加强社会治安综合治理的决定》，在内部保卫工作中普遍实行了综合治理，建立了由本单位主管领导负责、各部门“包括保卫、宣传、共青团、人事、劳资”等负责人共同参加的内部治安综合治理领导机构，将文卫、巡逻、消防安全等制度融入社会治安防控体系中，加强单位内部保卫工作。2004 年发布的《企事业单位内部治安保卫条例》规定“单位内部保卫工作贯彻预防为主、单位负责、突出重点、保障安全的方针”，“单位应当根据内部治安保卫工作需要，设置治安保卫机构或者配备专职、兼职治安保卫人员。治安保卫重点单位应当设置与治安保卫任务相适应的治安保卫机构，配备专职治安保卫人员，并将治安保卫机构的设置和人员的配备情况报主管公安机关备案。”在内部组织方面，诸多机制的建立有力地推动了治安警务机制的良性运行。2014 年《国家安全法》《反恐法》等法律中对单位参与社会治安防控体系建设作出了相应的规定，明确企事业单位履行国家安全建设的义务、责任。

1. 单位内部治安保卫工作的要求。

（1）有适应单位具体情况的内部治安保卫制度、措施和必要的治安防范设施。

（2）单位范围内的治安保卫情况有人检查，重要部位得到重点保护，治安隐患及时得到排查。

（3）单位范围内的治安隐患和问题及时得到处理，发生治安案件、涉嫌刑事犯罪的案件及时得到处置。

2. 单位内部治安保卫工作制度。

（1）门卫、值班、巡查制度；

（2）工作、生产、经营、教学、科研等场所的安全管理制度；

（3）现金、票据、印鉴、有价证券等重要物品使用、保管、储存、运输的安全管理制度；

（4）单位内部的消防、交通安全管理制度；

（5）治安防范教育培训制度；

（6）单位内部发生治安案件、涉嫌刑事犯罪案件的报告制度；

（7）治安保卫工作检查、考核及奖惩制度；

（8）存放有爆炸性、易燃性、放射性、毒害性、传染性、腐蚀性等危险物品和传染性菌种、毒种以及武器弹药的单位，还应当有相应的安全管理制度；

（9）其他有关的治安保卫制度。

单位制定的内部治安保卫制度不得与法律、法规、规章的规定相抵触。

3. 单位内部治安保卫机构、治安保卫人员的工作职责。

（1）开展治安防范宣传教育，并落实本单位的内部治安保卫制度和治安防范措施；

（2）根据需要，检查进入本单位人员的证件，登记出入的物品和车辆；

（3）在单位范围内进行治安防范巡逻和检查，建立巡逻、检查和治安隐患整改记录；

（4）维护单位内部的治安秩序，制止发生在本单位的违法行为，对难以制止的违法行为以及发生的治安案件、涉嫌刑事犯罪案件应当立即报警，并采取措施保护现场，配合公安机关的侦查、处置工作；

（5）督促落实单位内部治安防范设施的建设和维护。

4. 公安机关对单位内部治安保卫工作的指导。公安机关主要从以下几方面指导单位内部治安保卫组织工作：

（1）指导单位制定、完善内部治安保卫制度，落实治安防范措施，指导治安保卫人员队伍建设和治安保卫重点单位的治安保卫机构建设；

（2）检查、指导单位的内部治安保卫工作，发现单位有违反条例规定的行为或者治安隐患，及时下达整改通知书，责令限期整改；

（3）接到单位内部发生治安案件、涉嫌刑事犯罪案件的报警，及时出警，依法处置。

三、社区保安服务组织

保安服务是依法设立的保安从业单位为满足公民、法人和其他社会组织的安全需要，依据合同约定为需求单位提供专业化、区域性的社会安全防范服务。保安服务是社区警务工作的重要组成部分，在协助打击违法犯罪、治安联防、商业楼宇公共场所单位内部治安防范等领域发挥着重要的作用，具有一定的公益性。我国保安服务业从诞生之初便带有浓厚的计划行政色彩，一般由公安机关创办，随着经济社会发展，保安服务业趋向市场化。2009 年 9 月 28 日国务院颁布了《保安服务管理条例》，对保安服务活动进行规范，为对从事保安服务的单位和保安员的管理提供了依据。2019 年 4 月 22 日人力资源社会保障部办公厅、公安部办公厅联合颁布《保安员国家职业技能标准》，为规范保安服务活动，指导保安职业教育培训，加强保安队伍正规化职业化建设提供了职业技能标准。

（一）保安从业单位

根据《保安服务管理条例》（国务院令第 564 号）第 2 条、第 4 条规定，保安从业单位包括保安服务公司和自行招用保安员的单位。保安从业单位应当建立健全保安服务管理制度、岗位责任制度和保安员管理制度，加强对保安员的管理、教育和培训，提高保安员的职业道德水平、业务素质和责任意识。

1. 保安服务公司。保安服务公司根据保安服务合同，派出保安员为客户单位提供门卫、巡逻、守护、押运、随身护卫、安全检查以及安全技术防范、安全风险评估等服务。保安服务的客户可以是机关、团体、企事业单位、个体经营者，也可以是个人。

2. 自行招用保安员的单位。招用人员从事本单位门卫、巡逻、守护等安全防范工作的机关、团体、企事业单位以及招用人员在物业管理区域内开展的门卫、巡逻、秩序维护等服务的物业服务企业，统称为自行招用保安员的单位。按照《保安服务管理条例》的规定，自行招用保安员的单位提供保安服务的范围仅限于单位内部，不得在本单位以外区域提供保安服务。

（二）保安服务的主要内容

《保安服务管理条例》第 2 条规定了保安服务业务的内容。主要包括：

1. 保安服务公司根据保安服务合同，派出保安员为客户单位提供的门卫、巡逻、守护、押运、随身护卫、安全检查以及安全技术防范、安全风险评估等服务；

2. 机关、团体、企业、事业单位招用人员从事的本单位门卫、巡逻、守护等安全防范工作；

3. 物业服务企业招用人员在物业管理区域内开展的门卫、巡逻、秩序维护等服务。

《保安员国家职业技能标准》（2019 版）则规定了不同技能等级保安人员各种保安服务所对应的技能要求和知识要求。该标准将保安员的职业资质从高到低划分为五个职业技能能级，通过对不同技能职业保安人员保安服务内容及对应的技能、知识要求的规定，为规范保安人员的从业行为，引导职业教育培训的方向及职业技能鉴定提供了明确依据。

（三）公安机关对保安服务组织的监督管理

根据《保安服务管理条例》第 3 条规定，公安部负责全国保安服务活动的监督管理工作，县级以上地方人民政府公安机关负责本行政区域内保安服务活动的监督管理工作。《公安机关实施保安服务管理条例办法》明确了公安机关对保安服务进行监督管理的具体内容，归纳起来主要有以下几个方面：

1. 许可与备案。公安机关应当做好保安服务公司设立的行政许可以及自行招用保安员单位的备案工作。设区市的公安机关对申请人提交的申请设立保安服务公司的材料真实性进行审核，确认是否属实，并将审核意见报所在地省级公安机关。对设立提供武装守护押运和安全技术防范报警监控运营服务的申请，应当对经营场所、设施建设等情况进行现场考察。符合《保安服务管理条例》规定的，决定核发保安服务许可证，或者在已有的保安服务许可证上增注武装守护押运服务；不符合《保安服务管理条例》规定的，应当做出不予许可的决定，书面通知申请人并说明理由。保安服务公司设立分公司的，应当自分公司设立之日起 15 个工作日内，向分公司所在地设区市的公安机关备案，并接受备案地公安机关监督管理。自行招用保安员从事本单位安全防范工作的机关、团体、企业、事业单位以及在物业管理区域内开展秩序维护等服务的物业服务企业，应当自开始保安服务之日起 30 个工作日内向所在地设区市的公安机关备案。保安从业单位、保安培训单位和保安员应当接受公安机关的监督检查。

2. 日常管理。公安机关应当做好对保安从业单位的日常管理工作，指导保安从业单位建立健全保安服务管理制度、岗位责任制度、保安员管理制度和紧急情况应急预案，督促保安从业单位落实相关管理制度。

3. 信息系统建设。公安机关应建立保安服务监督管理信息系统，详细记录保安从业单位和保安员的相关信息。公安机关应当对提取、留存的保安员指纹等人体生物信息予以保密。

4. 接受投诉。县级以上公安机关应当公布投诉方式，受理社会公众对保安从业单位、保安培训单位和保安员的投诉。接到投诉的公安机关应当及时调查处理，并反馈查处结果。

5. 惩处违法。公安机关应当做好对违反《保安服务管理条例》相关规定的不法行为的惩处工作，依法追究有关单位和人员的法律责任。

结合我国社区警务战略的实施及公安部加强基层基础建设的重大战略部署，公安机关及社区民警应积极探索市场经济条件下群防群治工作的新思路、新方法，推进安全防范服务的专业化、社会化、市场化进程。在坚持社会效益和经济效益相统一的前提下，依托社区资源及技防力量，依据市场需要，调整保安管理政策，改进保安管理工作，发展壮大保安队伍，延伸保安服务范围，树立品牌，做大做强社区保安服务。

四、社区专业警辅力量

2016 年 11 月，国务院办公厅印发了《关于规范公安机关警务辅助人员管理工作的意见》，为进一步加强和完善辅警管理工作指明了方向。该意见第 3 条规定："本办法所称警务辅助人员，是指依法招聘并由公安机关管理使用，履行本办法所规定职责和劳动合同约定的不具有人民警察身份的人员，主要包括文职、辅警两类从事警务辅助工作的人员"。

（一）社区专业辅警力量的职责

根据有关规定，社区专业辅警力量在公安机关和社区民警的指挥和监督下，按照岗位要求履行以下职责：

1. 开展治安巡逻和安全防范宣传教育；
2. 协助维护社会治安秩序和交通管理秩序；
3. 协助开展人口信息采集；
4. 协助开展治安检查和视频监控；
5. 协助维护大型活动现场秩序；
6. 协助盘查、堵控有违法犯罪嫌疑的人员；
7. 协助开展禁毒宣传教育、戒毒康复人员日常管理服务、公开查缉毒品工作；
8. 消防救援；
9. 保护案（事）件现场；
10. 制止各类违法犯罪行为；

11. 参加抢险救灾；

12. 保护公共财产和人民群众人身财产安全；

13. 执行公安机关根据实际情况布置的其他非执法性工作任务。

同时，社区专业辅警力量在工作中，严禁从事以下工作：

1. 未经公安机关授权的涉及国家秘密、警务秘密的事项；

2. 案（事）件的现场勘查、侦查取证、技术鉴定、事故责任认定、执行强制措施、审讯或独立看管违法犯罪嫌疑人等法律、法规、规章规定应当由人民警察担任的工作；

3. 实施行政许可、行政收费、行政处罚、行政强制措施；

4. 配备、保管、使用武器、警械；

5. 法律、法规、规章规定的其他行为。

（二）社区专业辅警力量的工作方法

1. 开展治安巡逻。社区专业辅警力量是社区治安巡逻网络中的重要组成部分，治安巡逻是其主要工作方法。

2. 从事守望勤务。公安机关可在社区的商业中心、繁华街道、大商场、展销会、集贸市场、公共复杂场所、重点地区设置治安联防岗亭，社区专业辅警力量则可依托治安联防岗亭从事守望勤务，其主要任务是：维护公共场所秩序，预防、制止危害社会治安现象的发生，扭送现行违法犯罪分子，救援被违法犯罪分子侵害的人员和遇到危难的人员，解答群众咨询等。

3. 参与设卡堵截。社区专业辅警力量根据工作需要，由公安机关指派在交通道口、车站、码头、地区交界处设立执勤岗位。其主要任务是：对进出卡口的可疑车辆、行人进行必要的盘查，发现和截获违禁品、赃物和违法犯罪分子，查找通缉潜逃犯。

在实际工作中，社区专业辅警力量应把流动的巡逻方法与相对固定的守望、盘查、堵卡等方法有机结合起来，发挥各种方法的优势，达到既能控制面上的治安动态，又能掌握点上的治安情况，既能发挥主动出击作用，又能发挥堵卡、盘查的作用，从而充分发挥社区专业辅警力量的整体作战效应。

（三）公安机关和社区民警对社区专业辅警力量的管理

要充分发挥社区专业辅警力量的作用，必须强化对社区专业辅警力量的管理，杜绝违法违纪行为的发生。而强化社区专业辅警力量管理的关键则是，坚持标本兼治，着眼于抓队伍建设，注重从源头上预防。

1. 思想重视、教育开路。社区专业辅警力量在一定程度上代表着公安队伍的形象，是警力的一种延伸，所以一定要在思想上高度重视，高标准地抓好社区专业辅警力量的队伍建设。在实际工作中，可以参照公安民警队伍管理的办法和措施来强化对社区专业辅警力量的教育和管理，不断推进社区专业辅警力量的革命化、现代化和正规化建设。高标准抓队伍建设的前提是教育培训，为此要做到如下几点：

（1）搞好岗前培训。要理顺培训机制，建立相应的培训基地，要求社区专业辅警力量在上岗前必须接受正规培训，只有在掌握一定的技能和足够的职业素养后才能上岗。

（2）搞好在职培训。社区民警要通过带、教、帮，使他们提高协助民警保护现场、盘问缉查、现场处置、宣传教育、获取信息的基本能力。同时要每年定期进行轮流培训，不断提高他们的综合能力。

（3）坚持思想熏陶。要善于把握社区专业辅警力量的思想脉搏，坚持用正确的舆论导向，提升其思想境界，增强其职业责任感和荣誉感。

2. 责任到位、措施落实。一支好的队伍是做好工作的根本，因此抓社区专业辅警力量的队伍建设要有实招，要求实效。为此要做到：

（1）管理要“责”到位。对社区专业辅警力量的管理要落实好责任制，要具体明确有关民警在管理社区专业辅警力量方面的责任，使社区专业辅警力量的工作及日常表现均有人监督，有人管理。同时要搞好社区专业辅警力量的自我管理，抓好骨干的培养教育，将思想素质、业务素质好的人员提拔到管理岗位，通过模范表率作用来促进管理工作上台阶。

（2）关心要“爱”到位。针对队伍的实际情况、成员的实际困难、工作中的实际要求，要开展扎实的工作，真正为他们解决问题，化解困难。要在搞好“知情、解忧、暖心”活动的基础上，通过谈心、家访等形式，下大力气解决队伍成员的后顾之忧，以爱心换诚心，激发其工作积极性。

（3）监督要“查”到位。要把事前监督、事中监督、事后监督结合起来，把常规检查、专项检查、明察暗访结合起来，把集中整顿、专项治理与查处违法违纪结合起来，严明纪律，对不适合的人员要坚决予以清除，决不姑息手软。

3. 建章立制、重在预防。要搞好对社区专业辅警力量的管理，没有一套完善的法治化、规范化的管理体制是不现实的。为此要做到：

（1）建立严格的使用制度，严把用人关，宁缺毋滥，严格考察考核，真正把一些素质好、业务精的人员充实到队伍中来，对大错不犯，小错不断，工作能力差，积极性低的辅警人员通过考核积分、量化积分的办法实行淘汰制，以吐故纳新，保持队伍的纯洁和活力。

（2）健全社区专业辅警力量工作规范化制度，落实责任制，明确专业辅警人员的职责权限，减少其在工作中产生违法违纪的可能性。

（3）强化考核制度。要制定符合实际的、可操作性强的考核标准，以此为依据对社区辅警力量的日常行为进行考核，并建立相应的激励制度，使考核结果与经济利益相挂钩，真正体现奖勤罚懒。

（4）加强平时教育和日常管理，经常查找教育管理上的漏洞，注意发现违纪苗头，把关口前移，切实做好源头预防，做到标本兼治。对此，一是要从思想上预防。要通过及时细致的思想工作，了解社区专业辅警人员的思想症结，及时化解矛盾。二是要从程序上预防。要实行严格规范的工作程序，使社区专业辅警力量的行为在阳光下操作，循章而行，减少不必要的工作差错。三是要从行为上预防。从社区专业辅警力量出现问题的时间和规律看，多数集中在执勤时间，因此在工作编组时，应注意以好带次，以优带差，使容易出现问题的人员的言谈举止得到有效控制。

4. 弘扬正气、挖掘典型。要善于总结先进典型，积极有效地发挥榜样示范作用。要大力弘扬先进典型，坚持正面教育为主，加大对先进典型的宣传力度，使典型真正做到“树得起，学有样”。通过学习先进，可以使社区专业辅警人员看到差距，迎头赶上，并产生强烈的使命感和荣誉感，从而更热忠于社区治安工作。

【引导案例参考答案】

社会保安服务组织等社会性治安防控力量是社区警务的重要支撑力量。社区警务奉行“警力有限，民力无穷”理念，单靠警方力量无法有效维护社会治安。我国公安机关有走群众路线的光荣传统，将专门工作与群众路线相结合作为公安工作的重要方针之一，正是看到了人民群众是推进社会进步的中坚力量。新公共管理理论认为，协同治理是公共事务治理的新趋向，只有发动社会力量广泛参与社会治安，才能真正实现社会治安的多元善治。为此，党的十九大和十九届四中全会均提出在社会治理方面要构建共建共治共享的社会治理格局。社区民警在警务工作应认真贯彻党的十九大和十九届四中全会精神，认真研究社会力量参与社区治安的动力机制，使更多的社会力量参与到社区警务工作中来，为社区警务工作源源不断地注入新动能。

第四节 社区其他力量

引导案例

“武林大妈”打响居民自治管理品牌①

近年来，杭州市下城区牢固树立以人为本的发展理念，坚持推进新时代“枫桥经验城市版”建设，积极探索群众参与平安建设工作的新路子。2016 年初，以党员为骨干的“武林大妈”志愿者服务团队得以组建，并在民政局注册，成立了武林大妈公益社会服务中心，形成了以“武林大妈”群防群治力量为核心的居民自治管理模式，不断提升基层社会治理现代化水平，为开启全域中央商务区建设新征程提供坚实的基础保障，获得了“浙江省 G20 杭州峰会工作先进集体”“最美浙江人”“2015-2016 年杭州市优秀志愿服务集体”“服务保障 G20 杭州峰会先进集体”等荣誉。主要做法包括：

1. 实干聚力，展现居民自治管理新作为。一是做好平安巡防，按照织密平安网格的要求，把“武林大妈”平安巡防这一核心功能做实到网格，分设纠纷调解、平安宣传、安全巡防、民情收集、文明劝导、邻里互助等 6 支小分队，做实做细信息收集、沟通协调、问题上报等工作。二是开展家园共建，引导居民参与文明出行、垃圾分类、五水共治、爱心助考等系列活动，用微笑、热情和爱心维护城市文明，共建美好家园。三是搞好矛盾化解，组织当地老党员、老干部、老军人和社会贤达组成“名人调解工作室”，培育了“罗睿绮调解工作室”“老李调解室”“老傅帮帮忙”等“武林大妈”特有的调解工作品牌，及时发现和调解婚姻家庭、邻里关系等多发性民间纠纷，有效防止矛盾激化，把纠纷解决在基层，把矛盾化解在萌芽状态。

2. 发展聚力，激发居民自治管理新动能。一是触角延伸，工作模式从政府主导向自生自发转变，从初创阶段政府主导的输血型群众团体向自生自发的造血型社会组织转变，目前团队成员已达 4.2 万余人。二是提档升级，工作职能从平安志愿巡防单一职能向养老、咨询、调解等多功能转变。三是科技护航，开发“武林联动”App，建设“武林大妈”社区金管家智慧小区系统，工作手段从人

① 根据杭州市公安局下城区分局提供的材料改编。

海战术向智能辅助转变，实现了“智能防控、智慧治理”。

问题：本案例对开展社区警务工作有何启发？

一、基层党委和政府

基层党委和政府在社区警务工作中的角色定位于“倡导者”“协调者”和“支持者”，发挥着倡导、引导、协调、提供保障和监督监管的作用。基层党委和政府应站在全局高度，通过出台一些扶持性的政策、完善财物保障制度，鼎力支持公安机关的社区治安防控工作；更新理念，适当下放权限，通过运用财政补助等各种方式鼓励和支持社会组织、市场企业等力量参与到社区治安防控工作中来。党委、政府部门应积极发挥协调功能，使各种社区警务组织充分发挥各自优势，协同作战。政府部门通过建立健全社区警务工作涉及的各项工作的审计标准、服务制度、问责机制等规章制度，有效监督社区治安治理中公安机关、司法机关、社区自治组织、社区公益组织等的行为，努力保障公共利益的实现。

当前，各地基层党委和政府认真贯彻党的十九届四中全会关于推进国家治理体系和治理能力现代化的精神，围绕基层治理体系和治理能力现代化，认真落实简政放权、放管结合、优化服务的改革要求，统筹县乡条块力量，优化行政资源配置，着力构建权责清晰、功能集成、扁平一体、运行高效、执行有力的乡镇（街道）管理体制和机制，全面提升基层社会管理和服务群众水平，为社区警务的开展提供了良好的基层社会治理环境。

二、社区基层党组织

党的十九大报告明确指出：“党支部要担负好直接教育党员、管理党员、监督党员和组织群众、宣传群众、凝聚群众、服务群众的职责。”社区基层党组织是社区范围内有正式党员三人以上的、经上级党组织批准的，以服务群众为重点的党的支部委员会。社区基层党组织领导本社区的方向性工作，是群众自治组织充分发挥功能价值的重要保证，是社区各类组织和各项工作的领导核心。社区基层党组织领导社区中居委会、群众组织、社团组织开展工作并行使管理、协调、服务和保证职能，最大限度地将矛盾化解在基层，维护社区稳定；通过优化社区资源配置，形成社区建设合力，为社区建设提供组织保障，更加密切党与群众的血肉联系，进一步巩固党的执政地位。社区基层党组织在社区建设中处于绝对的领导核心地位，其作用延伸到整个社会建设的方方面面，在不断通过思想、组织、作风建设提升执政能力的同时，能够最大限度地强化社区管理和社区建设。社区基层党组织是党在社区全部工作和战斗力的基础，是社区各种组织和各项工作的领导核心。

社区基层党组织在社区警务中的作用主要是通过加强组织建设，把党的组织体系牢牢扎根在基层治理最末端，打通工作链条和责任链条，全面实现一岗双责、尽责履职，为社区治安工作提供组织保障。同时，通过党建发挥基层党组织在基层社会治理中的主心骨作用，凝聚群众力量、发挥群众智慧，不断丰富由平安志愿者、网格员组成的基层社会治理“神经元”，为社区警务工作提供强有力的支撑。

三、社区（村）居民委员会

社区（村）居民委员会是居民自我管理、自我教育、自我服务的基层群众性自治组织，实行民主选举、民主决策、民主管理、民主监督，是社区民警开展社区警务工作的重要支撑力量。

（一）社区（村）居民委员会的任务

根据《中华人民共和国城市居民委员会组织法》第 3 条规定，城市居民委员会承担以下任务：

1. 宣传宪法、法律、法规和国家的政策，维护居民的合法权益，教育居民履行依法应尽的义务，爱护公共财产，开展多种形式的社会主义精神文明建设活动；

2. 办理本居住地区居民的公共事务和公益事业；

3. 调解民间纠纷；

4. 协助维护社会治安；

5. 协助人民政府或者它的派出机关做好与居民利益有关的公共卫生、计划生育、优抚救济、青少年教育等项工作；

6. 向人民政府或者它的派出机关反映居民的意见、要求和提出建议。

《中华人民共和国村民委员会组织法》第 8 条、第 9 条对村民委员会的职责也作了具体规定，这里不赘述。

（二）社区（村）居民委员会的功能

1. 自治功能。依据宪法和法律规定，社区（村）居委会是具有政治民主自治性的组织，居委会的自治功能体现在自我管理、自我教育和自我服务上。在社区基层组织治理体系建设中，应大力推广社区（村）民主恳谈会、社区（村）议事会、社区（村）监督会等民主自治形式，加强民主协商，增强民主决策参与，发动公众参与，广泛征求社区（村）民意见和建议，坚持民主集中制，强化社区（村）民自治的科学性、合法性、权威性。

2. 法治功能。根据《宪法》《城市居民委员会组织法》《村民委员会组织法》《治安保卫委员会暂行组织条例》《人民调解法》《国家安全法》等相关法律、法规规定，社区（村）居民委员会具有普法、协助相关部门执行法律、法规规定等相关职责任务。社区（村）居委会通过微信、电话、公共法律服务宣传栏等线上、线下普法渠道，向村居民宣传法律知识，引导群众依法行使权利，表达诉求，解决矛盾纠纷。

3. 德治功能。道德规范是传统中国乡土社会有秩序运行的一个突出特点。德治就是运行在乡土社会躯体中的血脉。道德通过自身多样化的表现形式，滋养着每一位村民内心准则，塑造着乡村运行的伦理规范，维系着乡土社会的共同体精神。① 2018 年 12 月 4 日，民政部、中央组织部、中央政法委、中央文明办、司法部、农业农村部、全国妇联等七部门联合出台的《关于做好村规民约和居民公约工作的指导意见》进一步指出："村规民约、居民公约是村（居）民进行自我管理、自我服务、自我教育、自我监督的行为规范，是引导基层群众践行社会主义核心价值观的有效途径，是健全和创新党组织领导下自治、法治、德治相结合的现代基层社会治理机制的重要形式。"② 社区（村）居民委员会通过将社会主义核心价值观、村规民约（社区公约）、行业规范、家规家训等道德规范融入社区警务建设之中，引导社区（村）居民树立"家国情怀"、推进社区（村）居社区精神文明建设，有利于树立良好的家风民风，形成积极向上、团结友爱、遵纪守法、邻里互助的社区文化，促进警民关系和谐。

4. 基层社会安全治理平台建设功能。社区（村）居民委员会是基层社会治安治理的载体，社区党组织、基层政府、社区组织、社区企业、社区成员通过社区（村）居民委员会这一重要平台进行参政议政、扶贫帮困、防灾减灾教育培训、社区矫正、矛盾化解等工作，有效参与基层社会治理。

在社区警务工作中，社区民警要主动协助社区（村）居民委员会搞好自身

---

① 陈松友，卢亮亮．自治、法治与德治：中国乡村治理体系的内在逻辑与实践指向［J］．行政论坛，2020，27（01）：19.

② 《关于做好村规民约和居民公约工作的指导意见》，民政专题 http：//mzzt. mca. gov. cn/article/zt_cgmy/zcwj/201812/20181200013983. shtml.

建设，充分发挥其在维护社区治安中的作用，通过其引导基层群众参与社区（村）公共事务，加快构建新时代的社区治安防控体系，推动社区警务工作不断迈上新台阶。

四、社区治安志愿服务组织

（一）社区治安志愿服务组织的概念与作用

社区治安志愿服务组织是具有志愿精神的社区居民自愿贡献自己的时间、精力、技能等，为社区提供公益性、非营利性治安服务，维护社区安全，增进社区居民安全感而成立的志愿服务组织，包括经过注册登记的正式社区治安志愿服务组织和未经注册登记的非正式社区治安志愿服务组织，实践中非正式社区治安志愿服务组织是主要形态。社区治安志愿服务组织是实行社区群防群治、构建社区治安防控体系建设的重要力量。

社区治安志愿服务组织是对社区正式警力的有益补充。社区治安志愿服务组织在社区从事治安防范活动，可以有效弥补公安机关和社区民警在社区治安管理和防范方面的漏洞，从而在整个社区建立起全方位、全天候的立体化治安防控体系。因此，社区民警在日常工作中要注意观察并善于发现社区内一切可以发动的治安力量，要能够将这些治安力量组织起来，使其发挥单个个体所不能发挥的作用。实践中，可以组织发动的社区治安力量有很多，如党员、离退休干部、清洁工、送奶工等。

（二）社区治安志愿服务组织参与社区治安的主要形式

1. 注意搜集并及时反映各类涉及社会政治稳定和社会治安方面的信息。

2. 以邻里守望、巡逻值勤等形式开展护村、护巷、护楼、护院、护弄、护校等防范活动。

3. 配合公安机关广泛开展安全防范宣传活动，提高群众自我防范意识和自防能力。

4. 开展社区安全检查活动，整改社区安全防范方面存在的隐患。

5. 协助公安机关、司法部门和社区基层组织开展刑释解教人员、违法犯罪青少年和其他有轻微违法行为人员的帮教和矫治工作。

6. 完成综治部门、公安机关布置的其他工作，如抢险救灾、应急救援或者其他社会公益性义务活动。

【引导案例参考答案】

社会组织是社会治理的重要参与者和实践者，是社会治理中的一支重要力量，是坚持和完善共建共治共享社会治理制度的重要载体，也是开展社区警务工作的重要支撑。通过本案例可以看出，提升社会组织能力，让其更好地发挥在社会警务中的重要作用，至关重要。为此，首先，要强化党的领导，优化整合行业资源，为其提供充分协同合作服务平台，推动彼此相互学习、相互促进，系统性发挥社会组织服务效能、提升行业动员能力，形成服务合力。其次，要完善社会组织法律体系，及时修订与社会组织相关的行政法规，为社会组织健康发展提供更完备的法律依据。再次，支持发展社区型社会组织，将其作为社区警务中的重要构成要素，对其发展予以更多的政策、人员、资金等支持。最后，要增强社会组织的影响力，一方面，社会组织要强化自身建设，不断提高其自身的社会公信力，另一方面也需要有关部门对社会组织的宣传，扩大群众对社区治安的参与度，发挥更多人的优势，更好地为社区治安服务。

第四章　社区警务的基本方法

【学习目标】

通过本章学习，使社区民警掌握社区警务工作的基本方法，即社区工作方法、专业工作方法和群众工作方法等三个方面，能够结合社区的实际情况，综合运用各种方法，解决警务实践工作中的问题，具备社区警务工作的基本能力。

【重点提示】

· 社区警务的社区工作方法

· 社区警务的专业工作方法

· 社区警务的群众工作方法

对于公安机关而言，开展社区警务的目的是维护社区治安，从解决社区这一社会组成单元的治安秩序入手，以小治安积大治安，最终达到维持整个社会治安秩序的目的。但要实现社区警务的目标必须依赖于一定的社区警务方法体系，社区警务方法的科学性决定了社区警务目标的实现程度。

所谓社区警务的基本方法，是指能够体现社区警务基本思路、形成社区警务工作模式并能达成社区警务目标的社区警务工作方式、手段、办法的总称。从社区警务的内涵及基本思想来看，任何国家社区警务的开展都必须适合这个国家的社情、民情，都会形成其独立的社区警务工作方法。即使是在同一个国家的同一个区域，由于不同的社区在自然环境和人文环境方面的差异，其对社区警务工作方法的需求也可能不一样。因此，从具体工作的层面来看，社区警务的方法可能会无限多样、不可穷尽。也正因如此，有人将社区警务称为个性化警务，认为在开展社区警务时不宜照搬习惯做法、他人经验。[①] 但是，由于社区警务在基本思想、基本内容、基本目标等方面是相对一致的，因此，从整体上宏观地考察，不同国家、同一国家不同地区的不同社区虽然各有特点，但在社区警务的基本方法

① 熊一新，王太元．最新社区警务工作指南．群众出版社，2003：25。

方面却存在共性的特征。归纳起来看，可根据这些共性的特征将社区警务的基本方法分为三大类，即社区警务的社区工作方法、社区警务的专业工作方法和社区警务的群众工作方法。

第一节　社区警务的社区工作方法

引导案例

“警企大管家”——杜晓静①

大连开发区哈尔滨路派出所是全国首批100所“枫桥式公安派出所”之一。在该所辖区的外企管理人员中，杜晓静警官具有很高的知名度。2015年，优化营商环境工作开展后，杜晓静成为辖区企业服务专员后，专职对接落地企业需求。几年来，她通过“杜晓静工作室”“外籍人员服务站”这两个实体警务工作站，借助“互联网+警务服务”改革创新手段，建立“企业平安之家”网络平台，构成24小时不打烊的线上+线下立体化服务模式，和辖区的各类企业进行沟通，帮助他们解决困难。如今，她已经开通运行以企业平安之家微信群、外籍人员微信服务群（以企业董事、总经理为主)、平安哈尔滨路派出所微信群和员工安全防范线上课堂等为矩阵的掌上警务，自如地用中、英、日、韩四国语言与企业高管和员工互动，用外语和他们零距离交流，精准掌握外商需求，全时响应办理，使外商随时都在“服务区”。

“企业平安之家”就是把企业事当成自家事的服务平台。在平台上聚合了治安、经侦、交警、出入境等分局职能部门，还邀请了省公安厅政治部，市公安局办公室、治安支队，以及开发区交通、综合执法、市政等部门，确保企业问题诉求第一时间得到回应，政府机关权威解读第一时间传达。目前，杜晓静的微信群已经圈粉超过20000人，辖区120家规模以上企业全部在列。

问题：通过本案例分析，杜警官是如何运用社区工作方法当好“警企大管家”的?

① 根据大连市优秀社区民警杜晓静的真实案例改编。

社区警务之所以被看成世界范围内的一次警务革命，是因为它突破了传统警务模式中的“专业化警务”方式，不再把打击违法犯罪、维护社会治安仅仅看成警察的职责，而是强调以社区的治安需求为导向，通过警方与社区公众的相互参与、双向互动，使警方与公众结合为一体，共同担负起预防和控制犯罪的责任。因此，从社区警务的本意来看，充分发挥社区在社会治安中的作用，应成为社区警务的基本方法之一。

一、社区警务对社区治安主体多元化的需求

（一）中华人民共和国成立后社区治安力量的发展

受中国共产党在革命历程中形成的“人民战争”思想和“群众路线”传统的影响，中华人民共和国成立后，公安机关继续发扬警民合作传统，广泛组织群众群防群治，建立了以治保会为骨干的群众性治安组织。群众性治安组织在协助公安机关维护社会治安秩序中发挥了功不可没的作用，充分体现了“警力有限，民力无穷”的理念。改革开放后，受当时治安形势的影响，经过多年的实践和探索，中共中央在1981年第一次正式提出社会治安综合治理的方针，并于1991年召开的全国治安综合治理会议上，对治安综合治理工作作出全面部署，社会治安综合治理自此成为我国组织化调控社会治安的载体。随之而产生的，则是多样化的社会治安组织。除治保会以外，还出现了如社区治安志愿巡逻队、社区保安、保安服务公司、维护社区治安的青年志愿者、治安联防队、护厂队、护校队等群众性治安防范组织。

在各种社会治安力量中，治保会、调解委员会在维护社会治安中发挥了重要作用，共产党员、共青团员、民兵、青年志愿者、离退休干部职工是履行治安防范职能的骨干力量。在城市社区中，社区保安队伍、物业管理公司与公安机关、居委会相互配合，加强社区治安防范，维护公共治安秩序，解决社区治安问题。基层基础建设是搞好社区治安的关键，是维护社会秩序和社会稳定的基础性工作。基层综治工作系统以基层党组织为核心，以基层自治组织、基层人民调解委员会、治保会等社会自治组织为主要参与主体。同样，以物业管理公司、保安公司、行业自律组织等为主的市场组织也是社会治安的重要参与主体，社区物业管理公司主要维护居民住宅区治安秩序，保安服务公司则逐步专业化，治安服务领域日益扩大。企事业单位包括非公有制企业按照“属地管理”原则开展治安工作，也是社会治安的重要力量。所有这些社会自治组织、市场组织和政府组织共同构成了庞大的社会治安工作系统。对处在转型期的中国而言，通过社会治安综

合治理机制把市场资源与社会资源纳入国家治理体系，在综合治理组织网络的构建过程中充分重视利用各种市场组织与社会组织，是转型期社会力量参与社会治安的主要模式。

（二）改革开放后社会发展对社区力量参与社区警务的需求

改革开放后，随着社会治安形势的变化，我国公安机关确立了“打防结合、预防为主”的总体警务策略，并提出了社会治安综合治理的方针。但由于我国社会的整体转型速度明显滞后于警务策略调整的速度，在综合治理方针提出时，中国全能政府的格局并没有改变。在国家主导治安秩序构建的格局下，动员全社会的力量参与社会治安综合治理，仅仅是国家领导下的动员式参与，而不是市民社会的自发行为，社会公众缺乏持续参与的激励机制和约束机制。同时，各种基层群众性自治组织也都是在国家行政领导下建立起来的，政府控制着自治组织的运作方式和发展路径，虽然国家也按责任划分强令推行治安综合治理各项工作，但毕竟市场机制和资本运作的逻辑已经深深影响了中国社会的运作机制，传统的政治动员机制已经开始逐步失效。

在我国传统的社会治理理念中，维护社会稳定是政府的职责。长期以来，国家一直试图通过高度的社会动员和社会组织化来达到对社会成员的控制，以维持一种刚性的结构稳定。其结果不仅造成治理效能的低下，影响社会的健康发展，而且随着市场化改革的深入以及社会管理体制的变迁，国家对社会的控制越来越难。当然，通过组织来进行社会调控与我国国家治理的发展阶段——组织化调控有密切关系，因为组织调控的核心是控制，而制度调控的核心则是“规训”。在组织化调控模式下，很容易造成政治对社会的过度控制，并引发社会成员的不满意感。因此，在社会治安的维护过程中，改革社会力量参与社会治安的模式，可以适当减少政府干预的强度，通过培育和发展市场组织、非营利组织、社会团体、社区和中介机构以及各种社会自治组织，让它们在社会治安防范组织网络中发挥更大的作用，既可以降低国家治理成本，也可以有效化解这种国家组织与公民之间直接对抗、缺乏有效缓冲地带所导致的政治风险。

（三）社区警务对社区力量参与社区治安模式变革的需求

从开展社区警务的现实社会环境来看，其对社区力量参与社区治安的模式也存在迫切的变革需求。这是因为，改革开放后的巨大社会变革已经使“单位人”逐渐转变为“社会人”，使得个人对单位的依赖以及单位对个人的约束能力都在不断降低，在这种情况下，原有的基层治安动员模式再也难以发挥作用，社区民警再也不能仅靠命令、指令等强制方式来动员社区力量。此外，市场经济条件下人们的观念、思维模式、生活方式都已经发生了明显的改变，社区公众参与社区事务的积极性在很大程度上受市场规律的影响。针对这些情况，需要社区民警在社区警务中转变思路，树立多元善治的社区治安理念，从社区公众的治安需求出发，培养社区公众的治安参与意识，使社区公众参与社区治安成为其自发、自觉行动。

知识拓展

打造社区治理共同体

社会治理是国家治理的重要方面。从20世纪60年代的“枫桥经验”到八九十年代初步形成社会治理综合治理体系，这些实践经验都是党和政府在逐步完善中国社会治理的制度内容。2006年，党的十六届六中全会通过的《构建社会主义和谐社会若干重大问题决定》强调必须创新社会管理体制，整合社会管理资源，提高社会管理水平，健全党委领导、政府负责、社会协同、公众参与的社会管理格局，这便初步形成了社会管理的大格局。党的十八大报告在此基础上提出了社会管理体系，即“党委领导、政府负责、社会协同、公民参与、法治保障”。党的十九届四中全会在13个坚持与完善中提出“坚持和完善共建共治共享的社会治理制度，保持社会稳定、维护国家安全”，提出完善党委领导、政府负责、民主协商、社会协同、公众参与、法治保障、科技支撑的社会治理体系，其目的就是建设人人有责、人人尽责、人人享有的社会治理共同体，以确保人民安居乐业、社会安定有序，建设更高水平的平安中国。

社会治理共同体这一理念的提出是重大创新，是党的十九届四中全会的一个突出亮点。基层治理是国家治理的重要基石，社区是基层的基本单位，只有社区治理好了，社会才会稳定。社区警务工作作为社区治理体系的重要组成部分，担负着维系社区安全、稳定和有序的职责和使命，在社区治理体系中居于核心和基础地位。新时代的社区警务工作如果只依靠社区民警，恐怕会“孤掌难鸣”，只有政府、社会与居民等多元主体实现良性互动，才能打造共建共治共享社区警务工作新格局。这就要求警务工作在社区层面搭好平台，着眼基层和个体，打造社区警务工作共同体，使各种社会力量参与进来，各施所长，协同联动，解决问题，体现社会治理中各个组织和个体的共同参与、共同治理，让全体人民为社区谋划长久发展，使社区长期繁荣稳定。

二、国外社区警务中的社区参与

（一）国外关于社区力量参与社区警务的相关理论

1. 传统观念中与警察功能有关的社区角色定位。伯格（Buerger）将传统观念中与警察功能有关的社区角色分为四大类。第一类也是最基本的一类是警察的“眼睛”和“耳朵”，即通过电话、私人接触或者秘密交谈的方式为警察提供有关犯罪活动、犯罪嫌疑人及其活动等方面的信息，是市民参与警务活动的最主要方法；第二类是“拉拉队长”的角色，即用集体意识的方式，表达对警察工作的支持；第三类是对警察工作的财政支持，即通过交税的方式为警察工作提交必要的资金帮助；第四类是通过表达对违法犯罪的态度来支持警察工作，如在社区张贴具有象征意义的“无毒社区宣传”海报或“邻里守望”标志等。这四类角色作为社区在警务工作中的传统角色已经经历了数十年，并已成为社区警务的一个组成部分。然而，系统化的警务方法体系允许社区在社区警务工作中能扮演更多的角色。

2. 社区警务中的社区角色。美国学者认为，只有社区在社区警务中承担了更多的角色，才能保证社区警务这一新的警务模式的成功。作为执法与治安秩序维护中的一个重要因素，社区能够有效地处理犯罪问题并改善社区环境条件，其前提则是生活在社区中的市民能够在警务工作中扮演更为广泛的角色并被提供扮演这些角色的机会。社区应被允许分享警察的权力，能够对相关问题进行决策，并能对警务工作起到引导作用。至于社区在社区警务中的角色，学者艾克与罗森鲍姆认为应包括五个方面：一是在传统观念中就有的且在社区警务中可以继续保留的最基本的角色，即充当警察的“眼睛”和“耳朵”。二是开展社区巡逻，直接与犯罪和无序行为做斗争，将其逐出社区。虽然在传统观念的警务工作中并不鼓励社区承担这一功能，但一些警察在开展社区警务的过程中鼓励社区从事这些活动。三是降低市民被害的可能性、减少犯罪活动的机会、减少犯罪活动的数量以及减少对犯罪的恐惧。四是通过社区成员施加压力驱使相关方面采取行动，如要求获得更多的警务资源、对商业机构施压要求其改变有利于违法犯罪的商业活动模式、游说政府机构提供更多服务或制定有利于社区的规定等。五是允许“警察代表其开展行动”，即警察通过社区会议，征求社区成员的意见，获得社区成员的授权来拓展其常规警务以外的执法能力。这种执法能力在其他情境中是不被允许的，当然这并不是说要求社区公众允许警察更为残酷地执法，而是要求社区能给警察更多的授权从而使其能更为有效地处理社区里的犯罪与无序问题。也有学者认为，上述关于社区警务中的社区角色的描述遗漏了社区警务中社区的一个最重要的功能，即社区领导者的角色。由当地各个小区居民组成的社区有权决定犯罪与无序行为给社区带来了什么样的问题、哪些问题的解决更为紧迫、可以采取哪些行动以及警务资源应如何被应用。也就是说，社区应该在如何定义社区警务方面发出自己的声音，应该成为社区警务改革中的一个重要联合力量。为达到这一目的，社区应该在社区警务的政策制订与决策过程中与警方一起分享领导角色，而其中的一个重要方法就是建立一个由社区成员组成的社区议事会或社区咨询委员会。社区议事会或社区咨询委员会一方面要听取社区成员的意见和建议，另一方面则是在社区警务中以社区董事会的身份监督社区警务的开展。

（二）国外社区力量参与社区警务的主要方式

在长期的社区警务实践中，已经探索出多种社区参与社区警务的途径。当然，由于每个国家的具体国情和警务制度不同，每个国家在社区力量参与社区警务方面的做法也是各不相同，难以一一列举。这里仅以美国为例，介绍美国社区警务中的社区参与情况，以供我国公安机关开展社区警务时借鉴。在美国，社区力量参与社区警务的途径有多种，但通常可分为三种类型，从最常见到最少见分别为：警察发起的社区参与、警察与社区共同发起的社区参与以及社区发起的社区参与。

尽管社区警务的目标是以社区为导向开展警务工作，但通常必须由警察首先来发动社区参与才能达到目的，然后再慢慢地使社区力量在社区警务中扮演领导角色。在有些地方，警察在这方面具有明显优势，因为他们可以融入社区组织，无论是公共部门还是私人部门，警察都可以帮助他们获得社区的支持。在其他一些地方，由于社区警务并没有被设计用来解决犯罪和无序问题，因此在这些地方并没有社区支持力量。在这种情况下，警察应致力营造社区生活的意识，帮助融洽社区关系，协助社区建立一些社区组织。

具体来说，目前国外社区公众参与社区治安的形式主要有以下几种：

1. 邻里守望。公众参与犯罪预防项目在过去的几十年中有了明显增长。这一项目的理念基础可以追溯到美国早期警务工作中将市民看成警察耳目的实践，当时公众与他们的邻居一道共同维护社区安全。社区犯罪预防项目需要在社区和公众中能有一个具有领导能力并且与其关系比较密切的机构或人员来带领广大市民积极参与到各种犯罪预防活动之中。为此，国际警察领导人协会的犯罪预防委员会鼓励警察机构将犯罪预防策略作为其组织哲学和政策制订的基础。大多数的警察机构都根据其所在社区的情况定制了专门的犯罪预防项目，并在其网站上发布相关信息，邀请社区公众积极参与到各种邻里守望项目之中。

在美国不同的地区，公众参与的犯罪预防项目有很多不同的名称，例如犯罪监控、街区守望、社区预警等，但最通常的叫法还是邻里守望。邻里守望于1972年由美国全国治安官协会发起。在当时的邻里守望组织中，公众自发组织起来与警察一起工作，培训了大量的在社区中为警察工作的耳目。在邻里守望项目发起的10年后，参与到其中的人口已经占到全国人口的12%。这些邻里守望组织参与了很多犯罪预防活动，其中也包括社区警务中的一些活动。社区公众监督其所在街区中的各种活动，一旦发现嫌疑人员或无序行为就向警方报告。邻里守望所涉及的街区里都有醒目的标志用以提醒人们，这些街区都是受到邻里守望组织保护的。

2. 公众巡逻。目前美国的公众巡逻已比较普遍。警方发动社区公众在社区步行巡逻或开着私家车巡逻，一旦发现有可能的犯罪活动或犯罪分子就立即向警方报告，从而起到警方耳目的作用。公众巡逻组织最早由柯蒂斯·史利华于1977年创建，当时主要是在纽约市的地铁车厢及地铁站进行巡逻，目前该组织在美国其他地方有多个分会。当前，很多警察部门都在组织公众作为非正式的治安监控力量。受过训练（通常在市民警察学校）的志愿者可以着制服、开警察局的车，他们所开的车虽然有明显的标记但与警车有所区别。这种以小组形式开展的公众巡逻对警察来说是另一种形式的耳目，对这种治安力量有严格的政策要求，即不得行使警察权力，但会指导他们如何向警察报告可疑情况。

3. 公众志愿服务。目前美国的公众志愿服务项目开展得越来越多，通过公众志愿服务，可能使警察从一些杂务中解放出来专门履行巡逻职责。这些志愿服务通常包括：犯罪分析、文书工作、受害者援助、犯罪预防、在购物中心巡逻、对一些空房子的检查以及对儿童进行指纹识别等。这些志愿服务项目通常由警方和社区沟通后定制。在过去的15年中，美国警方使用公众志愿服务的数量有了大幅增长。警察部门都认为从任何方面来看，使用当地居民开展志愿服务有着很高的实用价值。如果一个部门不能积极招募志愿者就说明其在管理方面出了问题。公众志愿服务能够帮助警察部门更高效地履行其职责、最大化地利用其现有资源、提升公共安全服务的品质，并能促进警民关系的改善。通过开展志愿服务，可以使警察专注于巡逻和案件调查，从而在市民有需要时能及时提供服务。对志愿服务人员自身来讲，他们本身对警察业务就很感兴趣，并且为自己能在警察部门有需要时能被派上用场而感到自豪。

4. 家庭安全调查与标记。这方面主要有两类项目，一是加固目标，二是财产标记。加固目标的做法在过去的数十年中越来越流行。这方面的做法主要有：安装入侵报警、安装安全门以及利用其他设备和技术来使得犯罪分子更难侵入并实施犯罪。为了实施目标加固，很多警察部门都免费进行了家庭安全调查及商业单位的安全调查，以帮助其找到安全方面的漏洞。财产标记项目包括在诸如自行车、电视机以及其他个人电子产品上刻上识别数字，这样在财产被盗后，一旦被警察查获就可归还其原主。这一项目还包括在窗户上贴标记表明这一房屋已经安装了报警器或者已经参与财产标记项目。

5. 犯罪制止者活动。犯罪制止者计划产生于1975年的美国新墨西哥州中部大城市阿尔伯克基。在一些典型的犯罪制止者活动中，警察通过电视和广播站向外界宣传一周以来未破的案件，并对提供信息帮助警察查证犯罪的人予以现金奖励。目前，全世界共有1200多个犯罪制止者项目。自这一活动开展以来，已经追回的财产及抓获的毒品累计价值已达70亿美元。

6. 社区安全主题日活动。在美国，每年都会有经过广泛宣传和设计的某日夜晚，即全国打击犯罪夜。在当天晚上的8点至9点，公众被发动打开屋外的所有灯光并走出室外。虽然打击犯罪夜在不同的社区有所不同，但总体上看，全国打击犯罪夜通常被安排在8月的第一个星期。此外，还有越来越多的人以参与游行、参加音乐会以及参加一些安全团体发起的活动等方式参与到每年一次的全国打击犯罪夜活动中。这一活动的一个基本目标是使人们有机会认识他们的邻居，这样的话，就有利于尽快发现嫌疑人员和活动并向警方报告。这一活动的目标还包括：获得社区公众对打击犯罪的支持和参与、增强社区凝聚力、震慑犯罪并让他们知道社区居民正盯着他们。

7. 大众媒体运动。大众媒体运动，比如“大幅减少犯罪”运动，通过在报纸、杂志以及电视上刊登广告，为广大市民提供犯罪预防方面的建议。“大幅减少犯罪”这一全国范围内的媒体运动专门为美国预防犯罪协会设计了一个穿着长外套、会说话的卡通狗形象——迈克格拉夫（McGruff）。迈克格拉夫向读者和观众宣传当他们遇到犯罪活动时所应采取的行动。自20世纪80年代开始启动迈克格拉夫运动以来，这一卡通形象已经成为犯罪预防运用的一个符号，并受到各类人群的欢迎。美国预防犯罪协会还将这一运动的目标扩展到对各种网络犯罪的预防。

8. 市民警察学校。在美国，很多警察部门都成立了市民警察学校。通过设立这些学校，警方可帮助市民正确认识警察的角色和责任，使市民熟悉每位警察，了解警察在社区中是如何开展工作的。大多数市民警察学校的目标并不是培训市民如何执法，其更为重要的目标是，要在市民中培养一批对警察部门的执法与服务都较熟悉的核心群体。有很多警察部门把市民警察学校当作培训志愿者预备队的地方，还有一些市民警察学校则专门用来满足一些特殊人群的需求，如老年人、高中生等。一些市民警察学校还提供校外培训，有的则开设网站，对市民警察学校的课程进行介绍，并提供课程学习的在线申请表。

9. 牧师计划。美国农村的警察部门发现如果把牧师动员起来会对犯罪预防带来很大益处。牧师计划中的志愿者在社区的各种宗教机构中扮演协调员的角色，在一些悲剧事件的处理中是不可缺少的。他们能够为受害者及其家庭提供咨询和参考，警察也需要他们的帮助。因为当他们赶到自杀或者谋杀案的现场时，他们能帮助警察解决受害者及其家人的感情需要，从而使警察能专注于案件的调查。

10. 参加其他一些由警察发起的活动。为了使市民能够更深入地观察和了解警察的工作及其表现，很多警察部门会开展一些项目，如与警察一起巡逻、在辖区巡视以及参观警察的设施、装备。在与警察一起巡逻的项目中，市民真的开着警车与警察一起进行巡逻，并与警察一起为报警人员提供服务。

近年来，美国的一些警察机构还帮助成立了社区应急处置小组。小组成员通过训练学会如何在紧急事件来临时开展行动，掌握在专业处置力量到达之前的处置方法，协助专业处置人员开展处置工作。一些大的警察部门还设立了专门的网站，用以介绍这一角色并提供有关培训的链接。这种培训为社区处置可能面临的灾难事件准备了大量的平民预备力量，同时也增强了社区成员团队合作的意识。

三、社区警务中的社区工作方法

通过前面两个部分的介绍，我们可以看出，无论是我国社区力量参与社区治安模式的变化，还是国外社区力量参与社区警务的经验和做法，都向我们表明，公民社会的成长必然带来社会力量参与社会治理模式的变化。从我国社会发展的情况来看，随着改革开放的深入，我国的社会发展已经呈现出市场社会、差异社会与自主社会的特征。市场社会要求我们在警务工作中要充分尊重市场规律，按市场规律办事；差异社会则对警务工作提出了多样化的治安需求；自主社会中由于个体的自主性不断增强、个人主义和功利主义不断张扬、公民权利意识不断觉醒、社会组织发展迅速，从而对警务工作提出了更高的要求，即要在尊重公民个人自主意识的同时，妥善协调各种社会关系，激发社会各方面的活力，引导其积极参与社会治安。归纳起来，就是要求我们在当前的警务工作中，要坚决摒弃以前所采用过的运动式治理和刚性维稳的治安理念，积极引入多元治理理念，实现从“统治”到“善治”的转变。而社区警务的思想则契合了多元治理理念的要求，因此在社区警务中要善于运用这一理论，探索和不断拓展社区警务中的社区工作方法，充分发挥社区的力量来维护社区治安。

（一）准确把握社区居民治安需求

在社区警务工作中，公安机关和社区民警要将掌握和回应社区居民对社区治安的需求作为首要工作来抓。要通过充分听取社区居民的意见，发现社区警务工作中的薄弱环节并努力加以完善。在需求调查的对象选择上，要尽可能地扩大涉及面，使调查对象能覆盖社区中的各个方面，使需求调查能真正反映社区居民对社区治安的需求。在途径选择上，可通过走访社区居民、问卷调查、网上征集民意、案件办理及 110 接处警等多种方式进行。以浙江省台州市公安局于 2006 年推出的“警民恳谈”机制为例，通过开展“警民恳谈”活动，台州公安机关和广大民警以此为平台，深入社区、深入群众，与群众进行“面对面”“零距离”的交流与沟通，对象、内容、形式“三不限”，向社区群众收集意见和建议，听取群众对治安的需求，帮助群众解决问题，在短短三年内就有各界群众 33.5 万人次参与恳谈，收集群众意见 4.08 万条。警民恳谈会制度的推出，不仅使公安机关能及时、广泛地征集民意，了解群众的治安需求，而且密切了警民关系，达到了“谈出警民一家亲”的效果。

（二）不断加强社区警务民主协商

社区警务理论明确了社区警务主体的多元性，由此也决定了社区警务警察与社区之间的关系应更多采用协商式而不是命令式，这就需要建立一个能够拓展出一系列具有社区警务管理内涵、吸引社区居民参与协商的平台。目前，一些地方的公安机关在社区警务实践中已经通过借鉴探索出了一些比较可行的模式，如“社区治安议事会”等。以武汉市江汉区民意街为例，该辖区的治安议事会成员由生活或工作在社区的各级人大代表、政协委员、知名人士、企事业单位、社区组织、居民群众、门店业主、外来员工代表等有代表性和号召力、有意愿和能力的社区成员组成。每个社区治安议事会聘请 12 名成员，社区治安议事会每月召开一次，主要围绕五个方面开展“议事”活动。一是议民警工作。在民警报告工作的基础上，评议民警的工作是否尽职，警风是否端正，群众是否满意，有哪些地方需要注意和改进。二是议安全防范。在共同参与的氛围中，针对存在的安全防范薄弱环节、不安定因素和苗头，商讨消除治安隐患工作思路，警民一起找到解决治安难点的办法。三是议案件查办。从群众中收集治安刑事案件线索，了解群众对公安机关查办案件的反应，针对公安机关提高办案质量和执法水平的方法和途径提出建议。四是议警务重点。讨论一个时期社区警务工作的重点、工作目标，协助社区民警制定工作措施和有效方法。五是议服务群众。明确社区群众最关心、最直接、最现实，最需要公安机关解决的问题以及解决办法。社区治安议事会是组织动员社区民力资源的重要载体，通过这一形式可以将社区治安资源有效整合起来。目前，社区治安议事会制度已在全国许多地方推广，已成为我国社区警务中运用社区力量参与社区治安的一个重要工作方法。

产生于20世纪80年代的协商民主，强调在参与、讨论和集体反思的过程中，尊重各种不同利益主体的主张与诉求并达成共识，以此为基础形成的政策才能够赢得公民广泛的支持。在社区警务实施的过程中加强民主协商，有利于培养社区居民良好的公民精神，而公民精神则是实现社区治安多元控制模式的社会心理基础。同时，协商民主可以更好地规范地方政府、公安机关以及社区在社区警务中的行为，明确各自的职责，促使各方相互配合，实现社区警务效能的最优化。

（三）着力培养社区治安自治功能

社区警务的有效实施离不开地方党委、政府的有力支持，但作为一个基层自治单元，社区自身的自治功能对于社区警务的开展更为重要。因为从社区警务的基本理论来看，社区在社区治安中承担着双重角色，即不仅是社区治安的受益者，同时也是社区治安的责任者。因此，组织、动员社区公众参加警务活动，在警民合作中大力培育社区自治功能，是社区警务的发展趋势。但从目前的情况来看，无论是在中国还是在世界其他国家，都正面临着社区里的非正式社会控制不断弱化的问题，很多社区居民不愿意为社区治安付出努力，社区治安不得不更多地依赖正式的社会控制力量来维持，这也是目前我国实施社区警务中所面临的一个重大难题。针对这一情况，社区民警在日常工作中要注重加强宣传，帮助社区居民提高自治意识、监督意识、责任意识、参与意识、法律意识和安全意识，提高其参与社区治安的积极性。除此之外，还可通过各种方式邀请社区居民参与社区警务工作，发动社区居民担任调解员、参与社区治安巡逻、开展安全检查，培养其参与社区治安的兴趣和成就感，增加其对社区的归属感和责任感。对警方自身而言，要不断加强制度建设，逐步完善警务公开制度，使社区居民有机会了解警务活动，增强其对警务活动的认同感，为社区居民参与社区治安创造条件。

（四）积极培育多元化社区治安主体

根据善治理论，善治的基础与其说在于政府，不如说在于公众，没有公众的参与、没有发达的公民社会，就不会有善治。因此，要实现多元善治的社区治安治理，必须建立以政府、社区居民自治组织和社区其他组织以及个人为主体的多元化社区治安主体体系，以共同解决社区治安问题，维护社区良好的治安秩序。

1. 社区多元化治安主体的类型。社区多元化治安主体除了社区民警、协警、社区保安等专职治安力量外，还包括社区治安纠纷调解小组、社区村居创建平安社区志愿者队、社区巡逻队、流动人口志愿者队、流动人口服务管理队、社区青少年协会等，其成员可来自社区的各行各业，包括社区党员、社区治安积极分子、社会志愿者等各个方面。此外，社区法律援助单位、生活服务、社会组织等单位、行业协会等主体也应纳入社区治安主体的范围。

热点聚焦

外卖小哥、快递小哥成为社区治安新力量

当下，许多社区民警不仅注重发挥出租驾驶员、环卫员、单位保安员、房屋中介员、送报员等“五小员”作用，拓宽情报信息搜集渠道，确保情报信息内容更鲜活，同时利用外卖小哥、快递小哥等新型业态人员走街串户、熟悉情况、有条件入户发现问题等特点，将他们“收编”，使其成为社区治安防范的“哨兵”，将情报搜集的触角延伸到家门口，延伸到田间地头。2018 年某天，一位快递小哥向辖区民警发送微信，称一位妇女正在邮寄可疑印刷品，民警得到情报后立即赶往现场，但是该妇女已经离开，民警通过视频进行追踪并锁定该妇女住所，随后在其家中发现了大量某邪教宣传品。如今，外卖小哥、快递小哥因为行业优势，已经成为社区治安新力量，社区民警可以充分调动他们的积极性，参与治安主体，发挥作用。

2. 实现社区治安主体多元化的基本方法。当前，在我国社区警务工作中，社区治安主体的多元化发展还面临着多元主体参与社区治安的观念尚未成熟、社会组织发展不够健全、多元化治安主体参与社区治安的工作机制不够完善等多方面的问题，“强政府、弱社会”的行政职能体系也对社区治安主体的多元化发展产生了一定的制约。针对这些问题，一方面要求公安机关更新观念和转变职能，尽快实现从管理向服务的职能转变。要打破警务垄断思维，借鉴西方国家警方与社区共享社区权力的理念，赋予社区在治安方面更多的自主权，努力培养社区自治意识，鼓励社区各种主体更为积极、主动地参与到社区治安工作中。另一方面，应着力构建社区多元治安主体协调机制。公安机关和社区民警在社区警务工

作中要积极搭建平台，完善利益表达机制，拓宽信息和监督渠道，通过网络、自媒体、工作信箱等多种形式了解社区各种主体的利益需求。要拓宽渠道，完善利益协调机制，通过充分发挥社区协商对话、信访、举报、民意测验以及大众传媒等监督渠道和手段的作用，为社区居民自觉主动参与社区治安提供积极的政策动力，营造良好的制度环境。

【引导案例参考答案】

首先，准确把握辖区外资企业及人员的治安需求。杜警官上任后就走访外资企业负责人了解他们的需求和意见，苦练外语，做到沟通无障碍。

其次，不断加强社区警务民主协商。开通运行企业平安之家等微信群，用中、英、日、韩四国语言与企业高管和员工互动，用外语和他们零距离交流协商。“企业平安之家”平台上聚合了外资企业、公安部门以及综合执法、市政等其他部门，确保企业问题诉求第一时间得到回应，政府机关权威解读第一时间得到传达。

再次，着力培养社区治安自治功能。杜警官指导企业和员工做好安全防范工作，与230余家企业安保负责人和高管人员建立常态联系，培育外资企业治安自治力量。

最后，积极培育多元化社区治安主体。杜警官创建了企业联合党支部，积极发挥党的引领作用，让外企党员起到模范先锋作用。

第二节　社区警务的专业工作方法

引导案例

高校师生安全的守护者①

高警官所在的派出所辖区内高校林立，校内学生近4万人，他在走访的过程中结合高校群体的特征，有针对性地开展社区工作。

首先，他组建了辅导员工作群，和学校一起把工作落实到人头上，从线上、线下全面掌握学生的思想动态。其次，高警官注重提高高校师生的防范意识，加强安全宣传。高校内极易发生“校园贷”以及网络兼职、网络购物等电信诈骗

① 根据大连市某派出所真实案例改编。

案件。为了增强广大师生的安全防范意识，高警官提议在学生入学手册上印制派出所微信公众号二维码，与录取通知书一同邮寄到新生手中，通过扫描派出所的微信公众号，实现“人未到校，安全到家”。他融合社会资源，组建以公安、银行、社区、高校志愿者为主的义务法律宣讲团，深入高校进行宣讲，倡导将学生学习法律知识与毕业学分挂钩，极大激发了学生们学法、懂法、守法的热情。每半月组织开展一次警营开放日活动，邀请高校学生代表走进警营，学习法律知识，提高安全自护能力。这些举措使平安校园的基础更加牢固，警校关系更为融洽。派出所与高校户籍管理员联系，为学生户籍迁入和迁出开辟绿色通道，同时积极为高校学生解决在校内及校外的实际难题。

高警官与高校学生会新媒体积极沟通，达成合作，对学校发布的敏感类文章极其关注，同时通过学校新媒体平台定期刊发爱国主义教育内容。近年来，4 万名在校大学生从没发生过热点负面舆情。

问题：结合案例，谈谈高警官是怎样运用专业工作方法服务高校的？

作为一种新的警务战略和警务工作模式，其在警务专业手段方面与其他警务类型并无本质区别。但由于社区警务体现的是一种以预防为主的警务策略，因此其对于专业手段的运用方法和侧重点应与被动反应型的警务模式有所不同。

一、我国社区警务中专业工作方法概述

（一）正式文件中的社区警务专业工作方法

2006 年 9 月 19 日，公安部发布了《公安部关于实施社区和农村警务战略的决定》，在该文件中，规范了社区和驻村民警的工作方式。这是我国官方第一次以文件的形式对社区警务的专业工作方法做出明确规范。在该文件中，指出社区和驻村民警的主要工作方式是：走访调查、宣传发动、巡逻守护、实地检查、警情通报。

1. 走访调查。要求社区和驻村民警走进社区、村庄，深入机关、学校、企事业单位和居民家中，详细登记、了解实有人口、行业场所、出租房屋等情况；物建信息员，建立群众性情报信息网络；掌握重点人员的现实表现与动态；对发案的单位、居民进行回访，了解最新线索，征求意见和建议。

2. 宣传发动。社区和驻村民警要把组织、发动群众共同维护辖区治安作为重要工作内容，依靠社区、居（村）委会等基层组织，指导抓好群防群治队伍

建设；通过警务宣传栏等多种渠道，广泛发布法律法规宣传、治安动态、防范常识等内容，增强辖区群众的法制意识和防范意识。

3. 巡逻守护。社区和驻村民警要依靠基层组织，组织指导辖区单位和群众开展护村、护厂、护校、护楼、护院等治安巡逻守护活动，预防和减少发案。

4. 实地检查。社区和驻村民警要对辖区内的行业、场所、单位等开展经常性的治安检查，及时发现安全隐患，并督促整改，防止发生各类案件和治安灾害事故。

5. 警情通报。社区和驻村民警要每月公开通报辖区发案类别、时间段、主要部位和作案手段、作案人行为特征等治安情况及可能危及辖区安全的周边警情动态，提出针对性的防范措施；重大案件、重要情况随时通报预警。

热点聚焦

社区警务专业工作方法创新

新时代“枫桥经验”倡导高科技在基层治理中的应用，社区民警的专业工作方法也相应升级。5G 时代已然来临，大数据、云计算、物联网及人工智能等先进技术广泛应用到公安工作中，智慧警务成为公安信息化发展的最新阶段。许多地区树立“科技兴警”的理念，坚信依靠科技解放警力，建立“屏幕防范”的智慧思维，让视频监控取代民警巡逻，让鼠标代替民警走访，打造高效便民的社区智慧警务模式，社区居民获得便捷的服务，社区警务工作效能得到提升。

一、搭建社区信息资源服务平台。依托海量的公安大数据研发了“社区大数据实战应用平台”“社区民警工作管理平台”，社区民警从“上门敲门要信息”转变为“动动手指用信息”，实现了社区民警实时对流动人口、出租房屋、重点关注人员的高效管控。社区民警的管理方式从粗放式向精细化转变，将宏观目标细化成具体任务，真正实现智慧管理。

二、创新一体化信息采集手段。通过统一警务通、社会主动申报、物联网采集、互联网采集、二维码采集等方式的信息采集入口，形成一张表采集，同时对采集到的信息进行汇聚、清洗。这不仅能够减轻民警和社工的采集压力，同时能对采集数据进行实时核实比对，保证采集数据的可用性和鲜活性，社区民警的角色从信息的采集者转变为信息的使用者、甄别者和受益者。

三、开拓服务社区居民的新手段。全面建设了“互联网+社区警务”全新便民服务“微警务”工程，精心打造了老百姓“指尖上的派出所”，实现了服务群众工作从“面对面”向“键对键”的转变。研发了“网上派出所”“网上警务室”，辖区百姓通过派出所的微信公众平台，能够与派出所民警实时沟通，办理各项公安业务、咨询各类问题、提供各种线索信息、提出工作意见建议。

（二）学术研究中的社区警务专业工作方法

当然，除了公安部的正式文件外，我国公安学术研究中也对社区警务的专业方法作了诸多探索和研究。总体上看，只要是在社区警务工作中能被运用于社区中违法犯罪的预防，有利于维护社区治安秩序，且通常只能由警方运用警察权来实施的方法都可称作社区警务的专业工作方法。由此，社区治安信息工作，巡逻、守望、盘查等警察勤务的开展、治安管理专业手段的运用、社区违法犯罪的打击处理等都应纳入社区专业工作方法的范畴。目前，学术研究中一般将社区警务中的专业工作方法归纳为以下几种：

1. 广泛搜集社区治安信息。广泛搜集社区治安信息，是顺利实施社区警务工作、全面实现社区警务目标的前提和保障。因为社区治安信息不仅是制订社区警务工作计划的基础，而且是社区警务工作中进行科学预测和决策的重要保障。对于社区公众来说，社区治安信息则在提高公众的安全感和安全意识、减轻公众的恐惧心理、提高公众的安全防护能力等诸多方面发挥着重要的作用。

搜集社区治安信息既可以运用秘密力量、治安信息员等进行搜集，也可以在日常工作中通过治安管理手段进行搜集，还可以在配合社区建设中进行搜集。在搜集社区治安信息时，要努力提高其广泛性、全面性。不仅要搜集各类违法犯罪案件的相关信息，而且要搜集不属于违法犯罪但会造成社会混乱的社会行为、社会现象的信息；不仅要搜集安全或者不安全、混乱或者不混乱的客观信息，而且要搜集不同地区、不同阶层居民的安全感受信息；不仅要搜集警方各种维护安全措施的实际效果、公众评价等信息，而且要搜集其他各管理部门以及社会居民所采取的可能影响社会公共安全的行为的相关信息。

此外，对于社区治安信息的搜集，不能仅停留在治安信息的表面，而且应注意挖掘隐藏在表面信息下的各种深层次信息。

2. 持续严密日常管理。全面、广泛、严密、有效的社会管理，在社会公共安全系统工程中处于前提性、基础性的重要地位。这里所指的管理，既包括公安机关的治安管理，如公共治安秩序管理、危险物品管理、特种行业管理、户口管理等，也包括社区中各个职能部门的行政管理。社区警务中要实现全面、广泛、严密、有效的社会管理，必须依靠公安机关、社区民警以及社区的所有家庭、学校、企业、机关、团体等的内部管理和外部协作。为此，社区民警要在做好自身日常治安管理工作的基础上，做好社区治安力量的动员工作，争取尽可能多的社区治安力量对社区治安管理的支持。

3. 尽量普及自卫互助。社区警务理论认为，产生违法犯罪的根源在社会，扼制违法犯罪的力量也在社会，只有动员、组织公众广泛参与，才能有效维护社会治安。因此，在社区警务工作中，社区民警不仅要根据需要组织公众参与自卫互助活动，而且要尽量广泛地动员全体公众普遍参与，并对其进行必要的指导，教会其自卫和互助的方法。

4. 不断强化技术防范。技术防范是“科技是第一生产力”这一科学论断在社会公共安全领域的具体应用，适宜的技术防范可以有效地弥补人防、物防的不足。落实技术防范，一定要遵循因地制宜、经济实用的原则，不要一味求新求高，追风赶潮。社区整体环境建设水平较高，居民经济承受能力较高的，可以相应提高防范的技术含量，可以点、线、面结合，多种手段并举，甚至直接建设监控、报警、处置一体化的立体、全天候的安全防范工程。社区环境建设水平较低、居民经济承受力不高的社区，可以普遍推广一些花钱不多但切实可行的围栏、护栏、防盗锁、防盗门、报警器等防范设施。推广技术防范时应注意遵循市场经济规律，防止“行政摊派”。有组织地、较大规模地采用某些技术防范措施，要注意强化安全产品的质量监督与价格监控，防止不法分子趁机侵害公众利益；还要注意商业运作，通过规模效益尽量降低成本，让公众得到实际好处而不能只让厂商得利，公安机关、民警更不能从中渔利。

5. 及时有效巡逻、支援。科学、高效的社会面巡逻，可以在更大范围内提供安全环境，它不仅是社区自卫互助与安全防范的基础，而且是及时支援的必备基础：直接处于运动状态的巡逻力量，比相对静止的驻守力量更便于起动、更及时赶到，可以说是支援力量中的先锋。另外，及时有力的支援，不仅是社区自卫互助和安全防范的后援保障，而且是巡逻的重要补充：巡逻不是从点到面的全方位守候，而是以较少的警务力量，对社会面进行的、预设方案的动态控制，这种预置的控制不论多么严密，总会出现不适应安全需要的死角、缺口，而及时有效的支援，正好可以控制这些死角、弥补这些缺口，从而使巡逻的目标得以实现。

在社区公众遇有危难或者需要帮助的时候，社区民警的及时支援极为重要。国内外大量研究都证明，如果警察能够及时有效地进行支援，那么公众在面对犯罪等不法侵害时就敢于大胆反抗、维护自己的安全和权益，就可能让违法犯罪分子处于公众力量的包围之中、重压之下。反之，就会使公众处于恐惧和孤立无援的状态，久而久之，居民之间的自卫互助和警民合作就将成为一句空话，社区治安也就不可能良好。

6. 全面净化人文环境。社区警务思想认为，犯罪是与人类社会共生的社会现象，产生犯罪的根本原因在社会，扼制犯罪的根本力量也来自社会。只有动员全社会各方面的力量才能有效扼制犯罪、防止混乱、减轻恐惧，单靠公安机关甚至警察个人不能解决问题。但是，动员全社会同犯罪、混乱和恐惧做斗争，并不表示需要全体居民都来从事刑事司法工作，而是需要社会各个方面、各个层级努力做好自己分内工作，为扼制犯罪提供一个良好的社会环境，尤其是改善社会的人文环境。中国一直十分重视净化社会的人文环境的工作。扫黄打非，禁毒禁赌，打击色情、封建、反动的社会病象等工作的全面、长期、有效的开展，就是净化人文环境的具体表现。

根据西方社会学、犯罪学和警务科学研究，人们彼此熟悉、比较信任、能够支援、相互间比较满意的社区是人际关系良好的社区，或者说是人际关系方面相对成熟的社区。与成熟程度较差的社区相比，相对成熟的社区违法犯罪比例、程度都比较低，而发现、防范、抵御、制止犯罪的能力都比较高。因此，净化人文环境的核心，是密切社区成员之间、社区居民与警察之间的相互熟悉、信任、支援、满意的程度。

中国净化社会人文环境，主要通过教育、感化、管理、改造等方式完成，并强调管理、处罚与整治、打击相结合的原则，改造、管理与建设相结合的原则，刚柔相济、宽严结合，达成目标。在社区警务中，社区民警在净化人文环境方面的目标是，使社区居民之间、社区居民与警察之间相互熟悉、相互信任、相互支援、相互满意。

7. 相机改造自然环境。国外“破窗理论”和“零容忍”警务的提出，揭示了社区环境对于社区公共安全的重要性。整洁、有序、良好的社区环境，对违法犯罪有一定的抑制作用。而要保持社区的秩序，最好的办法就是从一开始就保持零差错或者对任何差错的“零容忍”。近年来，中国的各级各类城市发展很快，城市的自然环境改造也受到了公众和社会各方的重视，同样也受到了公安机关和其他司法工作部门的重视。推行社区警务战略，就应当抓住城市化发展和城市改造等机会，全面改造社区的自然环境，在实现“有序、有管、有防”的同时，努力达到实用、经济、美观。要将改造自然环境的工作贯穿规划、设计、建设、装修、使用、管理的全过程，时刻注意环境与社会治安、安全防范方面的关联关系。这就要求社区民警不仅要有高度的工作热情，还要有必要的科技知识、安防技巧、检查经验等作为支撑。

需要注意的是，上述这些专业方法与传统警务中的专业方法并不存在明显区别，而且在社区警务工作中，我们也没有必要一定要区分专业方法和非专业方法，因为这两种方法在现实中很难截然分开，很多时候两者都体现为一种互相依存、互相促进的关系。在这一点上，国外一些国家开展社区警务的方法很值得我们借鉴。比如在一些西方国家，一般认为开展社区警务有四种方法：（1）增加出警率；（2）努力解决问题；（3）加强社区与警察的合作；（4）强调对犯罪的预防。要做到这四点，警察部门及社区警察首先要学会的是如何向社区推介社区警务，即要通过宣传、介绍，使社区明确什么是社区警务，社区警察中警察和社区的预期目标是什么，从而争取社区公众对社区警务的支持与合作。因此，对于警察部门及社区警察来说，向社区推介社区警务虽然看似不是专业工作方法，但对于社区警务的开展却有着至关重要的作用。因为在如何推介社区警务方面，需要一套完善的方法体系，以及扎实的专业知识作为支撑才能很好地实施。

二、国外社区警务的专业工作方法

国外在社区警务中所运用的专业方法主要用于预防和解决社区犯罪问题，因此其专业方法的核心主要体现为如何预防社区犯罪。当然，基于对犯罪与无序问题之间关系的认识，社区警务的专业方法也适用于社区无序问题。

（一）国外社区警务中常用的专业工作方法

在20世纪英美国家率先实施社区警务战略以后，社区警务战略开始得到越来越广泛的重视。但是如何创新工作方法以使社区警务工作适应新的社会发展和社区问题，并有效实现社区警务的工作目标，则成为当时警务人员需要着力解决的问题。目前，西方国家社区警务中所采用的专业工作方法主要有以下几种：

1. 推行“邻里守望”计划，加强社区犯罪防控。社区预防犯罪是社区警务的关键组成部分。最初在20世纪70年代发展起来的邻里联防计划（Neighborhood watch Schemes）是人们最熟悉的一种预防犯罪形式。该项计划主要包括物体标志（Operation Identification）、犯罪报告（Crime Reporting）、家庭安全（Home Security）和个人安全（Personal Safety）等具体方法。

除上述方法外，还可以在一些社区的街道、路口、马路两旁和居民楼墙上设置或张贴邻里联防的标志图案，以威慑犯罪分子。社区邻里联防一般是应当地居民的要求而由警方发起组织的。警方负责划分邻里联防的区域范围，召集有关会议，帮助推选居民代表及邻里联防的负责人，分发预防犯罪的小册子等宣传品。邻里联防计划具体由社区警察负责实施。

2. 搞好社区巡逻、盘查，威慑、打击社区违法犯罪。为了使巡逻从被动反应型的巡逻车和无线通信网中解脱出来，一些国家尝试改革巡逻勤务方式，如美国、澳大利亚等国正在逐步恢复步行巡逻，以使巡逻有较多的机会接触社区居民；日本、新加坡等国则未跟随巡逻机械化的世界性趋势，大力发展城乡警岗制度。日本将大部分治安警察配备于固定的岗亭，岗亭的警察走访管区内居民，询问有关问题，提出安全防范的建议，并听取对警察工作的意见和建议等。美国的一些城市于20世纪70年代末开始建立一些小警所，专门负责社区邻里预防犯罪的工作，这些小警所都能行使完整的治安管理的职能。总之，各国警方通过改革警务巡逻方式，最大限度地增加警民接触的机会，以达到改善警民关系的目的。

3. 运用犯罪预防技术，加强犯罪情境预防。犯罪情境预防是通过改变违法犯罪所依赖的社区环境，达到预防和抑制违法犯罪的作用。目前，通过环境设计来预防犯罪是西方国家建筑学家、安全专家、警察等通过对建筑和场地的物理设计来加强安全、阻止犯罪的。在20世纪60年代后期和70年代初期，奥斯卡·纽曼研究了建筑设计与预防犯罪之间的关系，从而建立了空间防范的概念。纽曼通过设计，提高居民通过窗户观察的机会，以便居民能够看到特殊的地方（如操场、停车场）和报告犯罪情况。预防犯罪环境设计的主要目标是增加居民对公共区域的使用，以便于阻止犯罪，减少恐惧感。

（二）社区警务专业方法的系统化——解决社区治安问题的SARA法则

1979年，威斯康星大学麦迪逊校区的赫尔曼·古德斯登教授提出并发展了“问题导向警务”的概念（Problem-Oriented Policing，POP），从而使社区警务的工作方法研究开始向系统化的方向发展。

问题导向警务倡导警察在社区警务工作中应充分认识到其在所服务社区遇到的问题和计划，提高警察解决社区问题成功率。基于这一理念，美国警务专家约翰·艾克和比尔·斯佩尔曼在弗吉尼亚州纽波特纽斯市的一项以问题为导向的警务实验中提出了SARA法则。SARA法则实际上就包含了解决社区治安问题的四个步骤，即Scanning（扫描，也即发现问题）、Analysis（分析问题）、Response（作出反应）、Assessment（评估成效），其具体流程如图4-1所示。

图 4-1

1. 扫描（发现问题）。这一步骤的主要目的是发现公众和警察共同关注的、反复出现的问题，确定问题发生的频率及其持续时间，对问题可能引发的后果进行推测。

这里所谓的问题是指在社区中重复发生的伤害性事件，而社区公众又期待警方能予以处理的。这个关于问题的定义告诉我们在分析问题时应注意六个要素：社区性（Community）、伤害性（Harm）、期望（Expectation）、事件（Event）、复发（Recurring）、相似性（Similarity）。由于这些要素的第一个字母缩写为CHEERS，因此通常将对问题的扫描、发现过程称为 CHEERS 审视。

对问题的 CHEERS 审视实际上提出了问题扫描阶段所需回答的六个问题，即

（1）社区中谁受到问题的影响？

（2）问题造成的伤害是什么？

（3）社区公众对警方的期待是什么？

（4）什么样的事件促成了问题的发生？

（5）这些事件的重复发生有多频繁？

（6）这些事件有多相似？

2. 分析。分析阶段需要根据所收集的数据，尽可能地精确定位此问题的发生范围，深入分析问题发生的原因。在此基础上，结合此类问题先前的处理方式，提出解决问题所要达到的目标，并分析此目标是否符合社区公众的期望。在提出工作目标时，要注意工作目标与警方可用资源的匹配性，尽量避免警方不可调控的资源。

在分析问题时，要学会使用问题分析三角图。问题分析三角图的概念源自环境犯罪学的日常活动理论。该理论认为，非法活动的发生，犯罪者与被害者需在

同一时空下接触，当没有监控能力的外部条件存在时，犯罪或被害就很可能发生（见图 4-2）。

图 4-2

从问题分析三角图可以看出，警方在分析问题时，不能只关注犯罪者，还应从侵害目标、场所这两个要素来更全面地分析问题。同样，在考虑解决问题的处理方法和目标时，不能仅从犯罪者这一角度考虑解决问题的方法，还要更深入、广泛地从被害目标（或受害者）和场所特性来研究，即要针对问题分析三角图中的每一个要素来寻找抑制犯罪的控制者（见图 4-3）。

图 4-3

3. 反应。在完成问题分析后，就应开始着手处理问题。首先要召集有关警员和社区成员，对于如何解决问题展开讨论，并调查其他社区对于此类问题是否存在相应对策或可供参考的解决途径。要通过讨论，选择最优方法，制定响应方案。其次要确定责任人员，明确工作任务。最后则是采取措施来实施方案，将方案付诸行动。

在反应阶段制订解决问题的方案时，要注意综合运用情境犯罪预防的各种措施。在这方面，英国诺丁汉大学的学者尼克·迪尼所提出的情境犯罪预防 25 种技术，目前在西方国家的警务工作中运用比较普遍。这25种情境犯罪预防技术可归入五大类，即增加犯罪难度、增加犯罪风险、减少犯罪收益、减少对犯罪的刺激、消除借口，在每一大类下又各分五小类技术（见表4-1）。

表4-1　情境犯罪预防25种技术

增加犯罪难度	1. 物品加固
	2. 门禁管制
	3. 出入口控制
	4. 使犯罪者改造
	5. 控制犯罪工具
增加犯罪风险	6. 扩展监督者职责
	7. 协助自然监督
	8. 降低匿名
	9. 地方管理者
	10. 增强正式监督
减少犯罪收益	11. 隐藏标的物
	12. 转移标的物
	13. 财产标志
	14. 控制销赃
	15. 不让犯罪获得收益
减少对犯罪的刺激	16. 降低挫折与压力
	17. 避免争执
	18. 降低诱惑与压力
	19. 缓和同辈压力
	20. 防止模仿
消除借口	21. 制定规则
	22. 宣告指示
	23. 唤起良知
	24. 协助守法
	25. 控制毒品与酒精

4. 评估。在对问题进行响应后，需要进入评估阶段，对响应方案是否已按计划实施进行评估。具体的评估方式包括收集整理该方案实施前后的一系列有质有量的数据资料，确定大项目标及细化目标是否均已达到。同时对投入的人力资源和资金、物力成本与取得的成效进行评估，确定是否需要调整原有响应方案以

及如何进行调整。评估阶段需要持续、按阶段进行，以确保成效的连续性。

在SARA法则的基础上，英国内政部的鲍尔·埃克布罗姆结合情报信息主导警务，发展出实施社区警务的5I'S内涵法。5I'S意指情报收集（Intelligence）、干预（Invention）、落实执行（Implementation）、参与（Involvement）、影响及流程评估（Impact and Process Evaluation）。国内也有学者将其翻译为：收集情报（Information）、分析解读（Analysis）、战略设计（Design）、战略实施（Implementation）与科学评估（Evaluation）五个环节（IADIE）。

三、社区警务专业方法的综合运用

上述关于国内外社区警务中专业工作方法的介绍，为我们对如何实施社区警务提供了基本的概念，而有关SARA法则及5I'S内涵法的阐述，则为我们处理社区警务中的专业问题提供了一个系统的工作框架。在此基础上，国内学者发展出了综合运用社区警务专业方法的基本思路。

（一）专题调查：全面审视，找出需要着手解决的问题

这一阶段的主要目的是进行一个初步的调查，以判断问题是否真正存在，以及是否需要更进一步的调查和分析。专题调查的过程实际上也是一个搜集社区治安信息的过程。在这一阶段，社区民警应重视运用多种手段搜集社区治安信息，只有这样，才能找准问题，避免遗漏。

（二）全面分析：探寻关联，分析引发问题的复杂原因

全面分析阶段，是解决问题的核心。分析的目的是尽可能多地知道关于问题的有关信息以便查明其形成原因。一个完整的分析，包括查明问题的严重性、所有涉及和影响到的人和团体以及问题的全部原因，并评估目前的反应以及它们的效果。需要注意的是，在运用上述问题三角分析模型解决社区中的比较复杂的违法犯罪问题时，不能仅简单地分析问题所直接关涉的三角关系，还应重视施害人、被害人、施害场所之外的“第三方”。例如，网吧管理者如果负责任地加强检查，就能发现上网的未成年人，从而避免向未成年人传播色情内容。

（三）对策设计：在可调控范围内寻找最有效解决办法

在进行对策设计，寻找解决问题的办法时，要注意以下几个方面的问题：

1. 对策设计应建立在全面详尽分析的基础上，缺乏全面详尽的分析，对策设计就失去了依据。

2. 对策应当至少直接影响“问题三角”中的两条边。

3. 在不影响效果的情况下应规避警方无法调控的资源。

一般而言，公安机关及社区民警应当在不影响处理效果的情况下尽量避免动用自己无法支配的资源；但是，如果在某种情况下，诸如法律、经费、设施、人才等社会资源是绝对无法回避的，这时要求社区民警充分施展自己的社会工作能力去做好说服、协商之类的工作。

（四）系统实施：检验补充对策，争取最佳效果

这一阶段的主要目的是将所制定的解决问题的对策在社区中加以实施，并通过实施的效果来对所制定的对策加以检验和补充，以不断完善解决问题的办法。在实施对策时需要注意两方面的问题：一是要综合运用前述犯罪情景预防等诸多专业技术，二是要在现有努力的基础上争取最好的效果。

整体上解决某类问题，可能的方案有如下五种：一是“完全根除”，检验其效用的标准是这个问题所引起的各种事件的消除；二是“减少问题事件的数量”；三是“降低危害的严重性”；四是“更好地处理问题”，一时无法直接解决这类问题，只能在处理此类问题时更人道地、更多让公众参与，以减少成本，增加效用，尽量让受害者满意；五是“移交相关单位”，即将问题妥善移交到有权、有责也有能力解决的单位。

（五）如实评估：客观、全面估价对策的实际效用

这一阶段的主要目的是，通过各种方法和途径对社区警务实施中所采取的对策进行客观、全面的评价，以分析其效果并探讨如何对其进行完善。当然，这一阶段的工作是由社区民警自己来完成的，是社区民警对社区警务实施的一种自我矫正。因此，应将其与下一节要谈到的社区警务的考核相区别。

【引导案例参考答案】

从案例可以看出，高警官结合辖区高校学生人数众多的实际情况，针对年轻群体的特点，通过多次调查走访加强与高校的合作，将学生学习法律知识与毕业学分挂钩初见成效。利用线上和线下等多种手段进行安全宣传教育，挖掘学生资源，在学生中设立安全员，以此获取学生信息，掌握他们的思想动态。组织社会力量进校园进行宣讲，举办警营开放日活动，进行安全互动。同时借助校园新媒体通报警情和进行爱国主义教育，给予需要帮助的学生最大的帮助。可以说，高警官在走访调查、宣传发动、巡逻守护、实地检查、警情通报等专业工作方法上都下足了功夫。

第三节 社区警务的群众工作方法

引导案例

当辖区老人们的贴心人①

2018年7月的一个晚上，结束了一天工作的社区民警小张刚到家就收到辖区居民王阿姨的微信："小张啊，你刘大爷下午趁我睡着的时候，自己出去了，到现在还没回来，电话也不接，可怎么办啊?"收到王阿姨的求助微信，小张赶忙回复："阿姨，别着急，您先把刘大爷今天穿什么颜色的衣服、出去的大致时间、经常去的地方告诉我，我这就赶过去。"

收到阿姨的信息，小张立刻赶到单位打印刘大爷的信息表，上报了走失信息，同时转发在朋友圈和群防群治微信群里。随后，小张拿着本子来到刘大爷所在小区的物业办公室，查看了园区的监控录像，发现刘大爷出门后乘坐258路公交车离开。公交车沿线途经的派出所，她一个一个打电话，告知走失情况。两个小时后，终于有了回信。小张带着阿姨前去接人。阿姨接到了刘大爷，激动地握着小张的手表示感谢。这是刘大爷一个月内第二次走丢了，每次都是民警小张第一个出现在王阿姨的身边，帮助她寻找。

第二天，小张给刘大爷申请了黄手环，上面除了留下王阿姨家人的电话，还留下了她自己的电话。事后，王阿姨在给小张的留言中说了这样一段话：人民离不开人民警察，人民警察爱人民。想人民之所想，急人民之所急。警民鱼水情，警民一家人。

平日里，小张在走访辖区的社区、物业、各维修管理部门、周边商铺店主、业主委员会代表过程中将结识的热心的大爷大娘拉入"社区群防群治微信工作群"，在聊天说话中与辖区居民相互加深印象。小张组建了"社区义务巡逻队"，他们身着蓝马甲，每个月开展5~6次巡逻。社区还拥有一支"红袖标志愿者"，他们负责提供线索、防范宣传等工作。她还利用社区民警的专项工作经费，制定奖励方案，根据不同的服务标准分为不同等级。民警小张通过挖掘社区资源，让更多的草根力量参与到社区治理和社区警务工作中，真正形成了群众广泛参与的

① 根据沈阳市某社区民警的真实案例改编。

"多元共治"局面。

问题：小张警官运用了哪些群众工作方法开展工作?

社区警务中的群众工作方法是指社区民警为实现社区警务的工作目标，通过主动与社区公众建立治安联动关系，依法宣传、动员、组织、指导社区公众参与社区治安，为社区公众提供安全服务并以此赢得社区公众信任和支持的一系列工作方法的总和。

社区警务是建立在全心全意为人民服务的宗旨之上的，是对党的优良传统的继承和发扬。社区民警立足社区，首要的、核心的、基础性的工作就是群众工作，做不好群众工作，没有社区群众的积极参与，社区警务就无从谈起。因此，社区民警应树立以民为本的思想，努力学习和灵活运用各种群众工作方法，在社区警务工作中贴近群众、服务群众，把"听民声、知民情、询民事、解民惑、排民忧、解民难、顺民意、还民愿"作为每天工作的具体内容。只有这样，才能取得社区群众对社区警务的支持，才能真正营造一个"基础牢、出事少、治安好、党和人民满意"的社区治安环境。

一、国外社区警务中的警察与社区关系

在国外，警察部门在实施社区警务战略时，都十分重视警察与社区之间的关系，这方面的内容也是国外社区警务研究的重点。虽然国外关于警察与社区关系的定义多种多样，但都承认搞好警察与社区之间的关系很重要。有学者列出了警察与社区良好关系的好处，包括：一是在调查和控制犯罪上增强了市民的合作；二是当遇到社区事务和问题时，增强了警方的可信度；三是从市民中赢得了尊重；四是对警察来说，提高了个人的安全性；五是增强了职业满足感和自尊心；六是减轻了工作压力；七是增加预算和得到社区道义上的支持；八是使社区比较安全，居民在那里居住、繁衍后代，享受有趣而快乐的生活。①

国外警务研究认为，警察与社区之间的关系不同于警察公共关系。公共关系主要是为所在的单位组织建立一个良好的形象，更多的时候主要表现为告诉公众警察的目标和成就、建立警察威信、为守法创造良好的环境。因此，公共关系很容易成为警察部门与社区的单向交流。而警察与社区的关系则强调双向交流，这

① ［美］菲利普·P. 普尔普拉. 警察与社区——概念和实例［M］. 杨新华，译，北京：中国人民公安大学出版社，2009：218.

种交流是一种自由的流动，是以双方互相理解各自的问题、互相合作、采取广泛的行动对付犯罪为特征的。虽然警察与社区的关系刚开始可能是单向的，但它注重社区对警察看法的变化，使公众进一步支持和理解警察。当这一活动趋向于成熟时，警察与社区的关系就变成双向的了。这一认识主要基于美国的总统执法和司法管理委员会对于警察与公众之间的关系的如下阐述：（1）当警察不公平对待或错误对待市民时，和谐与秩序就会被破坏，市民与警察就会产生对立；（2）少数民族地区居民将不接受他们想要的和所需要的警察保护，直到警察受欢迎和他们的问题被理解为止；（3）创建合作关系显然取决于警方，他们是宣誓保护社区的公仆；（4）需要公众更充分地参与维护秩序，否则警察不能够保持太平；（5）糟糕的感觉不仅产生紧张，而且使市民和警察的反应非理性。因此，该委员会强调，在开展警察与社区之间的有关项目时，要遵循以下几方面的原则：（1）社区关系项目不是塑造和介绍良好的警察形象给人民的公共关系项目，也不是提供应急措施去处理特殊问题；（2）社区关系项目是长期的，要全方位地、努力地去了解警察与社区所存在的问题，积极采取措施去解决这些问题；（3）社区关系项目不仅仅是专业单位的事，而且是警察部门每个雇员的事，它涉及警察工作的所有方面；（4）维护社区关系和提高工作效率会发生冲突；（5）社区关系不仅仅涉及项目、程序和操作的改变，它还在于态度的根本转变。

知识拓展

社区警民关系

社区警民关系问题随着中国实施社区警务战略而逐渐走入人们的视线，近年来引起广泛关注。熊一新、王太元编写的《最新社区警务工作指南》中首次提到社区警务关系的内涵。所谓社区警民关系，就是指以社区民警职业活动为纽带，以社区民警和社区公众彼此的需要满足为目的，发生在社区民警和社区公众之间的一种综合性的特殊的社会关系。

警民关系作为一种特殊的社会关系，体现在社会、政治、法律、道德等诸多领域，有着不同于其他社会关系的特征。首先，警民关系具有鲜明的时代性。它随着社会政治关系的变化、社会经济的发展、法制意识的增强和法制建设的完善，以及社会道德意识的增强和道德建设水平的提高而不断发展变化。其次，警民关系具有矛盾性，虽然我国的警察是人民警察，警察与人民群众不存在根本利益的对立，但是由于警察与群众所扮演的社会角色不同、对公安工作的了解和理解程度不同、对警察职业活动的要求不同，因而警察与群众之间存在矛盾和差异是不可避免的。最后，在警民关系中警察居于主导地位，在调适警民关系中，公安机关和人民警察肩负着主要的责任。

当前，公安宣传工作薄弱以及部分民警执法过程中的不公正或工作方法的简单粗暴等原因，使有些社区居民对警察执法不信任、对部分民警不满意，导致对公安工作不支持、不配合，使警力和人力无法达到令人满意的结合，也使得社区警务战略无法有效开展。如何正确理解和解决警民关系出现的新情况、新问题，怎样建立起良好的社区警民关系，不但是警界当前应着力解决的问题，而且是党政各界和人民群众普遍关注的热点问题之一。警民关系出现的若干新情况昭示着旧的警民关系被打破，同时也催生着新的警民关系的形成。

要解决警民关系中出现的问题，需要建立协作、和谐、互利的新型警民关系，需要以严格执法、热情服务为依托，以完善制度、加强监督为保障，以相互理解、相互信任为桥梁，在工作中解放思想，锐意改革，开创警民关系新局面。要做到以下几点：（一）根据社会发展及治安形势，调整公安工作管理模式；（二）严格管理，强化培训，树立积极向上的警队形象；（三）正确处理人民内部矛盾，防止矛盾激化；（四）开拓和建立多层面、多渠道的“警民桥”，加强与群众的沟通；（五）关注社区民警生活，激发民警的积极性和创造性①。

二、社区警务中运用群众工作法的基本要求

（一）转变群众观念，重视群众工作

社区民警要高度重视社区群众工作，树立全心全意为人民服务的公仆意识，切实将“服务”理念贯穿于社区警务工作的始终。要充分认识到，警民密切合作，才是搞好社区治安工作的根本出路。

（二）发挥专职职能，维护群众利益

社区民警不仅要强化治安防范措施，控制、减少犯罪，还要努力搞好查处治安案件和协助查处刑事案件，及时打击社区内各种违法犯罪活动的工作，以实际行动保护社区群众利益。这是取得群众信任与支持的重要措施。

（三）严格依法办事，加强廉政建设

社区民警要坚决杜绝违法违纪、损害群众利益的行为，自觉接受社区群众的监督，以提高社区群众对自己的信赖程度。

---

① 熊一新，王太元．最新社区警务工作指南［M］．北京：群众出版社，2003.

（四）强化工作纪律，提倡优良作风

社区民警要树立全心全意为人民服务的优良作风，对于涉及社区群众利益的问题，要从小处着手，从根本上解决问题。

（五）讲究工作方法，提高工作水平

社区民警要善于学习和探索新时期社区群众工作的规律，制订社区群众工作近期目标和长远规划，解决现实存在的问题。要广泛征询意见，完善社区群众工作机制。要充分运用多种手段并以群众喜闻乐见的形式开展工作，提高社区群众工作的成效。

当然，社区民警在运用群众工作法时，还必须遵守群众工作的纪律，包括不能泄露机密、不准刁难群众、不准体罚或变相体罚群众、不准侵犯群众利益、不准收受贿赂等。

三、社区警务中群众工作方法的艺术

社区群众工作是一门艺术。归纳起来，其艺术性主要体现在两个方面。

（一）社区群众工作中的语言艺术

语言交际不仅是一种思想感情的传递与沟通，而且是一种高超的艺术。高超的语言表达艺术，不仅能帮助社区民警起到沟通公安机关与社区关系的桥梁作用，而且能通过语言表达，给人以美感和愉悦，充分展示自己的能力，体现新时期人民警察的形象。社区群众工作中语言艺术的要旨在于：

1. 注意语言表达的平等性。社区民警语言表达的平等性表现在两个方面，一是在思想内容上，要尊重对方的利益，积极认真地对待对方提出的意见和建议，二是在表达形式上，要谦虚、热情、讲礼貌、尊重对方。做到了这两点，就会拉近社区民警与社区群众之间的距离，并在两者之间建立起融洽的关系。

2. 注意语言表达的真实性。社区民警是公安机关在社区的代言人，所体现的根本利益与社区群众的根本利益是一致的，因此，社区民警在社区群众工作中无须隐瞒自己的观点和主张，不需要掩盖事实真相，而要讲真话，使自己的语言表达与客观实际相一致。这也是增强群众对社区民警信任感的一个重要途径。当然，社区民警在坚持语言表达的真实性时，必须处理好与保密工作的关系，对涉及国家机密和公安机关工作机密的问题要做到绝不泄密。

3. 注意语言表达的恰当性。社区民警语言表达的恰当性主要表现在两个方面：一是言语必须体现、维护公安机关和人民警察的形象和尊严。社区民警的群众工作不同于一般的人际交往，他所讲的话是代表公安机关的。因此，要注意表达的内容、角度、语气、语调，避免奉承、乞求、挖苦、嘲弄等亵渎公安机关和人民警察形象的言语。二是言语必须适合对象的特点，如心理定式、情趣爱好、风俗习惯等。

（二）社区群众工作中的人际交往艺术

社区民警搞好与社区群众的人际交往是沟通社区警民关系的一条重要途径，通过人际交往，可以起到塑造形象、桥梁纽带、传播沟通、优化环境以及提高自身素质等作用。社区群众工作中人际交往艺术的要旨在于：

1. 注意人际交往的平等性。社区民警在与社区群众的人际交往中，要尊重社区群众的人格，这是与社区群众进行人际交往的前提。只有尊重社区群众的人格，才能得到社区群众的理解和尊重，从而为社区群众工作营造良好的人际关系环境。那种盛气凌人、以势压人、“看人下菜”，甚至污辱人的做法都是与平等性相违背的，也是社区群众所不齿的。

2. 注意人际交往的互利性。相互报偿、相互满足是人际交往的基本动机。一般来说，预期中的报偿支配着社区群众与社区民警进行人际交往的积极性。因此，社区民警在社区人际交往中要注意营造互惠互利的格局，积极寻求双方利益的共同点。不能一说人际交往，首先想到的就是怎样发动群众多帮自己干点事，也要多想想，这样做能为群众带来什么好处。当然，这里讲的互惠互利不光是物质上的利益，更重要的是精神上的利益。社区民警要多考虑社区群众精神上、心理上的需要，要多关心他们、爱护他们，这样会取得更好的效果。

3. 注意人际交往的宽容性。社区民警在社区群众工作过程中，特别是在处理政府、公安机关乃至自身与社区群众之间的矛盾、纠纷时，要坚持宽容原则。首先，要将心比心，理解他人，体谅他人，不求全责备，不要求对方十全十美，而是取其一点，不及其余，和睦相处。其次，在处理群众意见时，要有宽容的精神和态度，认真和蔼地听取群众的倾诉，在采取有力措施的基础上，以诚恳的言行重新赢得社区群众的友谊。最后，要严于律己。在与社区群众打交道时不苛求对方，而是以礼待人，遵守诺言。若与对方产生摩擦，首先要从自己身上查找原因。

四、社区警务中群众工作方法的具体内容

（一）联系社区群众

联系社区群众，拉近与社区群众之间的距离，是社区民警搞好社区群众工作

的前提。“串百家门、记百家人、熟百家情、办百家事”是社区民警的基本功，是社区群众工作的起点。联系社区群众的方法具体又可分为以下几种：

1. 访谈法。这是社区民警与群众交往和联系的常用方法。访谈的对象可以是社区居民群众，也可以是社区企事业单位。可以单个访谈，也可以集体访谈。访谈没有固定的模式，特别是在与社区群众比较熟悉、关系比较融洽的时候，不妨随便一点（当然，必要的礼貌、礼节还是应该注意的），这样更显得亲切，便于相互联系和交往。街头巷尾、庭院楼道都可以成为接触群众、联系群众的场所。访谈一般也没有时间和次数的限制，一次不够可以再去，谈话长则个把小时，短则三言两语、打个招呼，都能收到良好的效果。

在访谈中，社区民警要坚决杜绝为了谋取私利而与个体私营业主、“大款”等“有钱人”接触过于频繁的现象，这样做不仅容易引起社区群众的反感，也容易滋生违法乱纪等问题。

2. 疏导法。就是从实际出发，针对群众有异议的问题，讲清道理，疏通思路，统一认识，将人们的行为引导到正确的轨道上来。运用疏导法应注意：一要对症下药；二要以情感人；三要特别注意做好人民内部矛盾转化工作。

3. 交友法。社区警务中的警民关系应该是一种朋友关系。社区民警要与社区群众成为朋友，必须做到一要谦虚、二要诚恳、三要耐心、四要有信心。要平等待人，以真心换真情。

4. 接待法。社区民警在接待群众时要注意做到：一是创造一个好的接待环境。二是热情接待。三是迅速处理问题。

5. 通过中间媒介联系方法。这是指社区民警可以通过警民联系箱、联系簿、联系卡、办事指南、书信、电话以及第三人（如社区干部、社区治保人员等）转达等多种形式加强与社区群众的联系。

社区民警在联系群众时，除了采取上述方法外，还应注意联系群众的基本技巧。这些技巧归纳起来大致有两点：一是要做到“五勤”，即勤走、勤听、勤问、勤记、勤思考。二是要做到“五多”，即多沟通、多报告、多公开、多总结、多探索。

（二）宣传教育群众

宣传社区群众是社区警务工作的一项重要任务，也是搞好社区群众工作的一个重要方法。通过宣传，可以增进社区民警与社区群众之间的相互了解、信任和支持。宣传社区群众的主要内容应是社区治安防范宣传。社区民警要以社区为阵地，进行广泛深入的宣传教育。宣传社区群众的主要方法有：

1. 报告法。报告法是对群众进行普遍性的宣传鼓励和思想政治教育的一种传统方法，其最大的优点就是能同时面对较多的群众进行宣传教育。报告大体有以下几种类型：

（1）动员报告。动员报告是指社区民警为了完成某项重要任务而动员社区群众，讲明完成任务的目的、要求和意义，完成任务的有利条件和不利因素以及工作方法和时间步骤，如动员社区群众普遍安装防盗门等。

（2）工作报告。工作报告是指社区民警在完成某项工作任务的过程中，或者在工作进行到一定阶段以后，为了总结经验教训，把工作继续推向前进而向社区群众所做的报告。

（3）形势报告。形势报告是指社区民警在社区治安形势发生变化时，及时向社区群众讲明当前社区治安的形势和状况，并予以科学地分析，引导社区群众对治安形势有一正确的认识。经常向社区群众作形势报告，可以促使社区群众关心社区治安，提高警惕，支持社区民警的工作。

（4）辅导报告。辅导报告是社区民警为提高社区群众的法律知识和安全防范知识、技能所做的报告，其作用是提高群众的法制观念和安全防范意识及能力。

2. 座谈讨论法。座谈讨论是指社区民警有目的地组织几名、十几名甚至更多社区群众，一起就某一个问题或几个问题敞开思想、交流看法的工作方式。它既是社区民警对社区群众进行宣传教育的方法，又是一个向群众学习、调查的过程。

3. 运用宣传媒介的方法。

（1）运用宣传媒介进行宣传的主要内容。

①宣传公安工作的路线、方针、政策，宣传社会治安综合治理工作的目的和意义、任务要求和工作方法。

②宣传社区民警在治安管理、安全防范等方面的工作任务和要求。

③宣传社区治安形势和公安机关治理整顿社会治安的情况及需要社区群众协助参与的工作等。

④宣传有重大影响的治安案件、治安事件和刑事案件，通过具体的案例分析阐明遵纪守法的重要意义。

⑤宣传社区群众的先进事迹，尤其是要宣传社区群众见义勇为的事迹和精神，扶植正气，抵制邪风，增加社区群众同违法犯罪分子做斗争的勇气和力量。

⑥宣传公安机关开展爱民便民活动的内容和要求。

（2）运用宣传媒介进行宣传时应注意的问题。

①宣传的内容必须有正确的观点，服务于社会稳定的大局。

②要经常、及时地与报社、电台、电视台保持联系，向他们积极提供报道素材和稿件。

③宣传的内容和形式要丰富多样，要适合大多数社区群众的需要。要常宣常新，增强宣传效果。例如，浙江省杭州市公安局针对繁华商业区店铺林立，往来行人拥挤，“偷、拎、扒、骗”案件多发的情况，按照诈骗、扒窃、街头抢劫、车盗等不同场景专门聘请中国美术学院专业人员制作了图文并茂、极富创意的卡通画，张贴悬挂于街头巷尾，时刻提醒人们看好自己的物品。

④要协助社区居委会、企事业单位办好图书室、阅览室，并帮助充实有关治安工作内容的报刊图书资料等。

⑤要积极配合影剧院、电影队、录像放映点做好映前的幻灯片宣传，协助有关媒体办好治安法制专题节目。

⑥要积极参与群众性的精神文明建设，经常和社区群众一起开展文化娱乐活动，达到“寓教于乐”的效果。

（三）组织发动群众

组织社区群众在社区群众工作中有着重要的作用。首先，它是社区群众工作向纵深发展的显著标志，把社区群众动员组织起来维护社区治安，可以使社区警务工作迈上一个新台阶；其次，它是社区群众工作落到实处的具体体现，群众工作做得再多，但是如果不能把社区群众组织动员起来参与社区治安，社区群众工作也就失去了意义。在实际工作中，组织社区群众的方法主要有：

1. 建立健全社区治安组织。社区民警要牢固树立“警力有限，民力无穷”的思想，广泛发动社区群众，充分挖掘社区各种人力资源参与社区治安防范工作，特别是要依靠社区的基层组织，依靠社区专业化的治安保卫力量，如社区治保人员和内部单位的保卫人员，组建起社区群防群治队伍，形成社区治安的群防群治“防控网”。

2. 发动指导社区群众。在社区群众工作中，发动指导群众也是组织群众方法中的重要内容。在实践中，发动指导社区群众应区别不同的类型，有针对性地做好工作：

（1）对社区内的单位，要落实“谁主管、谁负责”的综合治理，通过落实治安承包责任制增强单位法人代表的治安意识，使其自觉搞好单位内部的安全防范和治安保卫工作。

（2）对社区内的居民群众，应从两个方面发动指导：

①加强对社区居民群众自身安全防范的教育指导，如通过组织治安巡逻、安装防盗门锁、开展邻里守望以及教授存放现金和贵重物品等方法，从多方面减少违法犯罪分子可利用的条件。在进行这项工作时，社区民警要深入社区群众，耐心说服引导，切忌简单粗暴。

②发动指导社区群众参与社会管理综合治理，如引导广大人民群众参加社区治安防范、勇于同违法犯罪行为做斗争、积极参加社区帮教和对社区监改考察对象的监改考察工作，从而提高他们维护社区治安的积极性和自觉性。

3. 社区警民共建。社区警民共建是指社区民警与社区内的街道或乡、村组织密切协作，发动社区群众，共同开展社会主义精神文明建设活动，努力建设文明程度高、社会风气正、治安秩序好的文明街道、文明居委会、文明乡（村）。

（四）服务社区群众

服务群众是人民警察的宗旨，是社区群众工作的重要内容和基本方法，也是取得社区群众信任、拥护和支持的前提。在社区警务中，并不存在绝对的非警务工作，只要是社区群众需要而又是社区民警凭自己的职权和能力能够做到的，社区民警就应该倾力而为，真正做到“想群众之所想，急群众之所急，做群众之所需”，从而成为社区群众的贴心人。

从我国现有的有关规定来看，社区民警服务社区群众的内容是十分广泛的。《中华人民共和国人民警察法》第21条规定：“人民警察遇到公民人身、财产安全受到侵犯或者处于其他危难情形，应当立即救助；对公民提出解决纠纷的要求，应当给予帮助；对公民的报警案件，应当及时查处。人民警察应当积极参加抢险救灾和社会公益工作。”《公安派出所执法执勤工作规范》第38条规定了责任区民警服务群众的主要内容包括（1）在社区警务室定期接待群众；（2）设立警民联系箱、联系簿，发放警民联系卡，公布联系电话；（3）帮助联系解决群众求助的事宜；（5）为群众代办户口、居民身份证等事宜，对孤寡老人、残疾人等有特殊困难的群众实行上门服务；（6）参与社会公益活动。

结合社区警务工作的实际，我们认为，社区民警服务社区群众主要有以下几方面的内容：

1. 社区报警、求助服务。社区报警服务是指社区民警在接到报警后，依法对警情进行登记、询问、了解、处置的服务过程，也可称为接警、处警服务。

社区求助服务是指社区民警在接到社区群众的合理求助请求后，及时给予支援、帮助的服务过程。社区民警提供求助服务的基本要求是：

（1）有求必应，是指在职权和资源条件允许的情况下，社区民警应当尽量满足社区成员的求助要求，依法履行职责，积极予以帮助解决。当然，囿于职权和资源的限制，社区民警提供求助服务的内容也只能限于合理、可行的范围，切不可大包大揽，矫枉过正。

（2）宽容大度，是指对社区群众的无理求助要求，社区民警应当具体问题具体分析，心平气和地做好说服教育工作，切不可意气用事，伤害警民感情。

（3）及时援助，是指社区民警一旦接受了社区群众的求助请求，就应该尽快予以援助，切不可推诿拖拉，失信于民。

（4）热情服务，是指社区民警在解决社区群众求助的问题或困难时，在态度上要热情，要耐心答复或者解决群众提出的问题，而不能态度冷漠，脸色难看。

2. 社区咨询服务。社区咨询服务是指社区民警在日常的警务活动中，运用自己所拥有的知识、信息、技能和经验为社区群众和单位提供解决问题的建设性意见或方案的活动，具有服务性、公益性、建议性等特点。社区咨询服务的主要内容有：安全防范咨询服务、治安管理业务咨询服务、法律咨询服务。

3. 社区便民服务。这方面的内容主要包括：

（1）证件办理服务。其主要内容包括为社区居民提供各种与公安机关相关的办证指导、办证咨询、办证提醒和督促以及代办证件等服务。社区民警可通过经常开展上门服务，对孤寡老人、残疾人等有特殊困难的群众实行上门办证等方法争取群众的信任和支持。

（2）社区纠纷调解服务。对社区民警而言，纠纷调解服务是专指治安行政调解之外的调解，对这些纠纷的调解无须明显的法律依据，其服务性特征更为显著。社区民警参与纠纷调解的方式主要有两种：一是分别做争议各方的工作，促成双方当事人通过谈判达成和解，社区民警可以不直接参加双方当事人之间进行的解决争议的谈判。二是社区民警在对双方当事人做工作的基础上，提出解决争议的方案，直接参加双方当事人之间的谈判。

（3）其他社区便民服务。其他便民服务主要是指除警察职务行为以外，社区民警为方便社区居民生活而提供的各种无偿服务。它立足社区，面向社会，服务范围广泛，服务形式多样，如送迷路的儿童回家、为行人指路、为特殊人群（优抚对象、孤寡老人和行动不便的残疾人员等）提供买米、买饭、送煤、换煤气罐、护理病人、接送孩子等服务，这些服务项目既可以切实解决居民生活中遇到的各种问题和困难，为居民生活提供种种便利，又有利于融洽警民关系，促进社区人际关系的和谐。

【引导案例参考答案】

小张警官真正将辖区内的老人们当成自己的亲人，时时处处为他们的安全着想。通过走访等方式，了解每家每户老人的情况和信息、向老人们宣传安全防范知识、服务老人，在他们遇到困难的时候，为他们排忧解难。小张的付出得到了老人们的认可，因此，当她组织社区成立巡逻队和志愿者队伍的时候，辖区老人积极踊跃报名参加，支持她的工作，成为社区重要的群防群治力量。

第五章　社区安全防范

【学习目标】

通过本章学习，使社区民警掌握社区安全防范的含义、内容和基本方法，具备协调使用社区安全防范各种方法并根据不同社区情况具体实施的能力，了解社区治安防控立体化的内容、目标，掌握社区治安防控立体化的方法，具备指导建立智慧社区安全防范系统的能力。

【重点提示】

· 社区安全防范的含义
· 社区安全防范的内容
· 社区安全防范的基本方法
· 社区安全防范的分类实施
· 社区治安防控立体化的内容、目标和方法

第一节　社区安全防范概述

引导案例

杭州万安社区警务①

杭州万安社区从2002年开始实行社区警务，社区警务的实施加强了治安防范力量，延伸了公安信息网络和基层动态信息系统。社区里，民警蒋××上门走访社区居民、单位、出租屋，按照类别建立了基础台账。社区民警与物业公司、辖区内单位和社区联系，组建了140人的防控力量，实行24小时不间断巡逻。

① 央视中国新闻. 杭州：开展社区警务服务人民群众［DB/OL］. http：//www.cctv.com/news/china/20020322/188.html. 2002-03-22.

一支由他调控的防控分队进驻东河公园后，原先连续发生抢劫案件的情况不复存在。除了防控力量的巡逻以外，社区民警还指导社区进行半封闭式管理，物业设立门岗，非业主车辆进出小区要在门岗登记。在建立警务室之后，社区的近2000户居民没有发生一起被盗案件。

蒋××说："社区警务模式实施以后，我们对前面的案件进行分析，有针对性地调整公安机关的防控策略。我们走访群众时，通报案情，讲解防范知识，动员群众参加到群防群治队伍中来。同时，我们也根据群众反馈给我们的治安动态情况，有针对性调整我们防控策略。"

问题： 1. 通过本案例，我们可以了解，社区警务的开展对提高社区安全防范能力有哪些帮助?
2. 你认为社区安全防范主要是防什么?
3. 你认为社区安全防范的方法有哪些?

捍卫政治安全、维护社会安定、保障人民安宁，是党和人民赋予公安机关的新时代使命任务，为了完成这一使命任务，公安机关首先要维护社区安全，社区安全防范是达到这一目标的重要措施之一。

社区安全防范是社会治安防范的有机组成部分。社会治安防范有广义和狭义之分。违法犯罪现象是各种社会矛盾和消极因素的综合反映，几乎所有的社会矛盾和问题都可能引发违法犯罪问题。因此，凡是国家和社会为了维护社会治安秩序，对可能影响社会治安安全的各种因素、条件和原因进行的预防和控制活动，都属于广义的社会治安防范。狭义的社会治安防范，则表现为社区安全防范。

一、社区安全防范的含义

所谓社区安全防范，是指公安机关，尤其是公安派出所及其社区民警为了维护社区的治安秩序，保障社区公共安全，运用各种治安手段和措施，充分调动和依靠社区的各种治安资源，针对可能引起违法犯罪和治安灾害事故的直接原因和诱发因素，依法进行有针对性的预防和控制的活动。[①] 社区安全防范的概念表明：

① 也有学者称其为社区治安防控，如左袖阳的《社区治安防控体系解读》（中国社会出版社2010年版，第11页）。他把社区治安防控的概念界定为，由社区居民、社区自治机构和有关政府职能部门共同参与，为了实现社区的安宁秩序而实施的一系列预防和控制行为的综合及其结果。并在其著作中分析了社区治安防控的对象、主体、运行和目标。

（一）社区安全防范是由社区民警具体组织实施的

安全防范是全社会的共同责任。不同层级的公安机关在安全防范中居于不同的地位，承担着不同的职责。社区安全防范工作，是公安派出所与社区民警的工作职责，是由社区民警具体组织实施的、综合性很强的业务工作。

（二）社区安全防范要依靠社区的各种社会力量

社会治安问题具有广泛性、复杂性、随机性等特点，从理论上讲，可以发生在人们能够进行社会活动的任何时间和空间，必须依靠社区的各种力量，包括社区居民、社区自治组织（如社区居委会、义工组织）、社区安防职业力量等，才能实现防控的有效性。

（三）安全防范的内容和目的是控制引发社区治安问题的各相关要素

治安问题，是指受刑法和治安管理法规保护，而被违法犯罪行为侵害，通过治安管理客体表现出来的社会治安的非正常状态，包括违反治安管理行为、群体性违法事件、犯罪行为、治安灾害事故四个方面。在对社区民警的考核方面，治安违法行为的发生率一直是一个重要指标。治安问题是影响社会稳定、破坏社会安全的基本现象，其引发原因、条件、相关因素涉及广泛。社区安全防范主要是对可能引发治安问题的各种直接原因、直接条件、直接相关因素，特别是直接诱发因素和环境条件采取各种具体对策、措施、手段和方法，加强防范和控制，以维护社会公共安全。

二、社区安全防范的内容

随着社区建设步伐加快、规模不断扩大、功能日益增多及成员结构复杂化，影响社区治安的因素越来越广泛、复杂，可能发生治安问题的空间广泛、类型多变，这就决定了社区安全防范工作的范围和内容具有广泛性和复杂性的特点。由于社区治安问题在数量上具有不平衡性，在类型、时间、空间等方面具有一定的规律性，根据当前社会形势的变化和社会治安问题的集中体现以及社区群众的治安要求，社区安全防范的工作重点应放在可防性案件和各类治安灾害事故的预防上。

（一）可防性案件

所谓可防性案件，是指发生于确定的部位，有确定的防范内容，可以建立较好的防范机制和力量，采取有效的防范措施，可以预防、控制和及时发现查破的案件。[①] 根据各地工作实践，可防性案件主要包括：盗窃、抢劫居民财物案件，盗窃机动车、抢劫出租车案件，盗窃机关、企事业单位和商业场所财物案件，盗窃、抢劫银行和其他金融机构财物案件，发生在娱乐、文体场所和宾馆饭店的盗窃、抢劫案件，在水陆交通要道和交通工具上侵害人身、财产安全的犯罪团伙案件，因矛盾纠纷激化酿成的恶性刑事案件。也可以概括为以下几类：

1. 对正在实施或可能实施违法犯罪活动的特定个体和群体的防范；

2. 对可能受到不法分子侵害或易于遭受不法侵害的重点部位、场所、住宅、路段以及物品等的防范；

3. 对可能因矛盾激化而导致违法犯罪案件的民间纠纷的防范。

可防性案件在社区案件中占有较大比例，对这类案件进行有效的防控对于维护社区安全具有重要意义。

（二）治安灾害事故

治安灾害事故是指由于违反治安管理法律法规或者安全操作规程，造成财物损失或人员伤亡并因此对人们心理和社会安定产生消极影响的灾难事故。它主要包括火灾、爆炸、中毒以及因为公共程序混乱造成的挤死压伤事故等。由于其形成原因复杂，具有随机、广泛、多发等特点，所造成的经济损失和人身伤亡，往往比刑事犯罪的后果更为严重，是社会主义现代化建设和人民生命、财产安全的大敌。随着经济建设和人民生活水平的提高，用火用电日益增加，易燃、易爆等危险物品被广泛使用，发生治安灾害事故的可能性不断增加，加之现代城市住宅集中化、高层化、单元化等特点，一旦发生火灾等事故，往往损失大、伤亡大、扑救难。因此，预防、发现和消除火灾、爆炸等治安灾害事故的发生，是社区安全防范的重要内容。

三、社区安全防范的分类

根据不同的角度和标准，可以把社区安全防范分为若干种类：

1. 从防范对象的重要程度和防范工作力度的大小，可以把治安防范分为重点防范和一般防范。重点防范是指对发生治安侵害后危害大、损失大、影响大的重点单位部位和多发、易发治安问题的重点地区，加大防范力度，严密防范措施，确保安全的活动。一般防范是指在进行重点防范的同时，对其他一般地区、单位、部位所做的一般性的防范活动。

---

① 杨玉海，葛志山，刘知音．社区警务［M］．北京：中国人民公安大学出版社，2005：219.

2. 根据防范的主体性质的不同，可分为专业防范和社会防范。专业防范是指同违法犯罪等治安问题做斗争的专门机关——公安机关，通过各项专业管理和专门手段所进行的专门防范。社会防范是指专门机关以外的各种社会力量包括基层社区组织、企事业单位、家庭、个人对治安问题进行的防范控制活动。

3. 根据防范所处的不同阶段，可分为事前防范、事中防范和事后防范。事前防范是指治安问题发生前，主动采取各种措施所进行的防范。事中防范是在组织开展各项活动的过程中所进行的防范。事后防范是指在已经发生治安问题后，为吸取教训，引以为戒，堵塞类似防范漏洞，消除类似治安隐患所进行的防范。前两种属于积极防范，最后一种属于消极防范。

4. 根据防范的作用范围不同，可分为个人防范、家庭防范、学校防范、单位和场所防范等。

5. 根据防范的内容，可分为防盗窃、防诈骗、防抢劫、防性侵害、防火灾、防爆炸、防毒品、防治安灾害事故等。

6. 根据防范所凭借的力量与媒介的不同，可分为人力防范、物质防范和技术防范。

知识拓展

社区安全防范工作的大变化！①

改革开放40年，社会日益发展，百姓的生活发生了天翻地覆的变化。那么，与百姓生活息息相关的安全防范工作又有了哪些变化呢？

1. 20世纪八九十年代，社区安全防范工作主要靠人防

20世纪80年代，还是各种硬件、装备匮乏的年代，那时候社区民警被称为“户籍警”，要求对“户口段”的情况全面了解，做到“四识”，即识人、识户、识基本情况、识社会关系。

那个年代的社区工作，主要靠“人防”。隔三岔五，民警带着联防队，骑着自行车在里弄内巡逻。由于警力比较匮乏，许多“户籍警”会发动里弄干部、治安积极分子、小组长等群防群治力量开展邻里守望，来达到防范的目的。

转眼到了90年代，随着自行车、助动车的逐渐普及，偷盗非机动车的案子也开始频发，彼时的老城区四通八达开放得很，如果要做好每个出入口的防范工

① 搜狐网“改革开放40年”栏目，社区安全防范工作的大变化！[DB/OL]. https://m.sohu.com/a/282632075_467373，2018-12-28.

作，则需要投入大量的警力、人力。安全防范工作中“人防”的人力不足，怎么办？

为了管理好社区，“户籍警”动足脑筋，于是，“大包围、小分割”的模式应运而生，社区多余的出入口被封闭，夜间再关闭一些偏僻的出入口，把有限的人力投放到仅有的出入口上，小区内盗窃自行车的案子的确少了，但是居民却反映出入不如之前方便了。

2. 新世纪初，社区安全防范转向“人防+物防”时代

随着新世纪的钟声敲响，“户籍警”的称呼逐步演化为“社区民警”，人民的物质水平有了很大的提高，燃油、燃气助动车，电动自行车进入了千家万户。社区民警既要想办法防范偷盗小区非机动车，又要动脑子方便居民出入，改善社区封闭的现状，怎么办呢？上海市公安局虹口分局欧阳路派出所社区民警刘立文想出了一个法子，那就是现在依旧流行的——小区旋转门。

小区旋转门的出现解决了出入口封闭给居民出行带来不便的问题，也有效地减少了地区非机动车失窃的发案数。社区以往一些完全封闭的出入口又逐渐打开了，取而代之的是一扇扇旋转门，形成了半开放式的管理。

在人防的基础上加上物防效果显著，因此，社区民警也化身为“发明家”“建筑师”，开始在物防上动足了脑筋……

3. 如今，社区管理开启“人防+物防+技防”新时代

随着“智慧公安”建设的深入推进，开启了人防、物防、技防的新模式。以上海市公安局虹口分局欧阳路派出所辖区的欧阳花苑为例，高清监控、进出小区及楼宇的智能门禁系统已基本实现了全覆盖，科技改变生活，也使社区更加安全。如今，小区有任何异常情况，监控系统都能主动发现，并第一时间向小区物业、居委会和社区民警发出警报。

此外，警方在时下流行的智能手机上开发各类社区安全管理应用，其中，最流行的要数“微信警务室”，社区民警也不遗余力地进行推广应用。

改革开放40年，社区民警的叫法有了改变，居民的生活习惯有了改变，社区安全防范的管理模式也有了改变，但无论如何改变，我们为人民服务的忠诚本色从未改变。随着物联网技术的发展、智慧城市概念的兴起，社区将随着各种高科技技术的融合，成为互联网技术、无线射频识别技术、移动通信技术等综合一体的智慧社区。

四、社区安全防范的实施

规范、科学的实施步骤与方法是实施社区安全防范的重要保障。西方社区警务的特色之一是科学系统的警务运行。欧美警察把一个个社区警务实验都纳入了严格的科学实验的范畴。其社区警务中预防犯罪的实验过程，通常采用“五步分解方法”。第一步，收集信息，如收集有关犯罪人的特性、被害人的情况、作案的方式与手段等；第二步，分析解释，如绘制刑事发案的时间分布图与地域分布地图；第三步，战略设计，即建立各种预防犯罪的组织与对策体系；第四步，贯彻实施，即制定法规，广泛宣传、提供设备、投资奖励，以确保社区警务的实施；第五步，科学评估，即采用程序评估与结果评估，评价预防犯罪的绩效。①

根据公安工作实践，我国社区警务安全防范的步骤通常包括以下几个方面：

（一）社区治安问题的事前分析

要想有效地组织实施社区安全防范，首先必须准确、全面、客观地了解社区基本情况，尤其要科学分析社区治安问题的状况，这些是开展社区安全防范工作的坚实基础。这实际上也是信息搜集的过程。

社区基本情况主要包括社区内的人、地、物、事、组织，具体指社区内的人口情况、社区自然状况、地理环境、社区周边环境、社区内单位情况等，特别是对影响社区稳定的人、事进行分析，确定防范的重点，使防范工作具有针对性。社区治安问题分析主要包括：本社区存在的治安问题、类型结构、行为人状况、发生部位、时间分布、侵害对象和目标，相邻地区治安问题的状况，社区治安问题的最新动态等，通过对社区治安问题的精确分析，从中发现规律，找出特点，注重防范，控制发案。

（二）科学制定社区安全防范的基本目标

科学制定社区安全防范的基本目标，有利于切实发挥防范工作的导向、检验、评价、激励作用。社区安全防范工作的范围广、对象具体、复杂多变，各项安全防范工作的具体目标有差异、处于动态之中，有些还难以量化。社区安全防范的基本目标通常包括：（1）基层安全防范组织制度健全，运行机制正常；

---

① 倪海英．社区警务教程［M］．北京：中国人民公安大学出版社，2001：158；［美］菲利普·P.普尔普拉．警察与社区——概念和实例［M］．杨新华，译．北京：中国人民公安大学出版社，2009：232. 其提出治安问题的解决可以采用SARA方法，即审视、分析、实施、评估，这可为社区安全防范的步骤提供借鉴。

（2）单位和居民防范意识增强，防范措施得到落实；（3）社区治安问题的总量基本稳定，多发性、严重性、可防性治安问题得到控制；（4）群众法制观念增强，积极参与社区治安防范工作；（5）群众普遍有安全感。在对社区民警进行考核的过程中，也可借鉴这些基本目标作为指标体系的重要组成部分。

（三）健全安全防范组织体系

健全安全防范组织体系，既是社区安全防范工作的重要标准之一，也是各项安全防范工作得以落实的组织保证。具体包括：

1. 公安派出所建设。基层所队是全部公安工作和战斗力的基础，是平安建设的主体力量所在。要把基层所队建设置于基础性先导性地位，以加强派出所工作为重点，以提升实战效能为导向，切实筑牢维护安全稳定的第一道防线。

2. 社区治安防范组织。社会治安防范组织是基层安全防范的骨干力量。应健全、加强治保会、治安联防队、单位保卫组织、护厂队、护校队、企业消防队、义务消防队等社区治安防范组织建设，把好用人关，提高从业人员素质，加强业务培训和工作指导，帮助其落实保障性工作条件，充分发挥保安服务公司在社区安全防范中的作用。

3. 治安积极分子队伍组织。运用宣传教育等各种手段，激发人民群众的正义感和维护社会治安的责任感，充分发挥辖区内居民群众特别是个体经营者和离退休干部、职工在基层安全防范中的作用，组织他们实施邻里关照、护街、护楼、护院等力所能及的安全防范工作。

（四）建立健全安全防范规章制度

为了加强安全防范的规范化建设，必须建立健全安全防范的各项规章制度，并严格加以贯彻执行，社区安全防范的规章制度有：（1）安全防范工作责任制度；（2）安全宣传教育制度；（3）安全巡察、检查制度；（4）发现可疑情况、可疑人员的报告制度；（5）防范业务的学习、培训制度；（6）防范工作的考核、评比、奖惩制度；（7）防范责任追究制度；（8）防范设备、设施的配备、配置和管理制度；（9）重点单位、部位的警戒、守护制度。

（五）落实安全防范工作措施

具体工作措施可以表述为以下几个方面：（1）经常、广泛地开展以“四防”为主的安全防范宣传教育；（2）坚持人防、物防、技防“三防”并举；（3）加强社区基础防范设施建设；（4）经常开展安全防范监督检查。

（六）社区安全防范的科学评估

对社区安全防范工作进行科学评估，是提高社区防范的针对性、有效性和整体水平的有效措施。社区安全防范评估，主要应考核评估案件和事故的发生率，主要应包括社区内入室盗窃、抢劫，自行车、摩托车、机动车盗窃等可防性案件及火灾等治安灾害事故的发生情况；通过加强社区防范抓获现行违法犯罪嫌疑人和日常防范管理发现提供线索查破案件情况；治安防范措施落实情况等。社区安全防范的评估是一项复杂的工作，应本着明确目标、客观公正、突出重点、注重结果、综合考评、分项评比、定性与定量相结合的原则进行。

【引导案例参考答案】

1. 从案例可以体会出，社区警务的开展可以提高社区居民的安全防范意识，可以通过巡防提前预防、及时发现案件，可以压降案件。因此社区安全防范主要是针对可防性案件和治安灾害事故。

2. 社区安全防范的方法分为人防、物防、技防三种。近年来，一些公安机关基于对群众安全防范意识的重视，提出“心防”概念，并将其与人防、物防、技防一起，称为“四防”，但“心防”本质上属于人防。

第二节　社区安全防范的基本方法

引导案例

盐城大丰建安全防范体验馆在家门口学安防①

走进大丰区金丰路警务服务站，就可以看到这里专设的家庭安防体验、VR消防体验、心肺急救体验、安全驾驶体验、防电诈和禁毒宣传等项目，供辖区中小学生和群众体验。这些体验均运用科技，大多通过声、光、电、气、烟等元素组合，建设模拟场景，让社区群众在防范和互动的逼真体验中感受生动的安全教育，增强了安全防范技能。通过不断研究、精心设计的体验项目，能模拟还原各种危险场景，这种新颖的安防宣传，能让群众进一步提升防范意识。

① 搜狐网：盐城大丰建安全防范体验馆在家门口学安防［DB/OL］. https：//www. sohu. com/a/358800302_120172444，2019-12-06.

问题：1. 通过本案例，我们可以了解，社区安全防范宣传教育的内容有哪些？

2. 你认为安全防范体验馆属于哪一种社区安全防范宣传教育的方式，其优势体现在哪些方面？

为了更好地达到社区安全防范的目标，在社区中应该采取哪些安全防范的基本方法，是公安派出所及其社区民警需要深入研究的一个课题。只有正确掌握社区安全防范的基本方法，才能有效实施社区安全防范，维护正常的社区秩序。

美国犯罪预防联合会将犯罪预防定义为一种目的在于减少犯罪威胁，增强安全感，确实能改善人们的生活质量并且有利于培育一种能够遏制犯罪的环境的态度和行为。由此，提出了通过环境设计预防犯罪（CPTED）的理念，即“合理的设计和对环境有效利用，它能够减少人们对犯罪的恐惧感，减少犯罪发生，提高人们的生活质量”。后来又进一步提出了情境犯罪预防（Situational Crime Prevention）理论，这一理论来源于理性选择理论和日常活动理论。从本质上看，它背离了犯罪学研究的方向，情境犯罪预防理论研究的重点主要集中在犯罪环境和犯罪预防上，而不是实施犯罪的犯罪人身上，它旨在防止犯罪的发生，而不是侦查和制裁犯罪。它不是通过社会的进步和制度的完善来消除犯罪和违法行为，而是使罪犯对犯罪行为不那么感兴趣。这些理论为我们开创和完善社区安全防范的基本方法提供了指导思想。

一、社区安全防范宣传教育

所谓社区安全防范宣传教育，是指公安机关及社区民警在日常工作中，依靠社区有关力量，通过各种途径，对社区成员进行安全防范的知识、技能等方面的宣传教育，以培养和增强社区成员的安全防范意识，提高社区成员自身及社区整体的安全防范能力的活动或过程。社区安全防范宣传教育具有内容的针对性和广泛性、对象的广泛性、形式和方法的多样性等特点。

（一）社区安全防范宣传教育的内容

社区安全防范宣传教育的内容主要包括：（1）党和国家关于公安工作和社会治安综合治理的路线、方针、政策；有关法律和规章制度。例如，我国历次公安工作会议精神。在法律方面，主要包括宪法，与经济社会发展相关的法律法规、与群众生产生活密切相关的法律法规，与维护社会和谐稳定、促进社会公平正义相关的法律法规。（2）社会主义道德和优良习俗，如社会主义荣辱观、和谐社会观、地域文化特点、民风习俗等。（3）有关社区安全防范知识和安全防范意识。例如，可以结合社区发生的典型案例，介绍犯罪分子常用犯罪手段及常见犯罪的特点和规律，向社区群众普及实用的防盗、防诈骗的方法。同时，要建立居民的安全自我防护观念，通过家庭、个人安全防护措施的使用来保障自身安全，而不是等、靠公安机关。

（二）社区安全防范宣传教育的形式

社区安全宣传教育的主要形式有口头形式、文字形式、形象形式和动作形式四种。

1. 口头形式。口头形式是宣传教育工作中最常见、最广泛的一种方式。其包括召开事迹报告会、经验交流会、座谈会、专题演讲、理论研讨会、现场会、事故分析会、政治学习辅导会等；通过无线电与有线广播，利用新闻、科普、少儿节目、听众服务等专题节目进行的广播宣传也是极为有效的一种口头形式宣传教育。

2. 文字形式。文字形式的宣传教育，传播范围大，影响度深。这种形式包括出版社、报纸、刊物、撰写各种新闻报道、评论、报告文学、宣传理论材料，以及黑板报、墙报、宣传栏、宣传板、宣传牌、霓虹灯，张贴标语，悬挂条幅、幔帐等形式。

3. 形象形式。形象形式的宣传教育生动、直观、活泼、感染力强，容易被人们接受，如电视、电影、戏剧、小品、录像、图片、绘画、卡通、摄影、幻灯以及举办各种展览等。音乐、歌曲、曲艺等形式的文艺宣传可以划为这一类。

4. 动作形式。动作形式的宣传教育就是采用肢体语言的方法，通过社区民警的动作演示、社区成员自己动手操作等形式使社区成员了解和掌握安全防范的知识和技能。例如，由社区民警演示人身防范的技巧、指导社区成员进行灭火器材的实际操作演练等。这种宣传教育形式直观、形象，易于理解掌握，尤其受青少年青睐。

（三）社区安全防范宣传教育的方法

1. 进行安全防范知识的系统训练。安全防范知识的系统训练是指通过专业教育、专项培训、专题报告等方式，在固定场所、集中时间，以严密组织形式对受教育对象进行教育的安全防范教育方式。例如，组织社区干部、群众学习法律、法规，社区民警定期到中小学教授法制课程，组织社区妇女开展女性安全防护训练等。

2. 广泛宣传安全防范的专门知识。针对不同时期社区治安管理、安全防范的不同需求，以多种方式对社区群众进行安全防范专门知识教育。我国公安机关一直比较重视利用正式组织的内部传达、学习、培训等渠道，以及结合人们的休闲娱乐活动进行安全防范宣传教育，但如何使专门知识更为生动有趣和切实有效，使用哪些媒介来展示这些专门知识，是需要引起社区民警重视的问题。

3. 针对特定问题制定专题对策。这种方法是针对特定对象，为了特定的目标所采取的，主要有典型案例分析、管理诊断、矫正帮教等形式。其中典型案例分析是指通过剖析社区内发生的有关社区安全防范的正反两方面的案例，使社区群众从中受到教育；管理诊断是指以专家会诊的方式，具体研讨社区单位和个人安全防范方面的现状、问题，进而提供解决问题的方法；矫正帮教是指通过矫正行为、心理等方面的偏差，监督监外罪犯改造，帮助有轻微犯罪的人弃恶扬善。

4. 采用多种方式进行具体指导。这种方法是指采用普遍提示、临场提醒、行为指导等多种方式，直接提高社区单位和个人的安全防范意识和能力。例如，对于某个经常发生扒窃现象的公共场所，可以在该场所设置醒目的警示牌，长期普遍地对进入该场所的人员进行提示，以减轻扒窃的危害；对粗心大意、忘记锁门的住户可以通过当场提醒的方式，使其提高安全意识；对不会使用灭火设备的群众进行具体操作指导，以提高其灭火的技能。

5. 广泛建设社区安全防范体验中心。为了打破枯燥、单一的传统宣传教育模式，加强居民群众的安全防范宣传教育、提升安全防范意识和自防自救能力，各地都在精心打造现代化的社区安全防范体验中心。根据各种高发案件的类型，社区安全防范体验中心可以设置交通安全教育区、消防安全教育区、禁毒教育区、防诈骗安全教育区、防盗窃安全教育区等，融入科技创新元素，利用“互联网+”技术，建设针对性强、互动性高、教育效果好，集宣传、体验、学习等多功能为一体的体验中心。

（四）社区安全防范宣传教育中应注意的问题

搞好社区安全防范情况的调查，是进行社区安全防范宣传教育的首要环节；应注意根据宣传教育对象的不同层次采取不同的宣传教育形式和方法；社区安全防范宣传教育要跟上社区安全防范的实际形势，在内容上做到常讲常新；进行社区安全防范宣传教育要依靠和发动社区力量；进行社区安全防范宣传教育要持之以恒，不能半途而废；社区安全防范宣传教育应精心策划，周密实施。要加强社区安全防范宣传教育工作的规范化、制度化建设；要对社区安全防范宣传教育的效果进行及时反馈，通过反馈的情况完善宣传教育的各项工作措施。

热点聚焦

浙江首家“互联网+安防”体验馆开馆①

人脸“签到”、虚拟灭火、VR体验、烟雾扩散演示、全息影像技术，这一连串科技感爆棚的元素在余杭公安安防体验馆集中亮相。

2019年11月28日上午，杭州市公安局余杭分局与阿里巴巴集团安全部签署警企战略合作协议，并共同为全省首家“互联网+安防”体验馆揭牌，双方将在“智慧警务”、“数据警务”、便民警务等方面实现互利共赢。

余杭公安与阿里巴巴签署警企战略合作，开启了“互联网+安防”的新篇章，双方将遵循信息互通、精诚合作、优势互补、服务民生、依法履职的战略合作宗旨，发挥各自优势，建立预防、打击互联网违法犯罪的协作机制，积极探索云计算、大数据、信息安全、生物特征识别、移动终端等先进技术在公共安全、智慧交通等领域的应用，为净化网络环境、服务保障民生作出积极贡献。

同时，为了让群众以互动体验的方式学到科学的安全防范知识，提升群众自救逃生能力，当天，位于仓前街道仓兴街348号的余杭公安安防体验馆正式揭牌启用。

体验区布置别具一格，由序厅、防诈骗区、消防体验区、安防产品体验区、综合体验区、安防微课堂、尾厅等7个区域组成。

二、社区安全防范措施的协调运用

（一）社区人防

社区人力防范是指依靠人力对可能发生治安问题的地方、部位、场所进行的巡逻、守护等活动。

1. 社区人防资源的开发。平安建设是亿万人民自己的事业。要坚持人民主体地位，坚持专群结合、群防群治，充分动员群众、组织群众、凝聚群众，着力激发平安中国建设的内生动力和活力，为平安建设提供最广泛、最可靠、最牢固的力量源泉。

（1）完善基层治保组织建设。基层治保组织建设在基层治安防范中有着举足轻重的作用，在社区警务建设中要坚持这一传统而有效的组织形式，并且予以加强和完善。

① 徐逸艺．浙江首家“互联网+安防”体验馆开馆［DF/OL］．中国新闻网浙江，http：//www.zj.chinanews.com/2018-11-29/detail-ifzahrcq0599336.shtml，2018-11-29.

（2）组建社区专业辅警力量。社区专业辅警力量是专门协助公安机关和社区民警从事控制社会面的治安动态、维护社区治安秩序的一支重要力量，要在社区警务中不断加以发展和完善。

（3）发展社区专业保安队伍，形成治安防范的有生力量。

（4）充分发挥社区“三大员”（外来人口专管员、治安协管员、社区治安信息员）的作用，使其成为社区民警的得力助手。

（5）以“治安承包责任制”为载体，发动社区单位治保组织和职工群众积极参与社区安全防范。要大力创新培育平安类社会组织，总结推广北京“朝阳群众”、浙江“红枫义警”等经验做法，全力培育具有公益性、专业性、行业性、权威性的平安类社会组织，积极构建警民共治格局，着力打造平安共同体。

（6）结合依法治区，组织社区法律志愿服务队。通过组织社区法律志愿服务队，在社区开展经常性、群众性的法律教育和法律、法规、政策的咨询活动，增强社区群众的法律意识，提高他们运用法律武器维护合法权益的能力。

2. 社区人防的基本措施。

（1）广泛收集社区治安信息，做好社区公安机关和社区民警的参谋。

（2）经常进行安全防范宣传教育，提高社区群众法制意识和安全防范意识。

（3）做好社区内重点部位、场所和人员的守护工作，观察、发现可疑情况，保护社区群众人身和财产安全。

（4）开展社区巡逻，实施全天候时空控制。

（二）社区物防

物质设施防范是指通过修建、安装各种具有防撬、防踹、防攀缘、防跨越等安全防范功能而不具有技术含量或技术含量较低的物质设施，减少、消除有利于治安问题发生的环境和条件的一种安全防范措施。

1. 社区物质设施防范的基本措施。社区物质实施防范的措施主要有两大类，即加固和封闭。

（1）加固：是通过增加易受害目标的坚固程度来增大违法犯罪难度的一种物质防范措施。在实际工作中又有以下四种形式：加高围墙，或在围墙上设置其他障碍物（如铁丝网、碎玻璃等），以增加围墙的防攀缘、防跨越功能；在原房门表面附加防踹板（钢板或铁板等），增加房门的防踹功能；安装防盗门、窗，增加房屋的防入侵功能；加装防盗锁，增加房屋、车辆的防撬功能。

（2）封闭：是通过圈围的方式，使受保护对象与外界相对隔绝，以增加违法犯罪难度的一种物质防范措施。封闭最常用的手段是修围墙或安装防盗门。封闭通常包括以下四种类型：对单个住户的封闭，这种类型主要适用于单门独户的情况；对单元楼道的封闭，其主要方式是安装防盗门；对单幢房屋的封闭，其主要方式是修围墙和安装防盗门；对居民住宅小区、工业生产区、单位集体居住区等大型活动区域的封闭，其主要方式是修围墙、安装防盗门，并可按需要安装技术性安全防范设备、设施。

2. 社区物质防范资源的开发。对社区物质防范资源的开发，既可以表现为对社区现有物质条件的开发，利用其自身的特点和优势来进行防范（如将被占作他用的自行车棚进行清理并重新启用），也可以表现为对现有物质条件的改进，通过改进后的功能来进行防范（如加高并封闭围墙，使之与门卫配套，实行封闭管理），还可以表现为新的物质防范资源的开发和利用。

开发社区物质防范资源必然要涉及经费问题。对此，社区民警应按照市场经济规律，遵循“取之于民，用之于民”“谁出钱，谁受益”的原则，本着“自觉、自愿”的精神，多方筹措。相信随着社会发展，人们对安全需要的不断增加，“花钱买平安”将被越来越多的人所接受，对社区物质防范资源的经费投入也将逐渐得到人们的普遍认同和支持。

（三）社区技防

所谓社区技术防范，是指通过安装技术防范设备或设施，在社区建立具有入侵或灾害探测、入侵或灾害延迟、入侵或灾害反应三者有序结合的设防区域，从而起到预防和制止违法犯罪、防范各种灾害事故的作用。

社区技术防范是现代科学技术在社区安全防范中的应用。科学合理地采用技术防范措施，不仅可以有效弥补人力防范和物质设施防范的不足，而且由于技术防范本身所具有的全天候、反应灵敏的特点，使其具有了很多人力防范和物质设施防范所不具有的功能。目前，通过技术防范所能实现的功能主要有：入侵监视功能、防盗报警功能、出入口监控功能、周界防卫功能、紧急报警功能。

由于各个社区的结构、功能和管理模式不同，在采用社区技术防范措施时，应根据保护对象、区域及经济条件，因地制宜地采用技术防范设备或设施。目前常用的技术防范设备或设施主要有：各种出入口控制设备（如电子防盗门、电子防盗锁等）、各种监视设备（如摄像头、监视器、画面分割器、矩阵控制器、CCTV 控制台等）、各种探测报警设备（如红外探测器、震动传感器、门磁开关等）等。在实际工作中，单个技术防范设备或设施的作用往往是有限的，因此，在实际使用时，应注意发挥这些设备或设施的集成功能，使其系统化。目前，常见的技术防范系统主要有：门禁防卫系统、小区周界监控报警系统、住户和其他场所防盗报警系统、火灾自动报警系统、停车场管理系统等。

随着物联网技术和智慧小区概念的兴起，社区技术防范的手段得到了长足发展。从公安角度出发，智慧安防社区是在智能安全防范和智能安全保障两大模块建设的基础上，实现社会面智能安防功能。智慧安防社区是以互联网、大数据、云计算、物联网、视频技术、信息挖掘整合等科学技术为支撑，通过信息化、智能化、融合化的应用手段，推动公安机关在智慧社区安全防范领域实现各环节、各模块高度集成、深度共享、协调运作。从警务层面来看，它不仅仅是简单的技防设施建设，而是充分运用全警的“智慧”思维，将技防设施、警务实战、安全监管、信息采集等环节系统化地串联起来形成的互联互通、快速响应、动态管控、高度共享、规范运行的全自动化社区安全防范体系。①

在采取技术防范措施时，还应不断拓宽社区技术防范的功能，使其同新兴的社区服务相结合，使防盗、报警、防火、求助等功能集于一套系统之中，实现社区技术防范的网络化。小区与小区之间的技术防范系统也不能各自为政，而要尽可能实现联网，以使各种资源得到最大优化。有条件的社区，还可以将这些系统与公共信息服务网络相连接，以实现各种信息的交互。要加快推进公安云计算和大数据平台建设，打造公安大数据智能化应用新生态。这就要求各地的城市规划、房地产开发、物业管理和公安等部门，在城市规划、建设、开发、管理的过程中，能够协调一致，通盘考虑，将社区技术防范建设纳入社会治安综合治理的大格局之中，在基础设施、硬件建设和日常管理维护中，科学规划，加大投入，真正做到“花钱买平安”。

（四）社区安全防范措施的协调运用

社区安全防范的各种措施，各有所长，也各有所短。在实际运用中，应注意协调各种防范措施的关系，发挥它们的综合效能。

一要将社区安全防范宣传教育贯穿于社区安全防范的全过程。社区安全防范宣传教育能够提高社区群众的安全防范能力和意识，不仅能够解决实际运用问题，还能解决人们的思想问题，因此是社区其他安全防范措施的前提和基础。

二要避免过分依赖物质和技术手段进行防范而忽视人防措施的运用这一倾向。虽然经济发展为我们采用物质和技术手段进行社区安全防范提供了条件，但人力防范还是不可缺少的。这是因为：物质和技术最终要由人来控制；物质和技

① 上海公安学院智慧公安研究课题组．构建智慧安防社区的探索与思考［J］．上海公安高等专科学校学报，2018：14-21．对智慧安防社区的内容作了一个界定，并提出了智慧安防社区建设框架和智慧安防社区指标体系。

术的非社会性与社区安全防范对象和目标的社会性之间存在着天然的矛盾，导致社区安全防范中的许多工作只能由人来完成，如社区巡逻、纠纷调解、巡逻盘问等；社区人际关系的沟通和协调只能由人来完成。

三要对各种防范措施进行必要的整合，形成严密社区安全防控网络。这种整合不仅体现在各种防范措施之间（如人防、物防、技防措施的合理安排和搭配），也体现在同一防范措施内部（如对现有人防力量的合理安排和使用）。对于某一特定的区域来说，在其所拥有的防范资源已经很明确的情况下，对各种防范措施的整合，主要是相同防范措施内部的整合，而这一整合的重点，则应放在技防措施和人防措施方面。技防措施的整合，主要是各种技防设备的联网运行，以实现对防范对象的联动反应和控制，提高技防设备的整体效能。人防措施的整合，则是要通过对治安防范所有人力资源的统筹安排，实现治安人力资源对整个区域的网格化防范。

三、加强社区基础防范设施建设

社区的基本防范措施除人防、物防、技防外，还包括社区的一些基础防范设施，这些设施也能起到预防犯罪的作用。社区基础防范设施建设主要包括：

1. 车棚工程。近几年来，随着自行车、摩托车和助动车社会拥有量剧增，其也成为不法分子获取非法利益的主要目标之一。城镇居民区内的许多人只顾用车，疏于防范，乱停乱放的现象十分严重，因而造成了居民车辆被盗，从客观上分析，这一情况是与居民住宅区内缺少固定的停车场所密切相关的。因此，为了有效控制自行车、摩托车、助动车被盗案件的发生，除了要加强对盗车犯罪活动的侦破和打击外，还应多方面、多渠道地积极做好车辆的防盗工作。这些工作中至关重要的一条措施，就是加强车辆的保管，减少随意停放的现象。为此，就要合理解决车辆的停放问题，在居民住宅区内建造相配套的车棚。

尽管新建住宅不断发展并已将车棚列入规划建设中，但仍有相当数量的老式楼房的社区存在着无车棚的现象，所以，开展“车棚工程”的建设势在必行。所谓“车棚工程”建设，实际上包含的意思是：一是对原有的车棚被“改换门庭”转为他用的，应当予以恢复使用。二是在不影响道路交通的前提下，开辟一些固定的或临时的车辆停放点，配备一定的看护力量，使车辆停放相对集中，便于有效地置于看管之下，以防止车辆的被盗。三是根据现有的车棚容放车辆能力有限，许多车辆无法存进车棚里的实际情况，在居民区规划和通过筹资建造一些配套的停车库，以从根本上解决“停车难”的突出问题。

2. 规范机动车停车管理。随着机动车辆剧增，机动车停放和安全问题得到更多的关注。根据这种情况，应按照需要与可能的原则，在住宅小区内、单位内部和公共场所兴建、改建、扩建一批停车场地，既可以筹集资金建造一些新的停放点，也可以开辟一些不影响主要交通的马路作为夜间临时停车场，或动员有承受夜间临时停放车辆能力的单位参与，配备看管人员，收取一定的费用，作为劳务费和建设费。尤其是在老城区，停车问题更为突出。交通管理部门要加强对各类停车场点的指导和管理。例如，北京等地积极推广派出所参与机动车停车管理防范盗车案件发生的做法，创立了派出所民警、交管、交通协管员、停车管理员、社区积极分子“五位一体”、职责分明、相互支持、相互配合的新型社区机动车停车管理模式，取得了显著的防范效果。还可动员车主采用安全车辆技术防范措施，如设置防盗专用锁、设置防盗报警装置、改进电源线路等方法。

3. 照明工程。通过对实践中社区发案情况的分析可以看出，当前社会上的违法犯罪分子在作案时，往往选择那些地处偏僻、不易被人察觉的地段伺机作案，其中夜间作案的首选目标就是无灯区域。在违法犯罪分子看来，这些地区常常是管理比较差的地区，同时在作案过程中，由于无灯光这一有利于作案的条件，作案时不易被人发现，即使有人察觉了也容易逃脱，使得作案的成功率相对比较高。许多社区存在着室外无公用路灯、室内无楼道灯的情况，有的地方还出现了有灯不亮的情况，这不仅给居民带来生活上的不便，而且对社会治安造成了潜在的负面影响，许多居民及其家庭被侵害，与灯光有密切的联系。所以，社区的照明工程，不仅关系到行路难的问题，而且关系到社会治安的稳定和人民群众的切身利益，应该采取有效的措施来解决。具体做法：一是通过设计规划，将灯光作为生活小区建设的配套设施，列入建筑项目审批核准的必要程序中去，使新建的生活小区具备必要的照明设施。二是通过各种途径集资，为已经建成的无灯光生活小区安装电灯。三是加强检查维修，将损坏的电灯设施恢复使用，以确保生活小区的夜间道路和楼层内灯光明亮。在这项工作中，所需资金可通过辖区内的单位集资、物业公司出资、居民自愿筹资等途径来协商解决。

四、经常开展安全防范监督检查

开展经常性的安全监督检查，是健全组织、落实制度、严密防范措施的基本方法。社区安全防范监督检查的方式有：自查、互查、普查、抽查、综合查、专项查、定期查、突击查、明查、暗访等。社区安全防范监督检查的要求是：经常、广泛、深入、细致、合法。发现安全隐患，要及时督促整改。社区安全防范监督检查的主要内容有防盗安全检查、防火安全检查、防爆炸安全检查、防煤气中毒安全检查等。社区安全检查应当形成制度，检查过程中要扎扎实实、防止走过场，要边查边改。

五、及时查处违法行为，总结整改提高

发生盗窃、抢劫等可防性案件或火灾及其他治安灾害事故以后，社区治安防范组织和企事业单位要及时保护案件或事故的现场，积极协助有关部门查破案件。公安机关在积极破案的同时，要认真总结教训，具体剖析在防范组织、防范制度、防范设施、防范措施等方面存在的不足之处，消除隐患，堵塞漏洞，防止类似案件或事故的再次发生，推动整个社区的安全防范工作水平。

总之，根据以上安全防范的基本方法，要构建社区治安防控体系，从系统整体出发构建社区防控主体系统、物防技防系统、治安信息系统、绩效评价系统等，还应包括警备保障系统、预警预案系统等子系统，因为这些子系统都可纳入社会治安防控体系进行通盘考虑。

【引导案例参考答案】

1. 通过本案例，我们可以了解，社区安全防范宣传教育的内容应包括各类安全防范知识和安全防范意识。例如，犯罪分子常用手段及常见犯罪的特点和规律，防盗、防诈骗的方法，居民的自我防护意识，防各种治安灾害事故和自救能力等。

2. 安全防范体验馆属于各类安全防范宣传教育方式的综合运用，口头、文字、形象、动作都包括在内。其优势体现在利用现代科技，使受教育者体验感更强、体会更直接，接受更容易、记忆更深刻。

第三节　社区安全防范的分类实施

引导案例

××区档案局关于加强单位内部安全防范工作实施方案

为切实加强单位各股室安全管理工作，全面推进单位内部治安综合治理工作，加强人防、物防、技防建设，进一步提高安全防范能力，确保安全工作得到

很好的实施，现就做好“三防工作”方案如下：

一、指导思想（略）

二、目标任务（略）

三、建设标准

（一）人防

1. 建立资产清单表，并加强对内部员工、其他从业人员的安全防范教育培训。

2. 单位干部人员按照有关规定，接受有关法律知识和治安保卫业务、技能以及相关专业知识的学习。

（二）技防

1. 办公室收取、存放现金、票据、有价证券的部位，有条件的应安装入侵报警或紧急报警装置。

2. 直接关系单位重要办公室等部位应安装入侵报警或紧急报警装置，有条件的还应安装视频安防监控系统（装置）。

3. 存放爆炸物品、剧毒化学品、放射源、麻醉药品、生化制品等物品的仓库（库房），根据国家和地方有关易燃、易爆、危险化学品管理等法律法规、技术标准或防范需求，安装入侵报警、视频安防监控、出入口控制装置。

（三）物防

1. 单位内部各类集中存放财物、资料的仓库（资料室）、财会室等部位以及生产、经营等场所墙体应采用砖混、钢混结构，对墙体有特殊要求的从其标准、规范、规定。

2. 单位内部装备室、办公室以及其他重要部位的门应采用符合标准的防盗安全门；窗户应安装坚固的实心金属防护栏，高度大于400mm的应用钢质横档加固；对门、窗有特殊要求的从其标准、规范、规定。

3. 按规定确需存放现金、有价证券、贵重物品的，应使用符合标准并经国家强制性论证的保险箱（柜），保险箱（柜）应固定于地面或墙体，非使用期间做到锁柜乱号，按规定保管钥匙。

四、工作要求（略）

问题：1. 通过××区档案局单位内部安防工作实施方案，我们可以了解，单位内部的治安特点有哪些？

2. 根据该工作方案可以看出单位内部安全防范的主要措施有哪些？

社区安全防范应以社区警务为依托，充分挖掘利用民力资源，整合社区力量，维护社区行业、场所及重点地区的治安秩序，这涉及了社区的各个组成部分，下面将其中几个方面的分类实施情况做一个介绍。

一、社区重点地区和公共复杂场所的安全防范

（一）社区重点地区和公共复杂场所的范围

1. 社区重点地区是指在政治、经济、文化、科技、军事和社会生活中，与社区居民生活息息相关、联系紧密，在一定范围内的地位重要、影响广泛或者空间环境复杂，容易发生治安问题，导致社会秩序混乱，难以控制处置的区域。其主要包括：党政机关、首长及外宾居住地、水厂、电厂、邮电通信、广播电台、电视台和银行等要害部门，社区治安情况复杂的场所和部位，以及容易被忽视的治安盲点等。

2. 社区复杂场所是指向社区公众开放、人员密集、财物集中、流动频繁、情况复杂、容易发生违法犯罪活动和治安灾害事故，直接影响社区治安秩序和公共安全的公共场所。其主要包括：公共交通场所；公共文体、娱乐场所；公共游览场所；公共商业贸易场所；公共饮食服务场所；大型文体、庆典活动临时场所。控制好这些重点区域的治安秩序，对整个社会公众的生活和心理会产生较大影响，是净化社区治安环境的重要措施。

（二）社区重点地区和公共复杂场所的治安特点

重点地区和公共复杂场所内人员多，流动频繁，成分复杂，相互之间大多数没有特定的关系，同时也是商品物资及货币大量汇集和流通的地方，极容易引起纠纷、起哄闹事或酿成灾害事故，容易被违法犯罪分子利用进行各种违法犯罪和落脚藏身，因此也是社会治安最为敏感的地方。

（三）社区重点地区和公共复杂场所的主要防范措施

对重点地区和公共复杂场所进行安全防范的主要措施有：

1. 建立社区民警巡逻制，划分巡逻区段，昼夜进行巡逻，特别是高峰时段要加强巡逻，密切与治安联防、单位保卫组织的联系。

2. 各店铺、单位都要建立治安保卫责任制，实行“谁主管，谁负责”的原则。大的商场、店铺、公共娱乐场所都要有相应的治安员值班，维护本单位治安秩序。

3. 建立专职治安防范组织进行值班、守卫，根据情况还可设立治安办公室和岗亭。

4. 利用各种宣传工具，不断地进行宣传教育，提醒群众提高安全防范意识。

5. 对各种集贸市场和沿街的摊点、小食服务人员要进行登记，查验身份证，建立档案卡片，掌握基本情况。

6. 在这些地区和场所，要在从业人员或曾经抓获的违法犯罪人员中物色、建立秘密力量，建立情报信息网络。

7. 对曾经进入这些场所被抓获的违法犯罪人员，都要建立登记，并尽可能取得他们的前科劣迹和指纹，及时与其户口地派出所取得联系，重点加强防范。

8. 派出所主管领导及社区民警要经常深入调查研究这方面的情况，定期召开居民联席会议，通报、交流情况，总结成功经验，吸取教训。

二、社区单位内部的安全防范

（一）社区单位内部的治安特点

一般来说，内部单位人员比较稳定，工作、生产、生活比较有规律，钱、财、物以及贵重物品、重要设备和档案资料等保管存放比较固定和明确，人们责任感比较强。在上班时间里，人员集中，疏漏比较少，制约较为严密，但下班后，特别是夜间人员较少，疏漏较大，加之改革开放以来许多单位雇用施工人员、临时工、闲住人员等，成分较复杂，容易被不法分子利用。

（二）社区单位内部安全防范的主要措施

搞好内部单位安全防范，必须坚持群众路线，并要贯彻“谁主管，谁负责”的原则，在内部实行治安保卫责任制。治安保卫责任制又叫安全保卫责任制，是我国为加强单位内部治安管理，维护治安秩序，提高自防自卫能力的一项治安保卫责任制度。它是把治安保卫责任与各行各业的岗位责任相结合的一种制度，其特点是同生产责任制、行政管理责任制、干部奖惩制度紧密结合，把维护治安秩序、保卫安全的责任，落实到每个部门、单位和个人。

1. 搞好社区内部单位安全防范的主要措施有：一是对职工进行经常性的治安保卫、遵纪守法教育，建立健全与每个职工生产、工作、安全保卫等与经济利益挂钩的奖惩制度。二是建立健全现金、票证、物资、设备、文物、稀有贵重金属，以及枪支弹药、易燃易爆、剧毒等危险物品的安全管理制度，完善治安防范措施。三是做好日常护厂、护校、护院、护店等警卫工作，要组织安排一定的专门力量，进行治安巡逻。四是对要害部位要逐步安装、配备技术防范装置，并且尽可能与公安机关的报警系统及计算机指挥控制系统联网。五是加强对外来人员的管理。具体来说，可通过以下几种方法来进行：招收单位与外来人员（队）

在签订合同时，必须把安全防范的内容纳入合同之中，同步承包，招收单位各相关部门（特别是保卫部门）要设专人负责合同工、临时工的安全防范工作；招收录用合同工、临时工应按照规定，凭证录用，做到人来登记，人走注销；承担建筑、生产的包工队负责人应承担治安保卫工作，人数较多的还要建立治保会和义务消防队，并组织演练。加强对合同工、临时工安全生产知识教育；单位保卫组织应坚持检查落实安全保卫制度。六是根据法律规定或公安、司法机关的委托，对本单位被判处管制、剥夺政治权利和宣告缓刑、假释、监外执行的犯罪分子以及刑满释放人员进行监督考察。七是切实掌握和认真抓好本单位有轻微违法犯罪行为和刑满释放人员的帮教工作。八是保护刑事、治安案件和治安灾害事故的现场，并及时向公安机关报告，协助公安机关进行侦破、处理工作。九是与周边企事业单位、街道居委会、村委会共同组织治安联防委员会或治安联防队，加强内部单位的周边联防。十是派出所和社区民警对单位内部的安全防范工作进行指导，并落实专人主管，经常分析研究这方面的情况和问题，定期召开单位负责人会议，交流经验，推动安全防范工作的开展。

社区内的机关、团体、企事业单位，要在法定代表人或主要负责人的统一负责下，在单位保卫部门的具体组织下，以落实安全保卫责任制为核心，加强单位内部各项设备、设施的安全管理；同时，组织一支专职防范队伍，负责门卫、值班、巡逻、守护及安全防范监督检查。

为了做好单位内部的安全防范工作，更应该突出现代科技手段的应用，尤其是关系全国或者所在地区国计民生、国家安全和公共安全的治安保卫重点单位，主要包括：广播电台、电视台、通讯社等重要新闻单位；机场、港口、大型车站等重要交通枢纽；国防科技工业重要产品的研制、生产单位；电信、邮政、金融单位；大型能源动力设施、水利设施和城市水、电、燃气、热力供应设施；大型物资储备单位和大型商贸中心；教育、科研、医疗单位和大型文化、体育场所；博物馆、档案馆和重点文物保护单位；研制、生产、销售、储存危险物品或者实验、保藏传染性菌种、毒种的单位；国家重点建设工程单位；其他需要列为治安保卫重点的单位。这些单位的安全防范工作中应更多引入人脸识别技术、动态监控技术、智能报警技术等，以提高重点单位的预警能力、人员进出管控能力、入侵及时反馈能力、突发事件的迅速反应能力和发生事件后责任人员确认能力等。

2. 单位安全防范的具体要求是：第一，单位应根据国家有关规定，结合本单位实际情况，建立健全相应的保卫机构和经济民警队、护卫队、专职消防队或设置专职、兼职的治安保卫工作人员。第二，应当结合实际情况，建立健全治安保卫委员会、治保小组、义务消防队、兼职护卫队等群众性的治安保卫组织，开展群众性的自防、自卫、自治活动。第三，要害部位应当配置防范设施和技术防范设备，确定专门力量或聘用保安人员值班护卫，定期进行安全检查，及时消除安全隐患。第四，根据有关法律、法规、规章、上级的有关规定，结合本单位实际，建立健全并执行以下管理制度：（1）门卫、值班、巡逻、守护制度；（2）现金、票证管理制度；（3）物资、设备、仪器、产品安全管理制度；（4）内部公共场所安全管理制度；（5）枪支、弹药等危险物品安全管理制度；（6）交通、消防安全管理制度；（7）流动人口、暂住人口管理制度；（8）机密文件、资料、印章、物品安全管理制度；（9）治安情况报告制度；（10）治安保卫工作的检查、考核、奖惩制度。第五，与本单位的工作、生产、生活、教学、科研、经营活动有关的物品、场所、工具的安全防范要求，必须达到行业各自规定的特殊防范要求。

三、社区居民住宅区的安全防范

居民住宅区的安全防范关乎每家每户的现实利益，是社区安全防范的重点。不同类型的居民住宅区在治安方面有不同的特点，具有多样性和复杂性，存在各类安全隐患，公安机关和社区民警需要投入很大精力进行工作。具体来说，可以分为以下几大类进行实施。

（一）楼区防范

与平房区相比，楼区安全防范有诸多不利条件：单元式的住房，各家各户相对封闭，居民相互之间不熟悉，邻里守护条件差，邻里关照基础薄弱；社区居民归属感、凝聚力不强。同时，楼区防范也有诸多有利条件：居民群众对安全需求迫切，落实防范措施的心理承受力与经济承受力相对较高；居民区人口密集，地域狭小，楼栋是只有一个出入口的立体大胡同，整个居民区通向外界的通道较少，具备封闭条件，一旦围成小区，安全系数即可大大提高。

新建的成片住宅和高层住宅安全防范的主要形式是实行公寓式封闭管理，即在门户自防、楼栋安装楼宇对讲电子防盗门的基础上，兴建小区围墙，把小区通向外界的通道大部门封住，仅存的出入口安装大门，设置值班室，使住宅区与外界相对封闭，由物业管理公司或聘用的保安人员在出入口和值班室 24 小时专人交替值班，有条件的可在值班室建立闭路电视安全监控系统；同时加强小区内部的巡查，便于观察管理和控制进出的人员、车辆和物品，形成人力防范、设施防范和技术防范、自防和联防有机结合的防范格局，增加犯罪分子作案的难度和风险系数，使围墙内的住户形成一种领地意识和归属感，对无关人员和企图进入作案的不法分子造成一定的心理压力，使其不敢也不能混入。在实践中，这种防范模式适合楼区特点，具有较好的防范效果。但各社区内楼区的情况千差万别，实行公寓式封闭管理应当从自然地理位置、楼房分布状况、居民成分结构等方面实际情况出发，因地制宜地落实措施。同时在开展工作过程中要注意取得街道党委、社区居民的支持，多方筹集资金、健全各项岗位责任制，确保防范效果。

（二）平房区防范

平房区的特点是"散""乱""挤""老"，防范工作也必须从这四点出发。所谓"散"，是就平房社区单位而言，占地面积大，地域广阔，单位面积居民户数相对少且分散，人口密度低于楼房社区。域内企事业单位多，僻静地区多，胡同里巷多，有的居民区被分割成若干相对独立的小区，整体性差。所谓"乱"，即平房社区建筑布局多数缺乏统一规划，胡同里巷纵横交错，大院、小院星罗棋布，出入口多，对不熟悉的人形同迷魂阵。所谓"挤"，即住房拥挤，紧密相连，空地小且少，邻里之间或对门相望，或门窗相挨；院窄路狭，左邻右舍近在咫尺，形同大家庭。所谓"老"，即社区历史悠久，居民祖辈居住，老建筑多、老住户多。

平房地区的特定环境，也具有楼区不可比拟的防范优势：传统的邻里关系，使人际关系联结度高，社区居民归属感、凝聚力强，提供了邻里守望的情感基础，相近咫尺的邻里距离，具备良好的邻里观望条件。平房区安全防范的基本思路是"立足户、院、片、面四个层次，划大为小，由点到面"，即在坚持治安巡逻等整体控制措施的基础上，按自然坐落情况将社区划分为若干小片，通过各小片自防、协防，保证整体社区安全，具体方法是"户院联防，守片巡面"。"户院联防，守片巡面"是平房社区防范的基本模式。

户院联防是平房社区防范的基础。其做法是：

第一，各家各户搞好门户自防。要注意三个问题：一是住户门窗应牢固可靠，使用防撬锁具，临街有窗户的应设护栏，无大门的院落应及时与房管部门联系，修缮安装。二是院门晚上应上锁，围墙应有防攀登措施，墙内外不要堆积过多杂物，防止盗贼作为攀爬的阶梯。三是贵重物品应放在保险柜中，保险柜应在地面或墙壁可靠固定，防止搬动。还可以用水银开关、磁控开关等设防，被破坏或移动时能发出刺耳的报警。

第二，落实邻里守望制度，组织邻里关照。发挥平房区人际关系密切、观望条件好的优势，以院为单位设立安全员，组织左邻右舍相互关照，安全守望。由安全员统一协调组织院内各种防范活动，形成合力。

守片巡面，是对户院联防的补充与加强。守片，就是依照地形条件及住宅坐落情况，以便于观察控制为原则，将社区划分为若干防范小区，组织积极分子巡逻守望，目的是加强院落之间的联防，控制出入口和临街地带。巡面，即组织专门巡逻人员在案件高发时间、地点加强巡逻。平房区巡逻活动的重点地区一般包括：社区的出入口、僻静地带和临街地带、户院联防薄弱地段、案件高发地段。

（三）单位住宅区防范

城镇居民区中有相当数量为单位家属宿舍。社区成员为一个或几个单位职工及家属，相互间熟悉，不仅有地缘关系，而且有人缘关系。社区与企业单位关系密切，开展安全防范工作由单位给予人力、物力、财力的支持。单位宿舍区防范，要着眼上述特点，发挥企事业单位的优势。具体做法：

第一，请单位领导、保卫部门负责人参与社区防范；由几个单位宿舍组成的社区通过召开联席会议的形式协调相互之间的关系。保卫部门可以派专人到社区做值班保卫人员，也可以根据离退休人员情况，推荐并帮助聘请治保骨干，大力支持宿舍区各院长、楼长的工作，依靠群众，维护宿舍区的安全稳定。

第二，单位与宿舍相邻的，建立统一协调的防范网。通过宿舍区防范，强化单位的外部防护，堵住犯罪分子由宿舍区进入单位作案的通道。户院联防，守片巡面，要在社区统一组织下进行，既要按照户、院、片、面四个层次，明确责任与分工，又要统一协调指导，形成系统。单位内部保卫力量作为宿舍区防范的后备机动力量，遇有情况时，可主动出击给社区以援助。为此，双方应建立联系制度，明确联系方法，定期通报情况，协调工作。

第三，单位住宅区的安全防范要逐步市场化、社会化。单位领导要与时俱进，更新观念，主动适应新形势下社区工作和物业管理工作发展的需要，积极推动住宅区安全防范工作由单位管理向物业管理的转变，提高单位住宅区的安全防范效益。

【引导案例参考答案】

1. 通过本案例，我们可以了解，一般来说，内部单位人员比较稳定，工作、生产、生活比较有规律，财、物以及重要设备和档案资料等保管存放比较固定和明确，人们责任感比较强。在上班时间里，人员集中，疏漏比较少，制约较为严密，但下班后，特别是夜间人员较少，疏漏较大。

2. 单位内部安全防范措施应主要从人防、物防、技防几个方面展开。

第四节　社区治安防控的立体化

引导案例

打造立体化社会治安防控体系升级版①

冬日傍晚的东平县老湖镇凤凰社区健身广场，人们或信步闲逛，或聚在一起聊天……“俺们社区各个路口都安装了摄像头，通过家里的机顶盒，也能看见主要路口的监控情况。这给咱们老百姓生活带来了安全感。”正在跳广场舞的何大妈说。

据悉，东平县实施“雪亮工程”（天眼工程）建设以来，累计投资1.76亿元，分四期建成监控探头4400余处，其中，社会治安监控254处、治安卡口56处、电子警察62处；乡级治安监控188个，村级治安监控2890个。雪亮工程，即公共安全视频监控建设联网应用，是指以全域覆盖、全网共享、全时可用、全程可控为总目标，推动重点公共区城、重点行业、领域的视频监控系统建设；推动公共安全视频监控联网，整合各类视频图像资源；开展视频图像信息在城乡社会治理、智能交通、服务民生、生态建设与保护等领域应用。充分发挥人民群众利用视频监控系统在社会治安综治治理中和平安建设中的作用。

打造立体化社会治安防控体系升级版，使得东平近三年来治安、刑事警情、可防性警情保持持续下降态势，为平安创建工作和人民的幸福生活提供了安全保障。

问题： 1. 通过本案例，我们可以了解，治安防控立体化的立体体现在哪些方面？

2. 你认为社区治安防控立体化的发展方向是什么？

社区治安防控从时间上讲应当是全天候的，从空间上讲应当是全方位的。特别随着当今动态的社会环境，犯罪活动的突发性、机动性、暴力性增强，犯罪手段也日趋科技化和智能化，安全防范的模式也应随之发生变化。做好社区安全防

① 刘涛．打造立体化社会治安防控体系升级版［DB/OL］．大众网，http：//paper.dzwww.com/dzrb/content/20191129/Articel27007MT.htm，2019-11-29.

范，要依靠时间上的快和空间上的广。因此，社区安全防范也应体现在多个维度，这样才有利于控制阵地，消除治安盲点，压降可防性案件。

一、社区治安防控立体化的内容

犯罪是在一定的时空条件下进行的，它会随着季节和地点的变动而发生有规律的变化。犯罪的时空性特点为社会控制犯罪指出了新的具体方法和途径。时空控制的具体方法：一是要尽量避免犯罪的高发时间和地点；二是要在犯罪的多发时间和地点，加强有针对性的治安防范工作。① 社区时空控制是指社区民警依靠各种社会治安力量，运用各种治安手段，对社区时空实施全方位控制，从而建立和维护社区秩序的过程。② 其包含五个基本维度。

（一）时间维度

时间维度就是指防控时间，是社会治安防控体系建设中的一个突出因素，是新型社会治安防控体系区别于传统意义上的治安防范的一个显著标志。时间维度体现了防控的连续性，我们通过防控时间的合理分配，可以实现无缝防控、全天候防控，使社会治安始终处于持续可控的状态。时间要素具有特定性，它是相对确定的空间要素的时间。时间要素又是可分的，根据社会治安的特点，以及违法犯罪的数量，治安防控可以进行时间段的划分。这种划分，是科学地构建社会治安防控体系的前提和要求。

（二）空间维度

空间维度是社会治安防控体系最基本的要素，是社会治安防控的点、线、面。建立社会治安防控体系，首先要选择好合理、适度的防控空间。如果防控空间过大，就不利于突出重点，容易造成不必要的资源浪费；如果防控空间过小，就会出现治安的“盲点”，达不到防控的目的。社会治安防控的空间是一个动态的空间，它依据社会治安状况的变化而变化。在加强社区治安防控、街面治安防控、卡口治安防控、单位治安防控等网络建设时，应当注意治安复杂地区、重要部位、重要场所。防控的空间要素虽然是独立的、分散的，但又是互相联系的，我们应当将这单个空间要素连接起来，形成立体的防控空间。

（三）主体维度

治安防控的主体维度指的是谁主导并参与治安防控。从社会治安防控逻辑演

---

① 杨瑞清，李新钰，胡建刚．社区警务教程［M］．北京：中国人民公安大学出版社，2007：121.

② 展万程．新编社区警务教程［M］．北京：群众出版社，2006：177.

变过程可以看出，其经历由地方公安机关到国家公安机关，到中央政府，再到政府+社会的演变历程。社会治安防控体系首先是由地方政府率先提出并进行建设，之后才成为中央政府的治理策略。另外，从社会治安防控体系的社会性出发，政府的所有组成部门都有参与治安防控的义务，虽然其不一定直接参与对违法犯罪的防范和处置，但都是社会治安防控主体的组成部分，公安机关在社会治安防控体系中的主导作用主要体现在其通过专业性的规划和设计，制定相关治安防控策略，协调其他政府部门有序参与社会治安防控体系建设，并通过直接的防范和打击，有效震慑违法犯罪。因此，公安机关理所当然地成为社会治安防控体系构建的核心部门和骨干力量。同时，社会治安防控应坚持专业化和社会化结合，综治牵头、公安指导、社会参与。①

党和政府负责社会治安总体工作的制定，统筹安排各个区域治安工作，建立科学合理的防控体系，组织相应的专管或者兼管部门负责社会治安防控工作的具体执行。公安、司法机关是社会治安防控工作的具体执行者，其中公安部门作为防控力量的主体，主要的防控职责是：依照国家政策法律做好社会治安的日常管理；防止违法犯罪与事故事件；对危害社会治安的轻微犯罪人员进行教育帮助、依照法律揭露犯罪、惩罚犯罪与矫治犯罪；对缓刑、假释犯罪者进行监督、考察；对刑满释放人员继续帮教；积极开展治安建议、侦查建议、检察建议、审判建议、矫治建议，帮助社会堵塞社会漏洞；做好群众宣传工作、组织群众、指导群众、采取各种措施做好社会治安防控工作。从上述所列职责来看，治安防控工作的主要承担者是基层公安机关，只有做好派出所工作，做好社区警务工作，才能履行好防控职责。除此以外，“警力有限、民力无穷”，社区警务的理念之一即是社会公众的参与，因此应充分发动和组织基层治保会、村民小组长、治安中心户等群防群治组织积极参与维护社会治安，在单位学校指导成立护院队、护厂队、护校队，发动居民区的居民和商业街的商户，积极开展看楼守院、调解纠纷、义务巡防、安全提醒等治安防范工作。

（四）手段维度

从字面理解，治安防控就是防范和控制，这也是它最主要的两个手段，但事实上，治安防控由于其综合性，其手段也是多样的，包括打击、防范、建设、教育、管理等，内容十分丰富，应发挥多部门的综合治理作用，针对不同的危害行

① 在宫志刚、李小波撰写的《立体化社会治安防控体系：从理论到实践》（《山东警察学院学报》2016 年第 5 期，第 5-18 页）中详细阐述了如何定义社会治安防控体系，认为除了时间和空间维度外，还应有其他维度视角来进行研究。另外，还提出了治安防控的手段是多样化的观点。

为采取不同的控制措施。在具体控制中，应根据需要使用法律控制、舆论控制、打击威慑、心理控制等不同手段，并将这些手段有机结合起来，从而使治安防控体系的功能更加丰满，措施更加多样化，更具有灵活性和针对性。在防控模式中，要强调突出分层控制的理念，针对不同的行为采用不同的控制模式，如对越轨行为重点采用教育和社会建设的模式，对违法行为要侧重使用管理和防控模式，对犯罪行为则要强调打击、威慑和改造模式。

（五）心理维度

犯罪被害人学认为，每个人都是潜在的被害人，都需要对自身的安全承担一定的责任，心理防范的重点在于提高公众的自我防范意识，降低被侵害的可能性。社会交往无死角主要强调熟人社会所具有的监视作用，即通过社区建设，促使小共同体内部相互熟识，起到熟人社会的监视效果，以达到协助防控的目的。邻里守望就是社会交往在防控中的具体应用。①

同时，人心的向背决定着社会的稳定程度，要实现社会的安定有序，政府就必须加强与群众的沟通联系，畅通社情民意的反映渠道，增强整个社会的凝聚力。社区恰好处在党和政府了解民意的最前沿，合理解决群众的利益诉求，倾听群众的呼声，把群众工作做精、做细、做实，是凝聚人心、理顺情绪、化解矛盾，最终实现社会和谐稳定的最基础工作。因此，实现社会治安立体防控，从心理维度来讲，也要充分发挥社区了解民意、解决诉求的作用，提高社区群众的自我防范意识，增强社区群众的安全感。

二、社区治安防控立体化的目标

（一）预防违法犯罪

在治安防控中采取时空整合的机制，如点、线、面结合，以治安岗亭、交通岗亭和巡逻服务站等固定工作点为依托，由点到面，纵横延伸，扩大巡逻覆盖面，把主要道路作为重点防控线，快速反应，合成作战，动静结合，一方面实行全天工作制，定人、定点、定时、定责任，捕捉现行犯罪，另一方面对出入口进行封闭式治安防控。通过抢时间，占空间，主动出击，可以预防犯罪的发生。

（二）及时发现和打击违法犯罪

使用公开和秘密力量，掌握违法犯罪分子经常出没和活动的时间和地区、场

---

① 在宫志刚、李小波撰写的《立体化社会治安防控体系：从理论到实践》（《山东警察学院学报》2016年第5期，第5-18页）中提出立体化治安防控体系的立体是从多维度、多层次两个视角来看的，其中多维度是指时间上无死角、空间上无死角、心理无死角、社会交往无死角。

所、行业的动态情况，可以更多地获取犯罪情报，及时发现违法犯罪线索、查缉犯罪分子、破获刑事案件。治安防控中在时间和空间上的整合，在发现和打击犯罪方面具有重大的作用。

犯罪分子经常出没的或者犯罪作案的地区和场所，在某种程度上能够集中地反映出犯罪各方面的情况和发展变化，储存较大数量的犯罪信息。只要我们严格控制，就能获取犯罪情报。同时，违法犯罪分子销赃、挥霍一般也在一定的地区范围内，对这个地区范围有较强的依赖性，这就是说他很容易在这个地区范围暴露犯罪，因此这个地区范围内所反映出来的犯罪情报具有直接为破案服务的价值。派出所民警以及侦查人员可以在这个地区范围内根据犯罪分子的体貌特征、赃物特征和活动规律，发现线索，及时破案。

（三）增强群众安全感，和谐警民关系

通过社区时空防范，把安全防范措施辐射到社区的各个点、线、面，并在时间上全覆盖，可以让居民时刻感觉自己在安全措施的保护下，提高居民群众的安全感。同时，在时空防范进行的过程中，需要使用 24 小时防范技术、开展多角度巡逻防范等，必然需要发动群众、联系群众，在开展过程中也可以起到和谐警民关系的作用。

三、社区治安防控的重点

社区民警在进行社区时空控制时要注意把握重点。要深化重点领域风险防范处置，密切关注矛盾问题多发的重点领域和重点群体，滚动摸排各种不稳定因素，积极会同相关部门做好教育疏导、源头管控等工作。为此，社区民警应在准确统计社区违法犯罪的发案率、发案时间、案件类别等客观数据的基础上，认真分析研究，总结社区违法犯罪的特点和规律，进而采取相应的控制措施。通常，社区民警对社区时、空控制重点的把握应主要放在以下三个方面：

（一）重点区域

重点区域是指与社区居民生活息息相关、联系紧密及有可能产生重大政治、社会影响或容易产生治安问题的区域，主要包括党政机关、首长及外宾居住地、水厂、电厂、邮电通信、广播电视台和银行等要害部门，社区治安情况复杂的场所和部位，以及容易被忽视的治安盲点等。控制好这些重点区域的治安秩序，对整个社会公众的生活和心理会产生较大的影响，是净化社区治安环境的重要措施。

（二）重点时间

重点时间是指与社区治安问题密切相关的时间，主要包括易于产生治安问题的敏感时期（如重大节庆、重要会议期间）和治安问题的高发时段或时期（如上下班的高峰期、火灾事故的多发时段或多发季节等）。

（三）重点人员

基于犯罪控制理论，任何侵害社会治安的违法犯罪行为都是由人来实施的，控制住了某些特定的人群，就可以有效地防范违法犯罪行为发生，控制住犯罪率不断上升的势态。因此，要想做好社区治安防控，必须确定好治安防控的重点人员。从社区来看，人户分离人员、空挂户人员、公安监管人员、社区监管人员、刑满释放人员、社区矫正人员、重性精神障碍患者、艾滋病危险人员、吸毒人员、重点青少年等都应该作为社区重点关注的人员。应动态关注其活动范围、活动轨迹、人员交往、思想动态等情况，可以利用现代预警技术进行特殊人群的地图分析。

四、社区治安防控的基本方法

社区治安防控的基本方法主要是社区巡逻、盘查和守望。

（一）社区治安巡逻

1. 社区治安巡逻的任务。

（1）对通缉犯、现行犯、逃犯实施抓捕，对现行违反治安管理行为人的查处，取缔赌博、卖淫嫖娼等社会丑恶现象。

（2）对公共秩序、交通秩序的维护及对街道、市场等治安乱点的整治。

（3）接受110指令，对案件、事件进行先期处置。

（4）对可疑人员、可疑地方、可疑事件、可疑物品依法进行盘问和检查。

（5）对走失的儿童、老年人进行救助，对中小学校园、重点单位、要害部位周边治安交通秩序的维护和保护。

（6）接受群众问询及口头报案、举报、控告、排解纠纷。

2. 社区治安巡逻的方式。

（1）线路巡逻和片区巡逻交叉进行。线路巡逻是指在辖区内的公路、街道、小路上穿行巡逻；片区巡逻是指对辖区内的工厂、学校、居民区、公园、公共场所等进行深入巡逻。两者交叉进行有利于对辖区治安情况进行动态的、全方位的了解。

（2）步巡和车巡相结合。车巡节省体力，速度快，巡逻周期短，而且遇有突出情况机动性好；步巡便于观察，能更多地接触群众，两者结合可以优势互补，更便于基础工作的开展。

（3）民警巡逻和群众巡逻相结合。民警巡逻即社区民警的巡逻；群众巡逻即由居委会或治保会、治安联防队选派的治安队员、联防队员进行的巡逻。群众在民警的领导下进行巡逻，可以加大巡逻控制面，弥补派出所警力不足的缺陷，也有利于密切警民关系和收集治安信息。

（4）巡逻和守望相结合。对辖区大范围进行巡逻，同时可以在区内的复杂场所、重点部位设立治安岗亭，派驻民警进行守望，以加强对重点部位的控制。

由于各社区条件不同，应从各自实际情况出发，因地制宜地确定符合本社区特点的巡逻方式，上述各种巡逻方式，要扬长避短、结合使用，形成对社区的点、线、面相结合的巡逻工作网络。

3. 社区治安巡逻应注意的问题。

（1）“点、线、面”相结合，全方位控防。社区派出所要建立若干个巡逻小组，在社区主要交通干线、机关、学校、厂矿企业、金融市场、物资仓库、金银珠宝商店以及外来人口聚集区等进行重点巡视，盘查可疑人员、物品、车辆，发现、堵截违法犯罪分子。在复杂地段、路口设立固定的治安岗亭或临时哨卡，加强对社区阵地的点、线、面有效控制。

（2）发挥群众性巡逻作用，开展多层次治安防控。社区派出所要广泛组织、发动群众，积极开展有群众参与的多层次社区治安巡逻活动，建立各种护厂、护校、护院、护村等群众自治组织，警民联防，双管齐下，预防和减少社区违法犯罪。

（3）加大巡逻力度，严密社会面控制。社区派出所要把有限的警力摆到街面上去，警力下沉，警力前移，深入社区，提高见警率，及时掌控社区治安情况。针对违法犯罪活动的高发态势，公安机关要调集各个警种，全副武装，公开示警，加大对繁华地段、重点地区、要害部位、公共复杂场所及城郊接合部、治安情况复杂区域、案件多发地段的巡查力度，从严查处各种现行违法犯罪，处置突发事件，严惩不法分子，维护社区治安秩序。

（二）社区盘查

盘查包括盘问和检查，可单独使用，也可同时使用，实际工作中往往同时使用。

1. 盘问。盘问是公安民警为维护社会治安，对有违法犯罪嫌疑的人员进行追究式发问，以获取被盘问人口述，从而查明事实真相的一种活动。

（1）盘问的方法：第一，提出问题，引导自述。提出问题让盘问对象自己说，使之多讲具体情节，民警视情插话引导，从中判断是否可疑。第二，发现谎言，紧追不舍。谎言大多是违法犯罪分子的遮羞布，一旦发现对方说谎，即揭穿其说谎实质，步步为营，逼其说出真相。第三，分开盘问，扩大疑点。对于两人以上的盘问对象，应分开询问，然后对照双方所说情况，发现和验证可疑点，问清真实情况。第四，选择突破口，分化瓦解。因为违法犯罪团伙总是有主犯和从犯之别，罪行有轻重之分，盘问多人，可从中选择罪行较轻，易于改造的人作为搞清真相的突破口。第五，在警车、岗亭里进行盘问。警车岗亭实际就是一个微型警察机关，无形中给违法犯罪分子造成巨大的心理压力，在这里盘问可疑人员能使其感到势单力薄，觉得只有低头认罪才是出路。

（2）盘问后的处置。盘问对象经盘问后，应当场进行以下处置：第一，对没有问题的，立即放行，并向对方敬礼，感谢其配合民警执行公务。第二，对有问题的，立即检查其随身携带物品。第三，如需进一步查清疑点，将其带到派出所继续盘问。第四，对违反治安管理的，进行治安处罚；涉嫌犯罪的，办理刑拘法律手续。第五，对精神病患者、酗酒者，应通知其家属、单位领回或约束到醒酒后处理，防止发生意外。第六，对拒绝盘问、纠缠不休者，要设法带离现场，到派出所处理，避免引起群众围观和双方冲突。

2. 检查。检查是公安民警对有违法犯罪嫌疑的人员的人身和物品当场进行检验、查看，以收集有关证据，查明事实真相的一种活动。检查的内容包括：对可疑人员的证件检查、人身检查（搜身）、携带物品检查和涉嫌车辆检查。

（三）社区守望

守望是执勤民警在社区重要地点或案（事）件多发地区，设置岗亭或划定区域，实施警戒、警卫、管制任务，同时受理群众报案、解决疑难问题和进行便民服务。守望勤务被世界各地的警察机关普遍采用。例如，新加坡为保障住宅区民众安全，推行了“邻里警岗制度”；日本在城市的各个街口设置了警亭，在居民区设置了“住宅警岗”；我国香港特别行政区警方以大厦为单位成立了“守望小组”。尽管名称不同，其目的都是控制、监视社区和治安重点区域，观察动态，发现打击违法犯罪，为民众提供安全保障服务。

1. 守望的任务。

（1）严密注视社会动向，防范政治性突发事件和群体性治安事件。

（2）防范暴力性犯罪活动。

（3）防止和取缔扰乱公共秩序和妨害公共安全行为，防止其他治安案件的发生。

（4）根据通缉、协查通报，盘查可疑人员，抓捕现行犯和逃犯。

（5）对重点人口实行监视。

（6）对乞丐、酗酒闹事者和精神病人临时处置，净化社区治安环境。

（7）及时发现事故和险情，支持救灾和救援工作。

（8）协助维护交通秩序，疏导行人、车辆。

（9）为群众排忧解难，提供服务。

2. 守望勤务的实施。守望分为公开守望和秘密守望两种勤务方式。

（1）公开守望。公开守望是由着装警察在固定位置或岗亭进行的守望，它具有值勤据点的性质。守望民警在守望中要做到：一是明确岗位职责，严守岗位巡守制度，做好对各种突发事件临时处置的预案准备，一旦事件发生能沉着应对，妥善处理。二是全面掌握守望勤务区周围的背景情况、治安状况、交通地理环境、重点人口。三是备齐装备，上岗后要不间断地观察。四是对区域内发生的各种事件要及时处置，处置不了的要及时报告或联络，请求支援和协助。

（2）秘密守望。秘密守望，就是我们通常所说的“蹲坑守候”，是在违法犯罪分子经常出没或易于出现的地方和场所，设置隐蔽的民警值班岗位，目的是摸清情况，抓获违法犯罪分子。秘密守望常用的方式有：（1）定点。这里指对固定地点、目标的守望，如宾馆、娱乐中心、购物中心、市场等公共复杂场所；有可能开赌场、卖淫嫖娼、走私或进行毒品交易的地点；案件多发地域、单位，对危险人员、违法犯罪嫌疑人等加强监视。（2）寻查。为发现案件线索，在一些交通道口、公共场所布置隐蔽力量进行观察、搜索。（3）伏击。是指对查缉对象架网捕捉，对缉捕对象可能出现的地方隐蔽埋伏。

【引导案例参考答案】

1. 通过本案例，我们可以了解，治安防控立体化指的是时间和空间的立体，包括全域覆盖、全网共享、全时可用、全程可控。

2. 随着物联网技术的发展和“互联网+”时代的到来，高科技技术的应用必将成为治安防控的主要手段，例如高清晰摄像头的布设、人脸识别技术的应用、监控视频的联网运用等。

第六章　社区警情先期处置

【学习目标】

社区警情先期处置是社区警务的重要组成部分，也是社区民警必须做好的重要业务工作。通过本章学习，使民警了解社区发生的各类警情的基本情况，掌握处置工作原则、要求以及处置措施，从而具备针对不同警情做好先期处置的工作能力。

【重点提示】

· 社区警情先期处置的含义、工作原则
· 社区案件警情的先期处置
· 突发事件的概念
· 突发公共卫生事件警情的先期处置
· 社区现场急救警情的先期处置

第一节　社区警情先期处置概述

引导案例

社区发生家庭暴力的先期处置

2019年4月5日，社区民警张俊正在社区警务室处理工作，社区居民张某跑来报告说：邻居王某某又在打他老婆，打得很重，你们公安管不管？

问题：1. 此类情况，社区民警是否应介入处置？
2. 通过本案例，社区民警应该遵循哪些工作原则做好警情先期处置？

建设平安社区是社区警务的重要目标，也是社区居民和社区民警共同的愿望。但发生的各类警情却打破社区的安宁，破坏社会秩序，危及人民群众人身、财产安全。所以，社区民警一定要做好社区警情先期处置，保护群众的合法权益，维护社区的治安秩序。

一、社区警情先期处置的概念

社区经常会发生各种危及人民群众生命、财产安全，影响社区治安秩序稳定的警情，社区警情先期处置是一项重要的社区警务工作。

（一）社区警情先期处置的含义

所谓“先期处置”，即边处理，边报告。[①] 警情处置是指人民警察对治安、刑事案件和其他突发事件、群众求助等警情的先期紧急处理工作。而社区警情先期处置就是当社区内发生警情时，社区民警针对各类警情边处理、边报告，以最大限度地减少各类案件和事故对人民生命财产、公共安全造成的损失。做好社区警情先期处置不但是践行“以人为本、创新社会治理”警务工作指导理论的体现，而且能有效打击违法犯罪、维护社会稳定、为社区群众排忧解难、化解矛盾纠纷，树立社区民警的良好形象，有效推进社区警务战略的顺利实施。

针对发生的警情做好先期处置是社区民警的一项日常业务，也是每个社区民警必须熟练掌握的一项基本功。及时、规范、科学地做好警情先期处置，不仅可以有效打击犯罪、服务社区群众，还是社区民警紧密联系群众的纽带和桥梁。社区警情先期处置工作的好坏直接影响到案件、纠纷处理等专项工作的开展，也关系到社区民警在社区公众心目中的形象以及社区警务战略的实施。

（二）常见社区警情

根据《人民警察法》和《公安派出所正规化建设规范》规定，常见社区警情可以分为以下六大类：

1. 刑事案件。刑事案件是指发生在社区的，属于公安机关管辖且应当追究刑事责任的案件。

2. 治安案件。广义的治安案件是指扰乱公共秩序，妨害公共安全，侵犯人身、财产权利，妨害社会管理，具有社会危害性，尚不构成追究刑事责任的各类违反治安管理的案件。狭义的治安案件专指违反《治安管理处罚法》的案件。

3. 群体性事件。群体性事件是指聚众共同实施的违反国家法律、法规、规

① 何树林. 道路常见警情先期处置技术研究［J］. 辽宁警专学报，2012（1）.

章，扰乱社会秩序、危害公共安全，侵犯公民人身安全和公私财产安全的行为。

4. 灾害事故。灾害事故警情主要包括：自然灾害和治安灾害事故。自然灾害是指给人类生存带来危害或损害人类生活环境的自然现象，包括干旱、洪涝、台风、冰雹、雪、沙尘暴等气象灾害，火山、地震灾害，山体崩塌、滑坡、泥石流等地质灾害，风暴潮、海啸等海洋灾害，森林草原火灾和重大生物灾害等。治安灾害事故是指违反治安管理法律法规或安全制度造成人员伤亡或物质损失的事故，包括火灾、爆炸、中毒、交通肇事、翻沉船和公共秩序混乱造成的不特定人员的挤压死伤事故等。

5. 群众求助。群众求助是指群众处于危难或者危急情形下，求助于公安民警的情形。群众求助范围很广，包括发生溺水、坠楼、自杀等危急情况，需要公安机关紧急救助的；老人、儿童、智障人员、精神疾病患者等行为能力、辨别能力差的人员走失，需要公安机关帮助查找的；公众遇到危难，处于孤立无援状况，需要公安机关立即救助的；水、电、气、热等公共设施出现险情，威胁公众生命或者财产安全和生产生活秩序，需要公安机关先期紧急处置的；其他可能引发人身伤亡事故或者公私财产重大损失的险情，需要公安机关紧急处置的。

6. 其他警情。其他警情是指其他需要公安机关处置的与违法犯罪有关的报警。

二、社区警情先期处置的原则

社区民警在主动发现、接到群众报警或上级指令后，应当遵循以下工作原则，立即开展社区警情先期处置。

（一）及时处置原则

俗话说“兵贵神速”，警察及时的行动是确保警情得到顺利处置的前提，所以，社区民警在发现警情、接到报警或指令后，应以最快的速度选择最佳路线，在最短的时间内到达事故现场。公安部要求：“凡危及公民人身、财产安全的重大、紧急报警、求助，在市区，必须5分钟内到达现场；在郊区，必须10分钟内到达现场”。[①] 在交通不方便的农村地区，社区民警也要尽快到达现场。到达现场后，社区民警应迅速核实警情内容，根据实际情况予以妥善处置。快速反应可以迅速地维持好现场秩序，避免和减少对现场状况的破坏，有利于保存与现场相关的信息和证据，可以及早展开现场访问工作，了解现场情况、寻访知情人和

① 参见公安部《110报警服务工作规范化标准》第4条。

有关人员，发现犯罪证据和线索；快速反应可以及早采取相应的措施，制止、延缓灾害或者事态的发展与蔓延，减少人员的伤亡和物质财富的损失；快速反应也可以更有力地协助负责查办案（事）件的有关部门准确地掌握情况、发现线索，为后续人员进行现场勘查，发现和保存各种证据提供帮助，为案（事）件的侦破和处理创造有利条件。

（二）稳妥处置原则

到达现场的社区民警，必须依法行事，依靠当地党政组织和单位保卫人员与治安积极分子，维护现场秩序，稳定群众情绪，果断处置有关案（事）件的某些有关人员、物品。做到：一要确保自身安全。由于现场情况错综复杂，难以预料人群是否会出现暴力倾向，这就要求到达现场处置事件的社区民警应有自我保护意识，同时佩戴必要的防护用具。二要尽可能保护事发现场所有人、物、事的安全，把损失降到最低。三要贯彻“慎用警力”“慎用强制措施”“慎用警械武器”三项原则，防止因使用警力和强制措施不当而激化矛盾，避免事态扩大。① 同时，社区民警到达现场后，必须及时将自己在现场看到、听到的情况，存在的问题和已经处置的问题等情况客观、真实地向所领导和110指挥中心反馈，重大情况及时向领导报告。需要及时反馈的情况主要有：事故现场的确切位置，周围的环境状况、道路交通状况；现场的秩序如何，现场受到哪些重大破坏，初步采取了哪些可行的措施；人员的伤亡和财物的损害情况，初步判断属于什么性质的案（事）件；与现场有关的重要人员、物品是否已经得到了必要控制，以及其他的重要线索和可疑情况；治安灾害事故或者治安事件是否已经得到了控制，问题发生的原因、现状和发展势头如何；随时可能出现的其他有关情况与问题；社区民警的要求、建议等。

稳妥处置具体要求是：对与案（事）件有关的违法犯罪嫌疑人员，必须依法予以控制；对正在逃跑的犯罪嫌疑人、为首的闹事人员等要依法予以扣留；对与案（事）件有关的目击者、知情人，尤其是流动性很强的人要及时进行询问，获取证据，或留下其联系方式和其他身份资料以备后查；对受害人特别是伤残人员，要立即组织力量送往附近医院救治，特别是对于其中的受伤知情人员还应加以严密保护，并及时询问；对于受害人的近亲属，要做好安抚工作，稳定其情绪；对于正在进行中的斗殴、闹事、静坐以及非法集会、游行、示威的违法人员，要立即对其宣讲法律、政策；必要时对殴斗双方人员进行隔离；动员围观群

① 孟建柱．深入学习实践科学发展观做党的忠诚卫士和人民群众的贴心［J］．求是，2008（21）．

众远离现场等；对案（事）件现场的相关物品要予以保护，危险物品要视情及时采取措施予以隔离、转移或销毁。

（三）规范处置原则

社区民警从事先期处置时，要做到着装规范、警容严整，到达现场后，应及时向指挥中心或有关领导汇报先期处置情况，严格服从指挥中心或相关领导下达的指令。同时，还应当遵守警务工作纪律，服从现场指挥人员的命令与调配，不应插手的工作，坚决不要干预，以免影响整体工作的进程。社区民警在先期处置过程中，还要有法律意识、证据意识，依法做好先期处置，尽量获取和保全证据，注意保护证人，以使后续处置工作获得良好的基础。对群众求助的事项，应当问明情况，依法履行职责，积极予以帮助解决。社区民警到达现场后，对应当自行办理的案（事）件，尽快依法办理；对应当移交的案（事）件，要及时移交有管辖权的部门处理，并做好移交登记。社区民警在先期处置过程中需要使用武器、警械的，要严格遵守《人民警察使用警械和武器条例》等有关规定。

（四）文明处置原则

社区民警要树立、提升“文明执法”的理念，在先期处置中语言要讲究方法艺术，行为举止要得体，处置警情时要真正做到耐心细致，切忌简单粗暴，减少不必要的争执，防止矛盾转移，以良好的处置工作赢得群众的支持与理解。尽量避免因执法态度不好、处置不当，导致群众不满意或投诉上访的情况发生。社区民警还要进一步增强责任心，在社区警情先期处置工作中要及时妥善处理群众的报警求助，牢固树立“群众利益无小事”的工作意识，使社区民警真切地认识到社区警情先期处置工作事关人民群众的切身利益，事关社区民警的声誉和形象，增强全体社区民警的责任心。凡是重大警情、现行案件、群众可能处于危难之中的报警求助，要随时听从调度，坚决执行指令。对不属于职责范围内的警情，也要向报警人员做好耐心细致的解释工作，并告知其向有关部门反映或现行接收，及时移送相关单位处理。总之，社区民警在先期处置中，要坚决杜绝推诿扯皮或“冷、硬、横、推”等现象。

三、社区警情先期处置的准备工作

由于处于维护社会治安的第一线，社区民警往往是最先到达警情现场的处警力量。因此，社区民警承担着大量的先期处置任务。要顺利处置好各类警情，就需要预先做好各项准备工作，做到遇事不慌，有备无患。上级公安机关和派出所也要采取措施指导、协助社区民警做好准备工作，以便更有效地处置各类警情。

概括起来，社区警情先期处置的准备工作主要有以下几方面：

（一）制定先期处置预案

俗话说："有备无患"。有了先期处置预案，当发生警情时，社区民警就可以依据预案从容地采取措施处置各种警情，应对复杂局面，真正做到处变不惊、临阵不乱。所以，社区民警事先要针对警情制定相应的先期处置预案，并报上级领导审阅、决定。社区警情先期处置预案主要包括：处置工作准备、警情种类、处置工作的内容和要求，等等。先期处置预案制定并经领导同意后，社区民警要不断组织演练，以熟悉、检验先期处置预案的内容，并根据演练情况和实际条件的变化不断完善先期处置预案。

（二）提高社区民警的业务素质

社区民警的素质、能力是妥善处置警情，做好先期处置的重要保障。社区民警面临突发警情时，情况复杂，任务繁重，而且往往是"单兵作战"，这就要求社区民警必须具备过硬的业务素质，才能胜任先期处置。所以，要加强业务技能培训，不断提高社区民警的政治思想素质、法律素质、文化素质、身体素质，不断提升其业务技能水平。提高社区民警的业务素质可以通过集中培训、随岗练兵、实战演练、实例评析等形式对社区民警进行教育培训，使其掌握处置各类警情的法规政策、方式方法、内容要求、技能技巧，不断提高其先期处置能力。

（三）保障警务装备充足、适用

根据《公安派出所正规化建设规范》规定，社区民警在先期处置时要依法携带武器警械，佩戴必要的通信和取证装备，迅速到达现场。警务装备是社区民警做好先期处置的物质基础，也是警察实战能力的重要组成部分。所以，各级公安机关要通过各种途径加大投入，尽快提升社区民警的警务装备水平，大幅度地提高社区民警单警战斗力，以保证先期处置顺利进行。上级公安机关和公安派出所为社区警务室配齐必要的警务装备后，社区民警要积极练习，尽快掌握使用现代化警务装备的技能，并按要求妥善保管警务装备，使这些装备保持良好的使用状态。

【引导案例参考答案】

1. 本案例中社区民警张俊应当及时赶赴现场做好先期处置。家庭暴力案件属于公安机关应处理的警情，特别是2016年3月实施的《反家庭暴力法》对公安机关处置家庭暴力警情提出了新的要求。

2. 本案例中，民警接到家暴警情后，需快速出警。到达家暴现场时，首先要制止正在发生的家庭暴力行为，维护现场秩序，做好现场记录，固定相关证据，以便进一步处理。民警应遵循及时处置、稳妥处置、规范处置、文明处置的工作原则做好对警情的先期处置。

第二节　社区案件警情的先期处置

引导案例

社区发生家庭暴力的先期处置

2018 年 4 月 2 日 17 时许，社区民警李涛接到群众报警：新华中学门口有多人打架斗殴，有人被打伤流血。民警李涛一边向所长报告，一边赶赴现场。经查，该中学学生刘某因女友雷某某与同学李某产生纠纷，纠集冯某某一起“教训”李某。当日 17 时许，刘某在学校门口先是打了李某一巴掌，又与冯某某一起对被害人李某拳打脚踢。

问题：1. 此类警情，社区民警应如何做好先期处置?
2. 通过本案例，可知社区民警对刑事案件警情进行初步调查的重点是什么?

刑事案件、治安案件警情是社区最常见的警情，社区民警处于维护社会治安的第一线，发生案件警情，往往是案件警情发生后最先到达现场的处警力量。到达案件现场后，社区民警要根据各类案件警情的特点做好先期处置。

一、社区刑事案件警情的先期处置

刑事案件是指犯罪嫌疑人或者被告人被控涉嫌侵犯了刑法所保护的社会关系，国家为了追究犯罪嫌疑人或者被告人的刑事责任而进行立案侦查、审判并给予刑事制裁（如罚金、有期徒刑、死刑、剥夺政治权利等）的案件。[①] 社区发生的刑事案件以侵财、暴力、危害公共安全等案件为主，其中侵财型刑事案件占多数，并呈多样化发展趋势。盗窃仍然是发案数量最多的接触式刑事案件，其作案

① 参见百度百科，刑事案件条目，http：//baike. baidu. com/view/444381. htm? fr=aladdin。

目标、手段日趋多样化，以入室偷盗财物以及盗窃自行车、摩托车、汽车等交通工具的盗窃案件最为常见。根据《公安派出所执法执勤工作规范》规定，社区民警接到社区发生的刑事案件警情或指挥中心指令后，要立即赶赴现场，做好刑事案件的处置工作。

（一）迅速到达现场，采取紧急措施

社区民警在发现刑事案件警情、接到群众（或受害人）报警或者110指挥中心指令后，应以最快的速度到达案件现场。公安部要求："凡危及公民人身、财产安全的重大、紧急报警、求助，在市区，必须5分钟内到达现场；在郊区，必须10分钟内到达现场"。① 即使是在交通不方便的农村地区，社区民警也要尽快到达案件现场。当社区民警迅速到达犯罪现场的时候，有的犯罪嫌疑人可能还未来得及逃走，或者离开现场的时间很短，不会走得很远。有时犯罪嫌疑人离开现场后，又急于回到现场销毁犯罪证据或者寻找遗忘在现场的作案工具、凶器或者衣物等。到达犯罪现场的社区民警，一方面在掌握犯罪嫌疑人体貌特征、衣着打扮和携带物品的情况下积极实施抓捕；另一方面要提高警惕，认真观察在现场停留、活动人员的动态、表情，是否存在不正常状况，对于在现场出现的可疑人员，社区民警应当紧急扣留，认真看管、审查；或者交给当地基层组织、单位，委托治安积极分子严密监视、控制。疑点较大、一时不能搞清楚的，可以报告公安派出所或者上级公安机关，派人送往公安派出所留置审查或请求予以拘留。

有些刑事案件，现场已有人员伤亡，在这种情况下抢救生命是首要任务。初次进入现场的社区民警发现后，应当组织人员，征用车辆，立刻将伤者送往就近的医院进行抢救治疗，并派人严加保护，防止犯罪分子继续行凶作案；对于危重伤员更应当抓紧时机询问有关情况，获取第一手材料，这对于及时破案，准确打击犯罪，常常具有极为重要的作用；受伤者如果是犯罪嫌疑人，要实行革命的人道主义及时进行抢救，同时严加看护，防止其自杀、逃跑或其他意外事件的发生。对严重暴力犯罪案件，除了做好上述工作外，还应对犯罪分子可能侵害的目标采取保护性警戒措施，同时通报有关地区的公安机关。

（二）妥善保护现场

社区民警要划定保护区域，布置现场警戒，妥善保护现场。这里所说的"现场"，即犯罪现场。是指犯罪嫌疑人实施犯罪活动的地点和遗留有与犯罪活动有关的痕迹和物证的一切场所。保护犯罪现场的原始状态，防止人为破坏，免受

① 参见公安部《110报警服务工作规范化标准》第4条。

风、霜、雨、雪等天气条件侵袭以及牲畜、家禽等损毁，对于及时破案，打击刑事犯罪活动，具有重要的作用。为保护犯罪现场，社区民警应重点做好以下两方面的工作：

一是根据现场具体情况，划定保护范围。一般情况下，凡是与犯罪有关的场所、部位都应纳入保护范围之内。保护范围的大小还应视现场的具体情况而定，对地处偏僻、人员流动少的现场，为了避免遗漏有关的场所、部位，可把范围划得大一些，对地处交通要道、人员流动大的现场，可把保护范围划得小一些，以免影响正常的交通和有关单位的正常秩序以及人们的正常生活秩序。

二是在保护范围内采取保护措施。对露天现场保护要在现场的出入口布置专人进行警戒。对现场的尸体、残肢和已经发现的痕迹、体液、毛发以及凶器等，要加以覆盖、遮挡，防止损毁、自然消失或者遗失。但是严禁用带有刺激性气味的覆盖物来进行遮盖。一般情况下，不要触摸、翻转、搬动，以免无意中破坏现场，损毁证据，给侦查破案增添困难。对室内现场主要在室外门、窗和重点部位布置专人看守，必要时也可以在不破坏门窗痕迹的情况下将门、窗紧闭加封。需要注意防止破坏犯罪分子可能留在门、窗、锁、钥匙上的指纹、痕迹和工具痕迹，必须触摸时应当戴手套。

（三）进行初步现场调查

现场调查，也叫现场访问，是依法向了解案件情况的人收集与犯罪案件有关的情况的活动。在社区民警进入现场以后，应当与保护现场的工作同时展开。进行初步现场调查，调查对象主要有：报案人、发现人；受害人、事主及其亲属、邻居、街坊；现场周围群众及犯罪嫌疑人来去沿途的知情群众；基层单位治安保卫人员，群众性基层组织的治安积极分子。

在进行初步现场调查中，主要弄清：案件发生的时间、地点、过程、被害人的基本情况、犯罪嫌疑人的基本情况或者犯罪嫌疑人的体貌特征、携带的物品、所用交通工具的特征。调查访问中应当做好访问笔录，如果发现与案件有关的情况，来不及详细询问的可以暂时记下他们的姓名、住址，事后再予访问。

（四）及时报告情况

社区民警在抓紧时机进行以上各项工作的同时，还要把刑事案件的现场情况、与案件相关的财物损失和人员伤亡情况、处置措施情况等，及时向公安派出所领导和上级公安机关如实报告。待侦查人员到达现场以后，社区民警要抓紧时间，向他们报告现场情况，告知已采取的保护现场措施、发现的痕迹、物证以及对可疑情况与人员的处置情况，向相关人员提供已经发现的线索和需要继续查清的问题等，并协助侦查人员做好后续工作。

二、社区治安案件警情的先期处置

治安案件，是指违反治安管理法律、法规，依法应当受到治安行政处罚，由公安机关依法立案查处的违反治安管理行为。[①] 治安案件与刑事案件相对应，两者不可混为一体。发生在社区的治安案件会造成一定的社会危害后果，破坏社区的和谐稳定，影响社区居民的正常生活。对社区发生的治安案件警情处置工作的好坏不但会对群众安全感、满意度产生深刻影响，而且可能引起社会各界的关注。因此，治安案件警情处置工作的情况反映了社区民警的工作效率，也直接关系到公安机关的威信。

（一）治安案件警情的特点

社区内发生的治安案件多数是因民间纠纷引起的打架斗殴、毁损他人财物等案件，此外还有扰乱公共秩序的案件、流氓滋扰案件、偷窃财物案件以及涉及赌博、卖淫嫖娼等案件，总体呈现出以下特点：

1. 案件起因复杂。治安案件的起因往往很复杂，有的因生活琐事引起；有的是因为当事人道德品质恶劣，主动违法。也有的是当事人一时冲动或“糊涂”造成的；还有是受不良环境影响，出现的“黄、赌、赌”等丑恶现象。

2. 查处难度大。治安案件起因复杂，加上一些当事人在询问过程中避重就轻，甚至混淆是非，大大增加了案件处理的难度。社区治安案件在证据收集方面存在取证难、保全证据难等问题。案件知情人、证人无法查找，有的知情人、证人碍于情面不愿出证，造成很多治安案件证据链条不严密，处理困难。

3. 后果影响大。发生在社区的治安案件有些后果影响甚至比一般刑事案件还要大。不仅涉及案件本身，还关乎公安机关威信和人民警察形象，影响到社会舆论。治安案件虽然是“小矛盾”，但如果处理不当，当事人的怨气没有及时排解则有可能转化为更大的矛盾，使事态升级。所以社区治安案件处置不仅要考虑法律条款，还要考虑违法嫌疑人对错误的认识程度、是否取得被侵害人的谅解等因素。治安案件在处理上无论是调解还是处罚，都是本着化解矛盾、平息纠纷的目的，理顺当事人双方的利害关系，把违法行为人的不良认识转化到正确轨道，使之能够认识到自己的行为对社会的危害性，案件的处理过程同时也是对当事人的法律教育过程。

---

① 参见百度百科，治安案件条目，http：//baike. baidu. com/view/2211303. htm？ fr=aladdin。

（二）处置措施

发生的治安案件如果处置不当，则可能激化矛盾，使事态升级，而且许多治安案件与刑事案件具有近似的性质和特点，尤其是有些治安案件与刑事案件在行为方式和作案手段上基本相同，只是在作案目的、损害程度和后果影响等方面存在差异。因此，许多案件在刚刚发生、社区民警初到现场以后，短时间内尚难判定其是属于刑事案件还是属于治安案件，所以必须妥善处置。根据《公安派出所执法执勤工作规范》第60条规定：社区民警对社区发生的治安案件进行处置工作，应当做到：

1. 维护现场秩序。无论何种治安案件的发生，现场都会有一些群众出于好奇进行围观，探听出事的原委。维护现场秩序，防止现场出现混乱形成交通堵塞，或者引起打架斗殴、抢劫公私财物等治安问题也是首先必须考虑和做好的工作。

2. 进行现场调查。有现场的治安案件，社区民警迅速到达出事现场后，要及时制止事态的发展，同时也要像对刑事案件现场一样对现场进行必要的保护，并对受害人、知情人做好现场调查访问工作，同时对所有知情人、目击者等进行登记，并请其留下协助调查，为进一步处置做好必要的准备。社区民警进行现场调查时，如发现违法嫌疑人仍在现场时，应设法予以控制，不得让其逃离。

3. 搜集保全证据。治安案件的查处，必须具有可靠的证据。对社区治安案件处置时，社区民警要注意收集证据，防止嫌疑人毁证或串供。针对不同性质的案件，应当着重从不同方面去搜集证据。

4. 收缴和扣押违法、违禁物品。对与案件有关的需要作为证据的物品，可以扣押；对被侵害人或者善意第三人合法占有的财产，不得扣押，应当予以登记。对与案件无关的物品，不得扣押。对扣押的物品，应当会同在场见证人和被扣押物品持有人查点清楚，当场开列清单一式二份，由调查人员、见证人和持有人签名或者盖章，一份交给持有人，另一份附卷备查。对扣押的物品，应当依法妥善保管、处置。对治安案件现场发现的毒品、淫秽物品等违禁品，赌具、赌资，吸食、注射毒品的用具以及直接用于实施违反治安管理行为的本人所有的工具，应当收缴、追缴，按照规定处理。对于收缴、追缴的违法、违禁物品，应当查清数量，并给当事人开列收据，一式两份，一份交案件当事人，另一份留做存底备查。

5. 依法处理或移交。对符合适用当场处罚条件的案件，社区民警可以当场予以处罚。所谓当场处罚，即《治安管理处罚法》第100条规定，违反治安管理行为事实清楚，证据确凿，处警告或者200元以下罚款的，可以由执法社区民警使用简易处罚程序当场作出治安管理处罚决定。不适用当场处罚条件的治安案件，以法定程序处理。对无管辖权的治安案件，应依法移交有关部门处理。

【引导案例参考答案】

1. 本案例中，民警接到警情后，要快速赶赴现场，制止违法行为，控制嫌疑人，救助受伤人员，保护现场，收集证据，同时还要把现场情况、相关的财物损失和人员伤亡情况、处置措施情况等，及时向公安派出所领导和上级公安机关如实报告。

2. 在刑事案件现场初步现场调查中，民警重点要弄清：案件发生的时间、地点、过程、被害人的基本情况、犯罪嫌疑人的基本情况或者犯罪嫌疑人的体貌特征、携带的物品、所用交通工具的特征。调查访问中应当做好访问笔录，如果发现与案件有关的情况，来不及详细询问的可以暂时记下他们的姓名、住址，事后再予访问。

第三节　突发事件警情的先期处置

引导案例

社区发现新型冠状病毒感染的肺炎确诊病例密切接触者的先期处置

2020年2月4日，某地发现新型冠状病毒感染的肺炎确诊病例。经流行病学调查，疾控部门追踪到某小区市民张某为该病例的密切接触者之一，需接受医学观察。张某所在辖区街道、社区及社区民警接到信息后，即电话联系张某进行居家隔离，但张某不配合。之后，经社区民警和社区工作人员反复劝说，张某仍不配合，并拒绝社区卫生服务中心医生上门测量体温。

问题： 1. 通过本案例，可知社区民警在突发公共卫生事件处置中有何作为?

2. 对本案例中当事人张某应如何处置?

突发事件警情虽不常见，一旦发生却会对社会治安造成严重冲击。社区民警要根据党委政府、上级领导的指挥部署认真做好预防和处置工作，以期最大限度地减少损害，维护治安秩序，保护群众生命、财产安全。

一、突发事件警情的概念及先期处置原则

突发事件是指“突然发生，造成或者可能造成严重社会危害，需要采取应急处置措施予以应对的自然灾害、事故灾难、公共卫生事件和社会安全事件。按照社会危害程度、影响范围等因素，自然灾害、事故灾难、公共卫生事件分为特别重大、重大、较大和一般四级。[①] 突发事件警情处置要科学、规范，以控制、减轻和消除突发事件引起的严重社会危害，规范突发事件应对活动，保护人民生命财产安全，维护国家安全、公共安全、环境安全和社会秩序为目的。一旦发生突发事件警情，社区民警要遵循以下工作原则做好先期处置：

一是快速反应、尽职尽责原则。一旦发生事件，社区民警要立即赶赴现场，迅速收集、掌握情况，及时向上级报告；同时，听从指挥，严守岗位职责。处置突发事件警情，公安机关应坚持属地管理、分级负责原则，在党委政府统一领导下，调动一切可用力量，强化现场控制，应对、化解矛盾冲突，以求尽快平息事态。在这一过程中，社区民警应尽职尽责做好自己的工作，决不能把应该自己解决的问题推给上级，也不得把应由本单位解决的问题推向社会。在当前社会转型时期，各类矛盾、各类问题日益突出，突发事件时有发生，在做好维稳工作的同时，应把预防和处置突发事件工作作为社区民警工作考核的一项重要内容，加强考核和责任追究，切实把责任落到实处。

二是依法处置、教育疏导原则。根据《突发事件应对法》以及相关法律、法规规定，公安机关是突发事件处置的重要责任主体，在维护现场秩序、掌控情势动态、处置违法违规行为等方面发挥关键作用。社区民警在突发事件警情处置时，必须依法、依规办事，遇到情况应先请示后处置，或边处置边报告请示，禁止草率行事、自作主张。要区分不同情况，依法严密现场掌控，保护重点要害部位，依法处理违法违规行为，维护社会秩序，尽量减少社会波及面，防止事态扩大、升级。处置中也要本着“宜顺不宜激、宜疏不宜堵、宜解不宜结、宜散不宜聚”的原则，综合运用多种手段和教育、协商、调解等方法加以处置，做到动之以情、晓之以理、明之以法。

三是防控优先、群防群治原则。突发事件的发生有其自身的演变过程，如果在其演变过程中加以预防化解，才是最好的效果。这就要求在突发事件警情处置

---

① 参见《中华人民共和国突发事件应对法》第3条。

上必须坚持防控优先原则，在源头上下大力气。这就要求社区民警在工作中坚持“为民执法”的理念，事事处处从维护群众利益出发，不做损害群众利益的事；社区民警要开展基层舆情汇集分析，排查矛盾、隐患，及时发现可能引发突发事件的“苗头”；还要建立处置突发事件的应急预案，做到早发现、早控制、早解决。社区民警要利用自身有利条件，建立、健全社区治安防控网络，发动群众，开展群防群治，鼓励群众发现报告矛盾、隐患，举报不履行或者不按规定履行处置职责的部门、单位和个人，严密防控。

二、突发公共卫生事件警情的先期处置

突发公共卫生事件，是指“突然发生，造成或者可能造成社会公众健康严重损害的重大传染病疫情、群体性不明原因疾病、重大食物和职业中毒以及其他严重影响公众健康的事件。”① 根据突发公共卫生事件性质、危害程度、涉及范围，突发公共卫生事件可划分为特别重大（Ⅰ级）、重大（Ⅱ级）、较大（Ⅲ级）和一般（Ⅳ级）四级。诸如2003年发生的非典型性肺炎（SARS），2019年底发生的新型冠状病毒肺炎都属于特别重大（Ⅰ级）突发公共卫生事件。突发公共卫生事件尤其是特别重大（Ⅰ级）的，一旦发生就会严重危害人民的生命健康，危及社会稳定，冲击正常的社会秩序，给国家造成重大损失。针对此类警情，社区民警应按照上级指挥部署，尽职尽责做好突发公共卫生事件应急处理的有关工作。主要包括：

一是落实防控责任。社区民警要协助卫生行政主管部门和其他有关部门、医疗卫生机构做好本社区疫情信息的收集和报告、人员的分散隔离、公共卫生措施的落实工作，向居民、村民宣传相关法律知识。

二是切实做好辖区内防控工作。积极配合相关部门做好社区疫情防控宣传教育和健康提示，把防控措施落实到小区、楼栋，到户到人，及时收集、登记、核实、报送相关信息。

三是采取针对性举措，强化管控。社区民警要对本社区的重点人员、重点群体、重要场所、重要设施实施严格管控，加强健康监测，及时报告患者、与患者密切接触者以及其他需要开展医学观察、隔离治疗人员的情况。

四是依法打击拒不执行政府部门依法发布的防疫措施的违法行为。突发公共卫生事件期间，应当自觉遵守国家卫生部门等机构发布的防疫措施规定。对于在

① 参见《突发公共卫生事件应急条例》第2条。

公共场所不佩戴口罩，不听劝阻、扰乱公共秩序的，对拒不配合防疫人员采取的体温检测、传染病调查、样本采集检测、环境卫生整治和病菌消杀等防控措施，不听劝阻的，对拒不配合健康状况登记、隔离措施的，应当依法处理。

五是加强巡逻防范，打击趁机进行盗、抢、骗、扰乱社会秩序等违法犯罪行为的不法之徒，维护社会治安秩序。

三、治安灾害事故警情的先期处置

治安灾害事故是指由于事故的行为人出于故意或过失行为，违反治安管理法规和有关安全管理的规章制度，造成物质损失或人员伤亡，并在一定程度上对社会或内部单位，或居民社区的治安秩序和公共安全造成危害的事故。① 按照现行的国家标准，依据物质的危险因素，可以将治安灾害事故分为 20 类，其中常见的有：火灾、爆炸、中毒和窒息、高空坠落、车辆伤害、触电事故等。治安灾害事故给国家、集体和人民生命财产造成较大的损害，引起重大物质损失或人员伤亡；治安灾害事故也对公共安全、人类及动植物生存环境造成现时性或长久性的危害；治安灾害事故还造成社会心理恐慌，产生负面政治影响，甚至引发政治灾难，诱发其他社会危机，危害社会稳定。治安事故现场各有不同的特点和表现形态。当社区发生火灾、爆炸、中毒等治安灾害事故警情后，社区民警尽快到达现场后，可以采取以下措施，做好对治安灾害事故的处置工作，以减少人员伤亡和物质财富的损失：

（一）及时报告警情

社区民警要迅速向公安派出所领导和上级公安机关报告情况，请求指令或者支援。治安灾害事故往往造成数量较多的不特定人员伤亡和巨大物质财富的损失，有的还会连续发生伤亡与损害后果。社区民警到达灾害现场后，必须将现场的实际情况，灾害的直接原因，人员伤亡和物质财产的损失情况，特别是险情是否仍在发展进行之中等基本情况，立即向公安派出所领导紧急报告。有些情况还可以越级向上级公安机关领导报告，请求发出指令或者派出警力支援。

（二）维护现场秩序

社区民警要做好现场警戒工作，保护现场，维持秩序。治安灾害事故发生后，一方面造成人员伤亡和物质财富的损失；另一方面治安灾害事故现场往往都会集结许多群众，有的是参与救人、救灾、抢救物资的，有的是闻讯前来围观

---

① 参见百度百科，治安灾害事故条目，http://baike.baidu.com/view/4331466.htm?fr=aladdin。

的，甚至有的是趁火打劫的。这样容易造成现场秩序混乱。不仅直接影响抢救工作，破坏现场，而且还可能造成交通堵塞，甚至造成新的挤压伤亡事故。社区民警到达治安灾害事故现场以后，必须迅速划出现场保护范围，并发动当地的基层组织和单位，调动保卫人员和治安积极分子共同做好现场警戒工作，必须维持现场秩序，防止无关人员进入现场，保护现场不受破坏。同时，也要劝阻、疏导围观群众，不要靠近正在发展、蔓延的灾情地区和现场的出、入口和供车辆行人往来经过的路面，以免造成更大的损害，影响抢救人员、物资和灾害的扑救工作。保证各项处置工作顺利进行。

（三）抢救受伤人员和物资，积极排除险情

事故发生后，如果仍有爆炸、燃烧、放射等危险的，到达现场的社区民警，应当在专业警察尚未到达之前，在可能的条件下根据具体情况，迅速采取有效措施，封锁现场组织抢救伤员，疏散转移物资，排除险情。首先，在对伤员原来躺卧位置、姿势及其他情况进行详细记录的前提下，可对伤员进行现场急救，或送就近医院治疗。伤员中如有违法犯罪嫌疑人，在治疗抢救过程中要布置专人看守，防止其逃跑、行凶、自杀或毁灭证据。对现场的尸体，不要移动，可予以遮盖，留待勘验。其次，在现场应当不失时机地利用一切能够使用的力量排除险情，抢救物资。不要消极等候，单纯依赖上级领导派来专门的警察力量。为了避免灾情的蔓延扩大，还应当积极引导有关地区的群众迅速疏散撤离危险地区，对于可能遭受损失的重要物资、文件、档案、资料等，应当组织力量先期搬运，转移到安全地带。对于在现场或者现场附近地区发现的可疑物品，如爆炸装置或者是放射性物品，社区民警大都缺乏排除和安全防护的知识技能，不要动手拆卸或移动。应当紧急报告上级公安机关，请求派出专业工作人员，妥善处理，社区民警予以协助。同时要紧急疏散现场附近人员，禁止群众围观、捡拾或触摸、移动可疑物品。最后，在以上工作中，要尽量保持现场的原貌，以利于专业技术人员进行现场勘验。

（四）进行现场调查访问，收集、保全证据

到达治安灾害事故现场的社区民警，应当不失时机地开展现场调查访问工作，向那些最早发现险情，最早看到异常现象，或者听到异常声响的知情人了解情况，向有关人员了解易燃易爆物品的管理、使用情况，查看安全设施和值班守护情况，并一一记录下来。到达现场的社区民警还要积极在事故现场搜集、保全相关的物证、痕迹等证据材料，以判明治安灾害事故的性质，为最终查处事故提供依据。

（五）注意发现、监视和控制事故责任人或者肇事人

在开展警戒、抢救工作的同时，到达现场的社区民警要保持高度的警惕性，密切注意现场动态，对出入现场的可疑人员严加盘查，注意发现、监视、控制事故责任人、肇事人以及可能实施纵火、爆炸、投毒等犯罪活动的犯罪嫌疑人，以防其逃脱。

四、群体性事件警情的先期处置

群体性事件，是指聚众共同实施的违反国家法律、法规、规章，扰乱社会秩序、危害公共安全，侵犯公民人身安全和公私财产安全的行为。其范围包括：人数较多的非法集会、游行、示威；集会、游行、示威和集体上访活动中出现的严重扰乱社会秩序或危害公共安全的行为；严重影响社会稳定的罢工、罢课、罢市；非法组织和邪教等组织的较大规模聚集活动；聚众围堵、冲击党政机关，司法机关、军事机关、重要警卫目标，广播电台、电视台，通信枢纽以及外国驻华使领馆或者其他要害部门或者单位；聚众堵塞公共交通枢纽、交通干线，破坏公共交通秩序或者非法占据公共场所；在大型体育比赛、文娱、商贸活动中，聚众滋事或骚乱；聚众哄抢国家仓库、重点工程物资及其公私财产；较大规模的聚众械斗；严重危害公共安全、社会秩序的其他群体性行为。群体性事件的情况十分复杂，社区民警到达事件现场后，应当采取的处置措施主要有：

（一）了解现场情况，迅速报告上级

当社区民警通过自己工作发现、群众报告或接到上级公安机关指令，知道本社区发生或即将发生群体性事件后，要以最快的速度迅速报告上级，并争取在尽可能短的时间内到达事件现场，通过直接观察和现场调查初步了解事件的规模、事件主体的情绪状态和要求、事件的类型以及发展趋势，尽量弄清事件的起因、主谋、动机、目的和事件成员结构、呼喊的口号、要到达的目的地及可能攻击的目标等情况，迅速向上级报告，以供领导机关决策参考。

（二）掌握现场动态，控制重点人员

社区民警到达现场后，要通过当地的治安积极分子、治保组织、村（居）民委员会的沟通深入了解事件发生的原因、动机、事件主体要求解决问题的途径、发展的态势，相关的职能部门、组织是否派员进行调解制止等。对事件的策划、组织者，骨干人员，引发事件的当事人及其近亲属，可以公开和秘密相结合的方式、手段进行必要的控制，密切注意他们的动态，但要避免进一步激发闹事

人员的过激情绪，防止事态的进一步扩大。

（三）维持现场秩序，疏导围观人员

群体性事件发生后，容易造成公共秩序、交通秩序的混乱和人员的围观。闹事人群移动位置，围观人员也随之移动，亦步亦趋，紧追不舍，而且往往越聚越多，极易造成秩序混乱，交通堵塞、中断。有些不法人员则混迹其间，进行违法犯罪活动，严重扰乱公共秩序，妨害公共安全。因此，社区民警在到达出事现场后，应当认真维护现场秩序，积极疏导交通，劝阻围观人员，同时要注意防止各种不同的刑事案件发生，对于偷盗、抢劫或者其他违法犯罪活动，要当场依法予以打击和惩治。

（四）教育说服群众，防止事态扩大

在处置群体性事件中要依靠党委、政府和有关单位领导出面开展有针对性的疏导教育。现场社区民警也要及时教育说服参与群体性事件的群众，明确说明其行为的违法性和危害性，对造成不良后果的，将按照法律的规定予以惩处，说服他们按照正常的法律程序，依靠党政领导机关采取合法手段解决存在的问题，以保持社会安定及邻里和睦。特别是对于参与闹事的无直接利害关系的一般群众，要向其说明利害关系，多做耐心的说服教育工作，促使其及早撤离现场，以孤立少数坚持顽固立场的人员，制止事态扩大。

【引导案例参考答案】

1. 通过本案例可知，社区民警在突发公共卫生事件处置中要协助卫生行政主管部门和其他有关部门、医疗卫生机构做好本社区疫情信息的收集和报告、人员的分散隔离、公共卫生措施的落实工作，向居民、村民宣传相关法律知识；切实做好辖区内防控工作。积极配合相关部门做好社区疫情防控宣传教育和健康提示，把防控措施落实到小区、楼栋，到户到人，及时收集、登记、核实、报送相关信息；还要依法打击拒不执行政府部门依法发布的防疫措施的违法行为。对于在公共场所不佩戴口罩，不听劝阻、扰乱公共秩序的，对拒不配合防疫人员采取的体温检测、传染病调查、样本采集检测、环境卫生整治和病菌消杀等防控措施，不听劝阻的，对拒不配合健康状况登记、隔离措施的，应当依法处理；还要加强巡逻防范，打击趁机进行盗、抢、骗、扰乱社会秩序等违法犯罪行为的不法之徒，维护社会治安秩序。

2. 对本案例中当事人张某，应依据《传染病防治法》，民警配合疾病预防控制机构采取果断措施，对密切接触者张某强制执行定点隔离，进行医学观察。如因张某拒不配合造成严重后果，将依法追究其法律责任。

第四节　社区发生紧急求助警情的先期处置

引导案例

居民煤气中毒，民警现场急救

2017年9月19日下午3时许，社区民警赵华接到居民王某报警：其母可能煤气中毒，情况危急，请求民警前往救援。警情就是命令，民警一边指导王某开窗通风，关闭煤气阀门，一边拨打120，向当地医院通报了该情况，并火速驱车赶到该居民家中，发现一妇女躺在沙发上神志不清，呼吸停止，民警连忙与王某一起对其进行现场急救。等120急救人员赶到后，将其护送移交医务人员急救。经诊治，该患者系严重煤气中毒，所幸救助及时，得以脱离生命危险。

问题：1. 此类警情，社区民警应如何进行现场急救？
2. 通过本案例，社区民警进行现场急救的常用方法有哪些？

紧急求助是指公民在因违法犯罪行为产生的案件、事件、事故之外的危难情况，诸如遇险、急重病、意外等危及人身、财产安全而向公安机关请求帮助的行为。社区民警接到群众紧急求助信息，应当迅速行动，给予必要的救助或处置。

一、社区现场急救警情的先期处置

社区现场急救（现场抢救或入院前急救）是指社区民警对受到意外伤害或患急重疾病的群众在未到达医院前在现场进行的必要的救治行为，目的是挽救社区群众生命、减少伤员痛苦、防止加重伤情和并发症的产生，为进一步救治奠定基础。注意：现场急救只是应急的一种手段，病人的生命安全只有在医院里才能得到最大限度的保障，及时将患者送抵医院，或尽快叫救护车才是急救中最重要的一步。社区民警现场急救措施主要有以下几方面：

（一）做好现场紧急救助

社区民警到达到现场后，要一面立即分派人员迅速呼叫救护车前来现场，一面对伤病人员进行现场急救处理。同时，迅速排除致命和致伤因素，如搬开压在身上的重物，撤离中毒现场，切断致意外触电的电源，清除伤病人员鼻内的泥沙、呕吐物、血块和其他异物，以保持呼吸道通畅等；为采取其他急救措施做好充分准备。

（二）对伤病人员有无意识进行初步鉴别

为了鉴别伤病人员有无意识，社区民警可在伤病人员的耳旁呼唤病人的名字，如果有反应的话，再用“握住我的手”等容易了解的动作作指令试验。如果对方没有反应，那就是很危险的了。还要注意，千万不可为了唤醒其意识而用力摇晃病人的身体，晃动将会招致其病情恶化。此时，必须马上做的事是保证病人呼吸道畅通，即把病人的头偏向一方，且不可令其后仰，防止舌后附而引起窒息，导致病人死亡。

（三）检查伤病人员的生命体征

检查伤病人员的生命体征关系到是否采取进一步救助，如果伤病人员无生命体征，或者已经死亡，一般不要移动、破坏现场，应等待技术人员到场处理。通常所说的死亡三大特征，就是指心跳停止，呼吸停止，瞳孔散大、固定。因此，对伤病人员生命体征的检查，一般也是通过对心跳、呼吸、瞳孔的鉴别来进行的。

1. 心跳情况的鉴别。心脏跳动是生命存在的征象。正常人每分钟心跳60~80次，小儿100次左右。严重创伤、大失血等病人，心跳多增快，但力量较弱，摸脉搏时觉得脉细而快。如果脉搏慢到50次以下，或快到120次以上，或者不规则，此时应注意。当病人死亡，心脏则停止跳动。

2. 呼吸情况的鉴别。呼吸也是生命存在的征象。正常人每分钟呼吸次数为16~18次，小孩每分钟26次左右。垂危病人呼吸多变快、变浅且不规则。当病人临死前，呼吸变缓慢、不规则直至呼吸停止。一般观察病人胸廓的起伏就可知道有无呼吸。但在呼吸运动已极微弱时，往往不易见到胸廓明显的起伏。此时可用一小棉花片或薄纸片、草、树叶等放在病人鼻孔旁，看这些物体是否随呼吸来回飘动，以判定病人有无呼吸存在。假如有呼吸，但出现呼吸次数增多、呼吸困难或鼾声，便是危险的信号。如果呼吸确实停止，则立即用口对口人工呼吸抢救。

3. 瞳孔情况的鉴别。两眼的瞳孔（俗称瞳仁）正常时是等大、等圆的，遇到光线能迅速收缩。当病人受到严重伤害后，两侧瞳孔可以不一般大，可能缩小或放大；用电筒光线刺激，瞳孔不收缩或收缩迟钝。当其瞳孔逐渐散大、固定不动、对光反应消失时，则病人陷于死亡。

（四）必要时实施现场急救

如果伤病人员仍有生命体征，但是处于危急状态，诸如触电休克、溺水、有害气体中毒、窒息或外伤窒息等引起呼吸停止、假死状态者，需要进行急救，应当实施现场急救。当然，若有医务人员或懂医学知识的群众，民警可以请求他们实施急救。常用的现场急救方法主要有三种：人工呼吸法、胸外心脏挤压法（体外心脏按压法）、止血法。

1. 人工呼吸法。常用的人工呼吸法主要有口对口吹气法、仰卧压胸法、仰卧牵臂法、跷板式人工呼吸法等。其中，口对口吹气法是最常用的方法。其操作方法是：

第一步，要伤病人员取仰卧位，即胸腹朝天。

第二步，救护人员站在其头部的一侧，自己深吸一口气，对着伤病人的嘴（两嘴要对紧不要漏气）将气吹入，造成吸气。为使空气不从鼻孔漏出，吹气时要用手将病人鼻孔捏住；然后，救护人员嘴离开，将捏住的鼻孔放开，

第三步，可用另一只手压其胸部，以帮助呼气。这样，反复有节律地进行，每分钟进行 14～16 次。

救护人吹气力量的大小，依伤病人的具体情况而不同。如果伤病人身强力壮，则吹气力量宜大；如伤病人体弱或小孩，则吹气力量要小。一般以吹进气后，伤病人的胸廓稍微有隆起为最合适。救护人与伤病人两嘴间是否要放块布以免直接接触的问题，应根据具体情况而定。如果有纱布，则放一块叠二层厚的纱布，或一块一层的薄手绢。但注意，绝不能因此而影响空气出入。

2. 胸外心脏挤压法。胸外心脏挤压法的操作方法是：

伤病人仰卧，解衣露出胸廓，在正中间的地方，摸到一块狭长的骨头，即胸骨。救护人右手之掌面压在胸骨下二分之一处，也就是两乳头中间处，另一手放在右手上，呈交叉式，以帮助右手用力。开始时，用力压下，使得胸骨下陷 3 厘米左右，使心脏将血压至血管中，形成心脏的收缩；然后放松，即压力解除，胸骨还位（手不必离开胸部），形成心脏的舒张。如此一压一松，反复有节律地进行，每分钟进行 60 次左右。

口对口吹气与胸外心脏按压常常同时进行。一般每吹一口气，做 4～5 次心脏按压。如果在现场抢救时，只有一人操作，则可以先吹两口气，然后做 10 次心脏按压，如此反复有比例地进行。

采用胸外心脏挤压法时应注意：

（1）为了避免胃中的食物被压出以至吸入气管、肺内，在仰卧姿势中，头

部不要垫枕头或衣服，要使头稍取低位。

（2）手压的部位应放在胸骨下段，压下动作要稳健有力、均匀规则，压下、放松的时间相等，避免用力粗暴或手压部位过大，造成肋骨骨折，刺伤周围的组织。

（3）做胸外心脏按压，有时需要注射一些心脏兴奋剂，以配合抢救，这需要由医务人员决定是否采用，但用药前后仍需坚持进行心脏按压。

3. 止血法。应根据不同的情况采用不同的方法，毛细血管出血和静脉出血，一般用纱布、绷带包扎好伤口，就可以止血。大的静脉出血可用加压包扎法止血。动脉出血的止血法则包括：一般止血法、指压止血法、加压包扎止血法和止血带止血法。

（1）一般止血法。一般伤口小的出血可使用此法，即用生理盐水冲洗局部，涂上红汞药水，然后盖上消毒纱布，用绷带较紧地缠绕局部，包扎即成。

如头部或其他毛发较多的部位受伤，则应先剃去毛发，清洗，消毒局部，再按上述方法包扎。

（2）指压止血法，即用拇指压住出血的血管近心端，使血管被压闭住，以阻断血流。采用此法，救护人员必须熟悉各个部位血管出血的压点；这种方法只适用于短时急救止血，时间不宜过久。

（3）加压包扎止血法。这种方法是最常用的有效止血方法，适用于全身各部。此法是用纱布、棉花等做成软垫，放在伤口上，再加以包扎，来增强压力达到止血的方法。

加垫是直接放在伤口上，因此，要注意垫子的清洁、消毒，以免引起创面感染；加垫在肢体的弯处，如放在肘窝、胸窝处，然后用绷带把肢体弯曲起来，使用8字形绷带缠起。

（4）止血带止血法。对四肢大出血的急救，采用止血带止血法比较有效。但应注意的是，用了止血带后，完全阻断了受伤肢体的血流，因此如果结扎时间过长，受伤肢体容易发生坏死。所以，在万不得已的情况下尽量不要采用止血带止血，不得已采用时，要每隔40~50分钟放松一次，每次放松时间以1分钟为宜。

止血带要选弹性好的橡皮管或橡皮带。万一没有橡皮管、带作止血带时，也可用三角巾、毛巾或宽布条折成带状来代替。上止血带前，要先将伤肢抬高，尽量使静脉血回流，在上止血带的部位，先用软的敷料或衣服、毛巾等垫好，将止血带适当拉长，缠绕肢体两周，在外侧打结固定，靠止血带的弹性压迫血管，达到止血的目的。止血带的松紧要适当，以使出血停止为度。不然，过紧会造成皮肤、神经、血管损伤；过松则达不到止血的目的，上止血带后，要做明显的标记，标记上要写明结止血带的时间。注意：对受严重挤压伤的肢体或伤口远端肢体严重缺血时，不能用止血带。

二、社区发生其他紧急求助警情的先期处置

社区发生醉酒者酗酒闹事、精神病人肇事伤人、凶猛动物伤人等紧急情况，社区民警也要积极采取措施处置，保护人民群众生命、财产安全。

（一）对醉酒者酗酒闹事求助警情的处置

醉酒者因酒精对中枢神经的抑制作用，导致其理智减弱、行为失控，或者醉卧街头，危及自身安全；或者醉酒滋事，危害社会治安。社区民警接到社区发现醉酒者警情后，应迅速到达现场，视情况予以处置。

第一，对醉酒后无理取闹、行凶伤人、损毁财物的，社区民警应立即予以制止，必要时可以使用防暴自卫器、网枪等武器警械强行处置。对醉卧街头、路旁，其自身安全处于危险境地的，应将其移至安全区域，再通知其家人、朋友来照看。

第二，醉酒的人在醉酒状态中对其本人有危险或者对他人安全有威胁的，社居民警可以使用约束带或警绳将其进行保护性约束，但不得使用手铐、脚镣等械具。一旦其酒醒，应立即解除约束。

第三，醉酒的人违反治安管理，应当场询问证人和受害者，获取有关证据，对醉酒者进行保护性约束，待其清醒后再对其进行询问。证据确实充分，需要给予治安管理处罚的，依法做出处罚；构成犯罪的，应移交刑侦部门处理。

（二）对精神病患者肇事警情的处置

有暴力倾向的精神病患者被称为“武疯子”。他们时常蓬头垢面、赤身露体游荡于公共场所，追逐妇女、儿童，损毁公私财物，拦截车辆，引起群众围观，严重扰乱社会治安秩序。当前，一些地方精神病患者肇事已成为危害公民生命财产和社会公共安全的重要治安问题。如果发生精神病患者肇事警情，社区民警接警后，应迅速到达现场，根据现场情况，分别采取以下措施予以处置：

其一，对精神病人正在进行杀人、伤人、放火、损毁公私财物、追逐调戏妇女等行为的，社区民警可立即采取强制手段予以制止，强行收缴其肇事工具；对赤身露体、当众出丑的精神病人，应迅速强制将其带离现场，并疏散围观群众。

其二，对严重危害公共安全或者他人人身安全的精神病人，可以依法采取强

制性保护约束措施，但要以既能制止精神病人肇事，又不伤害其身体健康为原则。

其三，将精神病人约束带回后，应将其置于规定的约束室内，并有专人看守，使其能尽快安静下来。如果其病情较重、无法安定时，应及时联系医务人员救治或送医院救治。

其四，对家在本地的精神病患者，应立即通知其亲属或者所在单位将其带回严加看管，或者建议将病人送往医院进行治疗。对家在外地且无法查寻的肇事精神病人，可送往民政部门管理的精神病院或者公安机关管理的安康医院收容治疗。

（三）对凶猛动物伤人警情的处置

如果发生疯牛、疯狗、烈马等动物伤人以及老虎、狮子、狗熊等凶猛动物脱笼，袭击行人、车辆，严重威胁到群众的生命财产安全的警情，社区民警接警后必须迅速赶到现场，采取处置措施疏散行人、车辆及围观者，防止惊慌的群众受到凶猛动物的袭击。对于被动物伤害的群众，立即送往附近医院救治。同时，要讲求工作技巧。实施包抄拦截，相机制服肇事动物。对狂奔的疯牛、烈马等动物，可以在前方设置路障，使用粗壮绳索将其套住制服。对凶猛动物，可以使用动物麻醉注射枪将其麻醉制服。必要时，可以由神射手选择有利位置将其击毙。对制服的动物，在采取保护措施后（如用绳索将其捆绑），移交其主人或动物园、野生动物保护站等有关部门处理。

【引导案例参考答案】

1. 民警应与王某一起迅速将中毒对象脱离有毒环境，检查其生命体征，如果呼吸停止，应立即对其进行人工呼吸，直到医务人员到达现场救治。

2. 常用的现场急救方法主要有三种：人工呼吸法、胸外心脏挤压法（体外心脏按压法）、止血法。其中，口对口吹气法是最常用的方法。其操作方法是：

第一步，要伤病人员取仰卧位，即胸腹朝天。

第二步，救护人员站在其头部的一侧，自己深吸一口气，对着伤病人的嘴（两嘴要对紧不要漏气）将气吹入，造成吸气。为使空气不从鼻孔漏出，吹气时要用手将病人鼻孔捏住；然后，救护人员嘴离开，将捏住的鼻孔放开，

第三步，可用另一只手压其胸部，以帮助呼气。这样，反复有节律地进行，每分钟进行14~16次。

第七章 社区帮教与社区矫正

【学习目标】

通过本章学习，使社区民警掌握社区帮教的对象、方式和主要内容，掌握社区矫正的对象、基本程序，掌握社区矫正对象的分类矫正、教育矫正、心理矫正的相关内容，具备对社区帮教对象和社区矫正对象开展工作的能力。

【重点提示】

· 社区帮教对象的确定
· 社区矫正对象的确定
· 社区帮教的主要方式和内容
· 不同类型的社区帮教对象的帮教举措
· 社区矫正的基本程序
· 社区矫正对象的分类矫正
· 社区矫正对象的教育矫正
· 社区矫正对象的心理矫正

引导案例

对社区矫正对象蔡某依法实施教育矫正

【社区服刑人员基本情况】

蔡某，居住地、户籍地均为上海市闵行区，2018年因非法吸收公众存款罪被上海市杨浦区人民法院判处有期徒刑1年，缓刑1年，当地司法机关对其实施社区矫正。

对蔡某依法实施教育矫正情况：

1. 集中性认罪伏法及法治、道德、政策、警示教育。司法所在组织蔡某的入矫宣告会时，特地邀请蔡某的儿子一同参加，通过庄严的宣告会告知蔡某需要遵守的各项规定，以及其儿子需要配合和协助帮教的责任。入矫宣告后，司法所对蔡某开展了一系列的政策、法律教育，旨在快速提升社区矫正对象的融入度。安排蔡某参加区矫正中心组织的非吸类专项集中教育，邀请蔡某作为司法所普法志愿者，让其对自己的案情有一个正确的认识。

2. 针对性的个别谈话教育、个案矫正。工作人员看出蔡某对自己的判决并不服从，认为自己只是个普通的营销人员，同时也是受害者。此外，由于蔡某年龄较大，自我意识已经形成并相对固化，要改变她的想法需要一定的技巧和耐心。所以工作人员在个别教育中特意与蔡某一起讨论了这个案件，了解案件的具体情况，让其了解到其在案件中担任的角色，通过让其从其他被害人的角度做换位思考，体会自己的行为给他人和社会所带来的负面作用和伤害。

3. 根据工作实际并结合社区矫正对象特点，组织蔡某参加社区服务。司法所坚持从帮助解决实际问题出发，考虑到蔡某的年龄、身体健康情况及目前的天气情况等因素，为其办理了免除社区服务审批手续，并得到了司法局审批通过。

4. 根据蔡某心理状态、行为特点等，实施心理健康辅导、心理咨询、心理危机干预等。工作人员感觉到蔡某被判刑后的情绪一直处于焦虑的状态，压力很大，造成了睡眠质量差、精神状态不好，而且根据蔡某的表述时常会有被害者的家属打电话责骂她，这也给她造成一定的心理障碍和自卑感。在这样的情况下，工作人员多次对她进行心理疏导及教育，让她倾诉自己的困扰。

5. 矫正小组成员协助社区矫正机构（司法所）开展教育情况。针对蔡某的生活、家庭实际情况，建立起专职干部、矫正民警、社工、居委会干部、心理专家和蔡某儿子为成员的矫正小组，对蔡某实施全方位教育管理。社工与居委会干部定期走访她所在的社区，了解她的生活及思想情况。同时，通过与蔡某及其儿子的沟通工作，帮助缓解了家庭关系。

6. 社会力量参与教育。司法所依托上海市帮教志愿者协会黄丝带项目，定期组织社会知名人士组成志愿者团队开展针对蔡某的小组帮教，帮助其更好地融入社会，并有针对性地对蔡某开展社会适应性教育与引导，让其在提升法治观念的同时，重树生活的自信心，规划好未来的人生。

问题：1. 通过本案例分析，社区矫正的对象和任务分别是什么？

2. 通过本案例分析，社区矫正的机构如何设置？公安机关在社区矫正中的主要职责是什么？

3. 通过本案例分析，社区矫正的主要意义是什么？

第一节　社区帮教与社区矫正概述

一、社区帮教概述

（一）社区帮教的概念和性质

1. 社区帮教的概念。所谓社区帮教，是指在各级政府领导下，社区各有关部门和社会力量，贯彻“教育、感化、挽救”的方针，对刑满释放或有违法或轻微犯罪人员进行的一种非强制性的引导、扶助、教育和管理活动。

帮教工作需要在党委和政府的领导下，由社会治安综合治理机构负责指导协调，以司法行政部门为主导，有关部门予以协助支持，专门机关与社会力量相结合，充分发挥各类社会团体、社会组织和社会志愿者的帮教优势，群策群力，密切配合，从根本上达到预防和减少违法犯罪的目的。社区帮教工作的主责部门是司法行政机关，公安机关协助其开展工作。

2. 社区帮教的性质。社区帮教工作是依靠群众、社会各方面的力量，对特定的对象予以关心、帮助、教育的一项社会帮助教育管理措施。

（1）社区帮教是一种社会帮助措施。我国的帮教工作，实行的是安置与帮教相结合，解决实际问题与思想教育相结合。本着“先安置再帮教”的原则，通过帮助安排劳动和生活，在此基础上开展思想道德和行为的帮助教育。

（2）社区帮教是一种社会教育措施。社区帮教既不是行政处分，也不是行政处罚，更不是刑事处罚，而是一种非强制性的社会教育措施。帮教者与被帮教者处于平等的地位，彼此是教育与被教育的关系。帮教建立在双方互相信任、互相尊重的基础上，通过开展思想、法律、道德等方面的教育而非法律或行政的强制性使帮教对象转变思想、改掉恶习、遵纪守法。

（3）社区帮教是一种社会管理措施。社区帮教是在公安、司法部门对曾经有过违法、犯罪行为的人员做出处理后，依靠社会力量，发挥社会的控制机能，为维护社会秩序，教育改造本人而实施的社会管理、控制措施。在实施帮教的过程中，有关组织应制定必要的规章制度，落实相应的管理措施，以保证其运行和效果。

（二）社区帮教的对象

原则上讲，凡是有违法行为或者轻微犯罪行为的人都可被列为帮教对象。根据我国现有法律、法规和政策的有关规定，以及我国现阶段的实际情况，社区帮教对象主要是下列几种人员：

1. 有违法或轻微犯罪行为的青少年。根据公安部《关于做好有违法或轻微犯罪行为青少年帮教工作的几点意见》的规定：凡年满 13～28 周岁的青少年，根据《刑法》或其他法令有关条款规定，确有违法或轻微犯罪行为，经教育没有悔改表现，可能继续进行违法犯罪活动，但不够或不予刑事处罚、少年管教等处理，需要重点做好思想工作、进行帮助教育的，都可列入帮教范围。

对一个青少年是否列为帮教对象，应严格按照上述规定来确定，并应征求其所在单位或学校的意见。

一般来说，下列青少年不宜列为帮教对象：一是仅有违反行政纪律、校规行为的不宜列为帮教对象，而应由单位或学校给予批评教育，做耐心细致的思想工作，也可以给予必要的纪律处分。二是已停止违法犯罪活动五年以上的人不宜定为帮教对象。这种人虽曾有违法犯罪行为，但已停止活动较长时间，说明已有悔改表现。三是偶尔有小偷小摸、流氓习气、打架斗殴等不良行为的。这种人恶习不深，本质是好的，只是因种种原因偶然实施违法或轻微犯罪行为，事后能正确认识错误，努力改正错误就没有必要再对其实施帮教。①

2. 刑满释放等人员。刑满释放等人员是社区帮教的重中之重，这类对象主要包括：因故意犯罪被刑事处罚，刑满释放不满 5 年的人员；解除收容教育的人员；② 解除强制戒毒的人员。这些人回到社会以后，一般都面临着一个能否巩固改造成果，会不会因客观存在的不良影响而重新违法犯罪的问题。同时，他们之中多数人还遇到生活、住房、升学、就业、婚姻等实际问题。这些问题如果得不到适当的解决，他们中的一部分人就有可能因灰心、绝望而走“回头路”。因此，对这些人应当有一个继续考察和帮助教育的过程。通过对他们进行思想政治教育和帮助他们解决实际困难，使他们感到社会的关怀与温暖，看到前途和光明，增强其重新做人的信心和勇气。

（三）社区帮教的意义

1. 有利于预防和减少违法犯罪，维护社会稳定。对刑释人员进行帮教可以解决他们的实际困难，使他们巩固改造成果，继续加强思想意识改造和行为矫正，彻底同违法犯罪决裂。对有违法或轻微犯罪行为的青少年进行帮教，可以改

---

① 展万程．新编社区警务教程［M］．北京：群众出版社，2006：211.

② 2019 年 12 月 28 日十三届全国人大常委会第十五次会议通过了《全国人大常务委员会关于废止有关收容教育法律规定和制度的决定》，决定废止收容教育制度，自 2020 年 7 月 1 日起施行。

变其不良的人生观、价值观和是非观，使其认识到错误思想和行为的危害性和危险性，打消其对社会的不满或逆反、对抗心理，可以有效地减少和避免他们滑向犯罪的深渊。社区帮教的直接目的就是对那些刑满释放人员和有不良行为的青少年给予必要的教育和帮助，为他们提供一个弃旧从新、弃恶从善的有利环境，促使被帮教对象转变思想，改掉恶习，成为奉公守法的公民，成为对社会有用之才。

2. 有利于促进社会治安综合治理工作的发展。在开展社会治安综合治理过程中，公安机关通过“严打”，严厉打击严重刑事犯罪活动和敌对势力的破坏活动，可以起到威慑犯罪，有效地遏制、震慑犯罪的作用，但不可能从根本上减少产生犯罪和社会治安问题的复杂因素，只是短期内治标却不能治本，而进行帮助教育能起到根本性的作用。因此，切实做好社区帮教工作，把教育改造工作作为社会治安综合治理的重点，才能从根本上减少违法犯罪。

二、社区矫正概述

（一）社区矫正的概念及性质

1. 社区矫正的概念。2019 年 12 月 28 日《社区矫正法》经全国人大常委会通过，并于 2020 年 7 月 1 日起实施。社区矫正制度逐渐步入制度化、法治化的轨道。社区矫正是指将符合社区矫正条件的罪犯置于社区内，由专门的国家机关在有关部门、社会组织和社会志愿者的帮助下，在判决、裁定或决定确定的期限内，矫正其犯罪心理和行为恶习，并促进其顺利回归社会的非监禁刑罚执行活动。它是和监禁刑罚相对应的一种刑罚执行方式。

2. 社区矫正的性质。社区矫正的性质体现在以下几个方面：（1）刑事制裁性，即社区矫正是在确认个人实施了犯罪之后，由审判机关和国家其他有关机关判处和采取的一种刑事制裁措施，是个人实施犯罪行为后的一种法律后果。（2）非监禁性，即不将社区矫正对象收押到监狱等刑罚机构中执行刑罚的特性，而是仍然可以居住在自己的家中，在一定范围内过着相对自由的生活。（3）社区参与性，即社区矫正对象不仅具有与社区中的社会生活密切结合的特性，而且可以参与所在社区的各种社区矫正活动。（4）惩罚缓和性，是指社区矫正措施对犯罪人员的惩罚程度较轻的特性，与监禁刑或自由刑相比，社区矫正是一类不剥夺犯罪人的人身自由的刑罚处罚措施，虽然在一定条件下、一定时间内、一定区域内会对他们的人身自由进行一定的限制，但不会持续地剥夺他们的人身自由，不会使他们体验到被判处监禁刑的罪犯的那种被剥夺感和痛苦，因此是相对人道主义的惩罚措施。

（二）社区矫正对象

《社区矫正法》第 2 条和《刑事诉讼法》第 269 条都规定“对被判处管制，宣告缓刑、假释或者暂予监外执行的罪犯，依法实行社区矫正”，这是确定社区矫正对象的法律依据。

1. 被判处管制的罪犯。管制是由人民法院判决，对犯罪分子不予关押，但限制其一定自由的刑罚方法。管制刑是我国刑罚体系中最轻的主刑，对犯罪分子不实行关押，不剥夺其人身自由，但其活动应受到司法机关的管束和监督，人身自由受到一定的限制。

2. 被宣告缓刑的罪犯。缓刑是指人民法院对被判处拘役、3 年以下有期徒刑的犯罪分子，根据犯罪分子的犯罪情节和悔罪表现，认为暂缓不执行原判刑罚，确实不致再危害社会的，规定一定的考验期，如果在考验期内没有《刑法》第 77 条规定的情形，原判刑罚就不再执行的刑罚制度。

3. 被裁定假释的罪犯。假释，是指被判处有期徒刑、无期徒刑的犯罪分子，在执行一定的刑期后，确有悔改表现，不致再危害社会的，可以附条件提前释放的刑罚制度。

4. 被暂予监外执行的罪犯。暂予监外执行，是指被判处有期徒刑或拘役的罪犯，依照法律规定不适宜在监狱或其他执行机关执行刑罚的罪犯，患有严重疾病需要保外就医，怀孕或者正在哺乳自己婴儿的妇女，生活不能自理，使用暂予监外执行不致危害社会的，经依法决定或批准，可以不在监狱等刑罚执行场所关押服刑。

（三）社区矫正的任务

1. 刑罚执行。执行刑罚不仅是社区矫正存在的依据和保证，而且也是社区矫正工作的首要任务。这意味着，对于矫正主体而言，必须通过严格的监督管理来保证对矫正对象刑罚执行的实现，保证刑罚执行的完整性和严肃性；对于矫正对象而言，必须服完法定的刑期、承受法定的身份、履行服刑期间的法定义务。

2. 教育改造。教育改造罪犯是社区矫正的根本任务。矫正教育主要包括两个方面：一是按照社区矫正的要求，完成对矫正对象的思想教育、法制教育和道德教育，并辅之以文化知识教育、就业教育、心理健康教育、社会适应教育等。帮助社区矫正人员树立正确的价值观，增强法制观念。组织社区矫正人员开展社区服务，培养他们正确的劳动观念，使其增强社会责任感，更好地融入社会生活。二是针对矫正对象的行为、心理方面出现的问题进行具体的矫正活动，如在人格测查、心理测量、心理评估、心理咨询的基础上进行心理治疗、行为矫正、行为训练等。

3. 社会救助。矫正对象在社区中可能受到歧视，也会遇到各种各样的问题和挫折，这些都会直接影响矫正效果。为此，社区矫正主体要帮助矫正对象解决在就业、学习、人际交往以及生活保障等方面所遇到的问题和困难，为矫正对象提供力所能及的服务，如为社区矫正对象提供免费技能培训和就业指导，提高他们的就业谋生能力，以利于他们顺利适应社会生活，从而提高矫正质量。对矫正对象的社会救助，要建立、完善和落实各项帮扶政策和制度，如社区扶助制度、法律援助制度、社会保障制度，要广泛动员企业事业单位、社会团体、志愿者等方面力量，努力形成对社区矫正人员帮扶的社会合力，从而提高矫正效果。

4. 危机干预。矫正对象在社区矫正过程中可能会因遭遇无法解决的困难而出现心理危机如自杀、自残、自伤、愤怒、凶杀、伤害、殴打、纵火、破坏、焦虑等，及时发现这些问题并进行及时的危机干预既是保护矫正对象的需要，也是维护社区安全的需要。具体的危机干预工作包括：化解危机，即缓解矫正对象心理危机或使危机解除，防止危机进一步发展或恶化；促使危机良性转化，即在矫正对象从危机状态中稳定下来以后对其实施后继干预，使矫正对象心理由消极转向积极，获得良性发展。

5. 恢复秩序。恢复秩序的任务主要致力于犯罪人人格和社会角色的复归，致力于社会关系的修复。“对恢复任务的实现，已成为在世界范围内社区矫正任务中一个更高层次的追求。”① 它包括两个方面：一是使加害者与被害者、加害者与社区之间的关系恢复良性互动。通过社区矫正工作帮助矫正对象的自我醒悟，强化矫正对象的自我悔罪感，使矫正对象恢复社会道德与良知，以忏悔、感恩的心态面对社会，面对受害人。同时，帮助被害人及社区成员以相互理解、相互尊重与宽容的正确态度对待犯罪人，避免以怨报怨。二是使社会生活及秩序恢复原有的和谐状态。通过社区矫正工作，使更多的社会成员承担起维护公共安全的责任，关注矫正对象的改造和回归社会，使社会成员之间形成一种积极的和谐共处的关系，有效地预防和控制犯罪。

（四）我国社区矫正制度的发展历程及意义

1. 我国社区矫正制度的发展历程。社区矫正是西方国家首先推行的一种刑事执法模式，其理念始于19世纪末近代学派的行刑社会化思想。我国社区矫正

---

① 刘强．社区矫正制度研究［M］．北京：法律出版社，2007：74.

制度是在借鉴国外法律制度中有益的内容以完善社会主义法制的一项非监禁刑罚执行制度。21 世纪初，我国开始启动社区矫正试点工作，2003 年，最高人民法院、最高人民检察院、公安部、司法部（以下简称“两院两部”）联合下发《关于开展社区矫正试点工作的通知》，确定北京等 6 个省（市）为首批试点地区。2004 年，司法部印发了《司法行政机关社区矫正暂行办法》，使社区矫正试点工作趋向制度化和法治化。2005 年，“两院两部”联合发布《关于扩大社区矫正试点范围的通知》，将试点范围扩大到 18 个省（区、市）。2009 年，“两院两部”联合下发《关于在全国试行社区矫正工作的意见》，明确了社区矫正的适用范围、主要任务和工作要求，将社区矫正推向全国。2011 年，《刑法修正案（八）》规定，对判处管制、缓刑和假释的罪犯依法实施社区矫正，首次以法律的形式对社区矫正制度进行确认，使社区矫正工作有法可依。2012 年，修改后的《刑事诉讼法》对社区矫正制度又做出了进一步规定，明确规定“对判处管制、宣告缓刑、假释或者暂予监外执行的罪犯，依法实行社区矫正，由社区矫正机构负责执行”，这标志着我国社区矫正法律制度初步确立。2012 年，“两院两部”联合制定了《社区矫正实施办法》，对社区矫正执行体制、执行程序、矫正措施、法律监督等主要问题做了明确规定，为社区矫正工作在全国依法顺利开展提供了制度保证。2013 年《中共中央关于全面深化改革若干重大问题的决议》通过，其中提到了推进法治中国建设要完善人权司法保障制度，这对社区矫正制度在我国成为一种完备的司法制度和社会教育模式提出了新的要求。2019 年，全国人大常委会正式通过了《社区矫正法》，该法于 2020 年 7 月 1 日起实施。这是我国完善刑罚执行、推进国家治理体系和治理能力现代化的一项重要制度。

截至目前，我国累计接受社区矫正对象 478 万人，社区矫正期间社区矫正对象的再犯罪率只有 0.2%。实践证明，社区矫正工作为维护社会和谐稳定、节约刑罚执行成本，推进平安中国、法治中国建设，促进司法文明建设，实现国家长治久安发挥了重要的作用。

2. 我国实施社区矫正制度的意义。

（1）社区矫正有利于提高社会文明程度，促进国家治理水平和治理能力的现代化。社区矫正法保护矫正对象依法享有人身权利、财产权利和其他权利不受侵犯，在就业、就学和享受社会保障等方面不受歧视。这充分体现了国家重视对矫正对象权利的维护，体现了刑罚人道化的精神，符合社会文明进步和刑罚人道化的发展趋势，有利于提高整个国家的文明水平，促进国家治理水平和治理能力的现代化。

（2）社区矫正有利于推进我国刑罚制度改革，促进我国与国际行刑趋势的接轨。目前在全世界的刑罚执行领域中，对于轻型犯、缓刑犯和假释犯适用社区矫正，已经成为通行的做法。我国全面实行社区矫正，融监督管理、教育矫正与社会适应性帮扶为一体，丰富了我国非监禁刑罚执行的内容，建立并完善了社区矫正和监狱工作相辅相成、互为补充的刑罚执行制度，是既符合世界行刑制度的发展规律和相关国际条约精神，又符合我国国情和经济社会发展现状的非监禁刑罚执行制度。

（3）社区矫正有利于维护社会稳定，构建和谐社会。把罪行轻微、主观恶性不大、恶习不深的罪犯放入监狱进行改造，与恶习较深的各种罪犯混合关押、受其熏染影响，易产生“交叉感染”，增强他们的逆反心理，对社会进行报复。如果把他们放入社区进行改造，不仅能预防其在监狱内的“交叉感染”，还能够调动他们改造的积极性，减少其报复社会的心理，更能够调动矫正对象的家庭和亲属积极配合对矫正对象实施有效的教育和改造，消除不和谐因素，共同维护社会的稳定，促进和谐社会的建设。

（4）社区矫正有利于增强监管改造效果。对人身危险性较低、不致再危害社会的罪犯实行社区矫正，体现了将他们与危险罪犯区别对待的精神。另外，社区服刑具有独特的优势，可以给予矫正对象在接触社会、密切亲情、适应社会等方面很大的便利，这种较为宽缓的处遇方式有益于感化并激励其向善的行为，从而提高改造质量，增强改造效果。

（5）社区矫正有利于合理配置行刑资源，降低行刑成本。开展社区矫正，将不需要在监狱中关押的罪犯放到社区，将行刑资源更好地用于需要执行监禁刑的罪犯，是对行刑资源的合理配置，也可以增强刑罚的效能。另外，社区矫正不需要监狱设施、监狱运行费用、监狱工作人员费用及犯罪人的生活费用等巨大的监禁成本。与监禁刑罚相比，国家在财力、人力、物质装备设施的投入方面要低得多。

（五）社区矫正的机构设置

1. 社区矫正的组织机构。社区矫正组织机构一般可以分为两类，一类是领导组织社区矫正工作的管理机构，另一类是具体从事社区矫正工作的执行机构。

（1）社区矫正管理机构的归属。目前，我国采取的是由司法行政部门负责社区矫正管理执行工作的模式。国务院司法行政部门主管全国的社区矫正工作，县级以上地方人民政府司法行政部门主管本行政区域内的社区矫正工作。各级人民政府根据需要设立社区矫正委员会，负责统筹协调和指导本行政区域内的社区矫正工作。

（2）社区矫正管理机构的设置。社区矫正管理机构主要分为国务院司法行政机关社区矫正机构，省、自治区、直辖市司法行政机关社区矫正机构和各地、市、县司法行政机关社区矫正机构。国务院司法行政机关社区矫正机构主管全国的社区矫正工作，省、自治区、直辖市司法行政机关社区矫正机构负责本省、自治区、直辖市社区矫正工作的规划编制、执法规范、检查指导等工作，县级司法行政机关社区矫正机构要切实履行对社区矫正人员进行监督管理和教育帮扶等职责。

（3）社区矫正执行机构。县级以上地方人民政府司法行政部门根据需要设置社区矫正机构，负责社区矫正工作的具体实施。乡镇（街道）司法所社区矫正安置帮教中心根据社区矫正机构的委托，承担社区矫正相关工作，它是社区矫正的执行机构。乡镇（街道）司法所下设社区、村（居）委会社区矫正安置帮教站。

（4）鼓励和引导社会力量广泛参与。社区矫正法规定，国家鼓励、支持企事业单位、社会组织、志愿者等社会力量依法参与社区矫正工作；居委会、村委会可以引导志愿者和社区群众，利用社区资源，对有特殊困难的社区矫正对象进行必要的教育帮扶；社区矫正机构可以通过公开择优购买社区矫正社会工作服务或其他社会服务，为社区矫正对象在教育、心理辅导、职业技能培训、社会关系改善等方面提供必要的帮扶。

2. 社区矫正的协调配合机构。人民法院、人民检察院、公安机关和其他有关部门依照各自职责，协调配合做好社区矫正工作。

人民法院在社区矫正中的职责主要体现在：依法适用社区矫正，对符合条件的被告人、罪犯，依法及时作出适用、变更社区矫正的判决、裁定；在社区矫正适用前，可委托司法行政机关进行调查评估；判决、裁定生效后，及时与社区矫正机构办理社区服刑人员及法律文书等相关移送手续，积极参与对社区服刑人员的回访和帮教。

人民检察院在社区矫正中的职责主要体现在：依法加强对社区矫正的法律监督，对违反法律规定的，及时提出纠正意见和检察建议，维护刑罚执行公平正义，维护社区服刑人员的合法权益，保障社区矫正依法公正进行。

公安机关在社区矫正中的地位和职责主要体现在：

（1）公安机关是对看守所、拘役所关押罪犯适用暂予监外执行的决定机关。

（2）对拟适用社区矫正的罪犯，需要调查其对所居住社区影响的，可以委托司法行政机关进行调查评估。

（3）协助司法行政机关追查未按规定时间报到、未经批准擅自离开本市或脱离监管的社区服刑人员。

（4）公安机关派出所应当会同司法所做好社区矫正对象社区矫正执行开始、期满的宣布，户口迁移和变更居住地址的审核工作。

（5）责任区民警要定期了解社区矫正对象的情况，参加社区矫正对象的评议与考核，熟悉社区矫正日常管理教育工作的内容。

（6）及时根据相关规定将有违法犯罪嫌疑、在接受矫正期间受到治安管理处罚或者司法行政机关警告处分的社区服刑人员纳入重点管控范围。

（7）对违反治安管理规定和涉嫌重新犯罪的社区服刑人员及时依法处理。

（8）协助司法行政机关及时将撤销缓刑、假释或暂予监外执行决定收监执行的罪犯送交监狱或者看守所。办理撤销减刑、假释及收监的法律手续。

（六）社区矫正工作者的构成与职责

1. 社区矫正公职人员及其职责。

（1）国家、省级、市级、县级司法行政机关所设立的社区矫正机构的工作人员。社区矫正机构应当配备具有法律等专业知识的专门国家工作人员（即社区矫正机构工作人员），履行监督管理、教育帮扶等执法职责。同时，社区矫正机构应加强对社区矫正工作人员的管理、监督、培训和职业保障，不断提高社区矫正工作的规范化、专业化水平。

（2）人民法院、人民检察院、公安机关和其他有关部门中负责社区矫正工作的工作人员。人民检察院对社区矫正工作实行法律监督。

（3）地方人民政府根据需要设立社区矫正委员会。社区矫正委员会负责统筹和指导本行政区域内的社区矫正工作。

（4）从事社区矫正工作的司法所工作人员根据社区矫正机构的委托，承担社区矫正相关工作。

2. 社区矫正辅助人员及其职责。

（1）社会工作者。社区矫正机构根据需要，组织具有法律、教育、心理、社会工作等专业知识或者实践经验的社会工作者开展社区矫正相关工作。

（2）居民委员会、村民委员会。居民委员会、村民委员会依法协助社区矫正机构做好社区矫正工作。

（3）相关社会力量。国家鼓励、支持企事业单位、社会组织、志愿者等社会力量依法参与社区矫正工作。

（4）其他参与者，即社区矫正对象的监护人、保证人、家庭成员、所在单位或者就读学校等，他们应当协助社区矫正机构做好社区矫正工作。

三、社区矫正与社区帮教的关系

（一）社区矫正与社区帮教的联系

1. 工作目标相同。两者都是社会管理综合治理防控体系的重要组成部分，都属于特殊人群管理，目标都是改造人，预防和减少犯罪，促进社会和谐稳定。

2. 工作组织形式相同。两者都是采用党委和政府统一领导、综合治理委员会牵头、司法行政部门组织实施、有关部门密切配合的工作机制，整合利用社会力量和社会资源，参与教育改造工作。

3. 工作地点与场所相同。两者都处于社区之中，区域开放，环境宽松，与社会关系密切。

4. 工作内容具有相似之处。两者都需要密切掌握工作对象的行踪和思想动态，对其进行思想教育、法治和道德规范教育、心理测验和不良心理及行为矫治、妥善安置生活和就业、提供法律援助、帮助维护合法权益、预防重新犯罪等。

（二）社区矫正与社区帮教的区别

1. 法律政策依据不同。社区矫正主要依据《刑法》《刑事诉讼法》《社区矫正法》等，社区帮教主要依据《中央社会治安综合治理委员会关于进一步加强刑满释放解除劳教人员安置帮教工作的意见》等①。

2. 工作性质不同。社区矫正是国家刑罚执行工作，带有明显的惩罚性。社区帮教不是刑罚执行工作，不具有惩罚性，社区帮教是社会治安综合治理的重要内容，是行政管理和社会工作。

3. 工作对象不同。社区矫正的工作对象是符合社区矫正条件、仍在服刑改造的罪犯，而社区帮教的工作对象是有违法或轻微犯罪行为的青少年和刑满释放人员，是不再具有“罪犯”身份的公民。

4. 工作主体的身份和资质要求不同。社区矫正是刑罚执行工作，因此，从事社区矫正工作的主体必须是法律规定具有刑罚执行职责的机构或人员。其他社会人员和民间力量仅仅是刑罚执行主体所吸收为促进社区矫正工作顺利开展的参

---

① 2013年11月15日公布的《中共中央关于全面深化改革若干重大问题的决定》提出，废止劳动教养制度。

与人员和力量。社区帮教的工作主体则十分宽泛，国家、党派、其他社会组织和人员都可成为社区帮教的主体。

5. 工作侧重不同。社区矫正侧重于惩罚犯罪和改造现行的罪犯，而社区帮教侧重于预防过去的犯罪者重新犯罪。

6. 工作的力度和管理的宽严程度不同。社区矫正由于是刑罚执行，具有强制力，对矫正对象做出一定的人身自由和政治权利方面的限制、行为方面的约束，违反监管规定的还要受到惩罚；而社区帮教工作不能强制，由于帮教对象都是具有人身自由和权利保障的公民，对其在思想上、行为上不能违背其意愿或采取强制措施，只能靠教育进行引导，促使其自愿接受帮教。帮教组织和人员只能采用跟踪式的监督和服务，而不能采用限制式的管理。

7. 工作难易程度不同。社区矫正有监狱监禁做坚强后盾，对不服从社区矫正管理的罪犯随时都可以及时收监改造，这对社区矫正对象具有强大的威慑性和制约性。而社区帮教完全靠法律和政策的正面引导。因此，社区帮教工作较社区矫正工作难度更大，社区帮教工作者较社区矫正工作者更要具有高度的责任感和责任心。

【引导案例参考答案】

1. 根据《社区矫正法》第 2 条和《刑事诉讼法》第 269 条规定，社区矫正的对象主要包括：被判处管制的罪犯、被宣告缓刑的罪犯、被裁定假释的罪犯、被暂予监外执行的罪犯。社区矫正主要承担以下任务：刑罚执行、教育改造、社会救助、危机干预、恢复秩序。

2. 社区矫正组织机构一般可以分为两类，一类是领导组织社区矫正工作的管理机构，另一类是具体从事社区矫正工作的执行机构。司法行政部门负责社区矫正管理执行工作，其中社区矫正管理机构主要分为国务院司法行政机关社区矫正机构，省、自治区、直辖市司法行政机关社区矫正机构和各地、市、县司法行政机关社区矫正机构，县级以上地方人民政府司法行政部门根据需要设置社区矫正机构，负责社区矫正工作的具体实施。乡镇（街道）司法所社区矫正安置帮教中心根据社区矫正机构的委托，承担社区矫正相关工作。

公安机关在社区矫正中的地位和职责主要体现在：决定对看守所、拘留所关押的罪犯是否适用暂予监外执行，委托司法行政机关对拟适用社区矫正的罪犯进行调查评估，协助司法行政机关追查未按规定时间报到、未经批准擅自离开本市或脱离监管的社区服刑人员，会同司法所做好社区矫正对象社区矫正执行开始、期满的宣布以及户口迁移和变更居住地址的审核工作，责任区民警要定期了解社区矫正对象情况并参加社区矫正对象的评议与考核，将受到治安管理处罚或者司法行政机关警告处分的社区矫正人员纳入重点管控范围，对违反治安管理规定和涉嫌重新犯罪的社区服刑人员及时依法处理，协助司法行政机关及时将撤销缓刑、假释或暂予监外执行决定收监执行的罪犯送交监狱或看守所，办理撤销减刑、假释及收监的法律手续。

3. 从案例可以看出，社区矫正主要有以下几方面意义：一是有利于提高社会文明程度，促进国家治理水平和治理能力的现代化。二是有利于推进我国刑罚制度改革，促进我国与国际行刑趋势的接轨。三是有利于维护社会稳定，构建和谐社会。四是有利于增强监管改造效果。五是有利于合理配置行刑资源，降低行刑成本。

第二节　社区帮教的实施

引导案例

刑满释放人员高某的社区帮教

高某，因非法拘禁罪被判处有期徒刑，在某监狱服刑，服刑期间因对判决结果不服，在狱中接受劳动改造表现一般，该监狱在其释放前向其户籍所在地司法所发送《刑满释放人员通知书》，建议将其作为重点人员帮教。司法所在接到重点帮教人员“必接必送”的通知后，立即组织工作人员与派出所、社区居委会及高某亲属衔接，落实刑满释放人员回归社会的相关工作；并提前与监狱联系，深入了解高某服刑期间的表现情况。

2020 年 4 月 12 日，司法所工作人员及高某家属到该监狱，与监狱民警进行了刑满释放人员的交接工作，按期将刑满释放人员高某顺利接回，并及时开展安置帮教工作，与高某签订帮教协议书，建立刑满释放人员安置帮教工作档案，并与高某进行了帮教个别谈话，同时建立以专职干部、矫正民警、社工、居委会干部、心理专家和高某亲属为成员的帮教小组，确定帮教责任人，制定了一套符合高某顺利回归、有效融入社会、防止其重新违法犯罪的帮教措施。

问题：1. 社区帮教的主要形式有哪些？
2. 社区民警如何做好刑满释放人员的社区帮教工作？
3. 社区民警如何做好有轻微违法犯罪行为的青少年的社区帮教工作？
4. 社区民警如何做好吸毒人员的社区帮教工作？

一、社区帮教的主要方式

（一）亲属帮教

亲属帮教是一种较为初级的帮教组织形式，它是对违法或犯罪行为轻微、年龄较小、交往人员较少、家长或亲属又具备帮教条件（思想好、作风正、肯负责、不包庇，并有一定的教育能力和条件）的帮教对象，可责成其家长或亲属负责帮教，也可采取与家长或亲属签订帮教合同的方法。社区民警、治保组织要经常与帮教对象的家长或亲属取得联系，沟通情况，随时掌握帮教对象的思想、活动情况。

（二）专人帮教

专人帮教是由有关方面委托专人对帮教对象进行帮教。例如，帮教对象所在地或所在单位经常接触的干部，在帮教对象心目中威信较高、比较正派的职工或群众积极分子，经基层公安机关或党政组织邀请，或者由帮教对象提名，由基层组织审查同意后确定。这种帮教形式要求帮教人与被帮教人之间相互接受，如果被帮教人抵触情绪较小，往往能取得较好的帮教效果。

（三）帮教小组帮教

帮教小组一般由社区民警、基层司法机关干部、保卫干部、治保干部、帮教对象的家长等组成，对帮教对象进行专门的帮教。这是一种比较高级的帮教组织形式，适合于罪错较重、恶习较深、帮教难度较大的重点帮教对象。

（四）集中帮教

集中帮教主要是由公安派出所或单位，将需要进行帮教的对象组织起来进行集中学习、集中教育。采用这种帮教形式：一要做好参加学习人员的思想教育工作，尽量让他们心悦诚服、自觉自愿地参加学习；二要取得参加学习人员所在社区干部、单位负责人及家长或亲属的支持；三要坚持以思想教育为主；四要严格执行政策，不准侮辱帮教对象的人格、不准搞体罚或变相体罚。

二、社区帮教的主要内容

（一）思想政治教育

四项基本原则教育是思想政治教育的主要内容。要通过教育，使帮教对象提高政治觉悟，明确社会主义制度、人民民主专政、党的领导和马列主义毛泽东思想的优越性、正确性和必要性，使其认识到坚持四项基本原则是对每个守法公民的最基本要求，使其言行符合四项基本原则，自愿做一名遵纪守法的公民。

（二）认错教育

认错教育是使帮教对象接受帮教、改掉恶习的前提性教育，是帮助教育的重要环节。要将认错教育贯穿于社区帮教工作的全过程，通过教育，使帮教对象认识自己违法犯罪行为的危害性和教训，从而改变错误的心理及行为。

（三）理想前途教育

理想前途教育，要帮助帮教对象树立正确的理想，坚定重新做人的信心，勇于选择自己的发展前途。通过教育，使他们懂得只有依靠自己的刻苦学习、辛勤劳动和不懈努力，才能实现自己的理想。

（四）道德教育和人生教育

通过道德教育和人生教育，使帮教对象重新塑造灵魂，促使其树立正确的世界观、人生观和价值观，形成社会主义道德观，学会做人的基本准则，能够分清是非，具有正确的苦乐观、荣辱观、美丑观、英雄观，做一个讲文明、讲道德、守法纪的合格公民，并使他们懂得人生的真正意义，逐步填补精神上的空虚，具有高尚的情操和理想、信念。

（五）法制教育

做好帮教对象的普法教育工作，通过组织帮教对象学习有关法律、法规，使其明确合法与违法、罪与非罪的界限，增强他们的法律意识，形成正确的社会主义法制观，自觉遵守和维护法律，学会运用法律的武器保护自己的合法权益，不侵害他人的合法权益，自觉做一个守法的公民。

（六）形势、政策教育

形势、政策教育主要是进行国内外政治经济形势和重大事件的教育、严厉打击刑事犯罪活动的方针政策教育和挽救失足者的政策教育等。通过教育，使他们提高认识，开阔视野，了解、掌握国家的政策，树立生活的信心，避免重新走上犯罪道路。

（七）文化、技术教育

文化、技术教育，即要有计划、有步骤地组织帮教对象学文化、学技术，进行职业培训，使他们能有一技之长，具有自食其力的能力，成为对国家、对社会有用的人才。

三、社区帮教工作的分类实施

（一）对有轻微违法犯罪行为的青少年的帮教

1. 建立帮教小组，因人施教。按帮教对象建立帮教小组或采用“一帮一”等形式。帮教小组由社区民警和有关单位、居（村）委会、治保组织，以及帮教对象的家属参加，根据帮教对象的不同情况，有针对性地制订帮教计划，因人施教，由被帮教青少年敬重、感情上融洽的人，寓帮教于生产、生活和友谊交谈之中，以帮教人员的示范作用进行“传、帮、带”，用正确的思想行为教育影响他们。

2. 充分发挥家庭在帮教工作中的作用。家庭教育对青少年有着极大的影响，因此，在对违法或轻微犯罪青少年进行帮教的过程中，要充分发动和依靠其家庭特别是家长的作用，激发他们教育子女的责任感，使他们提高认识，端正态度，掌握方法。通过学校，把法制教育向家长延伸。一方面向家长讲授法律知识，让他们在教育子女时，注意方式方法，不得采用暴力的方式来管教子女，在发现子女有异常的表现或不良的苗头时，要及时进行批评教育；另一方面要求家长以身作则，身体力行，自觉履行监护人的职责，做一个遵纪守法的好榜样。对家长自身作风不良，行为不端，对子女有坏影响的，要晓以利害，促使其转变；对教唆、纵容、包庇子女违法犯罪的，要及时进行批评教育，情节严重的，依法处理。

3. 抓住关键时机促进思想转化。有关的理论研究和实践经验均证明，青少年帮教对象的思想会随着时间、环境的变化而变化，从而出现一些对帮教工作有利的时机，如果时机抓得好，可以起到事半功倍的效果。例如，初次违法犯罪被发现时、安排就业的初期、恋爱初期、成家初期等。社区民警及其他帮教力量要善于把握和利用这些时机，促使其思想向正确的方向转变。

典型经验

浙江省桐乡市公安局梧桐派出所的“梧桐树”帮教问题未成年人计划①

为预防和减少未成年人违法犯罪，从2018年3月开始，浙江省桐乡市公安

① 根据该所提供的材料改编。

局梧桐派出所以推进“三治融合”为契机，探索启动“梧桐树”帮教问题未成年人计划，通过法制教育、感恩教育、心理辅导、家长教育等方式，帮助问题未成年人走回正道、健康成长。“梧桐树”计划通过动员多方力量，形成叠加式帮教合力，推出“党委政府+公安+关工委+新居民协会”的帮教问题未成年人模式，同时积极借鉴医院医疗流程，逐步形成“接收、诊疗、记录、复诊及巩固”的“五位一体”全流程帮教机制。

一是接收，在派出所帮教室挂牌桐乡市关工委（全称为桐乡市关心下一代工作委员会）“示范基地”，由多名青少年教育经验丰富的退休校长、教师及心理医生成立帮教讲师团，派出所一旦查获问题未成年人，第一时间联系值班讲师，预约第一堂帮教课，主办民警跟进介绍未成年人基本情况和违法犯罪情况。二是诊疗，依法执行完法律程序后，由社区民警带领未成年人至帮教室，值班讲师对其进行综合评估，详细掌握其心理及行为特征。同时，通知父母到帮教室，针对家庭情况和谈话情况，给予专业分析及合理建议。三是记录，社区民警和值班讲师在第一次帮教后，建立定制帮教笔记，详细记录未成年人和其家庭基本情况，帮教过程以及帮教建议，包括需要其他讲师或社会力量协助的内容。派出所领导根据帮教笔记，有针对性地协调社区民警和值班讲师担任责任人，记录跟进后续动态、行为表现以及帮教措施与内容。四是复诊，针对个体性格、违法犯罪程度等，因人而异落实帮教措施。初次违法的，注重首次介入；对违法行为偏重或者屡次再犯的，实行合力帮教、持久战术，以面对面帮教为主。五是巩固，社区民警和讲师在首次帮教一周后上门走访交流，私人定制“一对一”关注措施，定期上门或电话回访，关注未成年人成长动态变化。

通过实施“梧桐树”计划，实现了未成年人自身、家庭、社会以及派出所多方共赢局面。有效破解了家庭教育缺位、社会服务缺失等难题，改变了以往抓了放、放了偷、偷了再抓等问题。

（二）对刑满释放人员的帮教

社区民警在协助地方政府和社区有关部门做好刑满释放人员安置工作的基础上，要积极协调、动员各方面力量做好刑满释放人员的帮教工作。

1. 做好刑满释放时的衔接工作，减少脱管和失控现象。按照有关规定，监狱、看守所要在刑满释放前1个月，将刑满释放人员的有关情况，函告原户籍所在地或居住地的县级安帮办和公安机关，县级安帮办和公安机关应及时将有关情况分别通知当地司法所和公安派出所，公安派出所接到通知后，应将此类人员列为重点人口，制定管控方案。社区民警和安置帮教责任人在此类人员被接回后要立即与其见面，上门家访，了解情况，发现问题，及时帮助解决，落实帮教措施，尽可能减少、避免脱管、失控现象的发生。

2. 建立刑释人员信息库。各级公安、司法行政机关要根据人民法院、人民检察院以及监狱、司法所提供的信息，依托公安信息网和刑释人员信息管理系统，建立本辖区刑释人员信息库，实时了解和掌握本辖区刑释人员信息，并将信息通报给相关单位，实现信息资料共享。

3. 做好帮教对象家属工作，稳定刑满释放人员情绪。刑满释放人员回到社会后，首先接触到的是家庭，如果在家里受到歧视和冷落，没有家庭特有的情感和温暖，往往使他们产生失望的情绪，失去重新做人的信心，自暴自弃，从而导致重新违法犯罪。因此，社区民警在了解到家属按规定提前接到刑满释放通知后，要及时做好家属工作，按时将刑释人员接回，给予理解和关心，使刑释人员能感受到家庭的温暖，从而使其增强悔过自新、重新做人的信心，为接受帮教创造有利的家庭环境。

4. 本着“先安置后帮教”的原则，做好刑满释放人员安置帮教工作。对刑满释放人员的帮教要在帮助解决帮教对象的衣、食、住、行等生存问题的基础上开展帮教工作。即要“先安置后帮教”，只有把刑满释放人员生活上的实际困难解决好了，才能使其解除后顾之忧，安心改造，使其重新走上遵纪守法、自力更生的轨道。要根据刑满释放人员的生存能力、家庭情况、经济水平，差异化开展帮扶，给予刑释人员政策上、经济上、生活上、心理上的特殊保护，避免刑释人员因贫、因困及失业导致的重新违法犯罪问题。首先，刑满释放人员的安置工作需要充分发挥政府各行政部门的职能作用。劳动和社会保障部门应与司法部门配合，因地制宜地对将要回归社会的服刑人员进行职业培训、就业形势教育和就业指导，符合条件的享受就业困难人员的就业扶持政策。工商行政管理部门要鼓励、帮助和引导刑满释放人员从事个体私营经济，并鼓励个体工商户、私营企业积极吸纳刑满释放人员就业。对生活困难的刑满释放人员，民政部门应按规定给予最低生活保障或采取临时救助措施。其次，不断拓宽刑满释放人员安置就业渠道，鼓励刑满释放人员通过灵活多样的形式实现就业，鼓励刑释人员自主创业、自谋职业，工商行政管理、人力资源和社会保障部门在办理证照、人员培训等方面予以政策扶持，金融机构按照国家有关政策给予信贷支持，符合条件的享受国家统一的促进就业税收政策。最后，要特别关注刑满释放人员中孤、弱、病、残等人员的生活状态，对生活确实难以为继的，要敦促有关部门落实救济措施，并发动社区各方进行募捐，使其真正体会到社会主义的优越感，从而促使其转变思想，做遵纪守法的公民。

（三）对吸毒人员的帮教

1. 及时发现，摸清底数。社区民警要在日常警务工作中，注意发现吸毒人员，做到早发现、早帮教、早戒毒。通过社区治安信息工作，做好社区人口调研，摸清社区内吸毒人员的底数及其现实表现，为有针对性地进行帮教工作提供依据。

2. 建立帮教组织，重视家庭作用。由社区民警牵头，组织单位领导、社区管理干部、治保会成员、吸毒人员家属等成立帮教小组，使吸毒人员上班有单位管，下班有街道、家属管，形成一个多层次的社会帮教监控网络。同时，要重视家庭的作用，动员吸毒人员家属积极配合帮教工作。教育吸毒人员的家属不能拒绝、歧视、排斥他们，不能使他们失去家庭、朋友及社会的关怀，要积极协助政府、社区帮助吸毒人员戒断毒瘾，让他们重新回归社会。

3. 落实帮教措施。

（1）思想教育改造与心理药物治疗相结合。与其他帮教对象不同，对吸毒人员的帮教不仅要进行思想教育改造，还要进行心理治疗和药物治疗，使他们从思想、心理、生理上彻底戒断毒瘾，远离毒品。对他们的思想进行教育改造，主要是通过教育使他们认识毒品对个人、家庭、社会和国家造成的危害，认识吸毒行为的违法性，自觉地停止或拒绝吸毒行为，同时教育他们不能自暴自弃，逃避现实，培养他们坚强的意志和毅力，克服心理依赖，戒断心瘾，提高抵御毒品诱惑的能力。对吸毒人员进行心理治疗和药物治疗是对其实施社会帮教的关键所在，也是难点所在。在进行思想教育改造的同时，如果心理治疗和药物治疗跟得上、做得好，吸毒人员就可以被教育改造过来，反之则很难。

（2）定期检查，随时监督。社区民警及帮教小组中其他帮教力量要定期对帮教对象进行监督检查和教育，听取帮教对象关于思想情况、工作情况、生活情况和戒断后巩固情况的汇报；定期走访帮教对象的家属和单位领导，互相沟通情况，了解吸毒人员的动态。此外，还要加强对戒断出所人员进行定期、不定期的体检和尿检，一旦发现有复吸情况，要及时采取措施。①

① 杨玉梅，葛志山，刘知音．社区警务［M］．北京：中国人民公安大学出版社，2005：282.

四、提升社区帮教工作效果的技巧

（一）调查了解帮教对象，确定帮教工作重点

在帮教工作中，要注意首先了解帮教对象的基本情况，包括年龄、文化程度、经历、性格特征、兴趣爱好、违法犯罪的情况和原因、家庭情况、社会交往情况以及帮教对象对自己行为的认识和态度等。通过调查摸底，区别情况，确定帮教工作的重点，并有针对性地制订合适的帮教计划和方案，在实施帮教的过程中，还要注意随时了解帮教对象的现实表现、思想变化、人员交往情况等，根据不同情况及时调整帮教措施，进行有效地引导和规劝。

（二）广泛动员各方力量，共同参与社区帮教

在社区帮教工作中，群众的参与程度，决定着帮教工作的深入程度和控制帮教对象重新犯罪的有效程度。社区民警应与宣传、教育、文化、劳动、工会、共青团、妇联等有关部门和单位加强联系，密切配合，协调一致，各司其职，齐抓共管，依靠广大干部、群众，充分发挥治保会的骨干作用，调动治安积极分子的积极性和创造性，积极动员社区志愿者参与，共同做好帮教对象的帮教工作。落实帮教组织、帮教力量和帮教措施，尽可能地解决帮教对象在工作、生活中的困难，消除社会对帮教对象的误解、偏见及各种不公平待遇。

（三）耐心教育，防止反复

对帮教对象的教育转化工作是一项长期而艰巨的任务。帮教对象的思想转化并不总是直线发展，往往会出现曲折甚至倒退。特别是目前拜金主义、享乐主义、极端个人主义还在继续滋长蔓延的情况下，帮教对象往往会受到各种各样的诱惑。帮教人员要正确对待在帮教过程中出现的反复现象，不怕出现反复，不能一看到出现反复就丧失信心，要在反复中总结经验教训，找出出现反复的原因。要用正确的态度和方法，耐心教育，持之以恒地做好帮教工作，帮教小组要和帮教对象保持联系，坚持定期考察，随时了解其工作、生活情况，掌握其思想动态。对出现思想滑坡的，应及时采取有效措施进行干预调整。

（四）分清主次，抓住重点

帮教工作在对象上要分清主次，抓住重点；在方法上要注意区别对待，因人施教。对危害国家安全的罪犯，在其刑满释放前一个月，监管部门应将其改造等有关情况通报给原侦查机关和居住地的县级公安机关，居住地公安机关要为此类人员专门建档，列为重点监控人员，必要时通知同级安全机关，共同落实教育管

控措施；对那些经监管机关综合评估认为回归社会后有明显重新违法犯罪倾向的人员、刑满释放前仍没有核实清楚姓名、身份、住址的人员和刑满释放后无家可归、无业可就、无亲可投（简称“三无人员”）的人员等，由社区民警、所属单位保卫干部、村（居）民委员会以及和家庭组成帮教小组的形式，实行重点帮教，随时关注其思想波动，发现苗头性问题，及时解决；对那些表现一般的，由单位或村（居）民委员会干部和家庭将其作为“一般帮教对象”共同负责帮教；对那些表现好的，由家长进行管教，社区民警定期了解情况。

（五）运用典型，启发教育

公安派出所在帮教工作中要把重点教育和一般教育结合起来，民警要把那些在帮教对象中有一定影响的“冒尖人物”作为重点，下功夫进行帮教，以起到转化一个震动一伙、带动一片的作用。发挥典型帮教对象的带动作用，一方面通过对帮教对象转变好的典型事例进行大力宣传，起到转变一个带动一片的作用；另一方面选择有代表性的转化较好的帮教对象，谈自己的转变过程和经验体会，进行各种形式的交流，促使更多的帮教对象改过自新、尽快转好。

（六）合理确定帮教期限

帮教期限一般以 1 年为宜，太短或太长都不利于帮教工作。经过帮教确有悔改表现的，到期应撤销帮教，悔改表现突出的可提前撤销帮教。对于不服从帮教，表现不好的可延长帮教期限。

（七）开展各种有益活动

帮教工作除采取传统的上课、开会、谈话等形式外，还可以通过组织各种丰富多彩、寓教于乐的活动，如文化娱乐、体育比赛、参观、游览等来进行，同时尽可能地组织帮教对象与广大群众一起参加，对他们一视同仁、平等对待，从而消除他们的自卑心理，树立重新做人的信心。

【引导案例参考答案】

1. 社区帮教的主要形式有亲属帮教、专人帮教、帮教小组帮教、集中帮教等。

2. 社区民警可从以下几方面做好刑满释放人员的社区帮教工作：一是做好刑满释放时的衔接工作，减少脱管和失控现象。二是建立刑释人员信息库。三是做好帮教对象家属的工作，稳定刑满释放人员情绪。四是本着“先安置后帮教”的原则，做好刑满释放人员安置帮教工作。

3. 对有轻微违法犯罪行为的青少年的帮教：一是建立帮教小组，因人施教。

按帮教对象建立帮教小组或采用“一帮一”等形式。二是充分发挥家庭在帮教工作中的作用。三是抓住关键时机促进其思想转化。

4. 对吸毒人员的帮教：一要及时发现，摸清底数。二要建立帮教组织，重视家庭作用。三要落实帮教措施，将思想教育改造与心理药物治疗相结合，加强定期检查，随时监督。

第三节　社区矫正的实施

引导案例

社区矫正对象陈某被依法予以警告

陈某，男，未婚，1993年4月出生，户籍地为安徽省阜阳市，居住地为上海市奉贤区，初中学历；2019年7月22日，因寻衅滋事罪被上海市奉贤区人民法院判处有期徒刑8个月，缓刑1年。陈某的父母均在老家工作，在本市没有其他近亲属，没有亲人交流和关心，一定程度上使得对其的监督管理缺乏家人的帮助。

2019年9月29日，专职干部通过微信管理群对初期对象在国庆放假期间的周报到时间作了具体要求，10月7日上午，专职干部提醒尚未周报到的初期对象前来周报到，但陈某当日依旧未周报到。因此，司法所于10月8日上午对陈某进行了训诫教育。10月5日，专职干部通知初期对象10月9日参加区矫正中心的初期集中教育，结果陈某当日无故缺席，被矫正民警训诫。10月23日陈某再次缺席初期集中教育，矫正民警再次对其进行训诫教育。

10月29日上午，司法所联系社区民警、村治保主任参加陈某未按规定时间报到和无故缺席集中教育的社区矫正奖惩评议会。经审议，矫正小组通过给予陈某警告的决定，并将纸质申请材料上报至奉贤区矫正中心，提请区司法局给予陈某警告处分。11月1日上午，奉贤区司法局依据《社区矫正实施办法》第23条第1款和第3款的规定，经集体评议，对陈某作出警告处罚决定并送达《违反社区矫正规定警告决定书》。

警告处罚对陈某起到了一定的震慑作用，其矫正表现有了改观，近期未再出现违反社区矫正管理要求的情况。

问题：1. 根据本案例，社区矫正的实施程序是什么？
2. 什么是社区矫正对象的教育矫正？如何实施？
3. 社区民警如何配合做好社区矫正对象的社会化帮扶工作？

社区矫正必须遵循一定的程序并运用科学的方法。社区矫正的基本程序包括审前社会调查、社区矫正的决定和接收、监督管理、教育帮扶、社区矫正的解除和终止。在社区矫正对象接受社区矫正期间，要根据矫正对象的不同特点，实施分类管理和教育，矫正其不良心理和行为，突出教育改造的针对性和实际效果，以利于矫正对象顺利适应社会生活，重新回归社会。

一、社区矫正的基本程序

（一）审前社会调查

社区矫正审前调查是指人民法院、人民检察院、公安机关、监狱在决定适用社区矫正前，委托县级司法行政机关对犯罪人的犯罪背景、人格特征、社会评价等情况进行专门调查，并对其人身危险性进行系统评估，然后将调查和评估报告提交委托机关，供其在决定对犯罪人是否使用社区矫正时进行参考的一种制度。

1. 审前社会调查的实施主体。承担审前社会调查工作的主体为县级司法行政机关内设的社区矫正机构。这主要是因为基层社区矫正机构根植于社区，有获得真实调查资料的条件和可能，其做出的调查报告也更为中立，同时也有利于矫正机构提前介入，了解调查对象的情况，便于以后矫正工作的开展。

2. 审前社会调查的主要内容。包括：犯罪原因、犯罪情节、主观恶性、悔罪表现等犯罪情况调查；个人情况和家庭背景调查；教育背景和职业背景调查；邻里关系、社区评价等社区环境调查；是否有心理异常或心理疾病等身心特征调查。

3. 审前社会调查的目的。通过调查，全面分析犯罪人的社会危害性和再犯可能性，使对犯罪人是否适用社区矫正的评判能够建立在和犯罪人有关的、体现其再犯可能性的所有因素的综合评价上，以降低社区矫正的适用风险，为预防犯罪和矫正犯罪提供科学依据。

（二）社区矫正的交付和接收

社区矫正的交付和接收，是指社区矫正决定机关将符合社区矫正条件的矫正对象，在判决、裁定或决定确定之后，要求其在法定时间内按时到社区矫正机构报到，社区矫正机构和社区矫正工作者依法办理接收手续的制度。社区矫正决定机关是指依法判处管制、宣告缓刑、裁定假释、决定暂予监外执行的人民法院和依法批准暂予监外执行的监狱管理机关、公安机关。

1. 社区矫正执行地的确定。社区矫正决定机关判处管制、宣告缓刑、裁定假释、决定或者批准暂予监外执行时应当确定社区矫正执行地。社区矫正执行地一般情况下为社区矫正对象的居住地。社区矫正对象有多个地方居住的，可以确定其经常居住地为执行地。社区矫正对象的居住地、经常居住地无法确定或者不适宜执行社区矫正的，社区矫正决定机关应当根据有利于社区矫正对象接受矫正、更好地融入社会的原则，确定社区矫正执行地。

2. 社区矫正对象的接收。对适用社区矫正的矫正对象，社区矫正决定机关应当核实其居住地，在向其宣判时或在其离开监所之前进行教育，告知其在社区矫正期间应当遵守的规定以及违反规定的法律后果，责令其按时报到。

社区矫正决定机关应当自判决、裁定或者决定生效之日起 5 日内通知执行地社区矫正机构，并在 10 日内送达有关法律文书，同时抄送人民检察院和执行地公安机关。社区矫正决定地与执行地不在同一地方的，由执行地社区矫正机构将法律文书转送所在地的人民检察院、公安机关。

不同类型的社区矫正对象的接收。人民法院判处管制、宣告缓刑、裁定假释的社区矫正对象，应当自判决、裁定生效之日起 10 日内自行到执行地社区矫正机构报到；人民法院决定暂予监外执行的社区矫正对象，由看守所或者执行取保候审、监视居住的公安机关自收到决定之日起 10 日内将社区矫正对象移送社区矫正机构；监狱管理机关、公安机关批准暂予监外执行的社区矫正对象，由监狱或者看守所自收到批准决定之日起 10 日内将社区矫正对象移送社区矫正机构。

（三）监督管理

1. 矫正的宣告程序。司法所应当及时向社区矫正人员宣告有关法律文书的主要内容，包括社区矫正期限，社区矫正人员应当遵守的规定、被禁止的事项以及违反规定的法律后果等有关事项。宣告应当庄重、严肃，由司法所工作人员主持，矫正小组成员及其他相关人员到场，按照规定程序进行。

2. 制定矫正方案，实施分管分矫。司法所应当根据裁判内容和社区矫正对象的性别、年龄、心理特点、健康状况、犯罪原因、犯罪类型、犯罪情节、悔罪表现等情况，制定有针对性的矫正方案，实现分类管理、个别化矫正。矫正方案应当根据社区矫正对象的表现等情况相应调整。

3. 确定矫正小组。矫正小组可以由司法所、居民委员会、村民委员会的人员，矫正对象的监护人、家庭成员，所在单位或者就读学校的人员以及社会工作者、志愿者组成。社区矫正对象为女性的，矫正小组中应有女性成员。

4. 建立矫正档案。社区矫正机构应当为社区矫正对象建立社区矫正执行档案，包括适用社区矫正的法律文书，以及接收、监管审批、处罚、收监执行、解除矫正等有关社区矫正执行活动的法律文书。司法所应当建立社区矫正工作档案，包括司法所和矫正小组进行社区矫正的工作记录，社区矫正对象接受社区矫正的相关材料等。对矫正对象的档案要有专人做好管理工作，因为矫正对象的档案客观全面地反映了社会矫正机构内每个矫正对象或某个时期内矫正对象的整体情况，不仅可以为国家有关部门制定社区矫正法规和政策，为社区矫正机构研究矫正对象改造的特点和规律提供重要依据，而且可以直观地为社区矫正工作者教育转化矫正对象提供各种资料。

5. 外出审批和居住地变更审批。社区矫正对象离开所居住的市、县或者迁居的，应当报经社区矫正机构批准。社区矫正机构对于有正当理由的，应当批准；对于因正常工作和生活需要经常性跨市、县活动的，可以根据情况，简化批准程序和方式。因社区矫正对象迁居等原因需要变更社区矫正执行地的，社区矫正机构应按照有关规定作出变更决定。社区矫正机构作出变更决定后，应当通知社区矫正决定机关和变更后的社区矫正机构，并将有关法律文书抄送变更后的社区矫正机构。变更后的社区矫正机构应当将法律文书转送所在地的人民检察院、公安机关。

6. 考核奖惩。社区矫正机构要坚决贯彻公开、公平、公正的原则，建立健全和严格实施对社区矫正对象的日常行政奖惩和司法奖惩。社区矫正对象认罪悔罪、遵守法律法规、服从监督管理、接收教育表现突出的，应当予以表扬。社区矫正对象违反法律法规或者监督管理规定的，应当视情节依法予以训诫、警告、提请公安机关予以治安处罚，或者依法提请撤销缓刑、撤销假释、对暂予监外执行的收监执行。对社区矫正对象的考核结果，可以作为认定其是否确有悔改表现或者严重违反监督管理规定的依据。

7. 对特殊矫正对象实施电子定位装置的监督管理。社区矫正对象有下列情形之一的，经县级司法行政部门负责人批准，可以使用电子定位装置，加强监督管理：

（1）违反人民法院禁止令的；

（2）无正当理由，未经批准离开居住的市、县的；

（3）不按照规定报告自己的活动情况，被给予警告的；

（4）违反监督管理规定，被给予治安管理处罚的；

（5）拟提请撤销缓刑、假释或者暂予监外执行收监执行的。

使用电子定位装置的期限不得超过3个月。对于不需要继续使用的，应当及时解除；对于期限届满后，经评估仍有必要继续使用的，经过批准，期限可以延长，每次不得超过3个月。社区矫正机构对通过电子定位装置获得的信息应当严格保密，有关信息只能用于社区矫正工作，不得用于其他用途。

（四）对社区矫正对象的教育帮扶

县级以上地方人民政府及其有关部门应当通过多种形式为社区矫正对象提供必要的场所和条件，组织动员社会力量参与教育帮扶工作，有关人民团体应当依法协助社区矫正机构做好教育帮扶工作。教育帮扶的形式有：

1. 社区矫正机构可以协调有关部门和单位，依法对就业困难的社区矫正对象开展职业技能培训、就业指导，帮助社区矫正对象中的在校学生完成学业。

2. 居委会、村委会可以引导志愿者和社区群众，利用社区资源，采取多种形式，对有特殊困难的社区矫正对象进行必要的教育帮扶。

3. 社区矫正机构可以通过公开择优购买社区矫正社会工作服务或者其他社会服务，为社区矫正对象在教育、心理辅导、职业技能培训、社会关系改善等方面提供必要的帮扶。社区矫正机构也可以通过项目委托社会组织等方式开展帮扶活动。国家鼓励有经验和资源的社会组织跨地区开展帮扶交流和示范活动。

4. 社区矫正机构可以根据社区矫正对象的个人特长，组织其参加公益活动，修复社会关系，培养社会责任感。

（五）社区矫正的解除和终止

解除和终止社区矫正，是社区矫正工作的最后一个程序，具有重要的法律意义。在这一过程中，应保障法律的尊严及维护社区服刑人员的人权。

1. 社区矫正的解除。社区矫正对象矫正期满或者被赦免的，社区矫正机构应当向社区矫正对象发放解除社区矫正证明书，并通知社区矫正决定机关、所在地的人民检察院、公安机关。

2. 社区矫正的终止。社区矫正对象被裁定撤销缓刑、假释，被决定收监执行，或者社区矫正对象死亡的，社区矫正终止。

社区矫正解除和终止的情形包括以下几种：

1. 社区矫正期限届满。社区矫正人员接受矫正的期限与其刑期、考验期和依法予以监外执行的期限一致，矫正期满即应依法解除矫正。

2. 矫正对象因某种情形而被收押。因矫正对象在矫正期间违反法律、法规或相关规定，而被撤销缓刑执行原判决、被撤销假释收监执行、被撤销暂予监外执行而收监执行以及因重新犯罪而被羁押的，自收押之日起，社区矫正解除。

3. 矫正对象死亡。社区矫正期间，矫正对象死亡的，其矫正措施自动终止。

二、社区矫正对象的分类矫正

（一）分类矫正的含义及意义

1. 分类矫正的含义。分类矫正，是指依据矫正对象的自身特点和人身危险性程度等因素，对不同类型的矫正对象进行个性化管理与矫正，以利于提高社区矫正效果的一种措施和方案。

2. 分类矫正的重要性。

（1）分类矫正有利于提高矫正工作的针对性。由于矫正对象在年龄、文化程度、违法类型、个体需要、心理状况等方面都存在个体差异，这就要求我们对于各个矫正对象采取的矫正措施与其自身的特定情况相适应。在充分了解矫正对象并对矫正对象进行全面评估的基础上，制定针对个案的矫正措施和方案，因人施矫，可以提高矫正工作的针对性。

（2）分类矫正有利于提高矫正工作的效果。分类矫正针对矫正对象的个体差异，制订个性化的矫正计划，施以不同强度的管理措施和方法，根据其所处的不同管理级别，赋予其不同的待遇，能更好地调动其接受矫正的主动性和积极性，进一步提升社区矫正的实际效果，有利于矫正目标的实现。

（二）社区矫正对象的主要分类标准

1. 根据人身危险性进行分类。人身危险性，是指矫正对象客观存在的、潜在的继续实施危害社会、本人或他人行为的现实可能性。尽管社区矫正人员是一些主观恶性不大、社会危险性较小的犯罪人，但他们仍存在不同程度的社会危险性。例如，不同类型的犯罪所涉及的犯罪人的人身危险性有所差异。一般来说，暴力型犯罪人的人身危险性要大于侵财型犯罪人的人身危险性，而且同一类型的犯罪人往往有着不同的价值观偏差和行为缺陷。因此，应对其危险性进行评价后分门别类施以矫正。

2. 根据受刑类型进行分类。依据这一分类标准，社区矫正对象可分为三类进行管理：一是被判处管制和缓刑的罪犯。此类罪犯一般罪行较轻，社会危害性较小，相应的人身危险性也较小。二是被暂予监外执行的罪犯。该类人员是基于其生理上的病患，而非在监狱中矫正良好，其主观上的人身危险程度较管制和缓刑人员要大。三是被假释的罪犯。这类罪犯经过监狱矫正，因为表现良好，不具有社会危险性，才获得假释。

3. 根据年龄进行分类。主要是突出未成年人矫治方式与成年人矫治方式的区别。与成年人相比，未成年人的生理和心理尚未发育成熟，社会经验和认知能力远低于成年人，更容易受到周围环境的影响，对自己的行为可能导致的后果还没有准确的预见性，容易沾染不良行为。但相对而言，其主观恶性程度一般不高，如果加以正确的教育、帮助、引导和保护，其戒除恶习的可能性也更大。因此，对未成年人的社区矫正，应当与成年人分别进行。社区矫正机构应当根据未成年社区矫正对象的年龄、心理特点、发育需要、成长经历、犯罪原因、家庭监护教育条件等情况，采取有针对性的矫正措施。

未成年人社区矫正特别规定：

（1）建立未成年人社区矫正小组。社区矫正机构为未成年社区矫正对象确定矫正小组，应当吸收熟悉未成年人身心特点的人员参加。

（2）未成年社区矫正对象监护人的责任。未成年社区矫正对象的监护人应当履行监护责任，承担抚养、管教等义务。监护人怠于履行监护职责的，社区矫正机构应当督促、教育其履行监护责任。监护人拒不履行监护职责的，通知有关部门依法做出处理。

（3）保护未成年社区矫正对象的身份信息。社区矫正机构工作人员和其他依法参与社区矫正工作的人员对履行职责过程中获得的未成年人身份信息应当予以保密。除司法机关办案需要或者有关单位根据国家规定查询外，未成年社区矫正对象的档案信息不得提供给任何单位或个人。依法进行查询的单位，应当对获得的信息予以保密。

（4）保护未成年社区矫正对象的合法权益。对未完成义务教育的未成年社区矫正对象，社区矫正机构应当通知并配合教育部门为其完成义务教育提供条件。未成年社区矫正对象的监护人应当依法保证其按时入学接受并完成义务教育。年满 16 周岁的社区矫正对象有就业意愿的，社区矫正机构可以协调有关部门和单位为其提供职业技能培训，给予就业指导和帮助；未成年社区矫正对象在复学、升学、就业等方面依法享有与其他未成年人同等的权利，任何单位和个人不得歧视。有歧视行为的，应当由教育、人力资源和社会保障等部门依法做出处理。

（5）未成年社区矫正对象在社区矫正期间年满 18 周岁的，继续按照未成年人社区矫正有关规定执行。

除上述分类外，在实践中对社区矫正对象的分类标准，还可以根据性别、刑期长短、身体状况及社会状况等进行分类。

典型经验

浙江龙泉未成年人社会化帮扶

2017年4月25日，浙江省龙泉市检察院与市教育局、市“蚂蚁部落”爱心协会联合举行涉案未成年人社会化帮扶活动启动仪式。仪式上，三方领导人签订了三方合作协议。约定通过引入8名心理咨询师和“蚂蚁部落”志愿者全面参与社会化帮扶，包括对未成年人进行心理救助、案前社会调查、案后帮扶开导等，预防和减少未成年人犯罪。龙泉检察院自2013年成立未成年人刑事检察办公室后，先后与企业建立了7家关护帮教基地，成立了“爱相随”向日葵未检工作室。此次引入社会化帮扶，旨在打通未检帮扶的“最后一公里”，构建起具有龙泉特色的“修复性救助、社会化帮扶、多元化普法”三位一体未检工作模式，真正实现对未成年人的心理、学习、生活全方位综合帮扶。在这种帮扶体系中，检察院的职责是：(1) 发展具有心理咨询、法律、教育等方面知识的志愿者成为合适成年人，参与案件审讯、心理咨询辅导工作。(2) 志愿者协助本院未检办开展社会调查，帮助建立未成年人跟踪档案。(3) 邀请志愿者参与制订帮教考察计划并亲自实施和监督，由志愿者在考察期满后出具考察报告，并将考察报告作为是否不起诉的参考依据。(4) 建立“检察官寄语”制度，针对未成年人身心特点，既从执法办案的角度进行法律教育，又从人性关怀的角度进行行为矫正，帮助涉罪未成年人顺利回归社会。社会组织“蚂蚁部落”的职责是：(1) 以合适的成年人身份到场参与讯问、询问。(2) 司法社会调查和评估，即由检察官、心理咨询师和社工共同组成评估小组，全面调查分析未成年人的成长情况和犯罪原因，出具社会调查报告。(3) 个性化帮扶。一是家访和辅导。通过上门家访，动态跟踪服务对象适应情况；对于生活困难和社会适应困难的服务对象，开展各类关爱服务。二是学习培训。根据帮扶对象的个性特点，安排帮扶对象进行各类学习，提高其法制意识和基本技能。三是公益服务。由“蚂蚁部落”组织帮扶对象融入志愿者服务活动中，逐渐培养其感恩社会、回报社会之心。心理咨询师的职责是：(1) 对未检办移送需要进行心理测评的涉案未成年人，心理咨询师对测评对象通过评估其人格障碍、抑郁焦虑指数等方面内容，形成心理评估报告，并出具报告分析结果。(2) 心理咨询师对受创未成年人被害人进行专业化安抚，对具有品行障碍的涉罪未成年人进行引导，帮助其重新回归社会。

（三）分类矫正措施

要针对不同矫正对象的特点和差异，采用不同的矫正方法、施以不同的矫正内容进行分类指导教育。

1. 差异化矫正。根据社区矫正对象的犯罪原因、犯罪类型、危害程度、悔罪表现、家庭及社会关系等情况，进行综合分析和风险评估，实施分级别分强度管理，从日常管理、教育矫正、帮困扶助、心理矫治、跟踪评估等方面，施以差异化矫正方案。不同的管理强度在向管理人员报到的间隔时间、活动范围的大小以及公益劳动时间的长短、工作人员走访和个别教育的频率等方面均有不同，以体现刑罚执行的区别对待原则。

2. 累进处遇制度。累进处遇制度是将矫正对象社区矫正的时间分为几个阶段，依照矫正对象改善的程度，逐渐由下级进到上级，随着级别的递增，逐渐缓和其处遇，以鼓励矫正对象改过自新，使其成功地重新与社会结合的社区矫正制度。根据矫正对象的犯罪类型、危险程度、改造表现及重新犯罪的可能性等，可将矫正对象分为从严管理、普通管理、从宽管理三个等级进行矫正。此外，对累进处遇实施动态管理，矫正对象积极接受社区矫正，改造效果良好，就可晋级获得优越处遇；相反，矫正对象不积极接受社区矫正，甚至抗拒矫正教育的，则会受到降级的惩罚，丧失一些权利；个别情节严重者甚至会依法撤销社区矫正资格，重新收监执行刑罚。累计处遇制度有利于提高矫正对象参与矫正的主动性，激励矫正对象不断进步。

3. 个案矫正方法。基于刑事个别化原则，社区矫正机构应依据矫正对象产生犯罪的不同问题，采用有针对性的治疗、调试、干预和教育等技术，以达到特定矫正目的。对于未成年犯而言，由于未成年犯在生理、心理、认知模式上都与成年犯有很大区别，采取个案矫正方法更有利于达到矫正效果。在矫正原则方面，应坚持教育为主、惩罚为辅的原则，应与成年人分开进行，充分利用社会、家庭、学校各种资源。在矫正教育方面，开展制度化、规范化、经常化的思想道德教育、文化知识教育等。在矫正方法上，一是针对未成年犯易于感化的特点，侧重于教育感化，加强亲情教育；二是针对其违法犯罪的心理原因，开展心理咨询与治疗，进行心理疏导，帮助其树立生活信心，实现再社会化的目标。

三、社区矫正对象的教育矫正

（一）教育矫正的概念

所谓教育矫正，是指社会矫正机构依法对社会矫正对象适用的，通过实施社会化的教育、引导和帮助，结合法律、法规等规定的教育内容，转变其犯罪思想和行为，以最终实现其顺利回归社会为目标的教育活动的总称。教育矫正的任务是运用各种有效教育手段，促使矫正对象认罪悔罪，增强法律意识和道德素养，成为遵纪守法的公民。

（二）分阶段教育

以社区矫正对象接受矫正的时间为基础，结合其心理、行为特点和需求变化，可将教育矫正过程分为入矫教育、常规教育和解矫前教育三个阶段。

1. 入矫教育。一般而言，矫正对象从接受矫正时开始的 3 个月时间为入矫教育阶段。

（1）教育目的。帮助社区矫正对象认罪伏法，熟悉社区矫正的教育规定，自觉服从监管教育。

（2）教育内容。主要有认罪伏法教育、纪律教育和有关社区矫正的基本常识教育。

①认罪伏法教育。根据社区矫正对象的案由、刑罚种类及矫正期限，引导其正确认识所犯罪错的社会危害性。明确告知其法律赋予的权利及其应承担的刑事责任，端正认罪服判的态度。

②纪律教育。要向社区矫正对象进行各项纪律教育，强化其守纪意识，帮助他们养成自觉遵守纪律的习惯。

③社区矫正基本常识教育。应以刑事法律、社区矫正工作政策法规为依据，全面介绍社区矫正的相关知识及矫正的基本方法。

（3）教育方式。包括集体教育、个别教育、社区服务；发放学习资料、撰写学习心得，电话交流，家庭走访等多种教育方法。

2. 常规教育。入矫教育结束至矫正期限届满前的 1 个月是常规教育阶段。

（1）教育目的。教育矫正社区矫正对象的不良心理习惯和行为恶习，培养健康人格，增强守法意识，提高道德修养、文化水平和劳动技能，增强其融入社会的能力。

（2）教育内容。

①法制教育。教育矫正对象在日常生活和工作中，学法、知法、守法、用法，增强法律意识和观念，帮助矫正对象解决实际生活中遇到的法律问题。

②思想文化教育。向社区矫正对象传递健康的思想文化信息，逐步提高矫正对象的文化水平，纠正其不良的价值观念；及时与矫正对象做思想沟通，妥善解决其工作生活上遇到的突发事情；引导他们维系良好的人际关系，逐步形成正常

的社交环境；对文化程度低的矫正对象，开展文化补习。

③行为矫正教育。针对社区矫正对象的日常表现和行为举止，注重改变不良的语言表达方式和行为特征，引导矫正对象运用正确的语言和行为待人接物，养成良好的行为习惯，培养正常、健康的社会交往能力。

④职业技能培训教育。在考虑社会经济的发展程度和分析就业发展趋势的基础上，结合矫正对象的身体状况、受教育程度、兴趣爱好等个体差异，开展有针对性的职业训练。

（3）教育方式。综合运用个别谈话、个案矫正、集体教育、心理咨询、社区服务、职业技能培训、就业指导、推荐过渡性安置就业和帮贫解困等多种形式，增强教育矫正的效果。

3. 解矫教育。矫正期限届满的最后 1 月为解矫教育阶段。

（1）教育目的。总结和巩固社区矫正教育矫正成果，增强社区矫正对象的自律意识和守法观念，为顺利回归社会进一步打牢基础。

（2）教育内容。

①期满总结教育。指导社区矫正人员对改造过程进行全面回顾和总结，肯定成绩，找出不足。

②思想教育。了解社区服刑人员矫正期满后的打算，劝诫并勉励社区服刑人员遵纪守法，正确处理家庭、社交等各种关系，为解除矫正做好思想和心理准备。

③适应社会教育。具体包括形势政策、就业安置和理想前途等方面的内容。

④安置帮教工作衔接。对于社区矫正期满后转为安置帮教对象的社区服刑人员，告知安置帮教工作的性质及相关工作内容，引导社区服刑人员正确认识安置帮教工作，为继续开展帮教活动做准备。

（3）教育方式。个别谈话，指导矫正对象对矫正过程进行全面总结；对社区矫正对象进行综合考核，评估矫正效果；帮助社区矫正对象制订回归社会的生活、就业计划；走访社区矫正对象所在的社区和家庭，通报改造情况，使其在解除矫正后能够得到继续帮助和教育。

（三）教育矫正的基本方法

1. 集体教育法。集体教育具有形式规范、内容权威、传播迅速、群体效应等特点，集体教育的实施方式主要有课堂式教育如培训、讲座等，集会式教育如动员大会、奖惩大会、年终总结等，现场式教育如参观、参加社会活动等。

2. 个别教育法。个别教育，是指社区教育矫正工作者对矫正对象的个别、特殊问题，采取“一对一”的沟通、说服、疏导和知识传授的活动。个别教育一般采取的方式有个别谈话法、个别感化法、个别训练法和个别评价法。

3. 社会帮教法。社会帮教法，是指矫正机构利用社会资源，对社区矫正对象开展的有计划、有目的的教育活动。社会帮教法的主要形式是教育帮扶，即实施“政府主导、社会参与、家庭扶持”三位一体的以帮扶促教育的机制，解决社区矫正对象的实际困难，促其顺利回归社会。

（1）政府主导。县级以上地方人民政府及有关部门应当通过多种形式为教育帮扶社区矫正对象提供必要的场所和条件，组织动员社会力量参与教育帮扶工作。有关人民团体应当依法协助社区矫正机构做好教育帮扶工作。

（2）社会参与。有关部门和单位在社区矫正机构的协调下，可以依法对就业困难的社区矫正对象开展职业技能培训、就业指导，帮助社区矫正对象中的在校学生完成学业。国家鼓励企业事业单位、社会组织为社区矫正对象提供就业岗位和职业技能培训；居民委员会、村民委员会可以引导志愿者和社区群众，利用社区资源，采取多种形式，对有特殊困难的社区矫正对象进行必要的教育帮扶；社区矫正对象所在单位或者就读学校应当协助社区矫正机构做好对社区矫正对象的教育。

社区矫正机构可以通过公开择优购买社区矫正社会工作服务或者其他社会服务，为社区矫正对象在教育、心理辅导、职业技能培训、社会关系改善等方面提供必要的帮扶。社区矫正机构也可以通过项目委托社会组织等方式开展帮扶活动。国家鼓励有经验和资源的社会组织跨地区开展帮扶交流和示范活动。

（3）家庭扶持。社区矫正对象的监护人、家庭成员应当协助社区矫正机构做好对社区矫正对象的教育。

四、社区矫正对象的心理矫治

（一）心理矫治的含义

心理矫治，是指在社区矫正工作中，运用心理学与精神医学的理论与技术，通过对罪犯进行心理测量、心理评估和心理咨询与治疗等一系列活动，以达到消除其不良心理及其他心理障碍，矫正其不良认知模式，重塑健康的人格，提高适应社会能力为目的的一种工作方式。罪犯个体的不良心理状态是发生犯罪行为的重要原因，其心理健康状况也明显低于社会正常人群，因此关注罪犯的心理问题，对其进行必要的心理矫治是社区矫正的工作重点之一。

（二）心理矫治的主要内容

1. 心理评估。心理评估是利用一些人格量表来测评罪犯的个性特征、认知能力、心理健康状况等，它能够帮助矫正机构发现一些掩盖在罪犯外表下的心理问题，进而更好地判断罪犯的内在心理状态，是开展有效心理矫治的前提之一。

2. 心理健康教育。对社区矫正对象进行心理健康教育，是开展心理矫治的重要步骤，目的是帮助社区服刑人员掌握心理健康知识，增强心理健康意识，充分认识自己，形成良好心态，提高心理自我调节和控制能力，预防不良心理及行为的发生。心理健康教育的内容包括：心理健康基本知识教育，认知模式教育，积极情感教育，意志力优化教育，人格健全教育，自我意识教育，人际和谐教育，有关心理测量、心理咨询与心理治疗知识的教育。①

3. 心理咨询与心理治疗。通过心理健康教育，有些矫正对象仍不能很好地调试自己，或者存在各种心理疾病，这就需要专业的心理咨询和心理治疗手段。心理咨询主要针对具有轻微心理问题的矫正对象，它是运用心理学的知识和原理，通过双方谈话及交流，帮助矫正对象发现自己的问题及其根源，从而改变原有的认知结构和行为模式，以改善心理状态，恢复心理健康。心理治疗针对的主要是有心理或精神障碍的人，它是运用临床心理学和精神医学的理论和方法，由专业人员通过语言、文字、动作等媒介，缓解矫正对象的各种心理障碍和异常行为，从而重塑矫正对象的人格。

4. 心理危机干预。心理危机是个体内部的一种心理稳定状态的破坏。心理危机干预，是指对处于心理危机状态中的矫正对象给予必要的帮助，使其心理危机得以缓解。通过心理危机干预，可有效处理矫正对象的紊乱情绪和过激行为。

【引导案例参考答案】

1. 社区矫正一般应经过审前社会调查、社区矫正的交付和接收、监督管理、对社区矫正对象的教育帮扶、社区矫正的解除和终止等程序。

2. 社区矫正中的教育矫正是指社区矫正机构依法对社区矫正对象适用的，通过实施社会化的教育、引导和帮助，结合法律、法规等规定的教育内容，转变其犯罪思想和行为，以最终实现其顺利回归社会为目标的教育活动的总称。以社区矫正对象接受矫正的时间为基础，结合其心理、行为特点和需求变化，可将教

① 章恩友，姜祖桢．矫治心理学［M］．北京：教育科学出版社，2000：201.

育矫正过程分为入矫教育、常规教育和解矫前教育三个阶段。教育矫正的方法主要有集体教育法、个别教育法、社会帮教法。

3. 社区民警可利用社区警务室等为教育帮扶社区矫正对象提供必要的场所和条件。配合社区矫正机构做好法制宣传、案例警示等工作，也可组织动员社会力量参与教育帮扶工作。

第八章　社区警务信息化与智慧社区警务建设

【学习目标】

通过本章学习，使社区民警了解社区警务信息化的意义，掌握社区警务信息化的主要内容，明确“一标三实”信息采集维护工作的主要内容，了解当前开展智慧社区警务建设的意义，并对智安小区建设进行深入了解，从而使社区民警具备信息化社会条件下警务信息化的基本素养，学会运用现代科技推动社区警务建设向智慧化方向发展。

【重点提示】

- 社区警务信息化建设的内容
- 治安秘密力量
- “一标三实”信息采集维护工作
- 智安小区建设

第一节　社区警务信息化建设概述

引导案例

甘肃省嘉峪关市公安局多措并举打造智慧社区警务①

近年来，嘉峪关市公安局深化“平安城市”建设，按照信息化条件下的警务生成模式，通过“传统+科技”的有效结合方式，坚持把社区警务打造成信息化建设的源头、执法规范化的阵地、和谐警民关系的桥梁，矛盾纠纷化解的前沿，进一步夯实了基层基础，提升了整体工作水平。

① 嘉峪关市公安局．市公安局多措并举打造智慧社区警务．[2019-12-03]．https://www.thepaper.cn/newsDetail_forward_5132074.

该局运用大数据手段提升公安机关核心战斗力，构建信息数据引领的现代警务模式，通过引入前沿智能识别技术、建设后台分析处理云平台，链接公安视频专网，创新社区安防视频大数据，下发移动警务终端等应用新模式，实现“社区民警专职化、信息采录精准化、社区警务信息化”工作流程，初步形成社区内人、车、房、事等静、动态信息库，促进社区管理的规范化、精细化、科学化，全面提升了社区安防等级。

问题：1. 如何认识社区警务信息化的作用?
2. 社区警务信息化建设包括哪些内容?

党的十九大报告指出，要提高社会治理社会化、法治化、智能化、专业化水平。2019 年 5 月 17 日，习近平总书记在全国公安工作会议上提出新时代公安工作“政治建警、改革强警、科技兴警、从严治警”的十六字指导方针，进一步明确了科技兴警的思路。当前，公安工作的发展趋势就是向信息化和智能化迈进，运用大数据和信息化手段，实现信息技术和公安业务深度融合，变粗放低效为精准高效、变经验管理为数据治理、变应急处置为预测预警，已成为提升公安核心战斗力的重要途径。社区警务既是我国的重要警务战略，也是一项十分重要的基础性治安工作，是基层社会治安治理工作的重要组成部分，因而社区警务信息化建设必然成为基层社会治安治理和公安工作智能化的重要内容之一。为此，公安部于 2019 年 2 月 23 日下发的《公安部关于全国公安机关坚持发展新时代“枫桥经验”的意见》（公通字〔2019〕6 号）指出，要深化城乡社区警务战略，以“一标三实”采集应用为重点，以智能安防社区建设为抓手，以单位内部安全为延伸，切实加强对社区“人、地、事、物、组织”等治安要素管控。可见，社区警务信息化建设已成为新时代深化社区警务战略的重要内容。

一、社区警务信息化建设的含义

信息是人们在与物质相联系的过程中所反映出来的各种数据、指令、消息、情报等可表示事物形态结构和特征的信号。信息起着消除人们认识事物的不确定性，增加肯定性，提高人们对事物的调节、控制能力，使人们明了情况，知己知彼，使行为有的放矢，提高社会活动的有序性和工作效率的作用。信息同物质、能源并称为人类社会生存发展的三大基本资源。随着电子计算机网络技术的广泛应用，信息的快速传播使信息这种社会资源产生了极大的社会价值。利用电子计算机网络技术对各种社会信息进行收集、筛选、加工、处理、存储、传输、应用，构成了信息的系统化建设。

社区警务信息是一切与社区警务工作有关的人、事、物和时空等现象的存在状态和运动方式的反映。它既包括社区民警利用各种手段日积月累采集的各类情报信息，也包括利用大数据、云计算、物联网等智能手段采集、分析、处理所形成的情报信息。社区警务信息为各级党委、政府、公安机关提供了掌握社区治安动态、认识社区治安规律、科学管理决策的重要依据，并成为基层公安机关严密社区治安管理、有效开展社区违法犯罪预防工作和服务群众的基础性条件。

社区警务信息化建设是当前公安机关实施社区警务和科技强警战略的一项基础性的系统工程，是加强公安信息化建设的重要内容，反映了公安机关在社区警务工作中，运用计算机网络和大数据技术，对采集的海量社区警务信息进行存储、筛选、梳理、加工、处理、使用和共享等管理和建设的全部过程。大数据时代的到来为社区警务信息化建设带来了新的机遇，公安机关应以全面推进智慧警务建设为创新驱动力，利用互联网、物联网、云计算等技术，创新社区警务信息化建设模式，整合打通社区各类数据资源要素，由以前单纯依靠人防、物防、技防的治安管控局面，转向依托现代科技手段，促进信息和资源共享，着力构建便捷高效的社区警务管理和服务体系。

知识拓展

传统警务与警务信息化的对比

对比项目	传统警务	警务信息化
存在状态	物理实体	网络虚拟化
工作形式	有地理局限性	跨空间
处理时间	工作日	随时
组织形式	金字塔型垂直结构	网络扁平化
行政管理	集中管理	分散管理
有效凭证	公章、签名、许可证件	电子证书、电子凭证
工作流程	串行单一方向	多部门协同并行
参加决议范围	系统内部	内部和外部公众
决议方式	经验判断	多元化的信息决策系统

二、社区警务信息化建设的意义

（一）有利于公安机关信息化工作整体推进

社区警务是公安工作的根基，大部分重要治安信息都要从社区中获取，因而社区警务信息化是公安机关信息化整体工作的重要组成部分。社区警务作为整个公安工作的基础和各项工作的平台，其信息化建设为实现基础工作信息化、信息工作基础化提供了有力保障和支撑，是新形势下加强公安基层基础工作的“促进剂”，是服务基层、服务基础、服务实战的现实需要，是抓好治安基础工作的重要环节，也是公安机关信息化工作整体推进的前提。

（二）有利于高效开展社区警务工作

社区警务工作的根本任务是发现、预防和控制各种违法犯罪，维护社会治安稳定。社区警务信息化建设要求通过全面收集、及时了解和掌握社区警务信息，对所得到的各种治安信息进行科学分析、加工，针对社区治安情况和发展形势制订出科学合理的工作计划，切实做好社区的治安管理和防范工作，以防患于未然，从而构建以信息化为核心的社区警务工作系统。这一系统是一个严格规范的系统，它通过将社区警务信息化工作标准化、统一化、规范化、程序化，使社区警务信息化工作形成统一的整体，使社区治安信息从信息收集、加工处理、传递等环节实现整齐划一，有利于提高社区警务工作的效率。

（三）有利于提高社区治安防控效能

通过社区警务信息化建设，在加强社区警务信息规范化的同时，充分运用智能技术对信息数据进行收集、分析和应用，可以及时发现各类信息动态，准确预测社区治安动向，及时发现治安问题并做好预警决策，提高公安机关对现实社会及虚拟数字空间里的人、事、物、场所的管控能力和效率，推动公安机关打击违法犯罪的手段和方法的“智慧化”发展，从而牢牢掌握社区治安防控工作的主动权，提高社区治安防控效能。

（四）有利于发挥社区防控力量的综合效能

社区治安管控由多个层级、多个系统、多个部门的力量来承担，相互之间必须保持经常性、制度化的联系与沟通，以保证整体工作协调统一，服务于社区警务工作的总目标。上级机关通过信息传递，把有关法律、政策、指令、工作目标、要求等传达到社区警务部门和基层社区组织，由社区警务部门具体组织实施；同时，将实施情况和社区治安状况、各种社会动态等信息及时反映给上级部门，实现上传下达纵向联系。各基层组织之间通过信息化渠道达到彼此沟通，从而实现横向联系。社区警务信息化建设使各职能部门运转畅通，行动统一，综合发挥社区治安防控力量的整体效能，并使之最大化。

三、社区警务信息化建设的内容

（一）社区警务信息化硬件建设

传统的社区警务信息化硬件建设主要是基于互联网技术和通信技术的硬件建设，包括通信设备、计算机设备、网络运行设备等用于社区警务信息的记录、存储、传输及应用查询的所有物质基础设施。随着移动互联网和物联网技术的发展，目前社区警务信息化硬件建设正向主动采集和智能化应用设施方向拓展，包括高清摄像设备、MAC 码采集设备、无线射频感应（RFID）设备、手持终端和中央集成运算设备等，从而使社区警务信息化向“互联网+”模式发展。社区警务信息化硬件对社区警务信息的采集、存储、传输及应用起着关键性的作用，是公安机关实现信息化警务的前提条件，其性能及以这些硬件设备为基础所形成的各种应用系统的运行状态直接决定了社区警务工作的效能。对于硬件系统的投入、建设、管理和维护是社区警务信息化建设的首要环节，公安机关应遵循共建共治共享理念，着力构建“政府主导、综治牵头、公安主抓、部门协作、社会参与”的工作格局，采取多元保障、全力共建的思路，确保社区警务信息化硬件建设稳步高质量推进。

（二）社区警务信息化软件建设

社区警务信息化软件建设对社区警务信息的收集、处理、分析、判研、应用至关重要，只有科学地建设、管理和使用社区警务信息化系统，社区警务信息化工作才能真正发挥成效。社区警务信息化软件建设的主要内容是建设社区警务信息化工作网络，其结构组成主要包括三个方面：一是技术层面的构成，其物化表现主要是各种技术设施及由其组成的各个信息化系统；二是制度层面的结构组成，主要表现为确保社区警务信息化工作正常开展的各种制度规范。

1. 技术层面的具体组成。主要包括三个方面：一是由各种视频监控设备、感知设备、传输线路及中心控制设备组成的监控、报警、信息自动采集系统，如门禁系统、视频监控和人脸识别系统、MAC 地址采集系统、RFID 防盗系统、联网报警系统、车辆识别系统、电子巡更系统、周界防越报警系统等。二是由各种通信设备、传输线路及中心控制设备组成的有线和无线通信系统，如 110 报警系统、公安集群通信系统等。三是由计算机、警务通及其他终端设备、传输线路及中心控制系统组成的计算机网络系统，分为公开互联网和公安专网两种。互联网主要负责可公开社区治安信息的传输和发布，使其能在社区公众中实现共享。公安专网主要负责不宜公开的社区治安信息的传输和发布，其信息只能在公安机关内部流转。从社区公安专网的组成看，又包括：社区违法犯罪信息系统、社区人口信息系统、社区旅馆业住宿登记系统、社区治安动态信息系统等。

2. 制度层面的具体组成。

（1）信息采集制度建设。建立完善社区民警信息化工作规范和相对应的保障和激励机制，确保社区民警对辖区内的标准地址、建筑物、单位、房屋、物品以及居住人员、从业人员、违法犯罪、社情动态等信息做到应采必采，能采尽采，及时更新。

（2）信息管理制度建设。社区警务信息要进行分类管理，根据业务工作要求进行信息分类、筛选、处理，进行各类信息数据库的建设，信息数据要定期维护，及时根据客观变化进行更新。制定情报信息管理工作规范，专业人员定期对社区警务信息进行分析、判研，提示社区防控重点，制定有针对性的社区防控预案。通过信息的交换，对社区警务管控情况，防范力量的部署，预案实施的效果进行信息反馈，形成闭合的信息管理系统。这些管理制度的不断完善将促进社区警务工作的发展，信息化建设需要工作制度作为保障。

（3）系统管理制度建设。社区警务信息系统操作要进行分级管理，每一层级管理权限的不同决定其所操作使用的平台范围不同，信息系统的进入必须使用专门认证程序（即密钥登录）。操作人员要严格遵守公安保密纪律，维护网络信息系统安全。每台设备必须指定责任人，责任人一般为设备使用者，对于共用设备由部门负责人指定专人负责管理；使用人员要严格按照系统设备操作规程进行操作，不得在设备系统中安装使用与工作无关的软件程序；强化移动警务终端硬件和软件的安全性，完善终端警务通产品与管理平台的注册管理机制以及终端遗失、被盗抢等问题发生后用户注销、数据删除机制建设，防止警务秘密和数据的泄漏。

知识拓展

警务信息多维感知技术

警务大数据体量极大、流转速度极快、模态多样。警务工作需要不断提升大数据思维观念，提升对大数据本体及其特征、价值和功用等方面的认识。在目前的公安业务中使用预测分析、语义分析和可视化挖掘等大数据技术，通过大数据技术对公安信息化进程中产生的巨量数据，并且仍以TB数量级增加的多模态数据进行分析、预测和决策并最终把多维信息生成情报产品，提升警务效率和水平。警务工作中从公共监控、卡口、人口管理、特殊物品和场所管理等获得的巨量的多维信息，要形成精确的综合情报，实现有效犯罪预警、打击和控制，还需要进一步提升智能化的大数据分析技术支持。

警务云，移动警务是警务云的典型应用，云计算是具有强大的运算和存储能力的新兴商业计算模式，是基于Internet的超级计算模式，分为公有云和私有云，每秒可达10万亿次的运算，通过将计算任务分布在大量计算机构成的资源池上，为用户提供动态易扩展的虚拟化资源和用户需要获取的计算力、存储空间和信息服务。2014年3月，全国第一个“社区云警务”系统在淄博市周村区建成。通过“云鉴”，民警可以随时随地查询所需要的基本信息、查看社区治安状况、接收上级的指示，具有较强的实战性和实用性。移动警务实现了从桌面应用向移动终端的拓展，2018年5G技术的推广和金盾工程高端应用的有效推进，移动警务又将迎来一个快速发展的智慧警务模式，移动警务目前已在多省被部署，并逐渐向全国推开。

警务地理信息系统（PGIS），是架构在CIM、GIS、BIM技术之上，并整合了警务数据系统的一个综合系统。在户外任务执行、室内人质解救等需要立体场景支持的任务中，建筑信息模型（BIM）提供的“可计算数码信息”，能够通过对建筑的平面图、立面、剖面、详图、三维立体视图、透视图、材料表等多种信息的表达，与PGIS进行融合，实现警务信息多维立体显示。

PGIS的基础构架——地理信息系统（GIS），是由计算机硬件、软件系统组成空间信息系统，通过对整个或部分地球表层（包括大气层）空间的有关地理分布数据进行采集、储存、显示、运算、分析、描述和管理的系统。

智慧城市的建设依赖于CIM（City Intelligent Model，城市智慧模型）的建设，而CIM主要是将GIS、BIM（建筑信息模型，以三维数字技术为基础，集成了建筑工程项目各种相关信息的工程数据模型）、物联网进行集成，成为智慧城市建设最基础的技术架构。安全保卫、突发事件应急处理、资产管理、防灾救灾等无一不与地点相关，大量城市运维需要空间位置定位，需要“BIM+GIS”的城市空间数据库。CIM是最基础的城市数据库，通过对城市级数据可计算功能，产生高价值的应用。在地图上框定一个街区，就能立刻计算出其中有多少栋楼，多少建筑面积，有多少人口，有多少家单位，容积率是多少，拥有多少车辆等大量数据。

物联网技术，能够建立设备与设备、人与设备的联结和交互，是实现社区管理、运输仓储管理等的重要技术，通过物联网获取运营数据的方式，也进一步扩大了警务管理空间，如通过对各种危、禁物品在生产、销售的运输等环节的多维信息感知，信息汇聚分析等，提升爆炸物、毒品、管制器械和枪支的管理能力。

人工智能（AI），这种新兴技术可以对信息进行理解、学习并执行。人工智能的应用关键在于要懂得人们现在的想法，重点突出人类的内在情感——思考力、创造力和解决问题的能力。AI的应用可以解除过重的警务负担，帮助我们处理、分析海量的公安信息，留下更多的时间去关注警务工作本身，从事高层次的思考、创造与决策。通过人工智能、虚拟现实等警务创新的应用，将会更为便捷、高速地对立体治安防控空间的数据进行多维度的感知和分析、预警，进而实现对犯罪各个阶段的研究和监控，增强被害人研究和应急事件处理能力，提升效能、更好地解放警力。

技术的进一步发展必将会引发价值再次转移，大数据、云计算、物联网、PGIS和AI等的警务多维信息感知分析预警技术的应用能让我们更好地引领这场警务创新变革。

（三）社区警务信息化主体建设

1. 社区民警。社区民警是社区警务信息化工作的当然主体。公安部于2006年9月下发的《公安部关于实施社区和农村警务战略的决定》（公发〔2006〕5号）明确规定社区民警有“及时收集、上报涉及社会政治稳定和治安稳定的各类信息；定期排查、分析社情动态和突出治安问题；将收集、掌握的各类情况信息录入计算机，进行积累、分析、比对，切实做到基础工作信息化”的职责。因此，社区民警应适应大数据时代警务信息化发展的需要，要不断提升警务信息化工作能力，认真做好各项社区警务信息化工作。

2. 治安秘密力量。治安秘密力量是公安机关治安部门在工作中专门建立和使用的一支搜集并反映社会治安信息的秘密力量。

（1）治安秘密力量的种类（略）。

（2）治安秘密力量的物建原则和条件（略）。

（3）治安秘密力量的物建渠道（略）。

（4）治安秘密力量的物建方法（略）。

（5）治安秘密力量使用过程中应注意的问题（略）。

3. 社区专门辅助人员。主要指对收集社区治安信息具有特殊优势或有利条件的有关人员，如社区保安、外来人口专管员、治安协管员等。这类人员是社区民警在日常工作中的主要依靠对象，社区警务中的很多基础信息都要依靠其进行收集。

4. 社区治安信息员。社区治安信息员是基层公安机关普遍建立的一种“业余”性质的群众性信息收集力量，由社区各个层面的对象构成，分布较为广泛，如客运司机、保洁人员、物业人员、网格人员、治保人员、前科人员等都可成为社区治安信息员。社区治安信息员主要适用于一般性社情的收集、反馈，如某些重大政策、决策或事件所引起的社会反响，人们对某些热点问题的态度、评价等。实际工作中，选择治安信息员要注意以下三方面条件：一是有观察问题、分析问题的能力；二是有实事求是的作风和扎实细致、肯于吃苦的工作态度；三是有一定的工作热情和责任心。

5. 群众“自愿军”队伍。社区成员在接触和了解社区治安信息方面具有得天独厚的条件，因此，社区民警应树立群众观念，广泛发动社区成员，使社区成员成为社区民警获取社区治安信息的“自愿军”。

【引导案例参考答案】

1. 当前社会已经进入“大智移云”时代，大数据、人工智能、移动互联网、云计算等新兴技术的发展都是信息化建设所带来的成果。警务工作作为社会治理的重要组成部分，应紧跟时代发展的步伐，大力推进警务信息化建设。警务信息化建设是警务改革的必由之路，它突破了传统的思维理念，转变了传统的工作模式，整合了有限的警务资源，提高了工作效率和质量，是警务工作智慧化转型的必经途径。社区警务虽然是基层警务工作，但在警务信息化中扮演着重要角色，做好社区警务信息建设，有利于公安机关信息化工作整体推进，有利于高效开展社区警务工作，有利于提高社区治安防控效能。

2. 社区警务信息化建设内容广泛，既包括社区警务信息化硬件建设（当前主要是社区警务信息主动采集和智能化应用方面的硬件建设），也包括社区警务信息化软件建设，如技术层面的各种信息化系统和制度层面的社区警务信息化工作规范等，还包括社区警务信息化主体建设，如社区民警的信息化工作水平、治安秘密力量建设、社区治安信息员建设、群众“志愿军”队伍建设等。

第二节　社区治安信息工作

引导案例

“一标三实”平台显神通①

2020年4月24日，一群众到甘肃省金昌市公安局金川分局广州路派出所报警称：自己在马路边捡到一张身份证，请求派出所民警帮助联系查找失主。值班民警立即通过“一标三实”系统查询联系到失主。半小时后，失主到派出所领到了自己丢失的身份证。看着失而复得的身份证，群众对民警表示衷心感谢。民警叮嘱失主外出时一定要保管好自己的身份证件，防止丢失带来不便。4月26日4时许，金川分局宁远派出所接到群众报警称：有一男子躺在马家岸村某超市前一树沟内，要求出警。宁远派出所值班民警迅速到达现场，经查看，该男子处于醉酒状态，无法正常沟通。处警民警立即通过“一标三实”平台确定了该男子的家庭住址，并将该男子安全送回家中，其家属对民警连声感谢。

问题：为什么要开展“一标三实”信息采集维护工作?

社区治安信息工作内容广泛，涉及社区治安信息的采集、处理和应用等各个环节，同时需要遵循一定的规范和要求，是社区民警的重要职责之一。社区治安信息工作应通过推动基础工作与信息化建设的高度融合，把信息工作基础打牢，把日常信息工作做实，把信息应用做好，努力实现应对社区治安新情况、解决社区治安新问题、回应社区群众新要求的目标。

一、“一标三实”信息采集维护工作

“一标三实”信息采集维护工作是指以标准地址和实有人口、实有房屋、实有单位为主要内容的基础信息集中采集工作，是新形势下实现基础工作信息化、信息工作基础化的有效途径，也是公安机关基层基础建设的重要内容。“一标三实”信息采集维护工作主要依托社区警务开展，因而也是社区警务信息化工作的

① 金昌市公安局．“一标三实”平台再显神通．［2020-05-05］．https：//baijiahao. baidu. com/s？ id = 1665851646468539228&wfr = spider&for = pc.

重要内容。

(一)“一标三实”信息采集维护工作简介

2017年7月,公安部治安管理局下发《关于印发〈全国治安(人口管理)系统开展“一标三实”基础信息集中采集工作方案〉和〈“一标三实”基础信息采集维护工作规范〉的通知》,在全国公安机关治安(人口管理)系统全面开展“一标三实”信息采集维护工作。开展“一标三实”基础信息集中采集工作,是加强和创新动态化信息化条件下治安管理基础工作的迫切需要。

1. “一标三实”信息采集工作的主要任务目标。

(1)全面摸清底数。按照“应采尽采、全面覆盖”的原则和“完整、准确、鲜活”的要求,对辖区内的标准地址、实有人口、实有房屋、实有单位基础信息开展集中采集,信息的采集率、准确率要达到95%以上,实现“底数清、情况明”。

(2)消除管理盲区。依托“一标三实”基础信息集中采集,会同有关部门清理整治一批治安管理薄弱的重点部位,消除一批漏管失控风险隐患,发现和列管一批治安重点人员,推动落实分级分类、动态管控措施。

(3)服务公安实战。通过“一标三实”基础信息集中采集,加强基础信息全警共享、实战应用,有效服务和支撑反恐防暴、维稳处突、侦查破案、行政管理、服务群众等各项公安工作。

(4)创新工作机制。以“一标三实”基础信息集中采集为牵引,逐步建立动态化、信息化人口管理模式,积极探索派出所社区警务机制改革创新,推动派出所工作重心回归基础工作。

2. “一标三实”信息采集工作的意义。“一标三实”信息采集完成后,公安机关将对辖区内的每一栋房屋,甚至每一套房子都进行精确标注。一旦遇到紧急情况,在110出警、受理寻人寻物求助、医疗急救、消防灭火救援等方面可以提供更高效周到的服务,为挽救生命和保护人身财产安全节约宝贵时间。另外,便于及时发现和掌握隐藏的违法犯罪人员,实施精准打击。此外,政府相关部门可以根据“一标三实”大数据合理统筹各个区域的教育、医疗等公共资源,让有限的资源最大化地满足市民需求。具体来说,其作用主要有以下几个方面:

(1)建立统一的地址标准体系。通过开展“一标三实”信息采集工作,可以根据本地实际,建立独有的、符合公安部要求的地址模型及元素组合规则,建设统一标准地址数据规范、服务规范和管理规范,实现地址命名标准化、地址编码标准化、地址位置采集标准化,解决因标准不统一、命名不规范造成的定位不准、地址信息难以可视化等问题。

（2）实现人房关联管理。通过开展“一标三实”信息采集工作，可以实现以房管人功能，包含地址的层户结构、房屋信息，房屋住户信息、住户关系人等数据管理，支持基于地图的可视化展示与空间查询操作。

（3）有利于重点人员管控。通过开展“一标三实”信息采集工作，可对工作对象、违法犯罪人员、治安关注人员等进行信息管理，并在地图上撒点定位，实现高级查询、复合显示、关联分析（如背景信息、关系人信息、管控信息等）、轨迹分析、预警评估，完成重点人员全面管控。

（4）有利于重点单位管控。通过开展“一标三实”信息采集工作，可实现对社区治安热点等实有单位的信息检索定位功能，并能根据需要将有关联的实有单位、从业人员、检查录入之间做关联查询，实现数据信息间的互联互通。

（5）能为治安移动警务提供有效支撑。通过开展“一标三实”信息采集工作，可通过系统建设，建立以“无线+智能终端+服务器”为架构的移动治安管控综合性平台，涵盖“一标三实”采集、行业信息采集、社会信息采集、智能识别、流程管理、检查记录、线索举报、综合门户等功能。

（二）“一标三实”信息采集维护工作的主要内容

1. 标准地址信息采集和维护。标准地址信息按照公安部行业标准《公安信息代码第 32 部分：地址元素分类与代码》（GA/T 2000. 32）实行分级分类管理。信息采集维护应符合《地（住）址基础信息数据项》（GA/T 1219）等行业标准的规定。省、市、县三级行政区域地址元素的地址编码工作由公安部统一管理发布。乡镇（街道）、社区居（村）委、街路巷（小区）、建筑物、建筑物单元房屋等级别地址元素的地址编码工作由地方公安机关负责。在建筑物信息中，应对建筑物的电子地图坐标位置进行标注。所有建筑物和建筑物单元房屋地址信息均应关联到社区、居（村）委会信息，其公安机关管理属性应精确到警务责任区。街路巷（小区）地址原则上以地名主管部门正式命名为标准；街路巷（小区）名称和建筑物的地址应填写规范的地名和门（楼）牌地址，别名简称可填写惯用、通俗的名称。社区民警负责建筑物及以下层级的地址信息元素采集工作，各级公安机关进行地址信息质量审核。

公安机关要主动协调民政部等有关部门，认真做好街路巷（小区）命名，并做好门牌（号）、楼栋号、单元号、房间号的命名、挂牌工作，实现新增、变更、撤销地址信息共享、对接。对于暂时没有正式命名的街路巷（小区），可按当地约定俗成名称先行录入，并标记为非正式命名。未挂牌的门牌（号）、楼栋号、单元号、房间号，县级以上公安机关可以会同有关部门临时编定。门（楼）牌地址信息应使用规范汉字和阿拉伯数字录入。临时房屋、建筑工地等地址登记为临时地址，采集地理位置坐标，参照标准地址的编码方式使用文字描述。

2. 实有人口基础信息采集维护。实有人口信息按《实有人口基础信息数据项》（GA/T 1218）等行业标准采集，采集内容包括境内人员和境外停居留人员两大类。

（1）境内人员。包括本地户籍人口（分为人房一致、人房不一致两种情形）、非本地户籍人口、未落户人员三类。本地户籍人口指常住户口登记在本市（县）范围内的人员，按人房一致和人房不一致两种情况采集。非本地户籍人口指常住户口登记在本市（县）范围以外，在辖区内实际居住，按有关规定应当办理暂住登记的人员。对已申领居住证和未申领居住证的人员进行分别标注。未落户人员指在辖区内实际居住的尚未登记常住户口的人员。

境内人员信息采集的基本数据项包括：人员类别、姓名、性别、民族、居民身份证号码、居住地址、户籍地址。各省（区、市）可根据实际需要增加采集信息的项目。

（2）境外停居留人员。包括在辖区内实际居住的外国停居留人员、华侨停居留人员、港澳地区停居留人员、台湾地区停居留人员以及其他人员五类。外国停居留人员是指依照《国籍法》不具有中国国籍，在辖区内实际居住的人。华侨停居留人员是指已定居在国外、持中国护照，但未取得外国国籍，在辖区内实际居住的中国公民。港澳地区停居留人员是指定居在香港地区或澳门地区，在辖区内实际居住的中国公民。台湾地区停居留人员是指定居在台湾地区，在辖区内实际居住的中国公民。其他人员是指其他境外停居留人员。

境外停居留人员信息采集的基本数据项包括：人员类型、证件种类、证件号码、中文姓名、外文姓、外文名、性别、国籍（地区）、出生日期、境外人员身份、签证（居留许可）种类、签证（居留许可）号、签证（居留许可）签发机关、签证（居留许可）截止日期、居住地址、国内邀请人或本人联系电话。各省（区、市）可根据实际需要增加采集信息的项目。

实有人口限定于在辖区内实际居住的人员，常住户口登记在本辖区但没有实际居住的人员不应登记为实有人口。军队、武警部队人员不作为实有人口进行登记，但散居在社会面的，应当作为实有人口进行登记。

3. 实有房屋基础信息采集和维护。实有房屋信息采集维护应符合《地址（房屋）管理信息数据项》（GA/T 1224）等行业标准的规定。出租房屋信息应当予以优先和重点登记采集，并详细登记房屋承租情况和定期开展治安检查等工作情况。实有房屋信息采集的基本数据项包括：房屋地址、房屋类别、房屋用途、房屋间数，房主的居民身份证号码、姓名、证件种类、证件号码。各省（区、市）可根据实际需要增加采集信息的项目。

根据建筑物特性将房屋类别分别登记为：单元（公寓）楼、筒子楼、别墅、自建楼、平房、四合院、其他；房屋用途分别登记为：住宅、工业（交通、仓储）、商业（金融、信息）、教育（医疗、卫生、科研）、文化（娱乐、体育）、办公、军事、其他。

实有房屋信息应当与警用地理信息系统（PGIS）关联。有条件的地方，应当同步采集录入建筑物、房屋照片信息。

4. 实有单位基础信息采集和维护。实有单位信息采集维护应符合《辖区单位基础信息数据项》（GA/T 1220）等行业标准的规定。实有单位应优先和重点采集聘用有外来务工人员或单位内设置有员工宿舍的单位信息。实有单位采集内容包括：单位机构信息、法定代表人（负责人）信息和从业人员信息。单位机构信息采集的基本数据项包括：单位名称、组织机构代码、单位类别（分为机关团体、事业单位、企业单位和其他四种情形）、单位地址、联系电话。法定代表人（负责人）信息采集的基本数据项包括：法定代表人（负责人）姓名、居民身份证号码、证件种类、证件号码、联系电话。从业人员信息采集的基本数据项包括：姓名、居民身份证号码、性别、证件种类、证件号码、单位名称、联系电话。各省（区、市）可根据实际需要增加采集信息的项目。

实有单位信息采集依托标准地址按照以下要求登记：属同一单位或者单位下属部门的连片楼栋、房屋，可以作为一个整体，登记为一个实有单位。属同一单位或者单位下属部门的非连片楼栋、房屋，应当以标准地址为基础，分别登记为实有单位。同一区域或者楼栋内的不同单位，应当分别登记为实有单位。

热点聚焦

武汉公安推进“万名警察进社区，一标三实筑平安”

武汉市公安局党委部署，从2019年5月16日至2019年10月，在全市公安机关开展“万名警察进社区、一标三实筑平安”活动，要求以派出所的社区民警和“进社区”的民警为主体，充分依靠流动人口协管员、网格员、安保队员、小区保安等专兼职力量，调动“双进双服务”党员、小区物业管理员、军运志愿者等社会力量，对“人、地、单位、组织”等基础要素信息开展“平推式”

采集，实现基础信息更全面、动态掌握更精准、风险管控更有力、服务实战更有效。

在本次活动中，针对过去基础信息采集存在的薄弱环节，武汉市公安局要求列出“问题清单”“责任清单”，确保人口信息应采尽采、矛盾纠纷应“调”尽“调”、重点区域应查尽查；坚持“每周一查、市区同查”，突出流动人口中的“三无人员”（无稳定住所、无正当职业、无合法身份证明）等可疑人员，突出危险化学品、枪支弹药、管制刀具等重点物品，突出寄递物流、娱乐服务等行业场所清查整治，解决一批治安问题，消除一批风险隐患；进一步完善基础数据库，提升数据质量，通过数据建模和数据应用，不断提升预测预警预防能力。

二、社区警务信息调查

社区警务信息调查是社区警务信息工作开展的重要环节，是社区民警的基本功，是做好社区警务工作的前提和基础。

（一）社区警务信息调查的内容

社区警务信息涉及社区管理的各个领域，归纳起来主要包括以下几个方面的内容：

1. 社区治安环境信息。社区治安环境，是指影响社区治安秩序发展变化的各种条件或现有治安状况的社会背景。其有广义和狭义之分。广义的社区治安环境，指影响社区治安的宏观环境，具体包括政治、经济、文化等方面的状况，它往往决定着社区治安秩序的性质和发展变化的方向。狭义的社区治安环境，指影响社区治安的微观环境，主要是指对个人行为产生各种刺激和影响的社会和自然条件，它往往制约着社区治安问题的量的变化。社区治安环境信息调查，主要包括以下三个方面的内容。

（1）自然环境。社区的自然环境，既包括地理位置、面积、地形、地貌、山川河流、湖泊、树林、气候条件以及各种自然资源等，也包括社区道路、桥梁、街巷、车站、码头、公园、绿地、文体商贸场所（馆）、建筑物、单位情况等主要公共设施。社区的自然环境条件既为社区居民提供了一定的生活空间和生活、生产资源，也是违法犯罪分子从事违法犯罪活动和逃匿、藏身的重要物质条件，同时，还是公安机关制定相应对策时必须考虑的重要因素。公安派出所社区民警对社区自然环境的熟悉和掌握，是开展社区治安防范，组织巡逻守望，布建治安岗亭和卡点，加强重点部位控制的重要基础。

（2）社会环境。影响社会治安的社会环境因素十分复杂，作为社区警务信息调查对象的社会环境因素，主要是指直接影响本社区人们的行为，并与社会治安相关联的那些因素和条件。具体包括以下内容：社区各阶层人士，对当前党和国家的路线、方针、政策或国内发生的政治、经济、文化和自然灾害事故等重大事件的反映情况；周边地区违法犯罪的形势、特点对本辖区社会治安的影响和辐射情况；社区基层组织及各单位参与社区治安防范工作的效能发挥情况；社区公众的治安防范意识和社会道德、法律水平；社区居民之间人际关系、邻里关系、协作关系和互助意识情况；社区居民之间发生矛盾纠纷及调处情况；社区不良家庭、缺陷家庭、破裂家庭的情况；未成年人学习、工作、生活、交往、娱乐等方面情况；有轻微违法犯罪行为的未成年人生活的家庭环境、街区邻里环境、人际交往环境、职业环境和学习环境等情况；社区警民关系状况；社区文化阵地占领及建设情况；犯罪亚文化的传播及其影响等。

2. 社会治安动态状况信息。社会治安动态状况，是指国家通过法律和治安行政管理规范所确认的社会治安秩序及其变化发展的各种情形的综合动态反映。它一般做狭义的理解，是指一定地区和一定时期内社会治安秩序及其运作情形的动态反映。准确把握一定时期内的社会治安状况，是公安机关正确制定社会治安管理对策的重要依据。社会治安状况是一种涉及多方面条件和因素的复杂社会现象，其内容十分丰富，主要包括对社会治安秩序构成威胁的消极因素、维护社会治安秩序的积极因素和广大群众的安全感情况等方面的内容。

（1）影响社会治安秩序的消极因素及其扩散情况。影响社会治安秩序的消极因素是社会治安状况构成中最活跃的因素，也是最基本的因素。主要包括三个方面：一是违法犯罪动态状况信息。具体是指各类刑事犯罪案件的数量，尤其是严重暴力犯罪、有组织犯罪以及严重危害社会公共安全的犯罪；刑事犯罪率，特别是重大刑事犯罪案件发案率的变化情况；各类违法犯罪行为的社会危害程度及其扩散状况；各类治安案件、治安事件的数量及其动态变化状况，尤其是在车站、码头、商场、影（剧）院、集贸市场、体育馆（场）等公共场所发生的妨害公共安全、侵犯人身权利等治安案件、事件的数量及变化状况；一定时期内对社会治安秩序构成消极影响的主要问题的构成及其发展变化情况；治安灾害事故发生及造成损害或损失的情况。二是群体性事件情况信息。各类社会矛盾引发的群体性事件的类型、数量、起因、主体构成及其发展变化的特点和规律。三是治安灾害事故发生及造成损害或损失的情况。

（2）维护社会治安秩序的积极因素及其影响情况。维护社会治安秩序的积极因素及其良性发展是社会治安状况稳定的决定因素，是衡量社会治安状况好坏的最重要的标志。主要包括以下内容：社会治安综合治理、综合效能的发挥情况；“公、检、法”部门的综合执法效能；对违法犯罪分子打击惩罚的社会效益情况；对违法犯罪案件，特别是“重特大”恶性案件的及时侦破、依法打击处理的状况；对具有违法犯罪倾向者，特别是可能铤而走险的危险分子的教育、疏导和控制情况；对危害社会公共安全的现象及隐患的发现、排除情况；人民群众同违法犯罪行为作斗争的社会责任感、正义感和法律意识的强弱等。

（3）群众安全感状况。群众安全感是衡量社会治安状况的重要因素。群众安全感作为人们对一定时期内社会治安秩序的一种综合性的主观感受，既涉及理性因素，也涉及非理性因素；既涉及较稳定的心态，也涉及易变化的情绪反应。群众的安全感状况主要可以通过两个方面反映出来：一是坚信在社会生活中可以免受各种非法侵害，并且具有可靠的社会保障；二是对社会正义感、责任感的主观评价和内在感受。及时了解群众安全感信息是正确把握一定时期内社区治安状况的重要依据。

3. 社区人口状况信息。人是社区构成中的最主要因素，也是社区治安管理和防范中最活跃、最具有主观能动性的因素。社区人口，主要是指生活在一定地域范围内、具有一定数量和素质的人的总称。人口状况，即人口的数量、质量、职业、类型、聚居程度以及流向等方面情况的综合反映。公安派出所社区民警在社区警务信息调查中必须了解、掌握本辖区内居留的实有人口状况，基本要求是掌握常住人口的状况，重点是了解和掌握常住人口中重点人口和社区流动人口的状况。社区人口状况信息主要包括以下几个方面：

（1）常住人口信息。社区警务工作的常住人口信息调查一般应围绕身份情况、经济状况、现实表现、社会关系和人口迁移流动五个方面进行。主要包括常住人口的姓名、性别、年龄、籍贯、文化程度、职业、体貌特征、婚姻状况、工作单位、家庭成员情况、经济状况、现实表现、违法犯罪记录及经常往来的社会关系等方面的信息。

（2）流动人口信息。主要包括流动人口的身份、构成、来源、流向、居住时间、居住地点、居住原因、特长技能、就业情况、经济状况、生活状况、主要社会关系、经常交往人员及其社会活动等详细情况。

（3）重点人口信息。重点人口信息是关于有危害国家安全或社会治安嫌疑人员的信息，是公安派出所重要的基础工作，也是社区民警必须重点掌握的基础信息。社区民警应经常深入社区开展调查，查清重点人口底数，熟悉全部重点人口的身份情况、体貌特征、别名绰号、习惯嗜好、语言特征、举动表情、经济状况、现实表现、交往人员、社会关系、流向动态、主要活动场所及主要问题等方面的信息。

4. 社区治安防控对象信息。社区治安防控对象信息主要包括社区内需要重点加强治安防范和控制的有关人口、物品、场所等方面的信息。例如，社区重点人口的基本情况及活动情况；危险物品和违禁物品的管理、使用等情况；旅馆、娱乐场所等治安情况复杂区域的违法、违规情况。

（二）社区警务信息调查的要求

1. 客观准确。在社区警务信息调查过程中，社区民警要始终坚持客观真实的原则，做到信息质量准确无误，这是社区警务信息调查工作的最基本标准。社区民警收集信息必须坚持深入社区进行调查研究，要实事求是，不能主观臆断，不能道听途说、捕风捉影，更不能为了完成工作任务和指标而弄虚作假。

2. 及时主动。社区民警开展信息调查必须及时主动。由于社区治安信息具有很强的时效性、动态性，特别是针对危害国家安全和社会公共安全的涉恐、涉爆等犯罪情况，以及危害社会治安秩序的群体性事件等动态信息，如果不能及时掌握，就不能及时采取有效措施予以防控，极易酿成严重后果。即使是一般性的治安信息，如果不能及时获取，也不利于积极主动地开展管理和防范工作。因此，社区民警应认真履行职责，积极主动地做好社区警务信息调查工作，不断夯实社区警务工作基础。

（3）依法守纪。社区警务信息调查是公安派出所社区民警的一项日常性基本工件，必须严格遵守法律法规和公安部的有关规定，严格执行法律程序，履行法律手续，依法进行，不得侵犯公民人身权利、民主权利，不得违背法制原则。同时，还必须遵守党纪、政纪，自觉执行公安民警的各项纪律。对直接涉及党和国家及人民群众的安全、利益的相关社区警务信息，无论对内、对外，都要求切实保守秘密，不能随便向外透露。社区民警在社区警务信息调查过程中，必须牢记依法行事，只有依法获得的治安信息才具有法律效力，才能真正发挥作用。

（三）社区警务信息调查的渠道

社区警务信息调查的渠道与信息采集的真实性、准确性和时效性有密切的关系。采集社区警务信息必须要找到信息的源头，深入社区的不同地域，通过不同的力量和方式，才能挖掘到客观准确的信息。社区警务信息调查的渠道十分丰富，主要有以下几种途径：

1. 通过日常治安行政管理收集信息。社区民警通过日常的治安管理工作可以收集社区实有人口信息；特种行业，公共文化娱乐场所、餐饮娱乐场所、美容美发场所、商品交易市场等公共服务场所、行业信息；危险物品、违禁物品、淫秽物品等物品信息。社区民警工作遍及社区的每一个角落，大量接触信息源，通过观察、调查走访、接处警等方式，可以获取大量的社区警务信息。

2. 通过案（事）件查处工作收集信息。社区民警通过查破和协查社区内发生的各类案（事）件、治安灾害事故，可以发现和收集有关社区警务信息。

3. 通过社区帮教工作收集信息。社区民警在对有轻微违法犯罪人员、有越轨行为的未成年人和刑满释放人员的帮助教育工作中，可以发现和收集有关敌情、社情或案情的深层次信息。

4. 通过社区群众工作收集信息。社区警务工作就在社区群众之中，每时每刻都在与群众打交道，离不开群众的理解和支持。社区群众是社区最广泛、最直接、最及时和最丰富的信息源头。社区民警通过有效开展社区群众工作，可以发现和收集大量有价值的各类社区警务信息。

5. 通过社区治安防控力量收集信息。社区治保会、群防群治组织、社区内部单位保卫组织和治安积极分子是社区治安防控的重要力量。社区民警在依靠他们开展社区安全防范工作中，能够发现和收集大量的动态治安信息。

6. 通过社区秘密力量收集信息。公安派出所为了强化治安管理工作，通常会在社区机关、企事业单位建立联络员，在社区公共娱乐场所、特种行业等部门或行业建设治安秘密力量，社区民警严格管理、有效使用秘密力量，可以获取深层次的违法犯罪线索，收集敌情、社情和其他影响社会稳定的治安信息。

7. 通过大众传媒和网络平台收集信息。现代社会大众传媒和网络平台越来越丰富，如媒体、各种论坛、微博、微信等，社区民警通过这些渠道可以获取大量有价值的社区警务信息。同时，还可以利用社区资源建立社区论坛、社区微博、微信群来收集各类社区信息。

8. 通过入户调查收集信息。入户调查既是社区民警收集社区治安信息的一条重要途径，也是其收集社区治安信息的一个重要方法。通过入户调查，一方面可以对社区人口情况及其他治安信息进行了解，以便及时掌握社区动态情况，有效开展防范和管理；另一方面可以拉近社区民警与社区群众之间的距离，使社区民警真正做到“串百家门、识百家人、知百家事”，从而使“群众路线”这一公安工作的法宝不断得以发扬光大。正因为入户调查具有上述重要作用，目前一些地方的公安机关已将其规定为社区民警的一项主要勤务方式，并将其作为社区民警履行工作职责的重要途径。

案例分析

双闸派出所入户调查“三步五曲”

南京市公安局建邺公安分局双闸派出所结合本辖区特色，通过入户调查这种最基本的勤务方式，奏响了双闸派出所民警入户调查独特的“三步五曲”。正是这种被全所民警戏称的“三步舞（五）”显著提高了全所人口管理、信息收集、服务群众和打击破案的能力。

第一步，“五个环节”，入户之前打基础。这“五个环节”分别是：其一，明确目的。使每位民警在入户调查前都知道入户调查的方向和目的，或开展人员管控，或进行治安防范，明确了目标对象，就能做到有的放矢。其二，熟悉调查对象。在入户前民警通过翻阅档案、咨询他人对要调查对象有一定的初步认识，做到心中有数，便于工作的开展。其三，选择时机进行调查。针对农村地区人员无固定工作，作息不规律的特点，提前与入户对象进行预约，采取弹性工作制，提高了入户的见面率。其四，运筹方法。针对要调查对象的不同提前拟订工作方法，请基层村干部和联防队长、妇女主任积极配合，民警带领一名社区保安或协管员入户有效地提高入户调查的效率，同时也确保了入户调查的安全性。其五，物质准备。准备好各类登记表格、工作笔记、《警民联系卡》《警官证》等必要物品，不仅如此，民警还自己携带了一些常用的工具、药品等，做到入户调查工作中的有备无患。

第二步，“五个经常”，入户之时多努力。这“五个经常”分别是：其一，常走。针对辖区地域广，人员不稳定的情况，做到勤于奔走，多跑、多转、多下段。其二，常看。在入户调查时，社区民警不仅可以就人员的基本情况进行直接的了解，还可通过观察，查看村民尤其是高危人群的家什、摆设和装潢，从中判断其生活状况，发现可疑物品。此外，常看还可以使民警熟悉入户对象的房屋格局和周边环境，为打击破案、抓捕罪犯奠定基础。其三，常问。社区民警在进行入户调查时主动询问群众问题，要善于从群众的回答中发现问题、分析问题，充分利用农村地区亲缘纽带多、村民人头关系熟的特点，掌握社区内的各项动态。其四，常做。社区民警在入户调查时，多做一些群众所急所想，而自己又力所能及的事。其五，常记。先将收集到的信息记录下来，再将家庭矛盾、社会问题、政情动态、案件信息等分门别类地进行整理，找出共通点，能同时解决的同时解决，不能同时解决的就单独处理，既提高了办事效率，又树立了公安机关在百姓心目中的“贴心人”“保护神”“及时雨”的良好形象。

第三步，“五个方面”，入户之后享成果。诸多的准备工作，细致的入户调查带来了五个方面的丰硕成果。一是人口管理得到了严密强化，二是社情民意得到了及时掌握，三是常住人口信息得到了认真修改，四是安全宣传得到了广泛应用，五是服务举措得到群众满意。

案例评析：本案例中，双闸派出所民警通过“五个环节”“五个经常”，有效解决了“入户难”问题，提高了调查效率。能够以人为本，取得被调查对象的认同；能够规范调查内容，确保全面了解社区治安情况；能够把握调查重点，分层实施入户调查工作；把握调查重点，分层实施入户调查工作，因此才能做到成效显著，真正达到了入户走访的目的。

（四）社区警务信息调查的方法

社区警务信息调查的方法和手段很多，不同的信息需要不同的方法，即使是同类信息也有多种调查手段。基于不同的客观环境，应首先确定社区警务信息调查对象，再根据其特点，选择合适的方法开展调查。

1. 观察法。观察法是一种主要依靠感官（视觉、听觉、嗅觉等）和相关辅助工具进行调查研究的方法。社区民警要根据社区警务信息调查的目的来选择观察对象。调查前应初步了解观察对象的基本情况，制订观察计划；观察时需有针对性地记录观察内容；观察结束后应认真分析，分析整理出有价值的信息。运用观察法要有明确目的性，以有利于线索的发现和信息的采集。社区警务信息调查的对象是大量复杂、不确定的社会现象，各种现象之间的联系并不确定，因此，必须做到全面细致地观察。

2. 访谈法。访谈法是调查者通过与被调查者面对面地进行交谈和讨论来进行调查研究的一种方法。访谈可以是一般性访谈，也可以是深度访谈，访谈法可以分为个别访谈与集体访谈。

（1）个别访谈。这是社区民警通过直接与被调研对象进行交谈而对被调研对象的有关情况进行调研的方法。由于这种方法直接面对被调研对象，因此必须注意调研的方式方法。在进行正式谈话之前，要做好谈话的准备，如确定谈话的内容、提问的方式（是正面直入还是侧面迂回），等等。在谈话的过程中，要以诚恳的态度面对被调查对象，要晓之以理，动之以情，通过启发自觉来引导被调研对象。特别是对那些因违法犯罪受到过打击处理的人，更要注意尊重他们的自尊心，要抱着信任、友善的态度与其交谈，切忌盛气凌人、打官腔，动辄训斥指责。

（2）集体访谈。集体访谈，是指以开座谈会的方式进行信息调查的方法。在召开座谈会之前，社区民警应做好计划，拟订提纲，同时还要注意：一是要选择各方面有代表性的人参加座谈；二是参加座谈会的人数要根据组织者的能力来确定，一般不超过20人；三要营造良好的座谈气氛，开始时可以做一些轻松的交谈或自我介绍，然后自然转入主题；四是要控制座谈讨论的方向。当座谈中出现一些争论问题或某人偏离主题而滔滔不绝时，会议组织者要适当控制座谈的内容和方向。

3. 调查法。调查法通常是有目的、有计划地通过有关部门、单位等由有关工作人员进行的专门调查。为了达到客观真实，掌握第一手资料，可视情况采取公开调查、秘密调查，或公开调查与秘密调查相结合的形式进行调查。调查的方式多种多样，要视具体对象、时间、空间而定。从调查的形式来看，一般可分为全面调查、重点调查、典型调查、抽样调查、个案调查五种。从调查的方法来看，又可分为访谈调查法、问卷调查法等。

4. 查阅法。查阅法是指社区民警根据工作需要可以通过查阅某些资料、档案、来信、来函等各种文字材料或数据信息获取某些有价值的警务信息。

5. 综合分析法。综合分析法，是指通过对一定地区、一定时间内所发生的各类案件、事件和灾害事故进行综合分析，对比研究，从而找出规律、特点，预测一定时期内社会治安的发展趋势和情况变化的方法。

6. 特殊调查法。特殊调查法是指运用法律允许的特殊手段收集各种信息的方法。这是全面获取信息，特别是深层次信息，弥补运用普通方法不足之处的特殊方法。

（1）运用行政管理手段收集信息。由于社区警务工作的许多内容都属于国家行政管理活动的范围，因此社区民警可以运用公开的行政管理手段，向有关单位或个人征集信息，有关单位或个人不得拒绝，如发布行政命令、规定、通知等。例如，特种行业必须如实地向公安机关报告内部人员、环境情况，以便监督、检查，如有意造假，公安部机关有权对其依法查处。

（2）运用公安专业手段采集信息。运用公安专业手段采集信息，是指社区民警利用治安巡逻、治安检查、治安讯问、录音录像、视频监控等公安专业化手段对有关的人、地、物、事进行社区警务信息采集。公安专业化手段具有强制性和法定性，任何单位和个人都必须服从公安机关的管理。社区民警在使用专业化手段时，不得侵犯单位和公民的合法权益，要在法律许可的范围内行使，保证公安专业手段的合法性和规范性。

（3）采取刑事强制措施获取信息。采取刑事强制措施获取信息，即通过讯问口供、重点人员监控等公安机关专门手段来获取信息。

7. 调取法。调取法是指通过有关部门和人员的传输而间接获得信息的一种方法。例如，通过开放社区警务信息系统数据端口，将社区内各小区、单位、场所等的门禁数据、“智安小区”数据、医院数据、水电部门数据等其他平台采集的信息，汇入社区警务信息系统。

8. 智能调查法。智能调查法是指通过开展“智安小区”“智慧楼宇”等建设，运用物联网、大数据、云计算技术，利用门禁系统、视频监控和人脸识别系统、MAC 地址采集系统、RFID 防盗系统、联网报警系统、车辆识别系统、电子巡更系统、周界防越报警系统等对各类社区治安信息进行自动采集、处理和汇聚，形成对社区警务工作有价值的信息。

三、社区警情分析研判

为做好社区警务工作，必须全面、准确地了解掌握社情民意和各种治安信息，并对其发展变化的特点和态势进行认真分析研判，制定相应对策，有针对性地加强管理和防范工作。对社区警情的分析研判，既要成立专门的分析研判机构进行专业化的操作，社区民警个体也要掌握一些关于警情分析研判的知识，这样才能在保证和提高警情分析研判质量的基础上，提高分析研判工作的时效性和针对性。

（一）社区警情分析判研的方法

情报信息分析判研的方法很多，一般可分为定性分析法和定量分析法两种。定性分析法一般不涉及变量关系，主要依靠人的逻辑思维功能来进行；而定量分析法涉及变量关系，主要是依据数学函数形式来进行计算求解。定性分析法有比较、推理、分析与综合环节等；定量分析法有回归分析法、时间序列法等。从科学认识的角度看，任何研究或分析都是从研究事物的质的差别开始，然后再去研究它们的量的变化；在量的分析基础上，再做最后的定性分析，从而得出更加可靠的分析。由于警情信息的复杂性，很多问题的分析解决，既涉及定性分析，又涉及定量分析，因此定性分析和定量分析方法相结合的运用越来越普遍，分析得出的情报也更加精准。

1. 定性分析法。定性分析的对象是事物的特征、发展变化的规律及与其他事物之间的联系，分析的角度是事物的性质，方法是逻辑思维，所依赖的工具是人的观察、总结和分析能力。定性分析要判断对象实体的存在性、要素组合的结构性、要素之间的联系性，是认识事物的开始。定性分析主要是解决研究对象“有没有”或“是不是”的问题，更多地依靠历史经验的总结，判断事物之间的联系、事物内部与外部因素中决定因素和影响因素的主次关系；并在此基础上，对事物未来的发展方向、趋势进行预测。具体地说，定性分析法就是运用归纳和演绎、分析与综合以及抽象与概括等方法，对获得的各种材料进行思维加工，去粗取精、去伪存真、由此及彼、由表及里，从而达到认识事物本质、揭示内在规律的目的。目前，定性分析所采用的方法主要有归纳法、演绎法、分析与综合法、实证法等。

2. 定量分析法。定量分析是对信息所反映的事物进行“量”的分析。定量分析的对象是事物在数量方面的特性，包括存在和发展的规模、速度、程度、空间位置、要素排列分布等可以用数量表示的规律性，分析的角度是事物的量度，分析的方法是用可以量化的标准去测量事物，依赖的工具主要是统计分析和测量方法。定量分析可以使人们从量的方面深化对事物性质的精确认识，从而对事物之间的联系、事物未来的发展趋势做出更加具体、精确的判断。任何一种定量方法，都可应用于信息分析，在定量分析法中常用的有以下几种方法：

（1）统计方法。属于统计方法的主要有时间序列预测法、趋势外推法、回归分析法、多元分析法、插值法等。其中回归分析和时间序列法、趋势外推法是有联系的，都是对一定时期内的历史数据进行分析的方法，主要是寻找数据变化发展的规律，获得不同变量间的相互关系，或由数据随时间的变化来推测未来趋势。目前常用的统计分析工具包括 SAS、SPSS、Stata 等，微软的 Excel 也能进行一些常规的统计分析。

（2）预测分析法。预测分析法是以概率为其主要理论基础，对客观世界大量的随机事件进行研究探索的一种方法。具体就是，根据事物过去和现在的发展规律，科学地预测未来的发展趋势。大数据条件下的预测分析是实现警务智能化的重要技术支撑。

（3）系统分析方法。系统分析方法就是从系统的观点出发，将分析对象看作一个与外部环境相联系的系统，为了更好地达到系统的目标，而对系统的要素、组织结构、信息流动和控制机制进行分析，并应用数学方法和计算机技术建立系统模型，找出各要素之间内在的和定量的关系，再进行系统优化，提出建议和方法。

3. 定性定量结合法。定性预测和定量预测各有优缺点：定性预测的优点在于有较大的灵活性，能够充分发挥人的主观能动作用，简单、省时、省费用，它的缺点是易受主观因素的影响，分析结果容易出现偏差；定量预测的优点是注重量化分析，依据历史统计资料而较少受主观因素的影响，它的缺点是对信息资料的质量和数量要求较高，如果信息提供的数据不够完整或不够准确，就会导致分析结果的偏差。因此，如果能将两者结合起来，使其相互补充、相互交验和修正，将会大大提高信息分析的精确度，提高信息预测的准确度。

大数据时代背景下，社区民警应掌握一定的警情分析研判知识和方法，不能完全依靠专业的警情分析研判团队，因为不同的社区有不同的警情分析需求。对一些简单的警情，如要想判定社区中哪些区域是治安重点地区，社区民警要通过深入一线开展调查研究，广泛倾听村（居委）干部和社区群众的反映，认真收集有关信息，全面深入了解掌握社区的真实情况，并对这些信息进行综合分析，从而得出准确的判定结论，这种情况下动用专业的分析研判团队不仅没有必要，也不一定有针对性。对于一些较高层次的分析研判需求，特别是需要运用专业分析工具或通过建模才能解决的问题，要能基于所掌握的分析研判基本知识并结合本社区的具体情况，准确描述并提出需求。

【引导案例参考答案】

开展“一标三实”基础信息集中采集工作，是加强和创新动态化信息化条件下治安管理基础工作的迫切需要。搞好“一标三实”基础信息维护工作，一旦遇到紧急情况，在110出警、受理寻人寻物求助、医疗急救、消防灭火救援等方面可以提供更高效周到的服务，为挽救生命和保护人身财产安全节约宝贵时间。另外，便于及时发现和掌握隐藏的违法犯罪人员，实施精准打击。此外，政府相关部门可以根据“一标三实”大数据合理统筹各个区域的教育、医疗等公共资源，让有限的资源最大化地满足市民需求。具体来说，其作用主要包括：建立统一的地址标准体系、实现人房关联管理、有利于重点人员管控、有利于重点单位管控、能为治安移动警务提供有效支撑。

第三节　智慧社区警务建设

引导案例

杭州市萧山区成功打造浙江省首个“8+N”智安小区①

小区，是一个城市最小的“细胞单元”。近年来，杭州市萧山区积极践行新时代“枫桥经验”，以创新构建“互联网+社会治理”新模式为引领，充分运用互联网、大数据、人工智能、物联网等前沿科技手段，全面推进“智安小区”建设。2017年，萧山区开始在闻堰相墅花园试点。试点工作重点打造了线上线下融合的管理体系。线上，构建“8+N”智慧安防集成系统，即智慧消防系统、租房管理、物业系统、门禁系统、车辆自动识别系统、人脸识别系统、视频监控系统、社区服务系统八个子系统，拓展停车诱导系统、智能管家等N项服务。同时，借助微信公众号等新媒介，实现了居民获取服务、缴费时“最多跑一次”甚至“一次都不跑”。线下，建设集租房管理总台、警务室、网格工作室等职能于一体的“三合一”服务中心，提供实体化服务。

问题：智安小区建设对智慧社区警务建设有何作用?

当前，随着大数据、云计算、移动互联网、物联网等技术的兴起，世界各国的社会发展正由人工智能推动，逐步进入一个“智慧+”的全新时代。随着相关科学理论研究的不断发展深化，人工智能的应用范围由单一产品迅速扩展至社会服务领域，推动“智慧+”以城市、行业等为目标对象，大规模促进社会发展。我国经过持续探索，国内各大城市先后确立了以集成“互联网、物联网、电信网、广电网”等网络设施为基础，以融合“感知、获取、传递、控制、处理、利用”等信息服务功能为一体化平台的智慧城市发展规划及实施战略。在此基础上，以智慧理念为牵引，以新一代信息技术应用为支撑，以社区多元主体协作、互助的新型社区治理模式正逐渐形成。社区警务作为公安工作的重要基础，既是社区治理创新的重要领域，也是社会治安防控体系的重要基石，因而开展智慧社

① 赵百尧．萧山全面推进“智安”小区建设三年实现安置小区全覆盖．萧山日报，2019-06-20. https：//kuaibao. qq. com/s/20190625A0572H00? refer=spider.

区警务建设已成为当前社区警务发展理念和治理模式创新的必然趋势。

一、智慧社区警务建设的意义

（一）智慧社区警务建设是适应时代发展要求，提升社区警务效能的需要

智慧社区警务是在大数据时代背景下，以主动、精准、高效、共享、开放等理念为指导，以新一代信息技术为创新驱动力，以如何使社区警务更加“智慧”以及“智慧”如何更好地促进社区警务运行为指向，整合各类社区警务信息资源、统筹各类社区警务应用系统以实现信息的协同共享及再利用，从而促进“警务”及“社区”资源的整合，改变社区警务治理主体之间的交互方式，推动社区警务管理方式及服务模式嬗变与创新的一种警务治理形态及模式。社区的人、地、事、物、组织等治安要素每天都在产生大量数据。公安机关通过智慧社区警务建设，在维护稳定、打击犯罪、治安防范、服务群众等警务活动中，在全面采集和高度整合海量数据信息的基础上，对社区中产生的数据信息进行深度挖掘、智能处理，及时产生具有警务价值的情报成果，用以指导警务实战，实现对社区治安态势的实时感知、及时预测、提前预防，对社区案件的快速侦破、精准打击，对社区群众需求的准确把握、主动服务，其实质在于通过大力推进云计算、大数据、物联网等新技术手段与公安业务工作的深度融合，积极创新警务信息管控新模式，改变传统警务工作方式和改革警务运行机制，有利于将社区警务信息作为战斗力生成方式，优化警务生产力各个要素，提升社区警务工作的效能；符合全面推进深化公安改革和推进“放管服”改革要求，将推动社区警务发展进入新阶段、迈上新台阶，有利于更好地发挥社区警务在提升城乡社区治理水平现代化进程中的重要基础性作用。

（二）智慧社区警务建设是破解大数据环境下社区警务工作所面临的现实困境的需要

在大数据时代背景下，人类活动所产生的海量信息所形成的数据已成为影响甚至重塑社会政治结构与人类思维方式的重要力量，成为一种新型资产，新的生产要素，成为新发明和新服务的源泉。毋庸置疑，当下以大数据为代表的新兴技术正引领着一场前所未有的、全新的现代技术革命，构成了公安信息化新的时代背景和发展环境。但从实践情况来看，当前的社区警务工作正面临着一些无法适应大数据时代社会发展需要的问题，急需通过智慧社区警务建设来解决。

1. 任务繁重与有限警力的矛盾日益突出，战斗力生成模式亟待突破。随着经济社区的快速发展，社会治安构成要素不断膨胀，社区警务工作任务日益艰巨

繁重，而警力基本未相应增长，用于提升警务效能的常规办法逐渐失灵。许多地方都存在警力严重短缺问题，社区民警面临着信息采集量大、人员管控难、监管压力大、任务超负荷等难题，极易产生疲惫、倦怠情绪，急需通过现代警务科技的应用来探索社区警务战斗力生成的新模式。

2. 社区民警素质能力无法适应全面高效管控需求。随着各类智能警务技术的不断开发和应用，未来的社区警务模式逐步走向科技、智能、高效，而一切技术应用的核心要素最终还是“人”，这就要求社区民警必须具备相应的素质和能力。但目前，在社区民警中仍普遍存在信息化应用能力不强的问题，既能运用信息技术又懂社区警务工作的复合型警务人才紧缺，难以适应现代技术条件下快速变化的工作环境。

3. 治安防控设施建设无法适应治安动态管控需要。随着市场经济和现代科技的发展，违法犯罪活动正逐渐向“流窜化、职业化、集团化、高智商化、虚拟化”方向发展，动态特征越来越明显，传统的时空、地域、条块概念不断被突破，给公安工作带来日益严峻的挑战，但传统社区治安防控设施建设相对薄弱和迟滞，无法适应社区治安防控的需要。

4. 社区民警受困于繁杂事务无法适应人民群众日益增长的安全需要。随着经济水平的提高，社会法制体系的不断完善，群众法律意识和权利意识的不断增强，对公安执法的要求也越来越高，人工审核监督、规范民警执法执勤等减少、避免执法过错的传统方式越来越难以满足现实需要。面对当前复杂多变的社会环境，基层派出所常常需要采取综合措施开展治安管理工作，如社区巡逻、人口管理和案件查处等。然而，社区民警往往受困于110接处警、行政案件办理等，没有精力长期深入社区开展基础工作，很难有效组织社区群防群治，警务工作的社会支撑薄弱，无法构建完善的社区治安防控体系，无法适应人民群众日益增长的安全需要。

面对社区警务工作所面临的困境，通过智慧社区警务建设来破解难题是当前社会条件下行之有效的解决方案。智慧社区警务建设依托智慧警务战略，面向实战和服务民众，利用现代信息技术和智能防控技术将传统的人流、物流、资金流形成的信息化“社会流”纳入管控，利用大数据、云计算、云平台进行智能分析和处理，以“人”为中心，掌控与社区治安相关的全息要素，形成智慧化的动态社区治安管控机制，具有“深切感知，正确决策，快速反应，及时反馈”的特点，能有效促进社区警务各项工作的科学发展，实现社区警务工作效益最优化。

（三）社区警务建设是社区警力无增长改善的有效途径

警力是影响公安工作可持续发展的决定性资源。面对日益复杂的社区环境和逐年上升的警情案件，单纯依靠不断增加警力投入和提高社区民警工作时间无法从根本上解决问题。通过智慧社区警务建设，可以依托科技支撑，实现对社区警务信息采集的提能增效，既方便了民警，提高了信息采集效力，又能实现“信息多跑路，群众少跑腿”，从而获得社区群众的肯定；可以以数据为引领，创新任务管理，提高信息采集、分析研判的效率，提升治安防控的时效性和精确性，并能开展智慧便捷服务，实现群众和社区民警“点对点”的个性化服务，形成警民治安防控的良性互动；可以通过构建智慧警务生态系统，实现对社区民警工作绩效的智能化考核，确保考核结果的公平、公正，有利于激发社区民警的警务工作活力。总之，智慧社区警务建设依托智慧警务战略实现了对社区警务工作的创新变革，不仅能有效维护社区治安秩序，而且能提高社区民警的工作效率，是实现社区警力无增长改善的有效途径。

热点聚焦

四川泸州打造智慧社区警务①

四川省泸州市公安局大数据警察支队拥有着泸州社会治安防控体系的“最强大脑”：“智慧云护城墙”。这是一个运用科技手段，整合相关资源，深化研判分析的平台，旨在提升公安机关预警、防控、打击、处置和服务的智能化水平。

龙马潭区公安分局红星派出所大驿坝社区位于泸州市城北，是一个以住宅为主的社区，辖区面积1.6平方公里。针对社区辖区面积大，人口多等现实状况，依托泸州市“智慧云护城墙”工程，2017年10月，泸州市公安局在大驿坝社区警务室开展了“智慧社区警务”改革试点。

龙马潭分局自主研发了专门服务于社区警务工作的平台，如果发现异常情况，就及时通报附近的巡逻民警或是相关负责人第一时间赶到现场，掌控情况，进行先期处理。

依托“智慧云护城墙”工程，泸州公安还建立了“楼宇卫士”项目，基于智能门禁卡、视频监控、防爬刺、刀刺笼等组成。在平台上点击某一个小区，就可以清晰地看到该小区的相关情况。“两车卫士”也是“智慧云护城墙”工程的

① 邵克．四川泸州治安防控样本：建大数据警察支队，打造智慧社区警务．[2019－07－18]．https：//www.sohu.com/a/327768676_260616.

重要组成部分。自 2017 年以来，大驿坝辖区已安装基于射频技术、GPS 技术的“两车卫士”摩托车、电动车 1050 余台。工作做到了“有的放矢”，有效防范了“入室盗窃”等可防性案件。

自 2017 年 12 月“智慧社区警务”试点启动以来至 2019 年 7 月，大驿坝社区刑事案件同比下降 29.4%，其中摩托车被盗案同比下降 80%，入室盗窃案同比下降 46.2%，其他盗窃案同比下降 58.8%。

二、智慧社区警务建设的路径

（一）搞好智慧社区警务建设的顶层设计

在当前大数据时代背景下，基层公安机关作为全面深化公安改革中的重要主体，应以全面推进智慧警务建设为创新驱动力，利用互联网、物联网、云计算等技术，创新社区警务“互联网+”模式，整合打通社区各类数据资源要素，由以前单纯依靠人防、物防、技防的治安管控局面，向依托现代科技手段，以点+控面、以面管点的方式转变，促进信息和资源共享，着力构建便捷高效的社区警务管理和民生服务体系，即以“共享、高效、实战、安全”为核心理念，按照信息数据“大采集、大集中、大整合、大应用”的步骤，全力打造“一个智慧大脑”，建成一个高度集成、高度共享、高度智能，贯穿打、防、管、控、建等环节的“智慧社区警务”体系，实现警务资源高效集约应用和战斗力生成模式的全新变革。

在进行智慧社区警务建设的顶层设计时，应重点考虑以下三方面的问题：

1. 突出“智慧”导向。智慧社区警务建设的核心在“智慧”，而智慧最核心的表现是智能化处理能力。智慧社区警务系统最终目的是智慧决策，即系统通过不断自我学习，提高分析、判断、预测的能力，最终通过“云计算”等前沿技术实现智慧决策。要树立全信息社区警务理念，构建社区警务全信息采集应用机制，同时要突出“智慧”导向，在智能化上下功夫，借用人工智能等前沿技术，为一线社区警务工作人员提供更加全面、高效的智慧支持，切实将海量数据、丰富信息转化为战斗力。对于公安机关而言，要推行智能化、移动化社区新警务，破解“信息采集效率低、任务目标指向弱”的难题。一要高度整合系统端口，让社区民警在一个终端上完成工作任务，以提升数据质量，提高工作效能；二要高效扁平指挥运转，实现社区警务工作的流程再造；三要推广“智导地图”功能，实现工作任务图上展现、智能引导社区民警开展工作；四要开发移动离线采集应用功能，解决移动网络信号问题，方便民警深入各类治安复杂场所开展工作。

2. 实现资源共享。共享是智慧社区警务最大程度发挥作用的重要基础。共享有利于各参与方发挥自身优势，加强资源整合和利用。只有联通共享才可能把利用各种技术手段采集的各种数据信息汇集起来并流动起来，产生集合效应和倍增效应，真正充分发挥数据的重要作用。为此，在智慧社区警务建设中，要加强部门间协调力度，积极引导加强各类信息互联互通程度，打破藩篱，畅通信息共享和交流的渠道。对公安机关而言，要推行智能化、移动化社区新警务，破解“信息采集效率低、任务目标指向弱”的难题。一要开放各类数据资源使用权限，使社区民警有资源可用；二要强化智能感知信息采集应用，为社区警务一线实战提供强大的数据支撑；三要简化大数据工具集成应用，为社区民警提供全国人像比对、身份证核验、治安类信息智能搜索、全国车牌识别、语音识别等核查应用，彻底改变社区民警需求最大、权限最小的状况。

3. 强化智能应用。智慧社区警务建设的最终目标是通过人工智能等现代科技手段的应用，实现对社区治安的有效防控。为此，公安机关要依托智慧警务平台体系，精准化、模型化推送预警信息，破解“情报线索来源窄、打击管控能力弱”难题。一要开展数据清洗梳理、分类管理，构建不同类别警务信息的标签管理体系，为警务信息的研判应用奠定基础；二要推进建模研判应用，通过研发各类分析研判、预警预测模型，实现情报信息引导社区警务，提高社区警务工作的有效性；三是构建特定人员行为模式分析研判模型，健全联动协同机制，加强对特定人员的管控，提高社区民警对特定人员管控的准确性。

（二）强化微观层面的深度应用，探索智慧社区警务建设的具体路径

1. 构建“视频图像+巡逻防控”机制，筑牢“四级”巡防根基。为深化视频图像在社会治安防控中的应用，弥补社区巡逻覆盖有限、视野狭窄等问题，提高社区社会治安的驾驭管控能力和服务群众能力，警务室可依托“智慧社区”的硬件建设，利用其视频图像监控室，建立警务室视频图像管控平台，整合企业、学校、网吧、旅店等探头，实现辖区重点区域全覆盖，将公安机关现有的“三级”图巡模式，延伸为了“四级”。平台应有专人值守，有针对性地加大易发案区域、时段的视频巡查力度，主动发现、主动分析、主动掌控，实时感知相关人员基本信息，辖区发案后可以第一时间图巡追踪，为侦查部门提供线索，同时查找防控漏洞，通过“人—机”互动深度运用，实现对人、地、事、物、组织等社会治安要素实时可视动态监控，以科技支撑实现打防管控和服务群众的

“耳聪目明”、快捷高效。

2. 强化“互联网+多维应用”管理，实现快速高效警务。一是互联网+物联网。运用现代物联网技术，解决社区治安防控中的热点问题，如通过给电动车安装物联网电动车防盗系统，解决电动车被盗等社区群众关心的问题；在机动车通道上安装物联网智能车闸系统，安装高清摄像头，自动识别进出车辆车牌信息，增设安全防护网，施行规划并分配停车泊位，解决机动车乱停乱放及其他问题。二是互联网+人工智能。围绕“人过留影、车过留牌、机过留号”的管理目标，通过安装或改造视频监控设施和人脸、车牌自动识别系统，进行人员、车辆信息的自动采集，实现对人群的分类管理、重点人员和车辆的自动识别及报警。三是互联网+大数据。通过开发智慧社区警务信息平台，集实有人口、实有场所、实有单位、走访登记、安全检查、一站式查询、一站式统计于一体，打造一个运用数据库动态记录、规范、监督和管理基层社区警务的完整体系。同时将智慧社区警务信息平台与“智安小区”建设中的智慧平台进行对接，实现内外网的融合互动，有效提高社区警务工作的效率。

3. 完善“互联网+微警务”服务，打造个性化特色项目。当前智能手机等移动终端已基本普及，利用微信、微博等社交媒体进行沟通已成为群众日常工作和生活中的重要内容。社区民警要善于把握这种机遇，充分利用这些工具为开展警务工作提供便利、提升效果，如可通过开设“网上警务室”主动服务群众，变“单向交流”为“双向沟通”、变“复杂烦琐”为“便捷高效规范”，在开展治安防范宣传教育，为群众提供便利服务的同时，加强警民沟通，密切警民关系。微警务也是组织发动社会力量参与社会治安防控的有效工具，运用“微信”“钉钉”等工具开展通知通报、工作提醒等日常管理事项，可以用最方便快捷的方式加强沟通联系，有助于发动更广泛的社会力量参与社会治安，织密综治防控网络。

（三）健全智慧社区警务运行机制，凝聚创新活力

智慧社区警务建设不仅要重视对现代科技手段的应用，更应重视智慧社区警务运行机制建设。只有这样，才能真正凝聚创新活力，不断提升智慧社区警务的成效。

1. 建立数据共享和开放机制。从纵向上需要建立公安机关内部的数据共享机制，打破不同级别之间的数据限制，促进不同部门、地域、警种之间的数据共享；从横向上要建立公安机关外部的数据共享机制，实现政务、金融、交通、医疗、教育等各行业领域的数据开放、互通共享。这是保障智慧化社区警务改革的

重要前提和基础。

2. 建立公民信息权利保护机制。智慧社区警务建设必然要建立在社区治安要素信息的深度挖掘之上，由于现阶段的数据来源非常广泛，包括了社会各个行业领域，涵盖了人口信息、车辆信息、房产信息、婚姻信息等各类信息，如果不建立公民信息权利保护机制，就可能对公民的合法权益造成损害。解决这一问题既需要有相关的法律制度，也需要公安机关内部具有完善的警务数据管理规范。

3. 建立科学考核管理机制。社区民警作为智慧社区警务建设的重要力量，只有建立科学规范的考核管理制度，才能有效提升其工作积极性和主动性。智慧社区警务对社区民警的考核评价应向多维度、定性和定量相结合的考核方式转变，通过完备的指标信息采集和警务系统关联，从各业务系统平台自动抽取数据信息对社区民警工作进行数据分析，实现多角度、全方位考核，使社区民警履职尽责、规范执法、服务群众的工作过程得到充分、及时、科学地考评。

4. 建立高效创新激励机制。创新是现代警务发展的重要特征，也是智慧社区警务发展的决定性因素。智慧社区警务建设要把握时代脉搏，将创新作为引领智慧社区警务建设的新引擎，挖掘社区民警的智慧源泉，积极营造良好的创新氛围和创新环境，建立鼓励创新的保障政策和激励机制，促进社区民警的业务优势和专业技能与工作经验进一步结合，迸发出更多创新活力。

三、搞好“智安小区”建设，强化智慧社区警务支撑

在整个社会治安防控体系中，以小区、街面、单位、楼宇、交通、水域等为组成要素的“块”“格”单元防控是最基础的防控单元，整个社会的治安防控体系就是由这些最基础的防控单元构成。因此，在智慧社区警务建设中应重点关注智慧单元防控，将“智安小区”、智慧楼宇等作为智慧社区警务建设的重要抓手进行整体推进。由于篇幅有限，这里重点介绍“智安小区”建设。

作为社会治理的“最小单元”“末端细胞”，居民小区直观体现了社会治理的成效和人民群众的安全感、满意度。“智安小区”建设是“互联网+社会治理”的一种小区智能管理新模式，对提升小区治理现代化水平、保障社会平安建设有重大意义，因此应作为政府的民生工程加以部署和实施。

（一）“智安小区”建设的意义

“智安小区”是指运用大数据、物联网等信息化手段，提升智慧安防水平来推进平安小区建设的智慧安防标准化小区。“智安小区”建设以互联网、大数

据、人工智能等科学技术为支撑，通过视频监控、物联网、MAC信息采集等前端感知设备体系化布局建设，整合利用信息化、智能化、融合化的平台手段，实现对小区的人、事、物等要素信息进行多维感知共享智能分析预警和指向巡控追踪等精细化管控，同时带动和吸纳社会力量参与共治共享，达到警力减压和群众满意的双赢局面。“智安小区”建设是对当前社区警务模式的有益变革，是应对复杂多变治安形势的有力举措，通过试点推广，做精做强平安基础单元，以局域小平安逐步汇聚辖区大平安，对社会治安综合治理具有重要的实战引领意义。具体来说，其意义体现在以下几方面：

1. “智安小区”建设是加强基层社会治安综合治理的创新之举。习近平总书记在2016年10月全国社会治安综合治理创新工作会议上，就加强和创新社会治理作出重要批示：“更加注重民主法治、科技创新，提高社会治理社会化、法治化、智能化、专业化水平，提高预测预警预防各类风险能力”。当前我国正处于社会转型的关键时期，改革逐渐步入深水区，各类显性和隐形社会矛盾交织杂糅，国内外敌我势力异动频繁，基层社会治理比以往更需要政府智慧。“智安小区”建设将综治手段与新型科技智能手段紧密结合，突出智能化、信息化手段在社会治理中的引领作用，盘活带动各类社会资源力量，参与共建共治共享，开创基层社会基础单元智慧治理新模式，是对新时代“枫桥经验”向科技领域的有力探索和创新。

2. “智安小区”建设是对社会治安防控体系的深度延伸。2015年4月，中共中央办公厅、国务院办公厅下发了《关于加强社会治安防控体系建设的意见》，正式将社会治安防控体系建设上升到国家战略，并纳入智慧城市建设总体规划。2019年公安部出台的《全国公安机关加快社会治安防控体系建设行动计划》，将单元防控作为社会治安防控体系的重要内容，而居民小区则是单元防控的重要内容。“智安小区”将各类基础要素前端感知系统在原有基础上进行改造升级、加密布局，通过互联网、大数据、云计算技术手段对海量信息进行动态搜集、整合加工，实现对划定区块治安状况的精准化、可溯性、全时空掌控，是对居民小区这一平安建设基础单元微型治安防控体系的补强升级，是对当前社会治安防控体系的深度延伸，是智慧城市建设发展的必然产物。

3. “智安小区”建设是对人民群众美好生活需求的有力回应。党的十九大报告明确提出“我国社会主要矛盾已经转化为人民日益增长的美好生活需要和不平衡不充分的发展之间的矛盾”。良好的社会治安环境是人民对美好生活需要的基本要素之一。随着社会经济的不断发展，人们对公平正义、安全稳定的社会治安环境提出更高的要求，然而城市的扩张发展，人财物要素的加速流动，给当前治安形势带来严峻的挑战，基层警力不足与警务工作量多、压力大之间的矛盾冲突，迫使公安机关将警务模式向新时期“打防并举，防控优先”的“智慧警务”转变，公安机关打防犯罪、服务群众的能力和水平不断提高。“智安小区”建设坚持群众导向，把“智慧警务”和群众需求紧密结合起来，更加拉近了公安机关和人民群众的关系。通过群众联动参与，聆听基层声音，让公安工作更有方向，更加“智慧”，人民群众更有安全感、幸福感和获得感。

（二）“智安小区”建设的具体路径

1. 加强顶层设计，大力营造全社会“共建共治共享”氛围。“智安小区”建设是一项系统性利警惠民工程，涉及面广、工程量大，需要政府、街道、社会等多方力量共同参与。一方面，要从智慧城市可持续发展的战略高度，至少从省、市级层面制定明确的一体化建设标准及联网技术规范为统一联网接入、数据共享、实战实用提供基础。市级层面应建立“智安小区”建设工作领导小组，统筹协调全市推广工作，各地成立由县（市、区）委主要领导任组长，相关部门及各镇（街道）分管领导任成员的“智安小区”建设工作领导小组并下设办公室，组成由公安、综治、住建三部门参与的督导、验收小组，对创建情况全程督导。为强化落实，可将“智安小区”建设纳入县域科学发展示范点建设规划、政府重点民生实事工程和部门、镇（街道）平安考核，将责任细化到部门和镇（街道），搭建县（市、区）、镇（街道）、社区（村委会）和居民四级共建“智安小区”的新格局。另一方面，要通过宣传发动积极营造全社会“共建共治共享”的浓厚氛围，要坚持民意导向，让群众充分了解“智安小区”建设的重要意义，减少建设阻力。要广泛调研吸纳社会各界的意见建议，提高辖区居民的主人翁意识、责任意识，充分调动社会力量参与的热情，形成多元共建的良好局面。公安机关要在“智安小区”建设中主动作为，积极发挥作用，要从专业的角度作好参谋，引导“智安小区”建设与警务工作高度融合，为智慧社区警务建设乃至全社会的智慧治安防控体系建设打好基础。

2. 注重互联互通，科学规划架构，构建智慧物联体系。一是构建“一个截面”，实现数据智能采集。“智安小区”利用物联网技术，在小区出入口安装车辆抓拍识别、人脸识别、电动车 RFID 防盗感应（人卡与车卡，双卡结合才能通过）、MAC 信息采集和二代身份证采集等多个系统，形成一个信息采集虚拟截面，自动采集、记录所有进出小区人员、车辆和通信工具等数据，实现人过留影、车过留牌、机过留号，大幅提升了采集数据的智能性、全面性，为数据分析研判提供了坚实的基础。二是汇入“一个数据池”，实现数据实时共享。小区内各项智能感知设备在安装使用前进行数据采集标准化设置，按照数据接入的相关规定，确保所有数据接入公安视频专网或公安内网。“智安小区”采集的数据先进入小区或者社区警务室的智控平台，再由智控平台统一汇聚到全市“大数据池”进行分析应用，形成由点到面的数据采集体系。同时，所有智控平台有一个月的数据存储时效，防止因为硬件损坏或者传输线路出现问题造成数据断点。三是搭建“一个平台”，实现数据深度应用。着手研发基于“大数据”生态框架，应用神经网络、机器学习等人工智能算法的“物联网应用汇聚平台”。将智安小区采集的所有数据进行全市统一采入，统一应用，实现“一站式”查询比对、多维数据关联应用，海量信息自动采集等功能。同时开发小区智控平台信息管控系统，在小区内部和社区警务室设立小区智控二级平台，将小区内各项感知设备全部接入平台，并连接市镇街道两级综合指挥室，实时对小区社情、警情进行智能预测预警，为小区防范提供研判支撑。此外，全面融入智慧交通、智慧消防等科技元素，实现小区管理由“传统人工”向“智慧集成”的提档升级。

3. 突出实战导向，拓展内涵外延，推动业务提质增效。一是推动基础防控更高效。要紧贴社区警务实战需求，突出基层基础管控和预测预警预防，开发“智安小区”APP，集流动人口信息“一报通”、户口咨询、防范宣传等功能于一体，精确采集小区住户信息。同时结合出租房屋旅馆式管理，通过在小区和出租房屋门口安装智慧门禁、人脸识别的方式，倒逼流动人口和人户分离人员登记相关信息，提高社区智能化管理的水平。此外，通过数据分析特定目标人员的活动轨迹，实现对重点人员“24 小时”智能管控，满足新时代社区警务工作需求。二是推动服务民众更便捷。通过手机 App 软件，整合远程监控、访客云、社区智慧照明和电气火灾监控等子系统，并融入防范宣传、“最多跑一次”网上办事、物业服务等功能实现公共安全和居家安全的智能防范，真正把“智能安防”“智慧服务”基因植入居民小区这一基层最小细胞单元，为群众提供更加便捷的智能服务。当然，通过开展“智安小区”建设，还可推动侦查破案更精准高效，为打击违法犯罪服务。

4. 充分挖掘资源，建立长效机制，营造可持续发展局面。一要建立经费保障机制。建立重点建设项目及专项经费争取机制，拓宽经费保障空间，将“智安小区”建设纳入城市发展、改造、基本建设及投资计划中。二要建立日常维护机制。在镇（街道）一级统一建立“智安小区”安防设施和管控系统检查维护机制，设立督导小组和专管员进行定期巡查，对发现数据传输异常或者硬件出现问题的下发整改通知书，督促物业和改造施工单位在限定期限内做好智防设施和管控系统的检修维护，确保“智安小区”智防系统运行零故障。同时，做好信息安全保密工作，与“智安小区”建设改造施工单位和智控系统操作人员签订保密协议，做好保密教育、明确保密责任，确保信息零泄露。三是建立警企合作机制。针对当前“智安小区”发展涉及的物联网、云计算、大数据等重点领域需要科技公司支撑的情况，积极与企业、院校合作，推进研发贴近公安实战的产品和系统，形成公安主导、企业主体的新机制，减少了设计环节和建设投入，有效满足了公安实战需求。

案例分析

嘉善县深化“智安小区”建设推动社会治理创新

近年来，浙江省嘉善县积极探索“互联网+社会治理新模式”，紧跟智慧城市发展步伐，充分运用互联网、大数据、人工智能、物联网等前沿技术，全面建设“智安小区”，以提升智慧安防水平来推进平安小区建设，进一步做强做实平安建设的“细胞单元”。开展“智安小区”建设后，所有“智安小区”刑事案件发案率显著下降，其中一半以上实现“零发案”，被人民网与国家行政学院评为“全国社会治理创新最佳案例”。其主要做法包括：

1. 科学规划、统筹布局，打造民生实施工程样板。一是明确建设标准。出台“智安小区工程项目”建设方案，制定“智安小区”安防建设配置标准。二是加强经费保障。确定“智安小区”工程招投标、建设流程和资金补助等规范，县财政落实专项资金保障“智安小区”建设经费。同步推进摄录一体机和“车卫士”物联网电动车防盗工程建设。三是搭建虚拟截面。在小区出入口安装车牌抓拍、人脸识别、电动车 RFID 防盗感应和二代身份证采集等系统，研发“智安小区”管理分析系统，集成车牌识别、电动车防盗识别、重点部位巡更、家庭摄录一体机、小区公共视频、智能报警、人脸识别等八大功能模块，对“智安小区”出入口截面的数据进行智能分析应用。

2. 多维应用、主动防控，积极回应群众平安需求。一是推进治安异动要素主动预测预警预防。同步推进“智安街区、商贸区”建设，将“智安小区”数据云与“智安街区、商贸区”车辆、人脸、视频数据云、物联网感知云等融合，通过云计算、人工智能等手段，对全城的治安要素进行关联管控，主动分析预警异动信息。二是强化侦查破案“最后一公里”智能追踪。依托平台对“智安小区”信息数据分析应用，实现小区实采信息、现发警情的实时、快速传递、布控和处置。通过在平台内添加目标车牌、人像、身份等信息，进行“一站式”查询比对，快速锁定对象轨迹。三是实现重点人员“24小时”智能管控。

3. 着眼民生、拓展功能，推动社会共建共治共享。一是深化“智安家居”建设。推广“智安家居”，研发“智安社区”手机App，集成防范宣传、小区自动导航、访客云、家庭安全系统、家庭监控系统和电气火灾监控系统等功能。居民可根据自身需求选购智能家居设备，并将设备与“智安社区”手机App实时连接，即使不在家中也能随时监测家中安全状况。二是延伸公共服务触角。在“智安社区”手机App中增加车辆违法信息查询、出入境、户籍业务网上预约申报等“最多跑一次”服务，居民足不出户就能查询、预约、办理相关业务。开发“智慧医疗”“智慧交通”、物业服务、社区宣传等模块，及时推送各类宣传信息、提供社区服务。三是深度拓展服务功能。利用“车卫士”防盗系统的射频基站布点优势，将RFID无线射频技术延伸到便民服务领域，在家庭安全系统中增加“老人小孩宝”模块，实时监测人群中佩戴专用智能手环的无线射频信号，实现区域“看管”和定位查找功能。

案例评析：嘉善县的“智安小区”建设虽然由公安机关规划设计，但纳入政府平安建设工程，使得该项工作能在当地党委、政府的统一领导下协调推进，在资源调动、项目推进等方面具有明显优势。“智安小区”的建设为智慧社区警务建设提供了极为有利的条件，通过将“智安小区”数据云接入公安警务云，公安机关可在智慧社区警务建设方面大有可为。

（三）社区民警在“智安小区”建设中的作用

作为一种现代科技在社会治理中的应用模式，“智安小区”建设的目标与公安工作的目标高度吻合，在一定程度上，可以说“智安小区”建设是现代警务模式构建中的创新举措，它体现了公安机关积极作为，将警务工作、警务模式创新与社会治理创新有机融合的创新实践。社区民警作为社区警务的重要责任主体之一，也应积极作为，在“智安小区”建设中做出应有的贡献。

1. 提高现代科技应用能力，为“智安小区”建设当好参谋。总体上看，“智安小区”建设属于政府民生工作，公安机关在业务方面起主导作用，但不能就此忽视社区民警个体在“智安小区”建设中的作用。虽然“智安小区”建设在技术上应有统一标准，但小区形态多样，情况各异，小区居民有什么需求，适合什么样的技术方案，这方面社区民警比公安科技部门更清楚。因此，社区民警应加强学习，了解社区安全防范方面的前沿技术，特别是对现代信息技术在社区安全防范中的应用情况要有所了解，只有这样，才能当好“智安小区”建设的参谋，提高“智安小区”建设方案的针对性。

2. 提高信息技术应用能力，增强“智安小区”建设实效。“智安小区”建设应用现代化的科研手段，实现了小区相关信息的自动采集，减轻了信息采集的人力负担，为小区安全防范的智能化提供了有利条件。但完全依赖技术手段的智能采集不是万能的，很多信息特别是社情民意等主观性很强的信息仍然需要社区民警的人力手段才能采集。只有将技术手段与人力手段有机结合，才能实现对小区要素的全信息采集。因此，一方面，社区民警要有信息采集的主体责任意识，增强做好基础信息采集工作的自觉性和责任心，在采集录入信息时，做到着眼长远，持之以恒，真正地把信息采集工作做真、做深、做活。另一方面，要有信息采集的敏锐意识，培养自己对深层次信息的洞察能力和通过现象看本质的能力，确保能够采集到大量蕴含价值的零碎信息等有价值、有深度的好信息。此外，还要具备对所采集信息的鉴别意识，从提升信息质量入手，确保信息的及时性、准确性和规范性，既要全面收集各种信息，又要保障信息真实可靠。

3. 掌握必要数据分析应用能力，强化智慧警务应用。通过“智安小区”建设，能够为智慧社区警务建设提供小区全信息警务数据。智慧社区警务建设的基础在“数据”，核心在“智慧”，而智慧最核心的表现是智能化处理能力。公安机关科技部门及科技企业可以凭借专业力量打造统一标准的“智安小区”信息管理系统和智慧社区警务信息系统，并利用大数据、云计算和人工智能等技术实现系统的自我学习、智能分析、智能决策，但其无法完全满足“智安小区”建设和社区警务工作中多样化的需要，这就需要社区民警加强学习，培养一定水平的警务科技素养和创新精神，以提高数据分析应用能力，不断提升自己的“单兵作战”能力，使自己在维护小区治安秩序的同时能够更及时、高效地回应群众的各种服务需求和关切。

【引导案例参考答案】

“智安小区”建设是对当前社区警务模式的有益变革，是应对复杂多变治安形势的有力举措。小区是社区的更小基础单元，通过“智安小区”建设，做精做强平安基础单元，以局域小平安逐步汇聚辖区大平安，对社区警务工作具有重大推动作用。一方面，“智安小区”建设将综治手段与新型科技智能手段紧密结合，突出智能化、信息化手段在社会治理中的引领作用，盘活带动各类社会资源力量，参与共建共治共享，开创基层社会基础单元智慧治理新模式，是对智慧社区警务建设的有力探索和创新。另一方面，“智安小区”将各类基础要素前端感知系统在原有基础上进行改造升级、加密布局，通过互联网、大数据、云计算技术手段对海量信息进行动态搜集、整合加工，实现对划定区块治安状况的精准化、可溯性、全时空掌控，是对居民小区这一平安建设基础单元微型治安防控体系的补强升级，是对当前社会治安防控体系的深度延伸，与智慧社区警务建设的目标一致。

第九章　社区矛盾纠纷化解

【学习目标】

通过本章学习，了解社区矛盾纠纷化解应遵循的原则，矛盾纠纷化解的基本方法，人民调解及当事人自行和解制度。了解治安调解的法律依据、适用范围、基本原则及具体的工作规范。

【重点提示】

· 社区矛盾纠纷化解的基本方法
· 治安调解的适用范围
· 治安调解的工作规范

第一节　社区矛盾纠纷化解概述

引导案例

2012 年，宁波鄞州公安分局为破解矛盾纠纷化解难题，创造性地将治安调解和人民调解有机结合，在全省首创“人民调解委员会驻派出所工作室”，全市首家以调解员名字命名的“老潘工作室”应运而生。

近年来，“老潘工作室”最大限度地整合各类调解资源，构建起“矛盾纠纷联调联处，和谐成果普惠共享”的工作格局，年均调解各类疑难纠纷案件 400 余起，调解成功率达 100%。不仅及时化解了现行矛盾纠纷，还解决了一些困扰街道、派出所多年的疑难杂症，为派出所整体工作提供了极大的支撑，许多群众慕名前来寻求帮助，有力地促进了辖区社会和谐稳定。其事迹先后被中央电视台、公安部予以专题报道。2017 年以来，“老潘工作室”负责人潘明杰先后获得“全国模范人民调解员”“新时代最美法律服务人”“平安中国建设先进个人”等荣誉。

矛盾纠纷化解是一门浸润人心的艺术，是一种真正意义上的东方智慧。20世纪60年代初，浙江省绍兴市诸暨市枫桥镇干部群众创造了“发动和依靠群众，坚持矛盾不上交，就地解决。实现捕人少，治安好”的“枫桥经验”。经过数十年的发展，“枫桥经验”焕发出旺盛的生机与活力，成为推进基层治理，化解矛盾纠纷的重要手段。

问题：公安机关如何坚持和发展“枫桥经验”，打造矛盾纠纷化解“升级版”，助力社会和谐稳定?

一、社区矛盾纠纷化解的含义

化解即融化、消解。矛盾纠纷化解是指在第三人的主持和疏导下，促使双方当事人以一定的条件达成和解，通过合意解决纠纷和矛盾的一种方法。化解各种矛盾纠纷，对消除影响社会稳定的大量隐患，增进社会和谐，降低执法成本，提高行政效率，有着十分重要的作用。从实践情况来看，基层派出所化解的矛盾纠纷不仅有治安纠纷，也包括普通的民事纠纷，因此可以把基层派出所化解的矛盾纠纷分为两大类：一类是治安纠纷及与治安纠纷相关联的民事纠纷；另一类是普通的民事纠纷。对于第一类纠纷，通过治安调解解决；对于第二类纠纷，又有两种解决方式：一种是实质调处的，另一种是非实质调处的。所谓实质调处，是指公安机关通过调处，使当事人各方的实体权益争议得以解决，从而化解矛盾。所谓非实质调处，是指对此类纠纷公安机关不便或难以处理，而是仅作一般性的劝说，帮助当事人暂时缓和矛盾，平息事态，为当事人提供必要的咨询，并为当事人指明或联络纠纷解决渠道。

二、社区矛盾纠纷化解的基本要求

当前，为做好矛盾纠纷化解工作，基层派出所需做到以下几点：

（一）践行“枫桥经验”，抓好矛盾纠纷源头治理

重点针对邻里关系、欠薪欠债、投资受损等多发性、反复性重点矛盾纠纷，立足“纠纷化解早、矛盾不上交”和“预防为主、主动作为”原则，积极开展工作，强化法制宣传、情报搜集和规范执法，坚持边排查边化解，做到排查全覆盖、化解在源头，有效减少矛盾纠纷，促进辖区社会和谐稳定。

（二）深入走访，常态化开展矛盾纠纷排查化解

结合基层基础工作，把走访作为排查化解矛盾纠纷的工作常态和基本方式，

组织民警深入社区、人员密集区域等地进行拉网式排查，发现矛盾纠纷，有针对性地通过多种渠道获取有关矛盾纠纷的信息，确保在第一时间掌握，为化解工作奠定基础；调动网格员等力量，强化收集核实、分析研判矛盾纠纷、不稳定因素等信息，对可能引发群体性事件的苗头、疑难纠纷提前介入、防止激化，及时将矛盾化解在基层，解决在当地。

（三）充分发挥基层调解组织作用，将矛盾纠纷化解在基层

一要充分发挥社会矛盾纠纷调处化解中心（“矛调中心”）的作用，发挥联动优势，推动更多矛盾纠纷解决在始发阶段、化解在基层一线。二要充分发挥村（居）民议事会、业主委员会等群众自治组织作用，深入挖掘群众自治资源。创新基层调解员+社区网格模式，推动基层调解员和社区干部密切配合，形成基层调解合力，将矛盾解决在萌芽状态。

（四）引“正”舆论风向，努力营造宣传氛围

借力新媒体优势，运用多种方式，广泛宣传解读新时代“枫桥经验”精神实质和实践要求，教育全体民警不断提高矛盾纠纷化解能力，积极推进调解文化建设，引导群众理性表达诉求、依法化解纠纷，营造办事依法、遇事找法、化解矛盾靠法的良好法制环境，提高社会公众对多元化解工作的知晓率和参与度。

三、社区矛盾纠纷化解应遵循的原则

（一）教育疏导原则

教育疏导是一种实事求是、以理服人、讲求实效的解决社区矛盾纠纷的方法。为防止因矛盾激化而导致违法犯罪或造成群体性事件，首先要进行教育疏导。疏导，即疏通引导，循循善诱，通过教育、感化，摆事实、讲道理，实现矛盾纠纷的化解。社区矛盾纠纷大多是属于思想认识问题，不宜采用压服的办法堵，只能通过教育引导解决。

（二）依法化解原则

在解决矛盾纠纷的过程中公安机关应加强法制宣传教育，引导矛盾双方在理解法律、相信法律、尊重法律的基础上依法解决矛盾。矛盾双方的诉求不能超越法律法规的限度，不得为了平息纠纷而满足一方的无理要求，坚决杜绝侵犯公民正当权益的行为。

（三）自愿原则

在双方当事人自愿基础上解决纠纷。只有建立在双方自愿基础上，才可能彻

底解决纠纷。也只有在自愿基础上，才能保证当事人双方自觉、自愿地履行协议，避免和减少矛盾纠纷的反复。这一原则要求在纠纷发生后，是否调解以及协议达成的过程，均取决于当事人自愿，不得强迫。

（四）尊重当事人诉讼权利原则

尊重当事人的诉讼权利，不得因未经调解或者调解不成而阻止当事人向人民法院起诉。调解人员对纠纷的调解是基于双方当事人的自愿，而不是诉讼的必经程序，不得阻挠当事人诉讼权利的行使。

（五）当事人地位平等原则

纠纷当事人在调解时地位一律平等。任何当事人，不分民族、种族、性别、职业、家庭出身、宗教信仰、受教育程度、财产状况、政治面貌等，在调解时应一视同仁。这一原则要求纠纷当事人在调解全过程中权利义务完全平等，调解人员必须平等对待各方当事人，不得歧视一方。

【引导案例参考答案】

1. 坚持“枫桥经验”的核心要义，即“为了群众，依靠群众”。一以贯之地坚持“为了群众、依靠群众”的群众路线。

2. 适应时代要求，强化法律在维护群众权益、化解社会矛盾中的权威地位。实现由情、理、法到法、理、情的转变，坚持依法调解为主导，说理讲情为辅助，引导群众形成遇事找法、办事依法、解决问题靠法的思维。

3. 调动群众的创造力和积极性，变单打独斗为警民合力，动员鼓励群众参与矛盾纠纷化解工作，将矛盾化解在起始、解决在基层。

4. 依托科技提效率，推进矛盾化解智能化。运用“互联网+”思维，探索将调解工作由线下转移到线上，实现纠纷“线上调”、矛盾“线上解”，实现由“最多跑一次”到“一次都不跑”。探索运用大数据技术，通过数据的积累、分析，自动给出一些相似纠纷的处理建议，提高调解效率。

第二节 社区矛盾纠纷化解的实施

引导案例

某日，宁波某小学12岁女田径队员闻某在进行常规训练时因体力不支倒在地上，校医及在场人员采取紧急救治措施后闻某仍未苏醒。之后校方用校车紧急护送闻某至离校最近的医院抢救，并组织了部分市内名医救治，但终究未能成功。

事后，家长不同意尸检，认为校方不该让学生从事体力消耗较大的体能训练，学生死亡之责全在校方。在向校方提出巨额赔偿无果的情况下，在校门口实施拉横幅、放花圈、捧遗像等过激行为。

问题：如遇与本案例类似的纠纷应如何化解？

一、社区矛盾纠纷化解的基本方法

基层派出所化解各种矛盾纠纷，应当遵循相应的工作原则和工作规范，适时运用各种方法进行调处，从而使化解工作取得事半功倍的效果。

一是冷却降温法。在纠纷激化，双方争吵不休的情况下，民警可将双方当事人暂时隔离，不去过问，待双方冷静下来后，再抓住有利时机，及时进行调解和处理。如果在双方纠纷最激烈时就盲目发言，急于调处，不仅无法有效控制事态的扩大，反而会激化矛盾，火上浇油，更有可能引火烧身，将自身成为纠纷的焦点。适用对象：当事人脾气暴躁，容易冲动，或失去理智时。

二是换位思考法。在纠纷调处时，由于双方当事人只考虑自身利益，跳不出个人圈子，好钻“牛角尖”。民警就应引导双方当事人转换角色，换位思考。引导他们在考虑个人得失的同时，也要替对方着想，学会“要想公道打个颠倒”的思维方式。然后再循循善诱，因势利导进行调处。适用对象：当事人以自我为主，看重个人利益，计较个人得失。

三是逆向思维法。运用逆向思维的方式，转换思考问题的角度，让双方当事人重新思考纠纷的过程、造成的后果、对双方造成的影响等，从而趋于冷静，端正态度，以达到化解之目的。适用对象：当事人均认为自己有理，对于事件中谁对谁错的问题纠缠不清，使正面调处工作受到阻碍。

四是案例引导法。运用调处成功的相似案例，以案说法进行剖析，让双方当事人结合案例，重新思考纠纷，计算纠纷的成本，以他人之事为借鉴，最终达成协议。适用对象：当事人文化程度较低，口口声声称不懂法，固执己见，不肯让步。

五是亲情疏导法。运用亲情、友情加法律的手段对纠纷当事人进行攻心疏导，在亲情友情的感化下实现成功调处。在调解处理时，民警可邀请纠纷者的亲朋好友，对其进行劝解、感化。适用对象：纠纷当事人有近亲属或邻里关系，平时关系较好，一时冲动造成后果。

二、常见社区矛盾纠纷的化解

（一）轻微伤害案件引起的矛盾纠纷的化解

1. 案例重现。甲乙两家相邻的小饭店由于生意问题，平时多次因小事发生口角。某日中午，双方又因乙的小孩（约 8 岁）在饭店门口小便一事发生争吵，后发展至互殴。甲用铁条打中乙的头部，致乙头部出血（后乙缝合数针并住院，伤势鉴定为轻微伤），乙用拖把击中甲，但甲无明显伤势。纠纷过程中，乙饭店的大门玻璃被打破。

民警到现场时，看到甲与乙仍在互相追逐殴打。乙因吃亏，趁甲不注意欲上前偷袭甲，被在边上的民警及时制止；而甲发现乙伤势较重，欲逃走，被在边上的民警及时控制。两名民警及时制止甲乙双方的互殴行为，并根据伤势情况，将伤势不明显的甲口头传唤至派出所，将乙送往医院治疗。事后约定双方调解，最终达成调解协议。

2. 案例分析。本案是邻里之间因小事引起的轻微伤害案件，根据《治安管理处罚法》第 9 条之规定公安机关可以调解处理。此类案情是基层民警最为常见的案情之一，在处置过程中经常会觉得“难”或“怕”，主要表现为现场处置难、事后调解处理难、易产生涉警信访。

思考一：在本案中，现场处置应注意哪些问题？

（1）要做到出警迅速。首先，出警快，可以争取时间及时制止侵害行为，防止危害后果的扩大化。其次，出警快，可避免产生“120”比“110”早到的现象发生，从而避免到现场时，当事人已由“120”送到医院，导致现场情况无法全面掌握。此外，出警快，还可避免新闻媒体比“110”早到现场的现象发生。如果新闻媒体早到，公安民警在处置时往往会缩手缩脚，有时讲话不严谨，就可能会引发舆论炒作，造成后续工作被动。

（2）对现场进行有效控制。首先，要充分发挥到现场警力（包括辅警力量）及时有效地制止双方继续互殴；其次，采用盯防式控制，防止其中某一当事人偷袭对方，或其中某一当事人趁机溜走。本案中乙因吃亏，趁甲不注意欲上前偷袭甲，被在边上控制的民警及时制止，甲发现乙伤势较重，欲逃走，被在边上的民警及时控制；此外，还要注意观察与控制围观群众对当事人双方的干扰和影响。

（3）根据现场情况灵活处置。对于一些起因简单，后果不严重的简单纠纷，可以赔礼道歉或小额经济赔偿为条件进行当场调解和处理。但本案中由于双方纠纷较重，且一方需治疗，不适合进行当场调解，故将伤势不明显的甲口头传换至派出所，将乙送往医院治疗。

(4) 及时取证。现场取证必须及时、全面，并充分运用现有的技术装备。第一是采取录音笔录音，记录处警过程，对双方当事人及现场证人进行现场录音。这样便于对有些在现场如实交谈，而在事后做笔录时否认事实或闭口不语的当事人或证人，可用录音资料促使其事后配合调查。第二是利用照相和摄像设备进行现场拍照与摄像，这样既可以固定现场物证，还可以对现场人员进行拍照(小技巧：巧用拍照固定现场证人。在现场证人不肯向民警提供姓名、联系方式时，可在事后通过照片向村、社区干部辨认，从而找到证人)。对物证除拍照、摄录固定外，还应当注意及时提取与保存。第三是监控视频的利用，现在监控视频有公安的、城管的、物业的以及其他单位的。这里要注意有的监控视频的保存期很短，只有一两天，需要及时采集。另外还以可以利用录像方式固定。

思考二：如本案案情，在着手调处纠纷前，民警应该开展哪些工作？

(1) 熟悉相关法律。本案是因邻里纠纷引起的轻微伤害治安案件，根据《治安管理处罚法》第 9 条之规定："对于因民间纠纷引起的打架斗殴或者损毁他人财物等违反治安管理行为，情节较轻的，公安机关可以调解处理。"同时，也要熟悉《治安管理处罚法》第 43 条，了解该行为的处罚尺度。

(2) 及时取证，固定案件事实。实践表明，在大部分的纠纷调解处理案件中，第一份笔录的真实性最高。因此，在调处中，要及时询问当事人和证人，做好第一份笔录。由于本案一方当事人事后至医院治疗，要及时赶往医院，一是探问病情伤势，二是进行必要的询问，取得第一手证据。同时要向医生了解伤情，初步评估受伤害程度，做到心里有底。对有必要进行法医鉴定的，应及时组织鉴定。此外，对证人证言的效力要进行分析，要考虑其与双方当事人的关系：若证人与双方均无利害关系的，其提供的证言证据的真实性相对就强；若证人与一方当事人有利害关系的，则要考虑其证明价值，此类证据常带有较强的倾向性，要视证人素质而定，有些内容还是真实的。工作中可以通过其证言的矛盾点，来还原真相。

及时全面的取证，能使民警在纠纷调处中进退自如，掌握主动权。证据充足了，能促进调处，在调处不成时可及时做出处理或进入诉讼程序。如果不及时收集证据，一方面在事实不清、证据不完备的情况下进行调处，底气不足，往往取不到好的效果。另一方面一旦调处不成，进入处罚或诉讼程序，因时过境迁，有些证据已无法取得或丢失，就会陷入无法处理的情况，导致涉法信访的发生，就算勉强处理，也极易引起复议诉讼。

（3）把握与分析纠纷的焦点。认真分析纠纷发生的矛盾焦点，要分清真实的矛盾焦点和表象的矛盾焦点。有些表面现象很容易导致在调处时就事论事，“头痛医头”，而不能有针对性地直接介入引起纠纷的根源，从而无法调停调解，或者暂时平息纠纷，而留下日后纠纷升级的隐患。如本案中，表面矛盾为打架纠纷，而真正的矛盾焦点则是饭店经营上的纠纷。

（4）根据需要进行约谈。约谈的目的是与当事人进行进一步的沟通，了解其情绪状况，以及当事人的真实意图，必要时定时间、定地点、定人员，为正式调处做准备。

思考三：如何开展调处工作？

本案中民警采用“分合式”调处法进行调解。

首先，对双方当事人分别进行谈话沟通，说理说法。分别谈话沟通是为说理说法营造一个对双方当事人相对独立的气氛、宽松的说理说法环境。分别谈话沟通有三个优点：一是可以缓解双方的对立情绪，因为把双方当事人隔开，可以避免因一方当事人闲言碎语或者不当举动导致矛盾激化，将双方分开，有利于缓解矛盾；二是在单独的场合，当事人没有碍于面子下不了台的顾虑，较易接受民警的谈话，对于民警的批评教育也较易于接受；三是对于民警而言，更方便对当事人的说理说法，也不会因为直接面对面时为考虑双方的感受而词不达意。

其次，根据案件需要，在分别谈话，达成初步意向或矛盾缓解的情况下，将双方当事人召集在一起进行面对面沟通，说法说理，促使矛盾化解，纠纷消弭，达成协议。

那么在实际工作中，应当如何进行说法说理呢？

说法时要指出双方当事人在本案中的对与错，需要注意此时要运用《治安管理处罚法》进行说法，从法律角度给予教育。同时，可列举有关案例进行说明，增强说服力。案例最好是与此纠纷相类似的、典型的，也可以是当事人熟悉的。说理则要晓以利害，向当事人阐明闹矛盾惹纠纷的危害性，替当事人权衡利弊得失，并适时引用一些造成不良后果的案例进行对比，让纠纷的双方计算纠纷的成本，明白解除纠纷的好处。通过说法说理使当事人理性思考，放弃不合理纠缠，从内心产生丢掉包袱的思想，最终达成调解协议。

本案中，民警指出双方殴打他人这一行为是违反《治安管理处罚法》的，并通过对饭店经营竞争这一主要矛盾进行了分析，通过“店多隆市”“竞争可以提升品质”“对方不来开店，其他人也会来开店”等方面进行说理，并通过正反两方面的案例引证，化解了饭店经营竞争这一主要矛盾，使得该纠纷回到了就打架一案的就事论事调解，并最终达成了协议。

思考四：“分合式”调处法在不同纠纷调解和处理中如何运用？

通过本案的分析，可以看出“分合式”纠纷调处法就是对于双方矛盾、积怨较深的纠纷案件，采取将双方当事人分开，缓解对立情绪，分别进行谈话沟通，说法说理，然后让纠纷双方当面沟通，最终促使纠纷得以调停化解的方法。这也是纠纷调处中实用性较强的基本工作方法之一。由于纠纷的起因各不相同，每个纠纷又有不同的个性特征，那么如何在警务工作实践中灵活运用这一方法呢？我们主要采取在“分合式”的基本模式下，针对不同类型的纠纷采取不同的应对技巧。

（1）背对背的运用技巧：背对背适用于双方矛盾较深，情绪激烈的案件，这类案件是让双方当事人互不见面、分置两室，由调处人从中斡旋，说理说法，在达成意向后，再见面同场调处。

（2）面对面的运用技巧（又叫亲情感化方式）：亲情类纠纷，如婚姻、抚养、父子间、兄弟间等纠纷，先与双方当事人分别谈话，说理说法，在缓解矛盾前提下，让双方当事人同场见面，在亲友或长辈的亲情感染下，唤起当事人的亲情、良知，最终达成协议。

（3）两头教育的运用技巧：在双方当事人互有过错的纠纷中，与双方当事人分别谈话，谈话的重点是针对双方的违法行为分别进行教育，必要时进行严厉批评，给其一定的压力，降低双方各自的要求，在条件要求接近时，再同场调解处理达成协议。运用这一技巧要注意当事人地位是否对等相当。

（4）“讨价还价”的运用技巧：这种方式主要针对通过分别谈话、说理说法已经消除了主要矛盾，但在具体赔偿数额上产生分歧的状况。这种情形也是将双方分开，由民警从中周旋，两头跑，让双方通过讨价还价，形成互相让步、彼此都有面子的局面，等条件接近时，再由民警同场调解处理，提建议，达成协议。

（5）“和稀泥”的运用技巧：这种方式主要是针对事实不是很清楚，但纠纷双方都有损失的情况。民警可针对具体的损失情况，充当“和事佬”，安抚双方又各让一步，说理说法；或者借用外力，找双方的亲朋好友来当“老娘舅”“和稀泥”，促使纠纷双方不再斤斤计较，最终达成协议。在事实不清的情况下，很明显，更需要采用“和稀泥”的方式。

当然，其他的调处技巧还有很多种，在这里不一一列举。

从上面的几种调处技巧可以看出，这几种方式的共性特点，就是以“分合式”工作法为母体的创新。在调解过程中，只是根据每类纠纷调处的切入点不同，而采取不同的调处技巧。

思考五：轻微伤害案件调解处理的一般流程是什么？

轻微伤害案件调解处理的一般流程如下图所示：

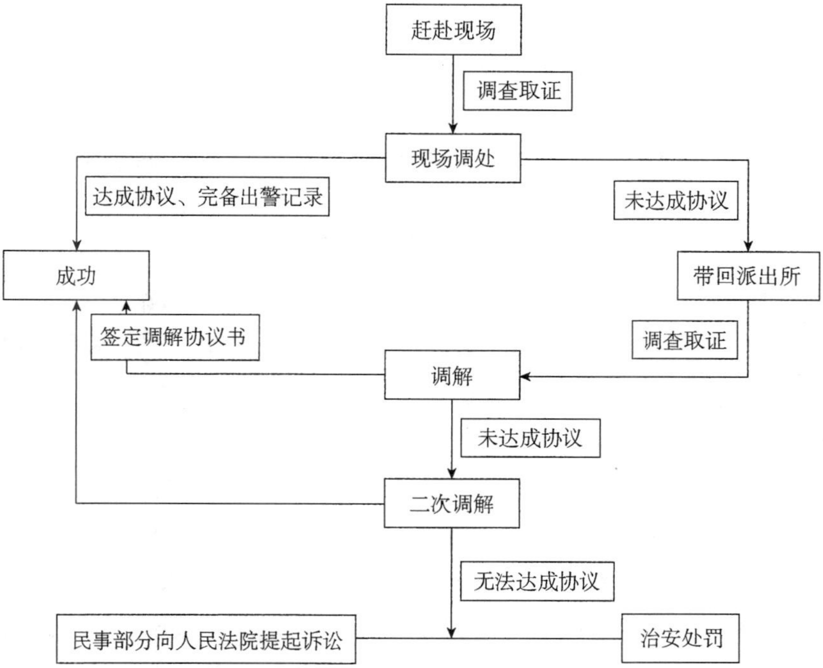

（二）邻里纠纷的化解

1. 案例重现。某日晚，某派出所接到辖区村民毛某报警称其被邻居打伤了。民警到达现场后发现，毛某的T恤衫被拉破，手臂上有血，情绪相当激动。经了解：报警人毛某与邻居毛某同是同宗旁系兄弟，两家房屋相邻，毛某在门前一块菜地上种了二十余株辣椒，毛某同认为这块地他也有份的，所以未经毛某同意便将辣椒苗（毛某所种）拔掉。当天晚上毛某回家后发现该情况，便到毛某同家屋后将毛某同的四棵橘树砍断。于是毛某同当晚赶至毛某家讨要说法，双方发生争吵并有肢体接触，混乱中毛某左前臂被划伤（轻微伤）。

根据进一步地了解：门前这块菜地在他们的上一辈是共用的，归属权也没有界定。前几年，毛某和毛某同均在外打工，这菜地也基本不用。但年前毛某因身体原因回家不再外出打工，据说本村可能要被划入开发区土地征用，于是毛某就在菜地上种了二十多株辣椒苗。毛某同认为毛某想独自占有这菜地就发生这起纠纷案件。

2. 案例分析。邻里纠纷的外在表现往往是造成轻微伤害或财物损坏等，其内在矛盾一般表现为民事关系的纠纷。纠纷双方当事人的生活或工作空间比较接近，具备“天天接触、常常见面”的特点。如本案纠纷中，其外在表现就是双方打架造成一方当事人毛某受伤，及辣椒苗和橘子树的损坏。而其实质矛盾是门前一块菜地的归属权争议问题。调处此类纠纷的关键就是其实质矛盾的化解。

思考一：此类邻里纠纷调处应从哪些方面着手？

（1）找出引起纠纷的主要原因。调处中，要注意收集有关案情信息，了解纠纷的起因和经过，分析纠纷的性质和背后原因，找准当事人的心结、认识误区和问题症结。这是调处的基本环节，如果不掌握信息，不了解纠纷背后的原因，盲目进行调处，不但不容易成功，反而会使调处工作陷入被动。

（2）了解双方当事人的有关信息。具体包括：①身份情况，如年龄、职业、个性等，做到心中有数；②社会关系情况，如当事人的家属、亲属和其他社会关系情况，可以从中借用他们的亲情感召，增大调处成功的可能性；③当事人双方之间的关系情况，如是否存在亲属关系、同学关系、朋友关系等，或者了解双方平时是否存在积怨，做到心中有数，为调处做好准备。

（3）构建沟通调处的平台。一是要通过合理引导，缓和双方情绪，让双方愿意主动到沟通调处的平台。二是选择好调处的地点。例如，如果是家庭纠纷，可选择在当事人家中，能让双方感觉到亲切，容易交流；如果是一般邻里纠纷，则选择具有一定严肃性的村委会、居委会或社区管理部门所在地较合适；如果纠纷中伤害比较严重，则可选择派出所，这样可让纠纷双方感到事态的严重性和公安机关职能存在，有利于工作开展。三是选择调处参与人员。调处成功与否，主要是看双方当事人的意愿，但是旁人的劝解也能起到良好的作用。所以选择合适的调处参与人员也显得至关重要。例如，邀请村干部、双方家属或亲属、有一定威望的族长或村民来参加调处，借助他人的力量，促进和解意愿的达成。四是细节方面的准备。调解时，营造轻松、和谐的氛围能够让双方当事人感觉放松，易于交流，如事先准备茶水，为双方放松心态。而在某些必要的情况下，也可以准备录音、录像设备，给双方施以适当的压力。

例如，本案发生在农村，双方当事人是邻居，平时“抬头不见、低头见”，在血缘上又是同宗旁系兄弟。他们是为了门前一块菜地的归属权问题引起打架，而菜地的归属权暂时无法确定。根据这一情况，民警召集双方当事人到村委会办公室，采用“1+X”模式，即民警为1，其他参加调处的人为X。本案责任民警邀请村干部一起参加，利用村干部人头熟、善于做农村工作的优势，协助民警一起调处。同时，民警了解到毛氏宗族中一位老人，其在宗族内威望较高，于是民警也邀请其一起参加调处。

思考二：调处邻里纠纷时，民警应注意哪些问题？

（1）调处时应遵循自愿、客观、公正的原则。首先，调处是双方合意解决纠纷的方式，需要双方当事人自愿方可进行；其次，在调处时应避免受到干扰，若当事人觉得自己受到“不公平”的待遇时，其自尊心会受到伤害，也易激起对执法者的抵触与怨恨，不但不能解决纠纷，反而会产生新的矛盾。

（2）调处时需讲究的方法：①换位思考法。俗话说：“要想公道，打个颠倒”。在纠纷调处中，可启发双方当事人转换角色，换位思考，如在本案中，民警分别让双方说如果自己是对方，可能会怎么做，然后循循善诱，因势利导进行调处。②逆向求助法。这里是指转换思考角度进行思考，以使问题趋向明朗或顺利解决的方法，如本案中，双方当事人均认为自己有理，对于事件中谁对谁错的问题纠缠不清，使正面调处工作受到阻碍。此时民警就按当事人各自的想法为他们进行分析：毛某同拔了毛某家二十余棵辣椒苗“有理”，因此毛某砍了毛某同四棵橘树也“有理”，那么毛某同将毛某打伤还“有理”，如果毛某再打伤毛某同更“有理”……要让双方在这样的思考中，明白接下去的后果将无法预料。③外围借力法。在调处中，适当地借助外部的力量介入调处会有事半功倍的效果，如本案采用的“1+X”模式，就是借助了村干部、毛氏宗族的长者等参与调处。④传统民俗法。在调处中，民警如果注意尊重和运用当地的传统习惯与风俗习惯，就会使双方当事人更容易达成调解协议。本案中，辣椒苗与橘树的损失经双方计算，毛某赔偿毛某同200元。然而，毛某提出其皮外伤不需对方赔偿医药费，但要求毛某同给他送“红彩”，即红色毛巾或红布。因为毛某同是用扫把划伤他的，在当地习俗中，扫把是“脏”东西，人被扫把打要“晦气”的。民警认为此要求是与当地民俗有关的，是合情理的，最后在村干部和毛姓长者的调和下，毛某同送一条红色毛巾给毛某以示歉意。又如，在菜地归属权的调处时，就是用传统的“抓阄”方式来确定的，即由双方共同商量菜地一分为二，用“抓阄”方式确定两小块菜地的归属权。

（3）调处时要及时全面取证。无论何种邻里纠纷，民警处置时都要注重及时取证。特别是在双方有较重伤害或较大财产损失的情况下，更应当及时制作双方当事人、证人的询问笔录，用录音、照相、录像等方式固定证据。邻里纠纷的起因（内在矛盾）大多是琐碎的事，而外在表现的治安案件（外在矛盾）伤害或损失较大时，会转化为双方的主要矛盾，如果由于取证的不及时而造成证据不足，使治安案件不能进行调解或处罚，就容易引发投诉或信访案件。

（三）假币纠纷的化解

1. 案例重现。某日20时左右，有群众报警称在某农贸市场旁的夜市发生假币纠纷。民警赶到现场后经了解：李某刚从外地来杭州打工，晚上到夜市买草席、枕头等生活用品。他给了女摊主一张100元面值的人民币，当时男摊主去拿物品了，女摊主将100元收下未认真检查就放入摊位下的纸盒子内。男摊主回来拿起一看是假币，当时李某已离开现场约5米距离，被摊主叫回，李某当场拒绝承认自己付假币，双方发生纠纷。

民警到现场时，摊主与顾客李某正在争吵，双方情绪均比较激动，周围有十多个群众围观。此时，民警首先控制现场事态，劝阻双方的争吵，同时疏导和劝离部分围观群众。其次民警认真地分别倾听双方的诉求。摊主说："我晚上只收了一张100元，这张就是你（李某）给我的。"李某说："我是刚来杭州打工的，钱是老板今天刚发的工资，身边还有一张100元，这张是（出示）真的吧，我不可能用假币的，刚才老板娘收了我的钱也找给我零钱了，我都走了老板叫住我说钱是假的，这假钱绝对不是我的。"双方争执不下。然后民警详细查看这张假币，发现其编号为"HD90"，可以明确为假币。

接下来，民警通过与双方进行分别谈话，了解这假币的使用详细过程。民警从双方分别了解的情况有：①摊主当晚收钱确实没有其他的百元面值的钱；②李某身边的另一张百元面值纸币确实是真币，身边没有其他零钱；③李某的钱是经过两次对折存放在裤腰内侧的小袋内，这张假币的对折纹路与李某身边的另一张百元真币对折纹路是一致的。据此，民警判断该假币是由李某提供的。民警就单独对李某进行询问与说服教育，李某最后说："这张钱（假币）可能是我付给她（女摊主）的，这钱是我工地老板今天预支我的生活费，我不知道是假的。"民警再对摊主进行单独谈话，说明女摊主收钱应当面验钱，不得离开视线，但她没有当面验钱，也存在过错，应当承担部分责任。经民警认真细致地做工作，双方最后商定：李某把摊主找给他的87元钱还给摊主，李某拿走购买的价值13元的席子等物品，不再支付摊主13元人民币。

2. 案例分析。类似本案的假币纠纷是基层派出所民警常见的警情之一，大多数民警调处时均视其为一般民事纠纷，未做仔细分析就平均分摊双方责任，对双方"各打五十大板"或直接认定其中一方的过错，经常造成当事人的不满或不服气而使调处难以进行。而本案民警调解处理时耐心听取双方当事人的陈述，仔细分析假币的使用过程，从而先行确定假币是由谁使用的，是否存在故意使用的可能，再视情况进行处置，结果使双方当事人均满意。

思考一：如本案的警情，应该从哪些方面着手处理?

第一，要控制现场事态，防止纠纷升级。民警到现场后应及时劝阻双方的争吵，同时疏导和劝离部分围观群众，为纠纷的调解处理创造良好的氛围。

第二，要倾听双方的诉求。认真倾听双方当事人的诉求，一是可以缓和当事人的情绪，表示对当事人的重视与尊重，建立民警与当事人的良好沟通渠道，为下一步的纠纷调处创造条件；二是从当事人的诉求中可以了解假币使用的详细过程，从而初步评估双方当事人的过错程度。在倾听当事人诉说时，应当先采用“面对面”的方式，即双方各让其陈述一次，在此过程中，民警要控制好一方诉说时不要让另一方打断；民警重述双方陈述的共同事实；然后再采用“背靠背”的方式，即分别对双方询问了解假币使用的详细过程。

第三，要初步判断是否存在故意使用假币的嫌疑。如果一方涉嫌故意使用假币或持有假币，应当立案调查，根据《人民银行法》的有关规定进行处理，而不是按纠纷调解处理。

第四，要搭建沟通渠道，提出调处建议。民警通过沟通准确掌握双方当事人的诉求，积极寻找调解和处理的切入点，并根据双方当事人的状态（性格、情绪、文化层次、年龄等）确定沟通的技巧和及时调整调处的策略，并通过晓之以理、辅之以情的思想工作和法制教育，尽可能地缓和双方当事人的情绪，进而缩小分歧，提出合理建议，化解矛盾。

思考二：如何判断是否存在故意使用或持有假币的嫌疑?

此问题可从两个方面来判断，即一是谁持有或使用假币；二是是否存在故意持有或使用假币，即是否存在明知为假币而持有或使用。

谁持有或使用假币。根据经验总结通常由当事人的身份、职业、陈述的细节、身上是否还有假币、该假币的特有特征（如折痕、气味等）等因素综合分析，要求民警要细致地分析推理。本案例中，民警通过假币上的折痕与李某身上的另一张真币的折痕一致这一特征初步判断该假币是由李某使用的。

是否存在故意持有或使用假币。根据实际经验总结，通常判断的依据有：①使用或者持有假币的数量；②是否为高危地区人员；③是否有多次使用假币的记录或前科；④其他有故意使用假币的重大嫌疑。本案中，民警通过对李某的询问了解：①李某身边另外只有一张百元面值人民币且为真的，同时也没有其他零钱；②李某自述刚来杭州也刚到工地上班，这两百元钱是老板预支的生活费；

③李某自述其不知这钱是假的，也无情况证明李某应当明知这钱是假的。据此情况，民警认为李某不存在使用假币的主观故意。

如果存在涉嫌故意使用或持有假币行为的，无论嫌疑人是否能初步判断，都应当对涉案当事人进行进一步调查，而不能简单地以假币纠纷调处了事。经过调查，基本排除故意使用假币的，就可以作为假币纠纷予以处置。能判断谁持有或使用假币，可以提高假币纠纷调处的成功率和满意度，但并不是假币纠纷调处的必要条件。

思考三：在假币纠纷中，经常出现双方均否认持有过假币，现场也难以有证据证明假币是哪方持有的情况。本案中李某如果以各种理由始终拒绝承认假币是他使用的，民警该如何调处此类纠纷？

在假币纠纷中，由于双方当事人都认为使用中的货币是“假币”，才会产生纠纷。否则，一方认为是真币就不会产生纠纷。因此，假币纠纷的核心不是货币的真伪，而是这“假币”是从双方当事人的哪一方流出的，此时必然有一方已经造成损失了。假币纠纷调处的关键是尽量从细节中梳理或判断哪一方是真正造成损失的。此时，民警应当运用各种调解技巧或处理方法，尽力解决此类纠纷。调处此类纠纷的目标：一是促成双方达成协议，即没有使用假币的一方未造成损失，或根据过错责任承担部分损失，使纠纷得到圆满的解决；二是在未能使双方达成协议的情况下，通过有效地沟通促使双方当事人愿意寻求合法途径解决纠纷，免使矛盾进一步激化。为达到以上目标可以运用的调处方法或技巧如下：

（1）“分隔”调处法，也叫“背靠背”调处法。这类纠纷涉及的金额虽然不大，但双方当事人心里都想争面子、争口气，直接进行面对面的调处极易再次使双方当事人发生争执。事实上，假币是肯定其中的某一方曾经持有的，分开个别交流可以更好地了解细节，从中判断（或倾向性判断）假币是由谁持有的可能。因而采取分开双方当事人、个别交流的方式比较适宜，并且可以在谈话的过程中充分利用沟通技巧拉近距离，为调处纠纷奠定良好的基础。

（2）“换位”调处法。找准切入点，平衡利益分配，引导双方当事人站在对方的立场，设身处地考虑问题，将心比心，增进理解，消除隔阂。

（3）“模糊”调处法。在没有充分证据厘清双方当事人责任的情况下，依靠“模糊”责任的方法来调处纠纷，不然此类纠纷很难成功化解。“模糊责任”也可以理解为双方均有责任，但并不等同于责任均担，应当根据不同情形来区分责任大小，如一是店家责任大于顾客原则，按照我国商业系统的行规，店家应做到“双唱”，即“唱收唱付”；二是脱离视线承担主要责任原则。

思考四：民警如何处理“假币”？

根据《中国人民银行货币鉴别及假币收缴、鉴定管理办法》的有关规定，假币鉴定的法定部门是中国人民银行及其分支机构和其授权的鉴定机构，鉴定货币真伪时，应当至少有2名具备货币真伪鉴定能力的专业人员参与。因此，民警不具有鉴定货币真伪的职责。在假币纠纷调处过程中，也没有必要一定对货币的真伪做出鉴定，由于纠纷双方都认为使用中的货币是“假币”，民警可带双方当事人到附近银行网点进行鉴定，或由民警对“假币”暂时登记保管，由公安机关送银行鉴定处理。此类纠纷中的假币，应由银行收缴。但在现场有时一方当事人不愿意配合，如本案中，李某曾提出：“既然你们认为这是假币，那就还给我，我明天找我的老板说理去。”此时民警应当根据有关法律对当事人进行说服教育，告知“明知是伪造、变造的人民币而持有、使用的，是违法行为”等，同时要告知当事人假币由银行进行鉴定，处理结果会告知其本人。

思考五：调处假币纠纷中可能运用的相关法律依据有哪些？

（1）《中国人民银行法》第42条、第43条：

第42条规定：“伪造、变造人民币，出售伪造、变造的人民币，或者明知是伪造、变造的人民币而运输，构成犯罪的，依法追究刑事责任；尚不构成犯罪的，由公安机关处十五日以下拘留、一万元以下罚款。”

第43条规定：“购买伪造、变造的人民币或者明知是伪造、变造的人民币而持有、使用，构成犯罪的，依法追究刑事责任；尚不构成犯罪的，由公安机关处十五日以下拘留、一万元以下罚款。”

（2）《人民币管理条例》。

（3）《中国人民银行货币鉴别及假币收缴、鉴定管理办法》。

（4）《公安机关办理假币犯罪案件取证指引（试行）》（公安部经济犯罪侦查局2008年印发）。

（四）劳资纠纷的化解

1. 案例重现。某日下午，某派出所接到报警称：在人民路某公司有人闹事，要闹出人命了。民警到现场后发现20余人正激烈争吵，有些人手上持有木棍等械具。经现场了解，报警人系公司总经理李某，公司在3个月前因为资金链断裂问题造成流动资金紧张，公司决策层研究后决定缓发员工2个月工资，20余名员工因不满工资拖延问题而闹事。当时有部分工人手持木棍等，现场有一玻璃门破裂。民警到现场后，首先立即亮明身份，同时将双方分开，稳定情绪，将械具与持有人分开，有效控制现场；同时向值班领导汇报现场情况，请求适当警力增援，并联系社区民警了解公司情况。

在初步控制现场后，民警利用录音笔、照相机进行现场取证，同时对现场参与闹事的人员身份进行了登记；通过现场说服工作，双方主要当事人同意离开中心现场进行调处，民警查看了双方出具的书证、物证（包括劳动合同、现金欠条、正规票据、现金收支单等），及时联系劳动执法部门要求其工作人员到现场参与调处。民警利用现场附近的一间办公室充当临时的调处场所，认真听取双方意见，再进行相关法律法规和政策宣传。一小时后劳动执法部门工作人员到现场，民警向劳动执法人员介绍了相关情况并做好配合和移交工作，最后此次劳资纠纷得到了妥善解决。

2. 案例评析。劳资纠纷是劳动者与用人单位之间因劳动关系的权利义务而发生的纠纷、争执。劳资纠纷的内在矛盾是劳动关系的权利义务，它应当是由劳动法调解处理的；但是，劳资纠纷的外在矛盾往往是人身伤害、财产损坏或破坏生产秩序等，即外在表现往往是治安纠纷或治安案件，甚至是治安事件或刑事案件，如本案中，报警警情就是“有人闹事，要闹出人命了”。公安机关对劳资纠纷的调处职责是外在矛盾，其内在矛盾的调解处置则是其他行政部门的职责。因此，公安机关民警在调处劳资纠纷时，应当借助第三方（其他行政部门）的力量，在一定的阶段尽量以第三方为主调处，公安机关做好协助与配合工作，这样才能使劳资纠纷的调处即治标又治本，否则，仅民警的“治标不治本”式的调处难以取得真正的解决效果，若民警独立对内在矛盾进行“标本”式调处，容易因执法主体问题使公安机关成为矛盾的焦点，如本案中，民警在有效控制现场后，及时搭建沟通平台，由第三方（劳动执法人员）主持调处，民警协助配合，使此纠纷得以妥善解决。

思考一：民警在劳资纠纷的现场处置的关键环节是哪些？

（1）有效控制现场。有效控制现场即要控制局面、控制事态、控制有关的人，不使现场被破坏，不使矛盾激化，不使案情转化，不使警情恶化。控制现场要做到快、准、稳。如何有效控制现场可从以下几个方面考虑：①迅速将双方隔开适当距离，避免肢体冲突；②对言语过激人员，用缓和言语平复其情绪；③对故意挑衅人员，用强硬警告语言予以制止；④对已经实施过激行为的人员，立即制服控制；⑤警力不足时，及时向值班领导汇报情况，请求适当警力增援。

（2）及时全面取证。现场证据是公安机关依法处理的重要基础。处警民警应当对现场环境、损失程度、现场参与人员等情况，采取访问、拍照、录音、录像等取证手段固定证据。现场采集证据要体现“六字要求”：客观、准确、全面。只有这样，才能为公安机关依法处置提供证据支持。

（3）合理引导。合理引导即引导双方当事人以法律途径解决争端。如何合理引导呢？①要善于“听”，即了解详细情况时可采取分开倾听的方式，避免双方当事人互相插嘴引发不必要的“嘴仗”，同时注意不要随意打断别人说话，倾听能使对方感觉到你对他的尊重，容易产生亲近感；②要善于“查”，即对双方提供的说明事由的书证、物证可作适当的查阅，避免给群众造成“不闻、不问、不查”的负面印象；③要善于“说”，即尽可能给双方营造和谈条件，民警调解和处理时语气不易过激、过急、过偏、过硬，并及时告知双方切勿因争取合法利益而采取不法手段，讲明相应违法责任；④要善于“引”，即看准时机，引导双方以法律途径解决争端。

（4）及时搭建双方沟通调处的平台。沟通调处平台搭建的要点有：①资方必须有一名有决定权的负责人参与；②劳方应当尽量派代表（由劳方推荐产生，人数不能太多）参加；③联系相关职能部门搭建联合调处平台，尽量要求有关职能部门工作人员接手调处；④就近选择相对独立的场所作为调处场所。

思考二：在绝大多数劳资纠纷处置中，相关职能部门工作人员不可能第一时间赶到现场，此时，民警应当如何开展工作？

此时，民警处置的首要目标就是有效控制现场。在此基础上，应当及时全面地取证，同时开展相应协调工作。应当重点做好以下几个方面的工作：

（1）与资方的协调。其主要内容包括：①摸清资方的态度和底线；②了解资方的经营状况，收集劳资协议，工资、生活费发放记录等资料；③做好资方的思想工作，对其讲明利害关系，促使其尽量主动解决问题；④对于资方不在现场或是逃避的，要迅速与其取得联系，敦促其迅速赶到现场，不能立即赶到现场的要协调好择日调处的时间和地点。

（2）与劳方的协调。其主要内容包括：①向劳方了解纠纷的起因及其诉求；②与劳方确定对话、谈判、调处的方式、时间及地点，若人数众多最好选派代表参加；③敦促代表做好其他人员的安抚工作；④应当告知纯粹劳资纠纷的解决是劳动监察大队、劳动仲裁委员会、人民法院的职能；⑤宣传有关法律规定，劝说其不要将合法的诉求通过违法、极端的手段表达。

（3）联系相关职能部门开展联合处置。这里的相关职能部门包括：劳动监察大队、劳动仲裁委员会等。

（4）及时向领导汇报情况，做好重点控制和后续工作（后续信息的收集和相关的防控措施）。

思考三：在劳资纠纷案情中，劳方民工经常会提出的问题："是不是只有我们闹事了、打架了你们警察才会处理？""我们老乡说的，没有劳动合同，劳动部门、法院不受理的。"

此时，民警要敢讲"定心话"，会讲"公道话"。例如，民警可以说："你的问题可以请求劳动监察部门解决，但是你影响生产（阻碍施工、造成伤害）是违法的""你要公安机关帮助协调解决，说明你们信任我们，既然我们已经来了，就肯定会尽最大努力帮你们解决，请你们予以配合"等。同时进行相关法律宣传（用熟悉的案例说明更好）。例如：

《治安管理处罚法》第 23 条规定，扰乱机关、团体、企业、事业单位秩序，致使工作、生产、营业、医疗、教学、科研不能正常进行，尚未造成严重损失的，处警告或者 200 元以下罚款；情节较重的，处 5 日以上 10 日以下拘留，可以并处 500 元以下罚款。

第 43 条规定，殴打他人的，或者故意伤害他人身体的，处 5 日以上 10 日以下拘留，并处 200 元以上 500 元以下罚款；情节较轻的，处 5 日以下拘留或者 500 元以下罚款；结伙殴打、伤害他人的，处 10 日以上 15 日以下拘留，并处 500 元以上 1000 元以下罚款。

《劳动合同法》第 11 条规定，用人单位未在用工的同时订立书面劳动合同，与劳动者约定的劳动报酬不明确的，新招用的劳动者的劳动报酬按照集体合同规定的标准执行；没有集体合同或者集体合同未规定的，实行同工同酬。

《劳动合同法实施条例》第 6 条规定，用人单位自用工之日起超过 1 个月不满 1 年未与劳动者订立书面劳动合同的，应当依照劳动合同法第 82 条的规定向劳动者每月支付两倍的工资，并与劳动者补订书面劳动合同。第 36 条规定，对违反劳动合同法和本条例的行为的投诉、举报，县级以上地方人民政府劳动行政部门依照《劳动保障监察条例》的规定处理。

《劳动争议调解仲裁法》第 29 条规定，劳动争议仲裁委员会收到仲裁申请之日起 5 日内，认为符合受理条件的，应当受理，并通知申请人；认为不符合受理条件的，应当书面通知申请人不予受理，并说明理由。对劳动争议仲裁委员会不予受理或者逾期未作出决定的，申请人可以就该劳动争议事项向人民法院提起诉讼。

（五）噪声纠纷的化解

1. 案例重现。某派出所经常接到群众报警，称某广场每天有人唱戏、唱歌、跳舞等，持续时间长，发出的声音响，严重干扰周围居民的正常生活，要求警方予以解决。接警后，民警到现场进行劝阻、制止等，但效果很差，经常是民警在现场劝说时声音小点，刚回到派出所里就又有人报警，依法处罚又遇到声音源多、取证难等问题。然后，在上级公安机关的指导下，辖区派出所教导员与社区民警逐步摸索出一套以“多元善治、合作共治、民主自治”为主要内容的“三治”工作方法，运用它妥善调解了广场噪声纠纷的问题。

2. 案例分析。在“广场噪声”纠纷中，冲突双方的需求都具有合理合法性，其根本利益是一致的，都是为了提高自身的生活品质。因而两者之间原本并不具有对抗性，而只是在特定的条件下才使其剑拔弩张，成了一对非对抗性社会矛盾。所谓非对抗性社会矛盾是指在社会发展过程中产生于社会组织、成员之间的一般性利益冲突，是一种非对抗性、可调和的、不涉及政治敏锐性的利益冲突。其矛盾主体双方或多方均有合法的利益诉求，并希望以正常途径而非激进方式来解决矛盾和争议，如广场噪声、医患纠纷、工伤纠纷等都是较为典型的非对抗性矛盾。根据这类纠纷的特点，派出所在调解广场噪声纠纷案中，逐步摸索出一套“三治”工作方法。

思考一：何为“三治”工作法？本案调处中，是如何运用的？

“三治”工作方法的主要内容是“多元善治、合作共治、民主自治”。“多元善治”，即运用“和为贵”的儒家思想，采取沟通、调解、协商机制而不通过行政强制、司法程序来解决社会纠纷和争议；“合作共治”，即利用各方的资源和优势，围绕共同的目标，共同治理社会矛盾和社会争议；“民主自治”，即采取民主的方式，通过赋予各方平等表达利益诉求的方式自我解决社会矛盾和争议。

本案调处过程中，运用“三治”工作法主要是通过四项具体措施得以落实：

一是听民声。通过“背靠背”访谈，摸清诉求。具体包括舆情收集、现场调查、群体分析、诉求整理四项主要工作。本案中，民警深入广场周边居民家中走访，并会同当地报社对广场噪声扰民现象进行连续追踪报道，开通了市民参与热线和互动 QQ，直接了解社情民意。到活动现场，在分发“减噪”倡议书、张贴“减噪”通告的基础上测试噪声，发现广场内混合噪声（不带音响）在 65 分贝以上，带音响的噪声在 70 分贝以上，附近 7 楼居民住宅窗口的噪声也在 65 分贝以上，而法定噪声最高限值为：昼间 60 分贝，夜间 50 分贝。同时认真排摸分析参与广场活动的团体及成员，发现广场的活动团体有 10 余个，涉及人员 300 多人，涉及活动有排舞、健美操、戏剧、卡拉 OK 等多个门类，其中越剧就有 7 个团体，每天一班，7 天一轮，把整个广场安排得满满的。经调查后，民警将双方诉求进行汇总整理。

二是求民主。通过点对点梳理，寻求平衡。具体包括警情分析、热点研判、确定重点、寻找平衡四个主要步骤。本案中，民警对所有涉及广场噪声的警情进行了分析，梳理出一批经常报警的住户和警情指向较明确的团体；通过对梳理出的热点人员与热点团体进行研判，搞清各团体的负责人、音控师、团体人数以及主要人员的通信方式、家庭地址等，对住户则逐一再次上门走访，摸清其主要想法和要求。通过一系列的研判工作，民警确定了现场音量、活动时间两个重点问题，并与双方主要人员分别进行沟通，对“既要支持广场文化发展，又要保障居民权益”的认识基本取得一致意见。同时，组织各团体负责人、住户代表到现场，就标准音量分贝的大小进行测试指导，使各团体都明确并按标准控制好音量。

三是借民力。通过面对面恳谈，达成共识。具体包括广泛宣传、部门联动、圆桌会议、签订协议四项主要措施。本案中，民警利用报纸、电视台等新闻媒体进行广泛的宣传和讨论，将如何破解噪声扰民的问题摆上桌面，在市民、政府、媒体之间形成共识，寻求稳妥的、各方都能接受的解决办法。在公安机关的协调下，组织了媒体记者、有关部门领导（环保局、行政执法局、园林绿化管理处等）、社区干部、广场活动自发团体牵头人以及广场周边居民代表共30余人参加了“减噪”圆桌恳谈会。通过面对面的恳谈，达成初步共识：在鼓励市民适度、文明举行广场文娱活动的同时，广场娱乐团体应遵守相关的法律法规。大家就活动时间、音量控制等问题进一步形成减噪共识。一周后，广场各主要活动团体负责人分别与派出所签订了广场娱乐活动“减噪”责任书，责任书对在广场文娱团体的活动时间、音量控制、登记、检查、查处五个方面内容给予了明确规定。

四是促民生。通过实打实管理，力求长效。具体包括寻求支持、建章立制、明确职能、常态管理四步主要工作。广场噪声问题绝不是公安一家能够解决的，它需要由政府牵头，各职能部门协作配合，建立完善长效机制。为此，派出所协同有关部门制定完善公园（广场）管理制度，如设定时间、音量：广场活动时间早晨必须在6：30以后，中午夏季必须2：00以后，其余1：30以后，晚上冬季必须在9：00前结束，其余必须在8：30前结束。建立广场活动团体登记制度：所有广场活动团体，需到派出所登记，以便掌握基本情况。落实检查制度：联合有关职能部门对广场活动进行定期巡访、定期检测音量、定期座谈制度。明确查处制度：对定期检测音量超标，且屡教不改者，将由公安机关根据《噪声污染防治法》《治安管理处罚法》等有关规定，给予警告、罚款处罚。各相关部门明确各自职能，配足配好管理人员，加大现场监管力度，开展常态化管理，使广场群众性活动能健康、有序、合法进行。

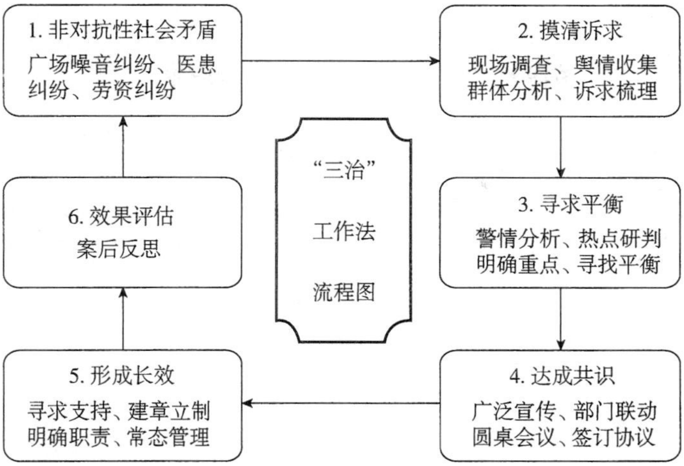

"三治"工作法流程图

思考二：什么是噪声？哪些由公安机关处理？

噪声是指在工业生产、建筑施工、交通运输和社会生活中所产生的干扰周围生活环境的声音。

按照有关规定，以下涉及噪声的案（事）件可以由公安机关处理：①在商业经营活动中使用高音广播喇叭或者采用其他发出高噪声的方法招揽顾客造成环境噪声污染；②在城市市区噪声敏感建筑物集中区域内使用高音广播喇叭；③城市市区街道、广场、公园等公共场所组织娱乐、集会等活动，使用音响器材产生干扰周围生活环境的过大音量；④使用家用电器、乐器或者进行其他家庭室内娱乐活动或者进行室内装修活动未采取有效措施发出严重干扰周围居民生活的环境噪声。

思考三：公安机关处理涉及噪声案（事）件的法律依据有哪些？

（1）《治安管理处罚法》第58条规定："违反关于社会生活噪声污染防治的法律规定，制造噪声干扰他人正常生活的，处警告；警告后不改正的，处二百元以上五百元以下罚款。"

（2）《噪声污染防治法》。

三、人民调解制度

（一）人民调解的含义

人民调解，是指人民调解委员会通过说服、疏导等方法，促使当事人在平等协商的基础上自愿达成调解协议，解决民间纠纷的活动。人民调解制度的性质是一种司法辅助制度，是一种人民民主自治制度，是人民群众自己解决纠纷的法律制度，是一种具有中国特色的司法制度。

（二）人民调解的基本原则

人民调解委员会调解纠纷，应当遵循以下原则：第一，在当事人自愿、平等的基础上进行调解；第二，不违背法律、法规和国家政策；第三，尊重当事人的权利，不得因调解而阻止当事人依法通过仲裁、行政、司法等途径维护自己的权利。

（三）调解程序

1. 受理纠纷。当事人可以向人民调解委员会申请调解；人民调解委员会也可以主动调解。当事人一方明确拒绝调解的，不得进行调解。基层人民法院、公安机关对适宜通过人民调解方式解决的纠纷，可以在受理前告知当事人向人民调解委员会申请调解。

2. 进行调解。人民调解委员会根据调解纠纷的需要，可以指定一名或者数名人民调解员进行调解，也可以由当事人选择一名或者数名人民调解员进行调解。人民调解员根据调解纠纷的需要，在征得当事人的同意后，可以邀请当事人的亲属、邻里、同事等参与调解，也可以邀请具有专门知识、特定经验的人员或者有关社会组织的人员参与调解。

人民调解员根据纠纷的不同情况，可以采取多种方式调解民间纠纷，充分听取当事人的陈述，讲解有关法律、法规和国家政策，耐心疏导，在当事人平等协商、互谅互让的基础上提出纠纷解决方案，帮助当事人自愿达成调解协议。

3. 调解协议。人民调解员调解纠纷，调解不成的，应当终止调解，并依据有关法律、法规的规定，告知当事人可以依法通过仲裁、行政、司法等途径维护自己的权利。

经人民调解委员会调解达成调解协议的，可以制作调解协议书。当事人认为无须制作调解协议书的，可以采取口头协议方式，人民调解员应当记录协议内容。

调解协议书可以载明下列事项：（1）当事人的基本情况；（2）纠纷的主要事实、争议事项以及各方当事人的责任；（3）当事人达成调解协议的内容，履行的方式、期限。

调解协议书自各方当事人签名、盖章或者按指印，人民调解员签名并加盖人民调解委员会印章之日起生效。调解协议书由当事人各执一份，人民调解委员会留存一份。

经人民调解委员会调解达成的调解协议，具有法律约束力，当事人应当按照约定履行。经人民调解委员会调解达成调解协议后，当事人之间就调解协议的履行或者调解协议的内容发生争议的，一方当事人可以向人民法院提起诉讼。

经人民调解委员会调解达成调解协议后，双方当事人认为有必要的，可以自调解协议生效之日起30日内共同向人民法院申请司法确认，人民法院应当及时对调解协议进行审查，依法确认调解协议的效力。人民法院依法确认调解协议有效，一方当事人拒绝履行或者未全部履行的，对方当事人可以向人民法院申请强制执行。人民法院依法确认调解协议无效的，当事人可以通过人民调解方式变更原调解协议或者达成新的调解协议，也可以向人民法院提起诉讼。

四、当事人自行和解制度

矛盾纠纷化解中的当事人和解，包括两种具体制度，一种是《民事诉讼法》规定双方当事人可以自行和解。这种和解是当事人在诉讼过程中，针对民事纠纷，自行达成和解协议，以解决纠纷的诉讼活动。民事诉讼中，当事人之间达成和解协议的，由一方当事人向法院提出撤诉申请。法院经审查认为撤诉符合法定程序的，裁定准许，从而结束诉讼程序。另外一种是对于因民间纠纷引起的、可以治安调解的治安案件，当事人可以自行和解。和解达成协议并履行后，双方当事人书面申请并经公安机关认可的，公安机关对违法行为人不再予以治安管理处罚，矛盾纠纷得以化解。

【引导案例参考答案】

此类非正常死亡案（事）件的调解具有特殊性，难度也一直较大，对调解能力与调解水平的要求较高。如何安抚生者的情绪，取得他们发自内心的理解、认同、支持，最大限度地避免影响社会正常秩序和其他治安问题的发生，非常考验调解者的智慧。

非正常死亡案（事）件有其自身特点，可概况为三个方面：一是案件的紧急性，突然发生是非正常死亡事件的一个特性，对于死者亲属而言是没有任何思想准备的，故其思想上要接受该事件需要一个过程、时间段，而且部分亲属因精神打击较大，可能会导致其他不确定状况的发生。二是案件的压迫性。死者亲属往往通过哭闹、上访等过程给责任方和当地党委政府施加压力，责任承担方往往找借口推脱责任，以逃避赔偿或补偿。死者亲属在不能达到赔偿要求时，就扬言闹事或摆放尸体、设灵堂制造影响，以及引起媒体关注等措施来达到其目的。三是案件复杂性。该类案件处理时，对死亡事实、原因、责任及处理尚需一个全面调查、了解、分析、判断的过程，同时，有关非正常死亡的赔付结果不尽相同，同类案件可能存在不同规定和标准，造成赔偿数额不尽相同，调解结果会有明显的区别。

调解非正常死亡案（事）件需要注重四个字：“快、稳、准、情”。其中“情”是最重要的，“情”最真切，“情”最奏效，“情”也最难达成。若“情”能奏效，其他皆可迎刃而解。非正常死亡事件，任何一方都是不希望其发生的，故在调解过程中，晓之以理、动之以情是不可缺少的方式。调解者应循循善诱，动之以情，最终从内心深处打动生者，解开生者心头疙瘩，促进协议达成。

第三节　社区治安调解

引导案例

自2015年1月初开始，某商业大厦门前空地上，每天晚上6点多，就有数十名大妈准时出现在现场，伴随着《最炫中国风》等歌曲的旋律，上演中国特色的健身广场舞秀场。时间持续到晚上9点多，大妈们才依依不舍地告别，期待明日再相会。这边喜气洋洋，那边的一家培训学校却是怨声载道，本来约定每晚从7点半开始的培训课程因为广场舞噪音的干扰无法正常上课。学校负责人多次和广场舞带头大妈商榷无果。2月某一天，学校负责人预先把一些绿化植物放置在空地上，试图阻止大妈们的舞蹈节奏。可一到晚上，大妈们一看这阵势，二话不说，就把这些植物连盆带花扔到一边，一边扔，一边还骂骂咧咧。学校负责人和工作人员上前理论，对方却不依不饶，最后双方发生肢体冲突。

问题：1. 此类案件涉及的法律规定?
　　　2. 此类案件应如何处理?

一、社区治安调解的含义

社区治安调解，是指对于因民间纠纷引起的打架斗殴或者损毁他人财物等违反治安管理、情节较轻的治安案件，在公安机关的主持下，以国家法律、法规和规章为依据，在查清事实、分清责任的基础上，劝说、教育并促使双方交换意见，达成协议，对治安案件做出处理的活动。

可以调解的案件范围，包括殴打他人、故意伤害、侮辱、诽谤、诬告陷害、故意损毁财物、干扰他人正常生活、侵犯隐私等因民间纠纷引起的情节较轻的违反治安管理行为。

这里所谓的民间纠纷，是指公民之间、公民和单位之间，在生活、工作、生产经营等活动中产生的纠纷。对不构成违反治安管理行为的民间纠纷，应当告知当事人向人民法院或者人民调解组织申请处理。

二、社区治安调解的法律依据和适用范围

（一）社区治安调解的法律依据

《治安管理处罚法》第 9 条规定，对于因民间纠纷引起的打架斗殴或者损毁他人财物等违反治安管理行为，情节较轻的，公安机关可以调解处理。该条规定是公安机关调解治安纠纷的基本依据。但是，该条文较为抽象，指导意义不够。对此，公安部在《公安机关办理行政案件程序规定》（以下简称《程序规定》）中用专章对此问题做了更为具体的规定。《程序规定》第十章具体规定了治安调解的适用范围、排除范围、调解的原则、效力、时限要求等内容。此外，《公安机关治安调解工作规范》也对治安调解的相关问题做了进一步的补充规定。

（二）社区治安调解的适用范围

治安调解的适用范围是指公安机关可以对哪些治安案件进行调解。对此，《程序规定》第 178 条规定：“对于因民间纠纷引起的殴打他人、故意伤害、侮辱、诽谤、诬告陷害、故意损毁财物、干扰他人正常生活、侵犯隐私、非法侵入住宅等违反治安管理行为，情节较轻，且具有下列情形之一的，可以调解处理：（一）亲友、邻里、同事、在校学生之间因琐事发生纠纷引起的；（二）行为人的侵害行为系由被侵害人事前的过错行为引起的；（三）其他适用调解处理更易化解矛盾的。”

《程序规定》第 179 条对不适用调解的范围作了明确规定，即下列案件不适用调解处理：（一）雇凶伤害他人的；（二）结伙斗殴或者其他寻衅滋事的；（三）多次实施违反治安管理行为的；（四）当事人明确表示不愿意调解处理的；（五）当事人在治安调解过程中又针对对方实施违反治安管理行为的；（六）调解过程中，违法嫌疑人逃跑的；（七）其他不宜调解处理的。

三、社区治安调解应遵循的原则

社区治安调解应遵循的原则在《程序规定》第180条有明确规定，该条要求治安调解应“遵循合法、公正、自愿、及时原则”。《公安机关治安调解工作规范》第6条对此作了更为明确的规定，该条指出治安调解应遵循以下原则：

（一）合法原则

治安调解应当按照法律规定的程序进行，双方当事人达成的协议必须符合法律规定。

（二）公正原则

治安调解应当分清责任，实事求是地提出调解意见，不得偏袒一方。

（三）公开原则

治安调解应当公开进行，涉及国家秘密、商业秘密或者个人隐私，以及双方当事人都要求不公开的除外。

（四）自愿原则

治安调解应当在双方当事人自愿的基础上进行。达成协议的内容，必须是双方当事人的真实意思表示。

（五）及时原则

治安调解应当及时进行，使双方当事人尽快达成协议，解决纠纷。治安调解不成的应当在法定的办案期限内及时依法处罚，不得久拖不决。

（六）教育原则

治安调解应当通过查清事实，讲明道理，指出当事人的错误和违法之处，教育当事人自觉守法并通过合法途径解决纠纷。

四、社区治安调解的工作规范

公安机关调处治安纠纷应遵循如下规定：

（一）当场调解工作规范

对情节轻微、事实清楚、因果关系明确，不涉及医疗费用、物品损失或者双方当事人对医疗费用和物品损失的赔付无争议，符合治安调解条件，双方当事人同意当场调解并当场履行的治安案件，可以当场调解，并制作调解协议书。当然，如果当事人基本情况、主要违法事实和协议内容在现场录音录像中明确记录的，可以不再制作调解协议书。

（二）普通调解工作规范

1. 公安机关进行治安调解时，可以邀请当地居（村）民委员会的人员或者双方当事人熟悉的人员参加。当事人中有未成年人的，调解时应当通知其父母或者其他监护人到场。但是，当事人为年满 16 周岁以上的未成年人，以自己的劳动收入为主要生活来源，本人同意不通知的，可以不通知。

2. 被侵害人可以亲自参加治安调解，也可以委托他人参加治安调解。委托他人参加治安调解的，应当向公安机关提交委托书，并注明委托权限。违法嫌疑人不得委托他人参加调解。

3. 治安调解一般为一次，必要时可以增加一次。对明显不构成轻伤、不需要伤情鉴定以及损毁财物价值不大，不需要进行价值认定的治安案件，应当在受理案件后的 3 个工作日内完成调解；对需要伤情鉴定或者价值认定的治安案件，应当在伤情鉴定文书和价值认定结论出具后的 3 个工作日内完成调解。对一次调解不成，有必要再次调解的，应当在第一次调解后的 7 个工作日内完成。

4. 调解达成协议的，在公安机关主持下制作调解协议书，双方当事人应当在调解协议书上签名，并履行调解协议。调解协议书应当包括调解机关名称、主持人、双方当事人和其他在场人员的基本情况，案件发生时间、地点、人员、起因、经过、情节、结果等情况、协议内容、履行期限和方式等内容。对调解达成协议的，应当保存案件证据材料，与其他文书材料和调解协议书一并归入案卷。

5. 调解协议履行期满 3 日内，办案民警应当了解协议履行情况。对已经履行调解协议的，应当及时结案，对没有履行协议的，应当及时了解情况，查清原因。对无正当理由不履行协议的，依法对违反治安管理行为人予以处罚，并告知当事人可以就民事争议依法向人民法院提起民事诉讼。治安调解案件的办案期限从未达成协议或者达成协议不履行之日起开始计算。

【引导案例参考答案】

1. 法律规定。

《治安管理处罚法》第 9 条规定："对于因民间纠纷引起的打架斗殴或者损毁他人财物等违反治安管理行为，情节较轻的，公安机关可以调解处理。经公安机关调解，当事人达成协议的，不予处罚。经调解未达成协议或者达成协议后不履行的，公安机关应当依照本法的规定对违反治安管理行为人给予处罚，并告知当事人可以就民事争议依法向人民法院提起民事诉讼。"

第 43 条规定："殴打他人的，或者故意伤害他人身体的，处五日以上十日以下拘留，并处二百元以上五百元以下罚款；情节较轻的，处五日以下拘留或者五百元以下罚款。

有下列情形之一的，处十日以上十五日以下拘留，并处五百元以上一千元以下罚款：

（一）结伙殴打、伤害他人的；

（二）殴打、伤害残疾人、孕妇、不满十四周岁的人或者六十周岁以上的人的；

（三）多次殴打、伤害他人或者一次殴打、伤害多人的。”

第58条规定：“违反关于社会生活噪声污染防治的法律规定，制造噪声干扰他人正常生活的，处警告；警告后不改正的，处二百元以上五百元以下罚款。”

2. 处理方式。因广场舞引发的警情，近年来一直呈上升趋势。此类警情通常有两种情况：一种是伴舞音乐扰民，周边居民报警；另一种是周边居民与跳广场舞的大妈发生冲突，并伴有肢体接触。这类警情在法律属性上多属于治安案件，第二种情况不论，第一种情况如果伴舞声达到噪音标准，自可依据《治安管理处罚法》的相关规定予以行政处罚。但若以处罚作为此类案件的最终结果，一来公安机关的执法行为所创造的社会效益并不理想，二来也并没有真正解决这种广场舞噪音引起的治安纠纷。化解此类纠纷的最优选择是治安调解。

本案调解时可采取换位思考法，让跳舞大妈以换位思考的方式理解另一方当事人的正当诉求，促使跳舞大妈愿意接受调解并做出一定让步，之后趁热打铁，邀请城管、物业等相关部门一同到现场进行协商，提出一个让双方都能接受的解决方案，并达成协议。之后观察一段时间协议的执行情况，如执行较好，即可彻底解决此类因广场舞引起的纠纷。

第十章　社区警务工作评价

【学习目标】

通过本章学习，使社区民警了解社区治安状况评价、社区公众满意度评价、社区警务绩效评价的基本知识，掌握各类评价的基本方法，为社区警务工作中通过各类评价来发现问题、改进工作打好基础，使社区警务工作得以不断完善和发展。

【重点提示】

· 我国社会治安状况评价的主要方法

· 社区治安状况评价的实施

· 社区公众满意度评价的基本方法

· 社区警务绩效评价的主要内容

社区警务工作评价是社区警务工作中必不可少的环节。通过社区警务工作评价，可以对一段时间内的社区警务工作进行比较全面、客观的综合判断，了解社区警务工作的绩效，发现社区警务工作中存在的问题，从而不断完善社区警务工作，推动社区警务工作不断向更高水平发展。社区警务工作评价可以由公安机关组织实施，作为考核社区民警工作和改进社区警务工作部署的依据；也可由社区民警自己完成，作为对社区警务实施的一种自我矫正。当然，不管由谁来实施，都必须在掌握社区警务工作评价基本知识的基础上，采用科学、合理的方法来实施，从而使评价工作真正发挥作用。

第一节　社区治安状况评价

引导案例

透过平安指数看平安①

为深入推进平安建设，探索建立指标可关联化、问题自我发现、整改综合推进、成效大众点评的社会治理新模式，打造党委领导、政府主导、综治协调、各部门齐抓共管、社会力量积极参与的治安防控新格局，保障人民群众的知情权，增强公众的安全感和防范意识，山东省沂源县县委政法委联合县公安局每月发布上月全县13个镇的“平安指数”，624个村居（社区）的“平安等级”。

该县根据110接报警服务平台接收的案件报警，分别以严重暴力犯罪、盗抢骗警情、一般警情计算各镇、街道的违法犯罪值，按照同比、环比、年度累计比的上升、下降测算出“平安指数”。依据指数划分为“蓝色、黄色、橙色、红色”四个等级，对应表明“优秀、良好、平稳、较差”四种治安状况。2020年四月全县村居（社区）平安状况为：全县13个镇中，5个被评定为优秀等级，4个被评定为良好等级，2个被评定为平稳等级，2个被评定为较差等级；624个村居（社区）中，476个村居（社区）的平安状况被评定为优秀等级，67个村居（社区）的平安状况被评定为良好等级，44个村居（社区）的平安状况被评定为平稳等级，37个村居（社区）的平安状况被评定为较差等级。

问题：如何看待沂源县推出的“平安指数”？该指数能否等同于治安状况评价？

一、社会治安状况评价基础知识

社会治安状况就是通常所讲的社会治安形势，这种治安形势是社会上维护社会治安稳定的积极力量与危害社会治安秩序的消极力量之间既统一又斗争的实际状况，是社会中政治、经济、思想、文化、执法水平和力度综合作用的结果，是

① 沂源县公安局．一起瞧瞧沂源县社区、村庄治安状况是啥样！［DB/OL］．https：//baijiahao.baidu.com/s？id=1666454352282796804&wfr=spider&for=pc.

社会稳定与否的“晴雨表”。社会治安状况通常以两种形式表现出来，即良好的社会治安秩序和社会治安问题。

（一）社会治安状况评价的含义

社会治安状况评价就是在一定的社会治安价值观指导下，治安管理主体根据评价需要先建立起一个评价的指标体系，然后以此为依据，遵循一定的程序，运用科学的方法，广泛搜集社会治安信息，对社会治安状况进行评断和估价的活动。社会治安状况的评价既是对社会治安本身作出的判断，又是对治安管理主体工作状况进行的评价，是进一步发展和改进治安管理工作的重要依据。

社会治安评价是公安业务中的一项基础性工作，是社会发展水平评价的一个重要组成部分。评价就是决策，科学评价社会治安形势，揭示和把握社会治安动态变化的内在规律，监测评价和预测治安动态发展的量变走向，分析研判其成因特点，实现有效的社会治安控制，提高社会治安防控的效能，以此赢取广大人民群众对党和政府的信赖和支持，是公安机关通过治安工作促进和谐社会建设的具体要求，也是中国改革开放重要发展时期各级公安机关驾驭社会治安复杂局面各种能力的实际检验。

政府部门、研究机构或个人均可开展社会治安评价，具体由谁来评价，关键看评价的目的。

（二）社会治安状况评价的原则

社会治安状况评价的原则是在评价社会治安状况时所应遵循的基本准则，对社会治安状况评价具有重要指导作用。在实际评价工作中，应遵循以下几项原则：

1. 客观性原则。社会治安状况评价应是对当前治安实际状况的真实评价，一定要基于客观事实，在评价过程中不能弄虚作假、避重就轻。开展社会治安状况评价的根本目的是改进治安管理和服务工作，相关部门及个人不应为了工作业绩的考核及其他因素而对相关数据造假、不予配合评价甚至故意干扰评价工作的正常进行。

2. 可靠性原则。评价时要尽量选择既能反映社会治安情况、真实度相对较高，又易于采集的统计指标进行分析。同时，针对各类被选用指标数据真实度的不同，设置不同的权数和分值，最大限度地保证评价结果的公正、合理。

3. 可比性原则。为保证指标选择的统一、公允、平等，尽可能地选择人均数、比率、平均数等相对数，避免使用立、破案绝对数等一般性指标，使不同地区在治安状况评价中处于相对平等的地位。同时，尽可能地保证指标的稳定性和指标概念内涵、计算方法、涉及时段的统一性。

4. 参照性原则。原有治安状况是人们认识和体验当前社会治安状况的基础和参照物，某个地区的群众对治安状况的好坏评价，往往是建立在原有治安状况基础上的。离开了原有治安状况这个参照物，要将自己的感受清楚地反映出来是比较困难的。特别是一些直接反映治安状况的违法犯罪状况、公众安全感和对违法犯罪打击处理状况等在同一地区的不同时期具有较强的可比性，特别是在时间不长，且社会结构没有发生大的改变的历史时期进行比较，具有较强的说服力。

5. 综合性原则。社会治安状况评价应从客观现象与主观感受两个方面进行综合评价，社会学研究表明，仅靠客观社会指标是不足以描述和解释社会生活现象的状态的，必须用主观社会指标加以说明。客观治安现象是认识和把握治安状况的基本依据，但并不是治安状况的全部。治安状况既是一种客观现象，同时又是一种主观感受。只有将反映治安秩序的控制力与破坏力等客观指标与反映公众安全感状况的主观指标，紧密结合，互相印证，才能科学评价治安状况。

二、国外社会治安状况评价简介

（一）国外社会治安状况评价的发展历程

自 1827 年法国第一份犯罪统计年报诞生以来，西方国家的社会治安评价体系经过了一个不断完善的过程，大致可分为四个阶段：

1. 以主观评价为主、犯罪统计为辅阶段（19 世纪 70 年代至 20 世纪初）。这一阶段属于近代制服警察创建的初期，由于犯罪统计手段落后，统计结果尚不能成为治安评价的主要依据，治安状况评价依赖于公众的主观感受，当然这在很大程度上是因为这个阶段的警察仍在为争得合法地位和公众的认可而奋斗，公众的主观感受显得更为重要。

2. 以犯罪统计为主的阶段（20 世纪初至 20 世纪 30 年代）。犯罪统计学逐渐成熟，运用统计方法研究犯罪问题逐渐展开。许多国家以犯罪率的高低作为衡量社会治安状况的主要指标，公众的主观评价指标逐步被放弃。1929 年美国联邦调查局发布的一系列《统一犯罪报告》，标志着以犯罪率指标评价社会治安状况的成熟。

3. 多项客观统计指标阶段（20 世纪 30 年代至 20 世纪 70 年代）。随着计算机技术的普及，犯罪统计理论逐渐完善，许多国家建立了比较健全的犯罪统计系统和研究手段。面对不断攀升的犯罪数字，一系列科学的统计方法被采纳，各种客观统计指标，如犯罪数字、犯罪率、破案率、犯罪趋势等进一步科学化。此时，以各类客观指标组成的社会治安综合评价体系已形成。

4. 主观、客观指标综合评价阶段（20 世纪 70 年代至今）。除了传统的客观指标，新的主观评价指标也被采纳，如公众安全感调查、被害人调查、公众对执法机关的满意度调查等。此外，官方评价与社会评价相结合的趋势明显，以英国为例，除了官方调查外，还结合了对各类民间、学校、科研单位所进行的犯罪调查与被害调查。目前，西方各国正在逐步建立、完善这种主观指标与客观指标、官方评价与社会评价相结合的，多侧面、多角度、多形式的综合评价体系。

（二）相关国家社会治安状况评价简介

减少和预防犯罪是世界各国面临的难题和公共责任。因此各国都十分重视对犯罪变化和安全状况的评价。目前，世界各国都普遍设立了反映社会治安状况的指标。由于各国发展和管理水平的差异，以及对犯罪问题的认识，关注重点和研究程度不同，以及受到政治制度、教育文化、宗教信仰等因素的影响，对于评价指标的设置，既有相同点，也有差异，这里选取美国和日本为例进行介绍。

1. 美国的社会治安状况评价。美国设置的公共秩序和安全评价指标体系共分成 5 类 26 项，其中 11 项选择了犯罪和受害人方面，选取罪犯的种族、类型、性别、血统和受害者等各方面相应指标来检查社会秩序，并且把公众安全感调查放在衡量社会治安状况的最重要的地位。美国在评价社会治安状况时，重视以人的主观指标来评价社会治安状况，如美国很早就开始进行被害人调查，收集相关数据来弥补官方统计的不足。表 10-1 是美国对社会治安进行评价的指标设置及体系结构：

表 10-1　美国的公共秩序及安全评价指标体系

公众感觉	A. 恐惧只身一人在夜间行走的人数 B. 对法庭处理情况的态度
资源保证	A. 维护治安经费支出，按政府机构级别分组 B. 人均维护治安经费支出，按不同的州分组 C. 人均维护治安经费支出，选若干个城市 D. 雇佣专门从事维护治安的人数，选若干城市 E. 暴力犯罪和盗窃的人数，选若干城市

续表

犯罪和受害者	A. 美国联邦调查局统计的暴力犯罪的案件数，按犯罪类型分组 B. 美国联邦调查局统计的财产犯罪案件数，按犯罪类型分组 C. 遭到凶杀的人数，按种族和性别分组 D. 涉及暴力和盗窃的侵犯个人犯罪发生次数，按犯罪类型分组 E. 涉及暴力和盗窃的侵犯个人犯罪发生次数，按受害者性别、种族和血统分组 F. 涉及暴力和盗窃的侵犯个人犯罪发生次数，按受害者年龄分组 G. 侵犯住户犯罪发生次数，按受害者种族和犯罪类型分类 H. 侵犯住户犯罪发生次数，按种族、住房占有条件和犯罪类型分类 I. 侵犯住户犯罪发生次数，按受害者家庭收入和犯罪的类型分组 J. 向警察报告的遇难次数，按犯罪类型分组
公共安全管理和控制	A. 死于交通运输事故的人数、按类型分组 B. 死于火灾人数 C. 因失火引起的伤亡人数，按年龄和性别分组 D. 死于火灾的人数，按性别和种族分组
国际比较	A. 因交通事故和自然灾害的死亡人数，选若干国家 B. 因工业事故、凶杀和其他原因的意外死亡人数，选若干国家 C. 因机动车事故造成的死亡人数，选若干国家 D. 死于火灾人数，选若干国家

2. 日本的社会治安状况评价。日本政府选择的社会治安状况评价指标，分为 4 类 19 项，更注重影响社会治安的其他因素的指标，如交通事故和火灾等。日本人口规模小、国土面积小，一旦发生交通事故和火灾就容易引起人们的注意，从而担忧社会治安，所以在治安评价时更注重这两个方面的指标（表 10-2）。

表 10-2　日本的公共秩序及安全评价指标体系

消防管理	A. 每十万人消防管理数 B. 每十万人消防队、消防分队数 C. 每千人消防人员数 D. 每十万人口中的消防指挥人员数、消防指挥人员占全部消防人员比例 E. 消防设施数，如消防水泵和消防车现有数、消防设施数 F. 每十万人口中消防机关出动次数、消防机关因火灾出动次数 G. 每件火灾事件经济损失额、每人火灾事件经济损失额 H. 每十万人火灾死亡人数、每一百次失火中死亡人数、每一百次失火中受害家庭数等

续表

交通安全管理	A. 道路实际总长每千公里人行横道设置数、人行横道和步道数、交通信号（控制）设置数 B. 每千人交通事故发生件数 C. 道路总长每千公里交通事故发生件数，按主要道路和生活道路分组 D. 每千人交通事故死亡人数，每十万人死亡人数、每千人受伤人数、每十万人重伤人数、每件交通事故死伤人数、每百件交通事故死伤人数
治安防范管理	A. 每十万人口中警局派出所、驻在所数 B. 每千人口中警官数
犯罪状况	A. 每千人口中认罪数、按刑事犯和盗窃犯分组 B. 每千人口中被逮捕人员数，按刑事犯和盗窃犯分组 C. 刑事犯认罪中罪行程度比例，按凶恶犯（指杀人、盗窃、放火、强奸犯）、粗暴犯（指利用凶器实施暴行、伤害、胁迫、恐吓犯）、盗窃犯、风俗犯（指赌博犯）等分组 D. 每十万人口中意外事故死亡人数

三、我国社会治安状况评价简介

（一）我国社会治安状况评价工作的发展历程

我国最早以发、破案率作为评价社会治安状况的指标，但自 20 世纪 80 年代后期开始，一些机构部门也陆续进行了其他尝试。1988 年国家统计局编制的《我国地区间社会发展水平评价方案》列出了社会治安类的 13 项指标，说明了社会治安评价的重要性，以及建立评价指标体系的紧迫性。1992 年，公安部办公厅印发了《关于对社会治安实行分类评价的通知》，要求各地公安机关开展社会治安分类评价工作，这为后来建立科学的评价指标体系奠定了基础。1994 年 3 月，由公安部牵头，成立了由国家计委、国家统计局、中国人民大学、中国人民公安大学各方专家参加的“社会治安状况评价体系”课题组，并通过大量的研究工作和在一定地区的试点评测，初步提出了社会治安状况评价方案，使我国的治安评价研究工作向着科学化、系统化的方向跨出了一大步。1998 年 5 月，公安部第四研究所进行了一次公众安全感的调查，标志着社会治安评价实证研究开始起步。2002 年开始，广州市公安局组织专门课题组，以广州市年刑事发案总量为个案，采用数学模型和专家评价相结合的方法，预测未来 15 年刑事发案的常态总量，剖析影响全市刑事发案常态总量的各种主要因素。2004 年，公安部第四研究所在广东省专门组织召开了刑事犯罪常态水平研讨会，尝试通过对一个地区的年刑事发案常态总量的评价来客观评价当地的社会治安状况。此后，不少地方的公安机关开始重视社会治安状况评价在社会治安实践中的作用，通过开展社会治安状况评估来改进和完善治安工作。

（二）我国的社会治安状况评价方法

对社会治安状况评价的方法，我国理论和实务界均做过一些探索，也提出过多种不同的方案。通常情况下，社会治安状况评价的方案包括以下几部分：

1. 明确社会治安状况评价的范围。社会治安状况评价测评的是社会治安的具体表现。至于状况为何如此，将来又会怎样，不是这一评价考虑的范围。也就是说，社会治安状况评价指标体系只是描述某一时空范围内社会治安状况的量化结果，但它并不解释这一状况的原因。

2. 确定社会治安状况评价体系的结构。社会治安状况评价体系的结构，是上述评价范围和四个评价角度交叉综合构成的二维结构。四个评价角度是：

（1）存量。指社会为该领域发展所提供的条件和该项工作所具有的为社会服务的能力，如各类刑事、治安案件的数量，政法人员的人数，办案数等。

（2）质量。指一个领域所达到的水平及其为社会服务所产生的实际效果，如犯罪和事故后果的严重程度，政府在经费等方面对政法工作的重视程度。办案质量等。

（3）结构。指本领域内部各方面的比例、构成，以及可以评价本领域发展的跨领域的比例、构成，如重大、恶性案件所占的比重，实战人员、经费、物资所占的比重等。

（4）变动度。指主要评价指标的变化情况。该项指标用于反映一个领域的变化趋势、动态，弥补系统发展的相对稳定性所造成的评价不灵敏。

3. 确定社会治安状况评价的指标。治安状况评价的指标通常包括：接警指标、公众安全感；生产力标准；社会治安形势与整个社会发展的适应情况。其中接警指标与公众安全感指标尤为重要。将接警指标和公众安全感结合起来，从主观与客观两个方面构成观察社会治安状况的总体，互为补充，相互印证，能够比较全面、客观、准确地评价社会治安状况。具体来说，这些指标又可具体分为以下几类：

（1）违法犯罪和治安事故（刑事案件及各分项案件、重大案件，被害人及财产损失，治安案件、治安事故等）；

（2）维护治安的投入和保障条件（公、检、法、司人员；社会治安防范组织，政法经费、装备、人员素质等）；

（3）维护治安的工作（办案，破案，抓获、处理、群众扭送违法犯罪人员等情况）；

（4）影响社会治安的其他重要事件（动乱、暴乱，重大治安事故等）；

（5）公众安全感。

4. 确定指标权数。在多指标综合评价中，每个指标对于准则层和目标层的影响大小和作用不尽相同，即各指标对总体评价而言不是同等重要的。根据评价对象各项内容重要性和影响力的不同，应赋予每个指标一个合适的分值（称为指标的权数），使得整个评价方案最后分数总和的结果能够比较准确、客观地反映被评内容。权数的确定，需组织专家根据经验判断提出意见，并通过座谈或问卷的形式综合形成。所得到的权数还要在使用过程中，根据实际情况不断进行调整。

一个好的评价方案应当是准确、公正的。也就是说，在被评价的领域里，工作做得好的地区和项目，得分也应较高。这一效果主要是通过合理设置分值即选择权数来实现的。因此，指标权数的选择对任何评价都是至关重要的。但绝对公平的评价方案是不存在的，只能是在方案设计者对评价对象认识水平的基础上，尽可能地使之合理。实际上，任何一个评价方案都会带有其设计者思维模式的痕迹。所以，设计者可以充分利用评价方案的导向作用，通过对指标权数的分配来引导被评单位改进工作。例如，在某一阶段，相对于打击犯罪来说需要更加强调预防犯罪，那么就可以对与预防犯罪有关的指标赋予较大的权数。

5. 制定评价方案。目前，社会治安评价体系的评价内容一般包括五个方面，即违法犯罪和治安事故，维护治安的投入和保障条件，维护治安的工作，公众安全感及影响社会治安的其他重要事件。其中，前三个方面为常规评价指标，分存量、质量、结构、变动度等四个评价角度。公众安全感调查作为非常规指标，可以通过不定期抽样调查的方式进行，再与常规评价结果相互印证。影响社会治安的其他重要事件，是指影响范围较大、后果比较严重的群体打、砸、抢、烧事件，重大的治安事故等。由于这类事件的规模差别较大，在统计记录上又经常只有一起或几起，评价分数很难反映出它对社会治安状况的实际影响，因此采用单独处理的方式，即当一个地区发生此类重大事件时，酌情扣掉该地区一个较大的分数。

6. 评价方法。正确分析治安状况，科学评价和估量社会治安形势的发展变化，对于加强治安管理，为各项建设事业顺利发展创造良好的治安环境，具有十分重要的意义。但是，由于治安评估是近几年社会管理体系中的一个新课题，如何客观、科学、全面地评估社会治安状况，存在着方法上的许多具体问题。归纳已有研究成果，评价方法主要有以下几种：

（1）系统分析法，即运用系统理论及其他社会科学、自然科学和思维科学的原理、方法，将社会治安状况放到不同层次的系统环境中，进行动态与静态的考察。系统分析法将社会治安现象放到与社会背景或环境的互动过程中，将它们联系起来考察，确保了结构上的整体性与过程上的动态性；同时，它还保证了社会治安现象与社会背景或环境在时间上是同步的，在空间范围上也是同一的、周延的。

（2）纵向比较法，亦称历史比较法。就是将某一区域的治安状况与该区域过去某一时期的治安状况进行比较分析，从而作出评估。

（3）横向比较法，就是将某一区域的治安状况与另一个或几个类似区域的治安状况进行比较分析，从而对该区域的治安状况作出评估。

（4）主客观比较法，即将现实的社会治安状况同人们主观上向往或希望的治安状况进行比较分析，从而对现实的社会治安状况作出评估。

（5）调查分析法，即运用典型调查、抽样调查和问卷调查等形式，通过定量和定性分析，调查评估某个地区的治安状况。

（6）统计分析法，即运用有关统计资料对治安状况进行分析评估。

热点聚焦

杭州市公安局开展社会治安状况常态评估①

为了进一步落实主动警务战略，实现“发案少、秩序好、社会稳定、群众满意”的工作目标，2012年4月28日，杭州市公安局首度对当年一季度以及4月份社会治安状况进行了常态化评估。此后，每月28日，杭州市公安局都将对社会治安状况进行常态评估，以便及时、全面、客观、准确地掌握全市及各地社会治安状况，按照抓早、抓小、抓苗头的要求，有针对性地解决治安苗头性、倾向性问题和工作中的薄弱环节，进一步增强警务工作的敏感性、针对性、时效性，切实维护全市社会稳定、治安平稳，增强群众安全感和满意度。

对社会治安状况，由市局、分局和县（市）局、派出所三级按每月、每旬、

① 徐佳．杭州市公安机关首度进行社会治安状况常态评估［DB/OL］．浙江在线，2012-04-28. http：//zjnews. zjol. com. cn/05zjnews/system/2012/04/28/018453358. shtml.

每周实行分级评估。市局每月评估1次。在相关数据汇总分析的基础上，以局长办公会议的形式，对当月全市的总体情况和各分、县（市）局辖区的社会治安状况进行评估，及时作出评估报告。分局、县（市）局每旬评估1次。派出所每周评估1次。

评估内容包括治安秩序情况、刑事犯罪情况、灾害事故情况以及公众安全感反映情况。杭州市公安局每月28日（逢节假日另择日期）以局长办公会议的形式，对指挥中心起草的月度评估报告进行审议，重点研究提出治安苗头性、倾向性问题以及工作薄弱环节、地区的整治、整改意见。同时，杭州市公安局和分局、县（市）局每半年委托第三方机构，对辖区的公众安全感和公安工作的群众满意度进行一次测评。全市各级公安机关应结合常态大走访等活动，采取走访、电话、短信、问卷、恳谈等方式，自行组织本辖区群众安全感和满意度测评。

依据月度评估报告，列出当月全市必须关注的治安苗头性、倾向性问题及问题相对突出的重点区域和部位，有针对性地下达限期整改通知书，责令相关分局、县（市）局和市局有关单位及时整治解决。同时，要求各地各部门要对照市局的月度报告和自身评估报告，认真查找治安状况下滑的原因和工作中的“短板”，研究采取有力措施，及时解决存在的突出问题，坚决防止积压形成难点、热点。

全市各级公安机关将充分发挥社会治安状况常态评估机制的作用，适时向党委、政府报告，全面、客观反映本辖区的社会稳定、社会治安状况，有针对性的提出综合治理的建议意见，以便党委、政府对突出治安问题做到心中有数，及时科学正确决策；要依据评估报告，有重点地对全市和本辖区的群众开展宣传教育，扩大警务工作成效的影响，提高各行各业和广大群众的自防意识与能力。

四、社区治安状况评价

社区警务工作中，有必要定期开展社区治安状况评价工作。通过社区治安状况评价，可以反映社区的基本治安状况，发现社区治安防范中存在的问题，指明改革社区治安状况或社区治安防范工作的方向，还可对社区治安状况的未来发展趋势进行预测，为社区警务工作决策提供依据。

（一）确定社区治安状况评价指标体系应注意的问题

社区是组成社会的单元，但社会治安状况绝不是社区治安状况的简单叠加，因此，上述关于社会治安状况评价的知识不能简单照搬到社区治安状况的评价上，有些社会治安状况评价体系中涉及的指标在社区治安工作中并不涉及，即使是同类指标，在具体指标的构成方面也有所不同。而且，社区治安状况评价的指标体系主要体现为社区治安的客观状况，而不包括公众的心理感受即安全感。因为在作为社会基础单元的社区空间内，社区治安状况容易受到居民主体因素的影响，与社区居民的社会地位、受教育水平、一定时期内媒体对某类犯罪或事故的曝光率、自身安全是否受到过危害等有密切关系。如有必要，可以建立另一主观指标体系，通过公众调查来测量社区公众安全感。

（二）社区治安状况评价的指标类型

社区治安状况评价的指标类型，按照不同的标准，可以分为：

1. 正面指标和负面指标。正面指标是指促进社区治安的各种人力、物力、财力和机构以及社会经济状态指标，反映的是相关机构或组织维护社区安全的各种投入（包括社区人、地、物、事等多种要素的管理投入）和持续促进；负面指标是体现和制约社区安全状态的涉及社区人、地、物、事等多种要素管理和存在状态的指标。在指标体系的设计中，正面指标和负面指标应作为两个独立的体系进行评价，即社区治安状况既体现为一定时期（某年）内的静态安全状况，也体现为安全状况的持续促进，社区治安状况是两者评价相比较的结果。另外，在促进社区治安的正面指标中，由于某些指标的监测比较困难，如流动人口守法情况须由负面指标违法犯罪处罚情况转换而来。

2. 客观指标和主观指标。客观指标是指反映客观社会事实的指标，如各类案件发案情况、各种人口数指标等，这类指标主要经由观测或工作汇总而来。主观指标是指在客观指标的基础上，经由研究者进行主观赋值而测得的指标，是反映研究者对涉及社区治安的客观社会事实进行主观评价的心理指标。主观指标大体可分为两类：一是经由负面指标反向转换进行主观评价而来，如在促进社区治安的正面指标中，为体现流动人口、出租房管理效果以及社区周边治安复杂地域的影响，而经由上述管理领域出现的问题或环境负面因素，对此进行反向赋分，以反映研究者对单项正面指标的评价；二是经由正面指标直接进行主观评价而来，如社区治安灾害事故及事件应急处置预案制定、社区治安特色项目等，可直接正面评价赋分。

3. 绝对数指标和相对数指标。绝对数指标是指能够经由社区治安工作直接观测或工作汇总而来的具有绝对意义的有量纲指标，如各类案件发案数。相对数指标是指在绝对数指标的基础上，经由绝对数指标与社区人口数（特定人口数）

或面积比较而来的指标，即指标体现的是相对水平而非绝对值（考虑到社区人口规模、社区案件数等的不同）或者经由上述两种方式进行主观打分的指标。

4. 定量指标和定性指标。定量指标是指可以用数据直接反映和体现具体数量的指标，如案件的发案情况、各类人口数量、投向社区治安的各类人力、财力、物力等资源指标。定性指标是指不能体现为具体数量，而仅能体现为某种存在状态的定性（类别）指标，如描述社区人文社会环境的相关指标。

（三）社区治安状况评价的具体指标体系

社区治安状况评价的具体指标体系将影响社区安全状况的因素分为，制约社区安全状态的负面指标和促进社区安全的正面指标两部分，并分别作为两个独立的体系进行评价，即社区治安状况既体现为一定时期内的静态治安状况，也体现为治安状况的持续促进，社区治安状况是两者评价相比较的结果。正、负面指标均为二级设置，其中正面指标的一级指标包括社区治安队伍及其工作、社区物防技防及其投入、社区案件查处工作、社区治安灾害事故/事件查处与处置工作、社区人口管理防范工作、社区地域管理防范工作、社区物品管理防范工作、社区人文地理环境等，二级指标可根据需要在相应的一级指标下设置，总体上要能全面反映一级指标；负面指标的一级指标包括社区违法犯罪案件、社区治安灾害事故及治安事件、社区治安负面人员、对社区治安可能产生危害的场所地域、对社区治安可能产生危害的物品等，同样可根据需要在每个一级指标下设置二级指标。

在构建社区治安评价指标体系时要注意：一是指标体系的本地化。不同社区治安评价指标体系虽然具有共性，但由于不同地区在社会经济发展水平、社会治安状况、社区建设水平等方面的差异，必然导致公众或专家对当地社区治安状况评价指标体系认识上的差异。因此，社区治安评价指标体系的构建应在具有共性理论指标体系的基础上，通过规范合理的筛选程序确定应纳入评估指标体系的内容。二是指标体系的动态化。就某一个地区而言，从时间跨度上看，由于社会经济的发展和社会治安形势的发展变化，同一地区不同时期人们对于社区治安评价的指标体系也会随时间而发生变化。因此，不同年度的社区治安评价指标体系在具体指标上做某些微调不仅应被允许，也是十分必要的。三是指标体系的无量纲化或标准化。评估指标的赋值主要有原始数据或原始分值两种情况，无论是原始数据还是原始分值，都要经过无量纲化或标准化，才能进入评估模型、开展评估工作。

（四）社区治安状况评价的实施

1. 评价模型的构建。按照现代评价的一般方法，社区治安状况评价模型多采用建立在指标权重赋值基础上的多指标综合评价方法。所谓多指标综合评价，就是通过数学模型将多个评价指标值“合成”为一个整体性的综合评价值。这种“合成”一般采用加权平均的方式。一般而言，在实际工作中，多采用经验加权或定性加权法，即由专家直接对各指标的权重（最高分值）进行估值。这种方法简便易行，但失之于笼统和不精确。科学的评估一般应采用数学加权或定量加权法，以指标（因子）权重和因子得分为基础，进行综合加权评估。由于常用的加权平均模型中每项指标只有一个权重，忽略了各项指标内部差异性对评估对象的影响，更忽略了权重分配应随着各项指标值的变化而变化，进而导致评估结果有失客观公正，为解决这一问题，有学者通过研究，提出了变权综合决策模型，该模型既考虑了因素权重的作用，也考虑了因素状态值的作用，更主要的是考虑了因素状态值的组态水平的作用，这种作用通过使因素的权重随状态值的变化而变化来实现，使得评估结果更加客观。

2. 评价数据的获取。社区治安状况评价的数据一般通过问卷调查采集。问卷的调查对象是社区管理者与社区民众，为便于其理解，通常应将评价指标体系中的各指标项还原为容易理解的问答题。问卷设计完成后，应进行小范围测试，通过项目分析、效度检验、信度检验分析预试问卷，最后再对问卷进行修正。

3. 评价结果的产生。根据不同的社区治安状况评价目的，可采用不同的方法，得出相应的评价结果。如果想从某个指标或某几个指标大致反映社区治安状况，则可进行单指标或多指标评价，评价方法一般采用描述统计法，通过描述统计结果的纵向比较来判断社区治安状况的变化。如通过对社区违法犯罪情况的描述统计，纵向比较其是增长了还是降低了，来判断社区治安状况是变好了还是变差了。如果想从整个社区治安状况评价指标体系来系统评价社区治安状况，由于涉及的指标数量众多、权重各异，而且其状况很难用经典的数学方法来描述，即很难量化，因此通常采用模糊综合评判法进行评价，但这对专业知识的要求较高，需聘请专业人士来完成评价。

从社区民警个体的感受来说，社区治安状况评价体系中某些单项指标纵向变化的情况对于实际工作更具参考意义，如通过社区违法犯罪数量的变化可直观判断社区治安状况的变化。但这种判断往往是不可靠的，因为社区治安状况是各种因素综合作用的结果，一个社区的违法犯罪增加了，并不必然表明该社区的治安状况变差了。因此，要想使单项指标对于社区警务工作更具价值，还应通过关联分析，查找引起该指标变化的因素，这样更有利于有针对性地开展工作。

【引导案例参考答案】

沂源县推出的“平安指数”以110指挥中心的接报警数据为基础，依据严重暴力犯罪、盗抢骗警情、一般警情，计算各镇、街道的违法犯罪值来确定某地的平安等级，无论是对政府部门、公安机关还是社区公众都有一定的指导意义，通过平安等级能大致了解某个地区的治安状况。但由于纳入该指数的因素过少，难以全面、准确地反映社会治安状况，在等级的计算方法方面还不够科学，因此不能以该指数代替治安状况评价。

第二节　社区公众满意度评价

引导案例

启东社区民警群众满意度达96.8%[①]

江苏省启东市公安局结合实际，进一步优化社区警务改革，推动社区警务良好发展，打造和谐的警民关系，不断提升群众的“满意指数”。2015年度该局社区民警入户知晓率达94.3%，群众满意度达96.8%。

该局在工作中从最根本的“人”抓起，向广大群众公开和宣传社区民警的办事制度，进一步提高群众的知情度和工作的透明度。采取把对社区民警“测评权”交给群众的方法，专门设计制作“社区民警月测评表”，每月月末由所领导深入村居进行“抽样检查”，对每位社区民警下社区情况、群防群治工作情况、发动辅警工作能力、与其他部门沟通协调能力及对社区民警的总体评价等方面进行量化测评。

该局专门设立了社区民警表彰平台，明确了对社区民警的考核内容和标准，根据工作实效在全市社区民警中每季度评选“基础之星”，年终评选“十佳社区民警”；对于连续在群众工作方面取得优异成绩的社区民警，该局还将其纳入干部后备人选，优先提拔任用。2016年1月，该局某派出所青年民警孙敏杰因做群众工作有自己的一套方法，辖区群众满意度颇高，成功入选2015年度启东市公

① 张巍伟．启东社区民警群众满意度达96.8%［N］．新华报业网-江南时报，2016-03-16. http：//news. eastday. com/eastday/13news/auto/news/csj/20160316/u7ai5415648. html.

安局“十佳优秀社区民警”。

问题：1. 该市公安局在社区民警群众满意度评价方面采取了哪些方法?
2. 如何评价该市公安局在社区民警群众满意度评价结果运用方面的做法?

习近平总书记指出：“人民对美好生活的向往，就是我们的奋斗目标。”以人民为中心是习近平新时代中国特色社会主义思想的价值取向，展现了党中央推进新时代中国特色社会主义的实践目的和行动方针，凝聚了党在领导建设富强民主文明和谐美丽社会主义现代化强国进程中所坚持的执政原则。社区警务作为社会治安治理的重要组成部分，应始终坚持以人民满意为目标，这是习近平总书记以人民为中心思想在公安工作中的体现。因此，做好公众满意度评价工作，通过社区公众满意度来衡量社区警务工作的成效，帮助社区民警改进社区警务工作，是社区警务工作评价的重要内容。

一、公众满意度评价概述

公众满意度评价是新公共管理理论将市场竞争机制和企业管理方法引入公共领域，推动政府管理模式转变，构建服务型政府的一个重要举措。党的十九大报告指出，要转变政府职能，深化简政放权，创新监管方式，增强政府公信力和执行力，建设人民满意的服务型政府。可见，公众满意应成为我国政府工作的目标，而公众满意度评价则是衡量政府工作成效的重要指标。

（一）公众满意度评价基本理论

1. 公众满意度评价产生的背景。20 世纪 80 年代以来，世界各国特别是发达国家深深感到原有以官僚制为基础的政府管理模式越来越不能适应全球化、信息化和民主化的发展需求。随着新公共管理运动的不断深化，西方发达国家相继进行行政改革，并迅速波及发展中国家。这场改革尝试借鉴经济领域、企业管理的成功经验，提出了企业家政府、参与式政府、减少规制政府等模式，强调标杆管理、顾客导向和公共管理领域的竞争，一系列改革措施和制度安排提升了顾客（公众）在公共管理中的地位，提高了公共管理的效率、效益和效能，凸显了政府的服务功能和公务员的服务精神。在此基础上，各国还认识到，政府不仅要提高效率，更要追求公共利益、维护公共安全、主持社会公平，只有这样才能体现民众意愿，取得民众的支持和信赖。新公共管理理论对我国转变政府职能，提高政府工作效率，增强公务员的管理水平和服务意识，重塑政府与社会的关系，实现由传统的行政管理模式向现代公共管理模式的转变，具有重要的理论价值。在这一理论指导下，我国各级政府以构建服务型政府为目标，积极开展以公众满意为导向的绩效评估方面的探索。

2. 公众满意度评价的理论基础。公众满意度评价属于绩效评估的范畴，源于工商管理中顾客导向的质量管理。美国学者奥利弗认为，顾客满意度主要是由顾客的三类评估决定的：一是顾客对自己的消费结果的总体印象，即顾客对本次消费的利弊评估，以及顾客由此而产生的情感反应，如高兴、悲伤等；二是顾客对产品和服务的比较结果，即顾客对产品和服务的实绩与某一标准进行比较，判断实际是否符合或超过自己的比较标准；三是顾客对自己的消费结果的归因，即顾客认为谁应对自己的消费结果负责。将“顾客满意度”理论引入公共管理领域，能够为政府工作绩效评价提供理论依据。因为公众作为政府工作的目标服务者和受益者，也同时兼顾监督者和消费者的属性，其对政府工作的满意度评价，能在较大程度上反映政府工作的绩效。

知识拓展

顾客导向与顾客满意型政府

顾客导向原是企业管理中的一种战略，20 世纪 80 年代以来，在英、美等西方国家盛行一种新的公共行政理论和管理模式——新公共管理，即企业化的管理。新公共管理强调政府应该采纳私人企业的管理方法，以市场、顾客为导向，加强竞争，以顾客（公众）的需求作为发展公共服务的指南，视顾客为关怀的对象，向顾客提供优质、高效的服务。顾客导向型政府改变了传统模式的政府与社会之间的关系，政府不再是高高在上的自我服务、发号施令的官僚机构，而是为社会公众提供服务的便民机构。顾客导向型政府是新公共管理改革的目标所在。美国的“重塑政府运动”“国家绩效评估委员会”（National Performance Review，NPR）。英国政府的“续阶计划”（Next Step）、“公民宪章”“灯塔政府计划”。澳大利亚的“文官改革法”以及新南威尔士州的“携手政府”（Working with Government）。德国的“行政弹性工作时”（Administrative Flexible Time）；法国的“行政现代化政策”（the Administrative Modernization Policy）；加拿大的“2005 新制文官”（Public Service of 2005）等，上述各国的种种政府再造举措，无一不是在顾客导向这一核心服务理念下的行政改革。从目前看，各国的政府改革在不同程度上取得了显著的成果，“政府努力”与“公民期望”之间的落差已大幅度缩小。缘于此，顾客导向型政府有向更广范围、更深层次发展的趋势。

（二）公众满意评价的基本模型

随着新公共管理运动的兴起和发展，为了促使政府和公共部门提高效率、服务公众，世界上许多国家都开发了用以评价公共部门公众满意度的相关测评模型和方法，比较典型的有：

1. 瑞典顾客满意度指数模型 SCSB。瑞典于 1989 年在世界上率先建立了国家层次上的顾客满意度指数模型——SCSB 模型。该模型共有 5 个结果变量：顾客预期、感知绩效（价值）、顾客满意度、顾客抱怨和顾客忠诚。SCSB 模型中的核心概念——顾客满意度是指顾客对某一产品或服务提供，迄今为止全部消费经历的整体性评价。在 SCSB 模型中，顾客满意度有两个基本的影响因素：顾客期望和感知绩效（价值）。感知绩效（价值）是商品或服务的质量与其价格比较在顾客心目中的感知定位，感知绩效（价值）越高则顾客满意度越高。模型中的顾客期望则是指顾客期望将会得到何种产品或服务的预期，而不是产品或服务应该达到何种质量水平的预期。SCSB 将顾客抱怨作为评价顾客不满的结果。顾客满意度的提高会直接导致顾客抱怨行为的减少。模型的最终变量是顾客忠诚。忠诚的顾客意味着持续的重复购买、较低的价格敏感度、较少的促销费用等，是组织盈利能力的一种表现。

2. 美国顾客满意度指数模型 ACSI。美国顾客满意度指数是由设立在美国密歇根大学商学院的国家质量研究中心和美国质量协会共同发现研究并于 1994 年提出的。它是一个测量顾客满意程度的经济指标，是根据顾客对在美国本土购买，由美国国内企业提供或者是在美国市场上占有相当份额的国外企业提供的产品和服务质量的评价。ACSI 模型将顾客期望、感知质量和感知价值与顾客满意联系起来。而顾客满意度又与结果联系起来，结果是通过顾客抱怨和顾客忠诚来评价的。美国在 1998 年曾对 ACSI 模型做了修正，原因是原有模型不能适用于耐用品的顾客满意度指数测评。修改后的模型将感知质量分解成产品感知质量和服务感知质量。其中产品感知的观测变量为对产品质量的总体评价、对产品顾客化的质量评价、对产品可靠性的评价这三个指标。服务感知质量对应的三个观测变量为总体服务感知质量、服务顾客化感知质量、服务可靠性感知质量。在 1994 年的 ACSI 计算中也将公共行政部门和政府机关放入了评价范围之内，不过其评价的项目非常少，仅仅对垃圾回收服务、警察服务和内部收入服务三个方面在中央、城市、郊区三个层面进行了比较分析。而到了 1999 年美国顾客满意度指数的测量范围就扩大到了 12 个部门和 7 个非部门机构以及行政部门的 30 个联邦机构的包括 31 个顾客群体的测量。

3. 欧洲顾客满意度指数模型 ECSI。1999 年欧洲建立了顾客满意度指数（ECSI）测评模型，其基本上借鉴了 ACSI 模型的基本架构和核心概念，与其不同的是增加了企业形象作为结构变量，并将感知质量分为，感知硬件质量和感知软件质量两个部分。企业形象指的是顾客记忆中和组织有关的联想，这些联想会影响人们对期望值及满意度的判断。在 ECSI 模型中，对于有形的产品来说，感知硬件质量为产品质量本身，感知软件质量为服务质量；对于服务产品来说，感知硬件质量为服务属性质量，感知软件质量为服务过程中同顾客交互作用的一些因素，包括：服务提供人员的语言、行为、态度、服务场所的环境等。同时，ECSI 模型去除了顾客抱怨这个结构变量。近年来，人们越来越意识到处理顾客抱怨的重要性，很多公司甚至将其作为提高顾客满意度的一种手段，这是 ECSI 不再把顾客抱怨作为满意度结果的重要原因。

国内学者基于修正的 ACSI 模型，将原来顾客再次购买的意图的测量变为对公众信任的测量，提出了公共服务顾客满意度测评模型 PSCSI（图 10-1）。

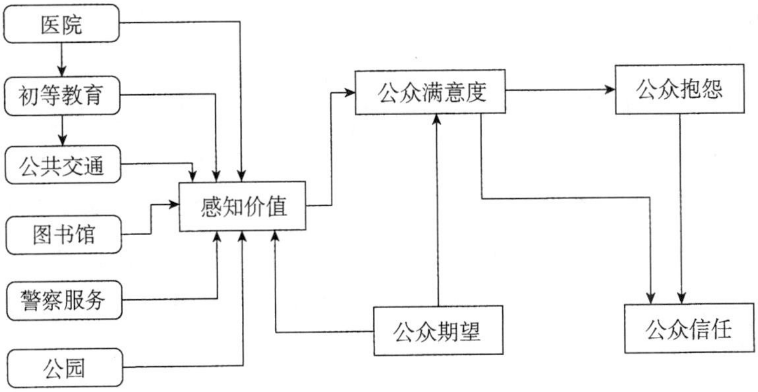

图 10-1　公共服务顾客满意度测评模型 PSCSI

二、社区公众满意度评价的意义

为人民服务是公安工作的宗旨。社区警务作为我国公安工作中的一项重大警务战略，承担着践行人民公安为人民宗旨的重要使命，而这一使命履行得如何，很重要的指标是社区公众对社区警务工作的满意度。我国公安机关向来重视人民群众对公安工作的评价，以此作为践行以人民为中心的理念成效的衡量标准。特别是在公安基层基础工作中，一直在努力通过为民服务、为民解忧、保民安全来彰显公安工作的宗旨，把人民群众满不满意作为评判工作优劣的标准，这一点在公安部近二十余年来的重要会议上得到充分体现。1997 年 4 月在苏州召开的全国公安派出所工作会议把“发案少，秩序好，群众满意”作为公安派出所的工作目标，并将建立科学、严格的责任区民警责任制作为加强派出所工作的重要环节。1998 年 6 月在吉林召开的全国公安派出所工作会议进一步强调了公安派出所的“发案少，秩序好，群众满意”这一工作目标，并在同年 7 月 7 日发出了《关于开展创建人民满意派出所活动的通知》（公通字〔1998〕51 号），制定了《人民满意派出所的基本标准》。2000 年 3 月在杭州召开的全国公安派出所工作会议，正式提出实施社区警务战略，此后，2002 年 6 月 14 日公安部下发了《公安部关于改革和加强公安派出所工作的决定》（公发〔2002〕6 号），进一步明确将“发案少，秩序好，群众满意，社会稳定”作为派出所的工作目标。2006 年 9 月，公安部下发《公安部关于实施社区和农村警务战略的决定》，将“发案少，秩序好，群众满意，社会稳定”作为实施社区和农村警务战略的工作目标，自此，让群众满意成为广大社区民警的目标追求。在此后的发展历程中，公安机关通过坚持和发展“枫桥经验”，逐步探索形成“枫桥警务模式”，使之成为有中国特色的社区警务模式，而“枫桥警务模式”的基本理念就是民意主导警务理念，其目标就是不断增强人民群众的获得感、幸福感、安全感，不断增强人民群众的满意度。2019 年 11 月，首批由公安部命名的 100 家“枫桥式公安派出所”的所长发出“百万警进千万家”倡议书，倡导始终坚持人民满意的根本标准，走千家、进万户，奉献自己的爱心，宣传党的路线方针政策，普及法律知识和安全防范技能，传递党和政府的温暖。可见，在我国公安工作的发展历程中，始终将为人民服务作为公安工作的根本宗旨，时代变了，但让人民满意的初心和使命未变，而只有做好群众满意度评价工作，才能准确反映社区警务工作与人民群众需求之间的吻合度，才能为改进和完善社区警务工作提供明确的指引。

三、社区公众满意度评价的方法

（一）我国社区公众满意度评价概况

由于我国在 20 世纪 90 年代末期已经将群众满意作为公安派出所的工作目标之一，因此我国对社区警务公众满意度的评价基本上是与社区警务理念的引进和社区警务战略的实施同步开展的。例如，在国内较早开展社区警务改革试点的浙江省杭州市，早在 2000 年就改变了以往对民警考核以业务为主的考核方式，重点增加了群众对民警满意度的测评，把群众工作开展得好不好、群众满不满意作为衡量社区民警工作的一条重要标准，促使民警以人为本、执法为民，更好地为社区群众服务。2001 年底，杭州市公安局开始与《钱江晚报》联合举办杭州“十佳社区民警”和“优秀社区民警”评选活动，对评选出的优秀社区民警予以表彰，以激发社区民警的工作热情。当然，由于满意度测评在公安工作中的应用起步较晚，对社区民警工作满意度的评价仍处于不断探索完善之中，总体上看主要呈现以下几种趋势：一是测评指标从简单片面向全面具体发展；二是从内部测评为主向内部测评与第三方测评相结合发展，并且逐步发展为以第三方测评为主；三是测评方式逐步从单一测评向多元化测评方式转变，问卷测评、走访测评、电话随机测评等测评方式均有应用；四是测评手段日趋多样化，依托新媒体开展的网上测评、微信测评等逐渐成为主流。

（二）社区公众满意度评价的指标体系

社区警务工作通过社区管理与服务，直接面向社区公众，其工作开展情况与社区公众利益息息相关，体现其成效的主要标准就是看是否满足了社区公众对公安机关和社区民警的期望和诉求。因此，社区公众满意度测评应围绕社区民警的职能和主要工作内容，重点关注公众的期望和诉求，并在此基础上建立科学合理的评价指标体系。在此，借鉴前述公共服务顾客满意度测评模型及指标体系框架，结合我国社区警务工作实际，提出社区公众满意度测评指标体系（表 10-3）。

表 10-3 公安机关公众满意度测评指标体系

一级指标	二级指标
公众对管理服务工作的期望	对社区警务工作的整体期望
	对社区民警管理工作期望
	对社区民警服务群众期望
公众对社区警务工作效果的感知	对社区民警管理工作的感知
	对社区民警服务群众的感知
	对社区民警管理与服务工作平等公正性的感知
总体满意度	公众总体满意度
	公众感知与期望的比较
公众诉求	公众针对社区民警工作提出法律诉讼情况
	公众针对社区民警上访或信访情况
	公众对社区警务工作的舆论评价

（三）社区公众满意度评价的数据采集

随着公众满意导向绩效评估的不断深化，社区公众满意度测评必定体现评估主体的多元化、广泛化和信息化。同时，在测评主体的选择上，要充分考虑社区警务工作的性质特点，区别直接管理服务对象（直接接受公安执法管理的人员或单位）和间接管理服务对象（一般不直接接受公安执法管理，属于公安执法管理的受益者），分别纳入测评主体范围，在此基础上，结合社区警务工作实践，提出以下社区公众满意度测评信息采集机制（如图 10-2 所示）：

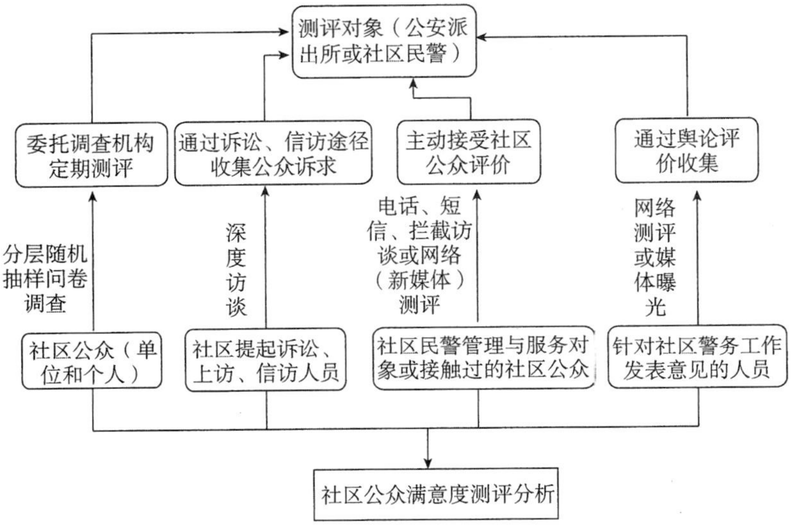

图 10-2　公安机关公众满意度测评信息采集机制

需要特别说明的是，开展社区公众满意度测评时对测评对象的选择至关重要。要区别直接受到公安机关行政处罚或依法审批事项未被批准的行政相对人和一般公众。如果前者作为测评对象，测评主管部门要严格审核把关，只要社区民警是依法、严格、规范履行职责的，应当坚决予以支持，而不能只片面追求满意度。对于相对人投诉抱怨中指出的社区民警执法管理不规范、不公正、不廉洁的问题，应当依法严肃处理，并督促整改，测评结果则视为有效。而对于多数没有直接接受过公安机关处罚的民众，作为社区公共安全产品的受益人，应当坚持随机抽样、实地走访、短信回访等方式开展问卷调查，并将其作为社区公众满意度测评的主要方面。测评中还可进一步具体细化并设定与社区警务重要工作内容和公共利益密切相关的具体的三级、四级测评指标，并制作测评问卷进而收集社区公众满意度测评数据。

（四）社区公众满意度评价结果的产生

对通过调查所收集的社区公众满意度测评数据，要根据测评问卷的设计情况及测评目的采取相应的分析方法，进而产生评价结果。如果想了解社区公众满意度的客观情况，用一般的描述统计法即可达到目的；如果想了解测评体系中各个具体指标受哪些因素影响，则需要做关联性分析，找到影响某个具体指标的因素，从而为有针对性地提出建议提供依据。

对于社区公众满意度评价结果的判断，不能单看某一个具体的指标，而应进行综合判断。为此，需要对测评体系中各个指标在整个指标体系中的权重予以确定，对各指标权重的确定通常可采用均值分析法或网络层次分析法。

四、社区公众满意度评价的结果运用

通过对测评数据统计分析所产生的测评结果可作为判断社区公众满意度评价的依据，并将其用于改进和完善社区警务工作。通常情况下，社区公众满意度评价的结果可用于以下几个方面：

（一）推动社区民警改进工作绩效

公安机关可将社区公众满意度评价纳入社区民警目标管理绩效考核范畴，作为干部选拔任用、晋职晋级、管理监督和奖励惩处的重要依据，切实起到测评的考核导向、激励、推动作用。对于工作扎实突出、群众评价优秀、警民关系和谐的社区民警，考虑优先提拔重用；对于业务能力不强、群众观念淡薄、工作消极应付、警民关系紧张的，予以诫勉谈话，直至调离工作岗位。测评结束后，还可组织公安派出所领导及社区民警分析调查材料，使其能深刻感受群众的呼声，听取群众的意见建议，进而改进工作方法，提高工作成效。

（二）促使社区民警改善警民关系

公众满意度评价不仅是一项绩效评估手段，更是警民沟通的一种重要方式。因此，公安机关在开展公众满意度评价中不仅要充分展现真心接受评价、主动接受监督、全心研究整改的良好形象，更要在警民互动中加强法治和社区警务工作的宣传，深化警务公开，让公众了解公安机关的职能定位、面临的困境和所作出的努力，争取公众的理解和支持。对于公众提出的合理化意见和建议，要积极采纳，切实提高社区警务工作水平，不断满足社区群众日益增长的利益需求。

（三）有效激发社区民警活力

社区公众满意度评价是新时期社区警务绩效评估的有益探索，其根本目标还是要激励社区民警积极履职，不断回应人民群众对公安机关的新期望，更好地践行习近平总书记对公安机关提出的“对党忠诚、服务人民、执法公正、纪律严明”要求。因此，在测评结果的运用中，要正确处理社区公众的诉求。对于社区公众从理性经济人的角度出发提出的利益诉求，应从维护更多公众利益的角度出发，在内外沟通和利益协调中不断加以解决；对于个别行政相对人因受到处罚为发泄不满而恶意投诉的，要坚决予以澄清，坚决支持社区民警依法履职，绝不能将二者混为一谈，挫伤社区民警的工作积极性。同时，要更多地运用评价结果来激励社区民警的活力，使满意度评价成为激发社区民警工作积极性的催化剂。

【引导案例参考答案】

1. 启东市公安局针对社区民警满意度测评采取的做法有：(1) 搞好宣传，让群众了解社区民警工作；(2) 编制社区民警月测评表，构建社区民警公众满意度评价的指标体系；(3) 以抽样调查采集数据；(4) 得出测评结果。

2. 启东市公安局重视社区民警群众满意度测评结果的运用，对测评结果优秀的社区民警予以表彰奖励、优先提拔任用等，可以有效激发社区民警工作积极性。当然，除此之外，公安局还应通过对测评结果的分析，帮助社区民警取长补短、查漏补缺，以不断完善社区警务工作，更好地为社区公众服务。

第三节　社区警务绩效评价

引导案例

“绩效考核系统”破社区警务管理难题①

袁川云是四川省自贡市高新区公安分局学苑街派出所的一名社区民警，自2014年4月从监狱系统调入公安系统以来，主要负责谢家坝社区警务工作。工作之初，小袁总是感觉“无所适从”，自己做的工作不成体系、没有章法。恰好此时，高新区公安分局创新推出“社区警务绩效考核系统”，有效解决了如袁川云等社区民警“干什么、怎么干”的难题，整个社区警务工作被梳理得“井井有条”。系统运行一年多以来，小袁工作劲头十足，谢家坝社区人员、房屋、单位登记率得到大幅提升，发案率大幅下降，群众满意度也在逐步提高……

从与袁川云类似的多数民警不知道“干什么、怎么干、干到什么程度”，到

① 王自然，胡雪．自贡高新：“绩效考核系统”破社区警务管理难题［DB/OL］．中国警察网，http：//news. cpd. com. cn/n12021581/n12021602/c32913131/content_4. html.

所有社区民警都“能干、巧干、干得恰到好处”，这得益于高新区公安分局高能发挥“社区警务绩效考核系统”之力。2014 年以来，分局遵循“以问题为导向、以破题为关键”的改革思路，依托警务综合应用平台推动“公安网+”的应用，创新研发社区警务绩效考核系统，成效显著。自 2015 年 4 月正式运行到 2016 年 3 月向全市推广运行，绩效考核系统不仅有效提升了社区民警的工作主动性、业务素质、工作质效，更为“干与不干、干多干少一个样”等痼疾开出良方。

问题：如何看待自贡市高新区公安分局的社区警务绩效评价工作?

社区警务绩效评价是指公安机关为实现社区警务工作的目标，运用科学方法对社区警务的实施过程与结果进行有效评价的制度和措施。社区警务绩效评估是检验社区警务工作成效的重要手段，是社区警务运行的关键环节，更是提高社区警务效能的有效手段。需要指出的是，社区警务绩效评价是对社区警务工作成效的综合性评价，本章前两节关于社区治安状况和社区公众满意度的评价均属于社区警务绩效评价的内容，因此前两节的相关知识可运用于本节内容。

一、社区警务绩效评价的基本原则

（一）全面性原则

社区警务的绩效评估，应全方位反映社区民警的工作绩效，不仅要对治安管理、打击破案等客观业务目标进行量化考核，而且还要对群众安全感与满意度等主观指标的考核做出明确的要求，促进社区民警重视群众工作，愿意做群众工作。评估的目标既要重点突出，又要力求全面具体，防止考核目标失去均衡性，从而影响社区警务工作整体效能的发挥。

（二）实效性原则

“基础牢、出事少、治安好、党和人民满意”是公安派出所的工作目标，也是评价社区警务工作的标准。“基础牢”强调的是派出所工作的基础性和先导性，要着力筑牢维护社会稳定的第一道防线、夯实平安中国建设的第一层基石、搭建密切警民关系的第一道桥梁、构建基层社会治理的第一级平台；“出事少、治安好”强调的是要推动派出所工作从治安管理向治安治理转变、从防范发案向防控风险延伸，通过有效预防，有效化解矛盾风险、减少违法犯罪；“党和人民满意”强调的是以人民为中心的工作导向，派出所工作要依靠基层党组织，融入基层社会治理大局，不断增强群众获得感、幸福感、安全感。社区警务评估指标的确立，应该充分考虑到对社区警务工作的可操作性，摒弃脱离实际的指标，真正体现社区警务评估工作的成效。

（三）导向性原则

通过量化评估，将社区民警的主要精力引导到管理、防范、控制和教育上来，促使社区民警扎扎实实做好基础工作。特别要将防范工作放到首位，在具体评价指标的设定上加大安全防范内容的权重，从根本上改变过去重打轻防的传统观念。同时，大力开展群众工作，全面为社区的经济建设和社会发展服务。

（四）公正性原则

公正性是评价考核工作的灵魂。没有公正性，就不会有公平的竞争环境，再好的评估体系也不会产生理想的评价效果。因此，考核工作应该充分考虑到不同社区的治安状况差异、警力配置等，并以此来确定相应的评价指标，建立多个评分参照体系，尽可能使社区民警在完成工作目标上的机会均等，从而形成良好的竞争环境。

热点聚焦

主观绩效评估与客观绩效评估之间的契合性问题①

主观绩效评估与客观绩效评估是公共服务绩效评价的两种模式，随着民主行政的思想逐渐深入，主观绩效评估的重要性在公共服务领域中日益突出，越来越多的地方政府机关都采取了公众主观评价。主观评价是以公众可准确感知公共服务的实际效果作为理论预设，换言之公众主观评价与实际输出具有一致性，但是，随着主观绩效评估的不断扩大使用，出现了公众满意度反常居高的现象，这使人们开始思考主观评价的效度问题，也就是公众能否客观准确地感知客观绩效，客观绩效与主观绩效是否具有契合性。

斯蒂帕克首次对公众主观评价提出了质疑，其通过研究认为：公众对公共服务的评价并非基于实际服务质量做出。公众对于公共服务的满意度不会随着提供服务质量的提高而增加，也就是说，服务质量的好坏不会影响公众满意度，只有在提供极好或者极坏的服务质量情况下才会影响公众满意度。因此，对于公众满意度应谨慎对待，因为公共服务质量的好坏并不能通过公众满意度来体现，公众满意度也会受到服务质量之外的因素影响。布朗和库尔特对双层内嵌的公众满意

① 李文彬，沈涵，李雅婷．客观绩效、信任度与公众满意度——基于调查-实验法的探索［J］．公共行政评论，2019（04）．

度模型进行研究，同样得出客观绩效不能解释公众满意度、公众满意度不能基于客观测量而做出的结论。此后，瑞西格和帕克斯构建了一个对警察满意度测评的多层次线性模型，该模型纳入了生活质量、社区情景和服务体验来分析影响公众满意度的因素。得到的结论是，影响公众满意度的是多重因素，而非仅仅是客观绩效因素。同时，他们也告诫政府要谨慎对待公众满意度。除了上述学者的实证研究，一些非定量的研究也质疑了公众主观评价，鲍卡尔特和沃尔认为具体事项会限制公众满意度，公众的情绪在很大程度上也会影响满意度，提供更好的服务并不一定会带来更高的满意度。

对于上述学者有关客观绩效与主观绩效不具有契合性的观点，学者帕克斯认为应引入中介变量来维护主客观评价的一致性。他认为，由于在设计客观评价指标和主观评价指标时，对于设计指标的规定概念不同，即客观指标设定注重的是投入，主观指标设定注重的是投入之后产生的效果，导致对两者直接进行回归性分析可能会出现弱相关性。帕克斯在研究中构建了公众对警察响应速度的知觉模型，该模型在主客观指标之间引入了中介变量，通过研究客观指标与中介变量的相关性和中介变量与主观评价指标的相关性来判断主客观评价指标之间的相关性。经研究发现，在引入中介变量之后，客观绩效确实影响到了公众满意度，也就是说投入性指标需要借助中介性指标才能最终作用于结果性指标。此后，相关学者也通过研究验证了主客观评价之间的契合性，尤其是凯莉和斯温德尔的研究论证了警察领域中主客观评价的一致性高于其他公共服务领域。

二、社区警务绩效评价的主要内容

社区警务绩效评价主要是针对社区民警工作的评价。根据公安部《关于实施社区和农村警务战略的决定》《公安派出所正规化建设规范》等文件的规定，社区民警工作主要包括开展群众工作、掌握社情民意、管理实有人口、开展安全防范和维护治安秩序五个方面的内容。因此，社区警务评估主要围绕以上五个方面的工作进行。

（一）开展群众工作

群众工作是公安民警一项经常性的基础工作，是公安民警特别是社区民警履行职责任务的客观需要。能不能做好、善不善于做好群众工作，将直接关系到“基础牢、出事少、治安好、党和人民满意”社区警务工作目标的实现。当前，评估社区民警开展群众工作应重点把握以下四个方面的内容：一是深入走访调查，通过走访调查，可以懂民意、知民情，深入客观地了解社会治安状况，有效地解决突出的治安问题，促进社会稳定和谐；二是密切联系群众，通过加强与人民群众联系沟通，了解群众的所思所想所需，以实际行动为群众提供服务，让人民群众满意；三是真诚关爱群众，群众是我们的衣食父母，带着对群众的深厚情感去工作，坚决维护群众合理合法的权益诉求，坚决打击侵害群众的违法行为；四是为民排忧解难，通过发挥自身优势，积极帮助困难群众和弱势群体，解决其在生产、生活、就业等方面出现的问题，及时化解社会矛盾、消除治安隐患。

（二）掌握社情民意

掌握社情民意是社区民警的重要工作。当前，评估社区民警掌握社情民意的工作应重点把握以下三个方面的内容：一是收集涉及社会政治稳定和治安稳定的各类信息；二是定期排查、分析社情动态和突出的治安问题；三是将收集掌握的各类情况信息录入公安信息系统，切实做到基础工作信息化，信息工作基础化。社情民意的收集可运用公开收集手段与秘密收集手段两种方式进行。

（三）管理实有人口

实有人口，是指工作和生活在辖区的所有人员，即包括具有本地户籍的常住人口，还包括工作和生活在社区的所有流动人口。当前，评估社区民警管理实有人口的工作绩效应重点把握以下四个方面的内容：一是对重点年龄段的常住人口（16至45周岁男性公民及有违法犯罪经历的女性）的身份和现实表现的掌握；二是对流动人口进行暂住登记，以及对居住1个月以上的暂住人口办理暂（居）住证件；三是对居住在辖区的重点人口及时进行列管，杜绝重点人口的漏管和失控现象的发生；四是对出租房屋进行重点管理，根据《租赁房屋管理办法》等相关法律、法规的要求，落实与房主签订治安责任保证书，定期进行入户走访，加强管控。

（四）组织安全防范

社区安全防范，是指派出所社区民警为维护社区安全，组织发动社区治安力量，运用治安管理和现代科学技术手段，依法控制和打击各种违法犯罪活动和整治社会失序行为的活动。当前，评估社区民警组织开展安全防范工作应重点把握以下五个方面的内容：一是大力开展安全防范宣传教育，增强群众的自我防范意识和能力；二是组织指导治保会、保安队、治安联防队、义务巡逻队等群防群治组织，积极开展巡逻守护活动；三是建立健全群防群治工作制度，落实群防群治措施，织密群防群治网络；四是落实“人防、物防、技防”措施；五是有效遏制居民区入室盗窃、入室抢劫和撬盗机动车等可防性案件。

（五）维护治安秩序

维护治安秩序工作，包括对辖区内的重点行业、重点场所、危险物品的治安管理，治安管理制度建设，以及治安监督检查工作等。评估社区民警维护治安秩序工作应重点把握以下四个方面的内容：一是对辖区内的公共娱乐服务场所、特种行业、危险物品的从业单位和从业人员建立治安管理档案，进行经常性的治安检查；二是督促建立健全场所与行业内部的治安保卫组织，并协助治安保卫组织建章立制；三是定期组织从业人员进行安全教育培训，提高他们的业务素质和治安积极性；四是开展经常性的安全检查，对治安秩序混乱和存在安全隐患的单位和组织，及时提出警告与整改意见，并记录在案，督促整改。

三、社区警务绩效评价的方法

目前，实践中对社区警务绩效的评价一般采取事先设定社区民警的每项工作、任务目标、评分标准，然后根据各任务目标的完成情况对其打分并算出总得分值的方法。这种社区警务绩效评价方法往往忽视了每个社区民警工作的特殊性，采用统一标准来评价社区民警的工作绩效，容易因评价结果不公正而影响社区民警的工作积极性。为此，学术界在研究社区警务绩效评价时，往往倾向于能够消除因特殊性导致的不公正的评价方法，目前主要有层次分析加权法和关键绩效指标法。

（一）层次分析加权法

层次分析加权法，是将工作分为若干层次及若干指标，并根据不同层次具体指标节点的重要性分别赋予不同的权重值，按指定规则进行计算比较结果大小的一种综合性评估方法。

层次分析加权法的主要优点，一是每层指标的权重设置都是量化的，清晰、明确；二是比一般的定量方法更讲求定性的分析和判断；三是该方法注重全面指标的考核，而不片面地注重某一特定指标；四是该方法简单实用，易于操作。

（二）关键绩效指标法（KPI）

关键绩效指标法（Key Performance Indicator，KPI），是指将工作绩效的评估简化为对几个关键指标的考核，即以关键指标作为评估标准，通过特定公式计算被考核对象绩效分值从而进行评估的方法，在一定程度上可以说，关键绩效指标法是目标管理与帕累托定律的有效结合。所谓关键绩效指标，是指通过对组织内部流程的输入端、输出端的关键参数进行设置、取样、计算、分析，衡量流程绩效的一种目标式量化指标，是将组织的战略目标分解为可操作的工作目标的工具，是组织绩效管理的基础。关键绩效指标必须符合 SMART 原则，即具有具体性（Specific）、衡量性（Measurable）、可达性（Attainable）、现实性（Realistic）与时效性（Time-Based）。指标体系表明了围绕考核目标而展开的逻辑支持架构，确定了用于支持考核指标的各部分构成的比例关系。通过系统分析的方法，按照各个部门、各个警种以及具体岗位的职责与权限，将社区警务绩效考核指标分解成若干级子目标，直至分解到单项关键指标（KPI）为止，可形成具有一定逻辑关系的、层次分明的目标层次结构。

关键绩效指标法的优点，一是通过对社区警务战略目标的分解，可有力推动社区警务战略的执行；二是通过 KPI 的设定，可使上下级清晰认识关键绩效的要求，确保各层人员努力方向的一致性；三是 KPI 为绩效管理提供了透明、客观、可衡量的基础；四是通过对关键绩效指标权重值的改变，可及时调整工作重点，为特定阶段社区警务战略目标服务。

上述两种社区警务绩效评价方法虽然比较科学，但由于专业性强，在实际运用中的难度大，一般需要有专业人士来进行。实践中，公安机关和社区民警可在上述社区警务绩效评价主要内容的基础上，分解出若干指标并设定权重，然后通过纵向比较或横向对比来简单评价社区警务工作的绩效，但这种方法容易受经验、偶发因素等影响无法准确反映社区警务工作的真实情况，应尽可能地排除干扰因素，确保评价结果的公平公正。

【引导案例参考答案】

自贡市高新区公安分局评价社区警务绩效的做法体现了评价的实效性和导向性，通过绩效评价，既可以比较客观地评价社区民警的工作绩效，又可以对社区民警的工作起到导向性作用，使其工作更具针对性。当然，在绩效评价的方法上还需改进，使社区警务绩效评价更加科学，更能体现公开公正。

第十一章　社区警务发展的中国方案

【学习目标】

通过本章学习，使社区民警理解新时代“枫桥经验”与社区警务工作的内在联系，掌握枫桥警务模式的理念、目标、特征与任务，具备将枫桥警务模式运用到基层治安治理中的能力。

【重点提示】

· 新时代“枫桥经验”与基层治理

· 枫桥警务模式的主要内容

· 枫桥式派出所创建简介

第一节　中国社区警务的特色

引导案例

近代警政中的传统文化因素①

一百多年的近代警政史，一直未脱离中国固有的文化传统，并在其间表现出一脉相承性。晚清民国时期，中国本来就处于一个新旧交替的时代，在学习西方新的行政模式的同时，对中国的传统有一种本能的留恋，这种无法割舍的情怀突出反映在各种规章制度中。晚清时期，《天津南段巡警总局现行章程》（1905）在第七章《巡警规条》中规定：

……

五、凡与残疾、耄耋、幼稚、弱女，原则果可，均应加意保护

六、凡行路之人，无论天灾人事，遇有急难，即应趋救

① 秦晔，周建波．传统文化与社区警务［J］．四川警察学院学报，2009（8）．

七、凡与疯癫、酒醉、迷失道路者，应由此街道送彼街，按街道送至其家为止

八、凡遇民人又是本高求助者，即当协助或代为查询，或诉局审理

九、凡与小儿迷失道路、语言不清及被匪诱拐、当途查出者，则带至局中排一小照，立即招贴，后其家属来寻觅保领回

十、凡遇究民乞丐不能自存者，则送局习艺所学习工艺

……

民国时期，京师警察厅行政处设贫民教养院，收留元家可归的贫民，包括老者、弱者、痴者、盲者、聋者、废疾者，即衣食无着、流浪的老弱病残不分男女、不分省界都予以救助，以上种种措施一方面是受西方近代警政理念的影响，更重要的是对传统文化中“天下大同”思想的继承，“老有所终，壮有所用，幼有所长，鳏寡孤独废疾者，皆有所养”等传统理念突出表现在了近代警务之中。

问题：如何看待中国传统文化在社区警务建设中的作用?

一、中国社区警务中的传统文化特色

中国古代的社会治安实践孕育了极为丰富的社区警务思想及实践，对当今的社区警务改革及其发展都极具借鉴和启迪意义，需要后人不断地挖掘、总结和升华。中国古代是一个以农立国的传统社会，除少数都市、集镇和商埠外，大多是以血缘、地缘和业缘为纽带结合而成的乡村。因此，中国人的乡土观念特别强，具有浓重的社区情感和社区意识。村民聚族而居，日出而作，日落而息，安居乐业；邻里乡亲，关系亲密，扶危济困，守望相助，乡规民约，共同遵守，社仓义学，传统悠久。中华民族这种优秀文化传统，十分有益于社区警务的开展，也使得中国古代社区警务萌芽之历史源流可以追溯到两千多年前的秦朝。秦朝盛行设置专门的基层治安机构“亭”，并建立了较为严密的户籍登记、“什伍连坐”和“联防制度”；此后宋代的“保甲制”，明朝的“十家牌法”“击鼓呼应”，清代普遍盛行的“打更”“看门”“巡夜”等，都体现了社区警务的思想萌芽和实践探索。同时，中国古代社会治安文化也有丰富的积淀，如“月黑风高夜，杀人放火天”“饱暖思淫欲，饥寒起盗心”“露财诲盗，露色诲淫”等都是较为深刻的治安文化总结。在环境构建方面，唐朝的“里坊制”、宋朝的“厢坊制”，以及在此基础上发展演变而成的北京的四合院、上海的石库门，还有客家的围屋、湘西的

土楼等社区环境建设格局，都较丰富地体现了中国古代的安全文化元素。

新中国成立之后，虽然中国的警务工作深受苏联的影响，形成了计划经济体制下以“户籍制度”为核心的警务管理体制，但同时也继承了传统警务中扶贫济弱、匡世利民的思想，故而诸如照顾孤寡老人、帮助群众寻觅亲友、调解邻里纠纷等一直都是我国社区警务工作中的重要内容

二、中国社区警务战略对传统警务的继承与创新

1997 年 4 月 22 日至 25 日，全国派出所工作会议在苏州举行，史称“苏州会议”。会议要求派出所“立足辖区、稳固基础、扎根群众、保一方平安”，将工作重点调整到治安防范和管理上，以“发案少、秩序好、群众满意”作为衡量派出所工作好坏的标准。这次会议要求精简机关、充实基层、实现一区一警，可以说，“苏州会议”吹响了社区警务建设的号角。同年 6 月 9 日至 11 日在石家庄举行的全国刑事侦查工作会议，则强调刑侦部门应将破案任务全部接过来，把派出所从繁重的破案任务中解脱出来，从而为社区警务建设创造良好的外部条件。

2002 年 3 月，在浙江杭州召开了全国公安派出所会议，这次会议在我国公安派出所工作和建设的历史上具有里程碑式的重要意义，简称“杭州会议”。会议全面回顾和总结了全国公安派出所的主要成绩和基本经验，深刻分析了公安派出所工作和队伍建设的突出问题，研究提出加强派出所基础工作，实施派出所规范化、正规化建设的工作规划和奋斗目标。这次会议后，我国正式全面开展社区警务战略。

2002 年 6 月，公安部发出《公安部关于改革和加强公安派出所工作的决定》，正式提出并集中阐述了“社区警务战略”，要求各级公安机关“积极争取地方党委、政府和有关部门的支持，把社区警务作为社区建设的重要工作，同步规划、同步实施，力争到 2004 年在全国大中城市全面实施社区警务战略”。该文件还提出，以社区为依托、优化警力配置，明确工作职责，规范警务运作，切实做到警力下沉、警务前移，逐步建立起与新型社区管理体制相适应的警务工作机制。在 2002 年 8 月，公安部、民政部联合发出《关于加强社区警务建设的意见》（以下简称《意见》）的通知，要求各地公安、民政部门要密切配合，根据城市社区建设的进程，统筹社区警务工作，保证与社区建设同规划、同部署、同实施。《意见》对社区警务建设提出了具体部署，欲以制度化、规范化方式推进社区警务建设。《意见》指出要全面推行一社区一警制，在治安复杂、规模较大的社区，甚至要酌情推行一社区两警制：“城市社区体制改革以后，各地公安机关

要根据社区规模大小、人口多少、治安状况等因素，以一名民警负责管理实有人口3000人左右为基本标准，划分民警责任区。对于治安情况平稳、规模较小的社区，实行一社区一警制，并以社区联勤的形式加强协作配合；对于治安复杂，社区较大的社区，实行一社区两警制。”关于社区警务室的建设，《意见》指出：“在城市和县城，要以社区为单位设立社区警务室。各地在推进社区建设时，要将社区警务室建设纳入社区居委会办公用房的整体规划，落实社区警务室用房。在市、县范围内，社区警务室要做到样式统一、标识统一、配置统一。”从“纳入社区居委会办公用房的整体规划”不难看出，社区警务建设力图实现与社区建设的一体化。

为了深入推进社区警务工作，公安部党委将2006年定为“基层基础建设年”，开展抓基层、打基础、苦练基本功的“三基”工程建设。为此，公安部先后下发《公安部关于抓基层打基础苦练基本功的指导意见》《公安部关于全国公安民警苦练基本功的实施意见》《公安部关于县级机关机构设置的指导意见》等文件，将社区警务建设概括为“重心下移、保障下倾、警力下沉”“三下”机制。2006年9月公安部下发的《关于实施社区和农村警务战略的决定》（以下简称《决定》），为社区警务建设提供了具体而全面的制度规范。《决定》明确了“预防第一”的社区治安理念，指出社区警务的根本工作目标是“发案少，秩序好，社会稳定，群众满意”。《决定》还具体规定了社区和驻村民警的职责，即开展群众工作、掌握社情民意、管理实有人口、组织安全防范、维护治安秩序。《决定》把扎根基层社区、与社区互动合作，作为社区民警的主要职责。在此基础上，《决定》还明确规定了社区民警的工作方式，包括走访调查、宣传发动、巡逻守护、实地检查、警情通报。

从2002年“杭州会议”到2006年《决定》的出台，我国用短短4年时间在全国范围内迅速推进了社区警务建设。社区警务战略实施以后，全国各大中城市和城镇建立了社区警务室，有的地方在农村也实施了农村警务。实践充分证明，社区警务战略的实施推动了公安机关各项警务改革的实施，对密切党和政府与群众的关系，对密切警民关系，推进社会治安防控体系建设，不仅提供了经验，而且发挥了积极的促进作用。经过二十余年的发展，目前，我国社区警务工作已经走向扎实与成熟，各地公安机关不断拓展思路、创新模式，推动新时期社区警务转型升级，社会治安防控能力明显提高。特别是党的十八大以来，各地公安机关和广大社区民警积极探索将社区警务工作融入基层社会治理体系，探索形成了形式多样、内容丰富的社区警务工作新模式，成为公安工作融入基层社会治理体系的重要载体。为此，公安部于 2021 年 1 月印发的《公安部关于进一步做实城乡社区警务工作的意见》指出，要坚持党的领导，紧紧依靠基层党组织，统筹各方资源力量，推动社区警务与社区治理深度融合，从而对健全与新型城乡社区治理相适应的新型社区警务机制提出了新要求。

【引导案例参考答案】

对于中国传统文化，我们要批判地继承。毛泽东同志曾讲过："继承中国传统文化决不能无批评地兼收并蓄，必须将古代封建统治阶级的一切腐朽的东西和古代优秀的人民文化区别开来。"所以在实践中对优秀的文化传统一定要重视并融入我们的工作理念之中。新中国成立之后，虽然中国的警务工作深受苏联的影响，形成了计划经济体制下以"户籍制度"为核心的警务管理体制，但同时也继承了传统警务中扶贫济弱、匡世利民的思想，故而诸如照顾孤寡老人、帮助群众寻觅亲友、调解邻里纠纷等一直都是我国社区警务工作中的重要内容。

第二节　社区警务发展的中国方案——枫桥警务模式

引导案例

诸暨："枫桥经验"孵化警民互动新模式[①]

20 世纪 60 年代，浙江省诸暨市枫桥区创造了"小事不出村、大事不出镇、矛盾不上交"的"枫桥经验"。发动群众、组织群众、依靠群众广泛参与社会治安综合治理，一直是诸暨的"传家宝"。

2019 年 6 月底的一天，诸暨市陶朱街道工业新城派出所办案大厅里来了一名妇女，哭哭啼啼、情绪激动，声称"儿子要自杀"，民警俞伟民立刻拉上正好在场的"新城义警"协会理事长朱永建，赶去现场查看。两人来到现场，男孩的父亲和叔叔怕孩子冲动正堵着窗口。民警连忙上前，苦口婆心劝慰。朱永建上前拍拍男孩的背："我是志愿者，我谁也不帮衬，就想听听你心里怎么想的。"原来，男孩参与网络赌博，向朋友借了钱还不上。了解情况后，朱永建不断撮合，

① 新华每日电讯：诸暨："枫桥经验"孵化警民互动新模式［DB/OL］，http：//www.xinhuanet.com/mrdx/2019-07/08/c_138208236.htm.

男孩签下了不再参与网络赌博的保证书，由家人替他先偿还债务，一家人火气平息。2019年3月，工业新城派出所整合了当地几个志愿者团队成立“新城义警”，成为诸暨市18个派出所的“义警”组织之一。热心公益的朱永建出任“新城义警协会”的理事长。

“我每天睁开眼的第一件事情，就是点开微信小程序‘诸暨义警’，去‘找活动’，看看派出所有没有什么需要帮忙的情况。”枫桥镇枫源村村民陈慧娟是“诸暨义警”的一员，参与义警工作她乐在其中。“诸暨义警”大大提高了公安工作的效率。“就拿流动人口管理来说，原来我们需要2位专职协警来管，如今，‘红枫义警’的队员们以自己的住处为核心，各自管理周边的15户流动人口家庭。他们端着自己的饭碗，就能帮我们把核查工作做好，还能顺带帮我们做法治宣传、风险排查、矛盾调解等，我们的警力就可以投放到更重要更紧迫的工作上去了。”枫桥派出所教导员吴嘉军说。

问题：简要评价诸暨警民互动新模式。

“枫桥经验”源于浙江，源自公安。“枫桥经验”不仅是浙江的“金名片”，更是全国公安机关和广大民警的宝贵精神财富。“枫桥经验”说到底是群众工作的经验，从“枫桥经验”到新时代“枫桥经验”的发展历程，构成了公安机关践行党的群众路线的一个完整历程，用“治安”这个词串起来，这三个阶段可分别对应三句话：“我为人民管治安”“管好治安为人民”“人民治安人民管”。“枫桥经验”的诞生与发展可以用两句话概括：毛泽东思想催生了“枫桥经验”；习近平新时代中国特色社会主义思想孕育发展了新时代“枫桥经验”。

一、“枫桥经验”源自浙江、源于公安

“枫桥经验”的诞生与发展，大致分为三个时期：

（一）新中国“枫桥经验”

这一时期的“枫桥经验”是毛泽东思想引领下的“枫桥经验”。是以改造人、教育转化人为目的的阶段。大致时间是从1963年到1978年。其主要内容是“捕人少、治安好、矛盾不上交”。

20世纪60年代初，新中国正面临着国内外的多重压力，在这样的时代背景下，毛泽东提出要开展社会主义教育运动。1963年，在杭州召开的政治局扩大会议上，毛泽东提出要把绝大多数“四类分子”改造成新人，并指示“一个不

杀、大部（95%以上）不捉”。随后，中共浙江省委选择诸暨、萧山、上虞等县开展社教试点。①

当时，诸暨枫桥区七个公社 6.5 万人口中有“四类分子”911 名。根据调查，有比较严重违法行为的有 163 名，占总数的 17.9%。一部分干部和群众积极分子要求逮捕 45 名“四类分子”。最后，工作组说服群众进行说理斗争，这些人一个也没被逮捕。后来，省委工作队指示由省公安厅副厅长吕剑光（后任公安部副部长）负责总结经验。吕剑光等人整理出材料，标题是《枫桥区社会主义教育运动对敌斗争总结》。1963 年 10 月下旬，公安部领导向毛主席汇报了诸暨县枫桥区在社教运动中通过依靠群众说理斗争教育改造了“四类分子”、没有捕人的情况。毛主席当时就说：“这叫作矛盾不上交，就地解决。”并且指示要好好总结枫桥的经验。一个月后，毛主席在《依靠群众加强人民民主专政，把反动势力中绝大多数改造成为新人》的材料上批示：“此件看过，很好。请考虑是否可以发动县一级党委及公安局，中央在文字前写几句介绍的话，作为教育干部的材料。其中应提到诸暨的例子，要各地仿效，经过试点，推广去做。”②

1964 年 1 月 14 日，中共中央向各中央局、省、市、自治区党委发出指示，指出诸暨“枫桥经验”是一个很好的典型，并将中共浙江省委批转的“枫桥经验”材料作为附件转发全国。自此，全国首次掀起了学习与推广“枫桥经验”的热潮。③

（二）新时期“枫桥经验”

这一时期是改革开放后的新时期“枫桥经验”。在邓小平稳定观指导下，中国特色社会主义建设时期的“枫桥经验”，是以化解矛盾、维护社会稳定为目的的。大致时间是从 1979 年到 2002 年。其主要内涵是：“小事不出村、大事不出镇、矛盾不上交。”

党的十一届三中全会以后，随着党的工作重心转移和农村实现家庭联产承包责任制以后出现的新情况、新问题，枫桥的干部、民警运用“枫桥经验”的基本精神，依靠群众，实行社会治安综合治理，解决了影响社会治安的大量矛盾和问题，使“枫桥经验”成为新时期社会治安综合治理的一个范本，得到了中央政法委和公安部的充分肯定。1990 年，中央新闻记者团到枫桥采访“枫桥经

---

① 杨明伟：《“枫桥经验”的历史来源和现实启示》，载《毛泽东邓小平理论研究》2018 年第 9 期。

② 中共中央文献研究室：《建国以来毛泽东文稿（第 10 册）》，北京：中央文献出版社，1996 年第 416 页。

③ 吕剑光：《“枫桥经验”的前前后后》，载《人民公安》，1997 年第 19 期。

验”，做了大量报道，再次在全国范围内掀起学习推广“枫桥经验”的热潮。[①]

邓小平同志南方谈话发表后，我国社会主义现代化建设进入一个大改革、大发展的历史时期。在建立社会主义市场经济体制的过程中，社会矛盾、不稳定因素增多，维护社会稳定、促进经济发展成为摆在全党及公安机关面前的一个重大课题。这一时期，枫桥的党委、政府和干部群众在维护稳定、促进发展的实践中悟出一条真谛——“要戴致富帽，先戴平安帽；稳定促发展，发展保稳定。”枫桥派出所和当地干部群众在具体工作中，立足预防和就地化解，探索出了预防化解矛盾的“四前工作法”，即“组织建设走在工作前”“预测工作走在预防前”“预防工作走在调解前”“调解工作走在激化前”。枫桥有80%的纠纷在村一级得到解决，97%以上的纠纷都在基层得到化解，基本实现了“小事不出村、大事不出镇、矛盾不上交”。可以说，这一时期的“枫桥经验”是邓小平同志稳定观的具体体现。

（三）新时代“枫桥经验”

这一时期是习近平新时代中国特色社会主义思想孕育发展的新时代“枫桥经验”。大致时间是从2003年至今。其主要内涵是“矛盾不上交、平安不出事、服务不缺位”。

新时代“枫桥经验”的发展可进一步分为两个阶段：平安浙江建设背景下的“枫桥经验”，大致时间是从2003年到2012年；党的十八大以后社会治理背景下的新时代“枫桥经验”。“枫桥经验”的价值此时上升至治国理政层面。

2002年8月，诸暨市枫桥镇在浙江省率先开展平安建设，设立了第一个综治工作中心，探索、创新、实践社会管理新路子。习近平同志在2003年11月到枫桥考察时充分肯定了这一做法，正式揭开了浙江全省平安建设的序幕。同年11月25日，习近平同志在“‘枫桥经验’40周年纪念大会”上发表题为《创新“枫桥经验”维护社会稳定》的重要讲话，具体部署了如何坚持创新发展“枫桥经验”。2004年，浙江省委十一届六次全会通过了《中共浙江省委关于建设平安浙江、促进社会和谐稳定的决定》，把平安建设工作从枫桥推广到全省，从追求狭义平安向追求广义平安发展。习近平同志明确指出：“要以坚持发展‘枫桥经验’来推动平安浙江建设。”[②] 这一时期的“枫桥经验”形成了“四先四早”工作机制，即预警在先，苗头问题早消化；教育在先，重点对象早转化；控制在

① 俞红霞：《“枫桥经验”的形成和发展历程》，载《中共党史资料》2006年第2期。

② 习近平：在全国社会治安综合治理工作会议上的讲话［J］．今日浙江，2004第12期。

先，敏感时期早防范；调解在先，矛盾纠纷早处理。

2013 年 10 月 9 日，习近平总书记在“纪念毛泽东同志批示‘枫桥经验’周年大会”上作出“把‘枫桥经验’坚持好、发展好，把党的群众路线坚持好、贯彻好”的重要指示。① 从此，“枫桥经验”的发展进入社会化、法治化、信息化、标准化、品牌化建设阶段。

自习近平同志作出坚持发展“枫桥经验”的指示后，浙江干部群众按照习近平总书记“两个坚持四个好”的重要指示精神，坚持以人民为中心的发展理念，全面铺开新时代“枫桥经验”的实践，不断赋予“枫桥经验”新的浙江元素和新的时代内涵，各条战线各个行业都涌现出了基层社会治理实践的先进经验和模范样本。2017 年 7 月，“枫桥经验”作为国家基层治理标准化试点顺利通过国家验收。从此，“枫桥经验”的主要内容、实践形式和发展方向开始由“社会管理”走向“社会治理”，由点到面，从最初的乡村走向城市社区、海岛渔区，由地域概念走向全域概念，由“盆景”成为“风景”，由实体空间延伸到互联网，形成了城市“枫桥经验”、海上“枫桥经验”、网上“枫桥经验”等一系列的典型经验集合群及工作模式，有力提升了基层社会治理水平，确保了社会平安和谐，并进一步向善治方向迈进，由经验形态走向了理论形态，成为中国基层社会治理的典范。

二、“枫桥经验”蕴含着基层社会治理的中国智慧

实践充分证明，“枫桥经验”是党领导人民创造的一整套行之有效的社会治理方案，是新时代政法综治战线必须坚持、发扬的“金字招牌”。而要坚持创新发展新时代“枫桥经验”，使这一长盛不衰的“中国方案”在基层社会治理现代化过程中不断续写新的传奇，其方法路径可归纳为“坚持五个根本”：坚持把党的领导作为根本保证，努力形成共建共治共享的基层社会治理新格局；坚持把以人民为中心作为根本立场，努力满足人民群众美好生活新需要；坚持把自治、法治、德治作为根本方式，努力构建基层社会善治新体系；坚持把预测预警预防作为根本任务，努力打造矛盾风险防控新模式；坚持把基层基础建设作为根本支撑，努力激发基层社会治理新动能。

① 习近平就坚持和发展“枫桥经验”作出的指示［N］. 人民日报，2013-10-12。

三、枫桥警务模式是公安机关坚持和发展新时代“枫桥经验”的重要创新

枫桥警务模式的产生，是与以枫桥派出所为代表的基层公安机关坚持和发展新时代“枫桥经验”的实践探索分不开的，是以社区警务战略为基础，对新时代“枫桥经验”在警务工作中的创新。

作为“枫桥经验”的诞生地，浙江全省上下始终把坚持发展“枫桥经验”作为共同的使命和责任。特别是在2003年11月时任浙江省委书记的习近平同志指示坚持发展“枫桥经验”以来，浙江省委坚持一张蓝图绘到底，坚定不移沿着“八八战略”指引的路子走下去，在推进社会治理过程中不断总结推广和创新发展“枫桥经验”，有力夯实平安浙江、法治浙江建设的基础，为新时代“枫桥经验”的形成和发展提供了积极地探索和有益地实践。具体包括：全面加强基层党建，推动基层党组织全面进步、全面过硬；全面推行“最多跑一次改革”，“让数据多跑路、群众少跑腿”，推动政府职能深刻转变和权力运行方式深刻变革；全面加强社会治理创新，探索“三治融合”新模式，探索矛盾纠纷多元化解新体系，探索重点领域实名制管理新办法，探索“基层治理四平台”“全科网格”、社会组织参与社会治理等有效做法。在这些探索和实战过程中，处于新时代“枫桥经验”实践、提升、推广第一线的基层公安机关，始终牢记坚持发展新时代“枫桥经验”这一重大政治责任，毫不动摇地肩负起总结提升推广新时代“枫桥经验”的职责使命，不断丰富和拓展其内涵和价值，确保新时代“枫桥经验”永葆生机和活力，不断推动警务改革和创新。其中的典型代表，当然要数“枫桥经验”发源地的基层公安机关——枫桥派出所。多年来，枫桥派出所一直以坚持和发展“枫桥经验”为己任，始终充当坚持和发展“枫桥经验”的排头兵。特别是党的十八大以来，枫桥派出所在习近平新时代中国特色社会主义思想的指引下，紧扣新时代脉搏，顺应基层社会治理发展规律，不断创新群众工作方法，运用法治思维和法治方式，与当地干部群众一起，发展形成了“矛盾不上交、平安不出事、服务不缺位”的新时代“枫桥经验”，打造了适应新时代要求的枫桥警务模式，实现了警务理念新转变 、警务手段新突破、警务方式新拓展、警务能力新提升，创造了“百姓和顺、乡村和美、社会和谐”的新景象，赢得了人民群众的普遍赞誉。由此可见，枫桥警务模式是浙江基层公安机关特别是枫桥派出所在调研总结新时代“枫桥经验”的过程中产生的，是坚持发展新时代“枫桥经验”在警务工作中的创新成果。

如果说“枫桥经验”是全国政法系统的一面旗帜，那么枫桥警务模式就是枫桥派出所在坚持发展新时代“枫桥经验”的创新实践中为全国公安机关基层警务创新所树起的另一面旗帜。枫桥警务模式以其先进的警务工作理念、整体化和一体化的运行机制在实践中取得了良好的效果有力地支撑了当地的平安建设。近年来，枫桥镇先后六次荣获“全国社会治安综合治理先进集体”称号，连续三次夺得全国社会治安综合治理最高荣誉——“长安杯”，枫桥派出所则在两次被国务院和公安部评为“人民满意的派出所”的基础上，又于2019年6月获评第九届全国“人民满意的公务员集体”。由此可见，枫桥警务模式已成为我国基层社会治理体系和治理能力现代化过程中警务创新的典范。

四、枫桥警务模式的主要内容

（一）枫桥警务模式的概念

警务模式属于从警务理念到警务实践的过渡层面，它既是对警务实践中所积累的经验的抽象和升华，又是适应社会发展形势为达到特定的警务工作目标所形成的一整套警务方案，是警务工作中各类警务要素耦合关系的外在体现。

通过上述对枫桥警务模式产生背景的梳理，可以看出，对枫桥警务模式要以动态的、发展的眼光来认识。枫桥警务模式不是一朝一夕形成的，是以枫桥派出所为代表的基层公安机关在坚持和发展“枫桥经验”的过程中长期探索的结果，体现了继承与创新的结合。从继承的角度看，坚持群众工作路线和为人民服务的理念始终是枫桥警务模式的核心内容。从创新的角度看，适应社会发展形势不断创新警务模式是枫桥警务模式历久弥新的根本动力，伴随着公安工作从“管制”到“管理”再到“治理”的治理模式变化，公安机关也必然不断推进警务模式的创新，从而赋予枫桥警务模式更为丰富的内涵。目前我们所说的枫桥警务模式，是公安机关在坚持和发展“枫桥经验”的过程中，顺应社会治理规律，坚持以人民满意为目标，坚持民意主导理念，创新群众工作方法，运用法治思维、法治方式和现代治理手段，所探索形成的适应时代要求的警务工作方式、方法及运行机制的统称，是现代警务模式在基层公安机关的实践样态。

对于枫桥警务模式的这一概念，我们可以从以下几方面去理解：

1. 枫桥警务模式是习近平以人民为中心思想在基层警务工作中的集中体现。以人民为中心是习近平新时代中国特色社会主义思想的价值取向，展现了党中央推进新时代中国特色社会主义的实践目的和行动方针，凝聚了党在领导建设富强民主文明和谐美丽社会主义现代化强国进程中所坚持的执政原则。枫桥警务模式作为公安机关在坚持发展新时代“枫桥经验”过程中的基层警务模式创新，应始终坚持以人民满意为目标，自觉践行以人民为中心的思想。

2. 枫桥警务模式始终将坚持群众路线作为核心要义。“枫桥经验”最早是公安工作的经验，其核心要义是坚持党的群众路线，将专门工作与群众路线相结合，通过组织群众、教育群众，依靠群众力量达到“教育人、改造人”的目的。自其诞生后到形成新时代“枫桥经验”的发展过程中，公安机关对枫桥警务模式的探索始终将群众路线作为核心要义，并根据社会形势的发展变化，不断创新群众工作方法，不断丰富枫桥警务模式中群众工作的内涵和实践样态，因此，可以说，枫桥警务模式是“群众路线的完整回归”。

3. 枫桥警务模式是服务型的警务模式。自中华人民共和国成立后，我国公安机关就确立了为人民服务的工作宗旨。在其后的发展历程中，虽然因各个阶段公安工作的总体目标不同导致警务工作的重点有所不同，但为人民服务的宗旨始终没变。进入新时代，特别是党的十八大提出建设服务型政党后，我国正在加快推进政府职能的转变，构建以为人民服务为宗旨并承担相应服务职责的现代政府治理模式已成为政府职能转变的目标。新时代“枫桥经验”将提供人民群众满意的公共服务作为基层社会治理的目标，这一目标同样应体现在基层社会治安治理之中，由此决定了枫桥警务模式必然是服务型的警务模式。

4. 枫桥警务模式是现代治理理念在公安工作中的体现。在从“枫桥经验”发展为新时代“枫桥经验”的过程中，“枫桥经验”被赋予了更为丰富的内容，如坚持自治、法治、德治“三治融合”，坚持社会化、法治化、智能化、专业化“四化并举”，这些都是体现现代治理理念的创新举措，能通过方法创新、制度创新和科技创新有效提升基层治理效能。枫桥警务模式作为公安机关坚持和发展新时代“枫桥经验”的警务创新成果，也必然在警务理念、方式方法、治理手段等方面体现现代社会治理理念，为探索构建现代警务模式提供基层实践样板。

（二）枫桥警务模式的基本理念

新时代“枫桥经验”的核心理念是以人民为主体，以人民为中心，这是“枫桥经验”不变的初心，也是“枫桥经验”半个多世纪以来永不褪色、永葆生机的力量源泉。“枫桥经验”源自公安，作为坚持发展新时代“枫桥经验”的排头兵，浙江各地公安机关始终以增强人民群众的获得感、幸福感、安全感为出发点和落脚点，坚持民意导向、问题导向、效果导向，按照“群众想什么，我们就干什么”的要求，充分运用新时代“枫桥经验”的基本精神，着力解决好人民群众最关心的问题，将“警务围着民意转、民警围着百姓转”的民意主导警务理念作为枫桥警务模式的基本理念，着力推动广大民警走近百姓，警务工作融入百姓，努力实现让人民群众成为警务工作的最大受益者的目标。

贯彻民意主导警务理念需要构建“警务围着民意转，民警围着百姓转”的警务工作机制。为此，浙江各地公安机关做了很多探索，形成了许多好的经验。例如，浙江省湖州市公安局民意导向警务模式的工作机制可概括为四个方面：一是以“警务广场”实体平台、“警务 e 广场”网络平台、城乡社区服务平台这三个警民沟通基础平台为载体，建立警民交流沟通机制；二是建立科学民主决策机制，努力把群众呼声这个“第一信号”转化为第一行动；三是建立警民合作机制，形成共建共享平安和谐新格局；四是建立民主监督机制，搭建让老百姓监督警务工作的平台。诸暨市枫桥派出所构建的枫桥警务模式的民意导向警务理念主要体现为三个方面：一是通过改革勤务模式，实现警政联动、警务前移、警力下沉，做人民群众的“邻家好警察”，真正将警务融入百姓；二是组织社区民警开展常态化“十访十清”，定期开展以“议安全防范、议矛盾调处、议案件办理、议法制宣传、议警务监督、创平安社区”为主题的“五议一创”平安议事活动，让最了解情况的群众提意见，让最有发言权的群众议平安，真正实现警务决策尊重民意；三是通过针对社区民警围绕月度工作、季度平安、年度责任“三张清单”工作开展情况，建立抽样回访制度，真正实现制度落实为民。可见，实践中推广枫桥警务模式，贯彻民意导向警务理念，不应拘泥于固定模式，而应因地制宜，结合自身实际不断探索创新。

（三）枫桥警务模式的特征

警务模式是为了提高警务效能而对警务活动进行的全局性、整体性战略思考和部署。枫桥警务模式是以枫桥派出所为代表的浙江省基层公安机关在坚持和发展新时代“枫桥经验”的过程中通过不断探索和创新实践所形成的警务模式，其本质上仍是中国社区警务战略在基层警务模式方面的具体体现，是社区警务战略的重要组成部分。从社区警务的角度，可将枫桥警务模式看成社区警务模式的一次重大创新，是公安专门工作和群众路线相结合的成功范例，是中国特色社区警务的一个典型代表，是国际社区警务的“东方模式”和“中国模式”。枫桥警务模式的基本内涵及其具体做法，均堪称现代社会社区警务的范本，在一定程度上引领了国际社区警务发展的方向。之所以这么说，主要在于枫桥警务模式与原来的社区警务模式相比，具备以下几方面的特征：

1. 坚持党建统领，充分发挥公安派出所的战斗堡垒作用和党员干部在基层治安治理中的模范作用。枫桥警务模式很重要的一个特征，就是将公安派出所党建工作与警务工作紧密结合起来，以党建为统领，充分发挥基层党组织建设、发挥领导核心和战斗堡垒作用，在更高水平上推进警务工作的创新发展。枫桥警务模式坚持党建统领主要体现在两个方面。从组织层面上看，是要坚持党对公安工作的绝对领导、全面领导，把政治建警放在首位，忠实践行“对党忠诚、服务人民、执法公正、纪律严明”总要求，增强“四个意识”，坚定“四个自信”，做到“两个维护”，充分发挥党建对派出所民警队伍的政治引领、思想引领、组织领导作用，充分发挥公安派出所基层党组织和党员民警的战斗堡垒作用和先锋模范作用。为此，公安派出所要通过持续推进“两学一做”学习教育常态化、制度化，高质量开展“不忘初心、牢记使命”主题教育及相关实践活动，扎实开展基层党建工作，着力打造党建示范点，建设最强党支部，打造和谐警民关系。同时，要紧紧围绕政治引领、组织建设、制度执行、自身建设、教育管理、民主监督、党建阵地、考核评价、争先创优、服务中心等内容，建立完善基层党建的制度规范体系，构建公安派出所基层党建的长效机制，确保党的领导贯穿于派出所队伍建设和枫桥警务模式的各方面、全过程。从业务层面上看，是要充分发挥公安派出所基层党组织在基层公共安全治理体系中的“领头雁”作用，大力推进“基层党建+网格治理”，推行所领导和党员社区民警兼任社区（村）党支部副书记等经验做法，通过把党组织的服务管理触角延伸到派出所业务工作的末梢，引导党员干部、群众组织、社会组织和广大群众广泛参与社会治安，使党组织和党员成为社会治安防控、矛盾化解的中坚力量。

2. 融入基层社会治理体系，形成基层社会公共安全治理长效机制。自 20 世纪中叶社区警务战略思想在英美等西方发达国家兴起以来，这种以社区为导向的警务战略迅速在世界范围内得以推广，成为很多国家的重要警务战略。社区警务的基本精神在于警察不可能单独完成维护安全有序的良好社会环境的任务，社会各方的支持是促进社区警务改革的重要力量。没有社会各方的支持参与，社区警务改革不可能成功。因此，争取并扩大社会各方的支持参与，建立良好的社区伙伴关系，是社区警务的重要工作内容，也是决定社区警务成效的关键。但从世界范围内的社区警务战略实施情况来看，虽然警方竭尽所能，采取各种方法争取社会各方对社会治安的支持和参与，如建立社区咨询委员会并积极参与各种社区活动以密切警方与社区的关系，对具有协助治安功能的保安业、安全管理、警卫人员或机构等经训练与审核认可后授予其部分警察权限使其能协助警察处理社区的违反公共秩序行为与轻微犯罪事件，引导设立各种治安类志愿服务组织，等等，但这些措施基本上是警察部门基于警察职能而作出的努力，没有与政府相关部门形成基层社会治理的体系，其成效取决于警察部门实施社区警务战略的意志及工作措施的有效性，导致对社区警务战略效用的不同评价，进而影响到警察部门对社区警务战略的认可度。作为社区警务的“东方模式”，枫桥警务模式与西方社区警务模式的一个重要区别，在于前者是坚持和发展新时代“枫桥经验”，将警务工作融入基层社区治理体系，将警务工作作为乡镇（街道）综治工作、市场监管、综合执法、便民服务“四个平台”的重要组成部分，与政府其他职能部门一起，形成权责清晰、功能集成、扁平一体、运行高效、执行有力的基层社会管理体制和机制，从而有利于形成基层社会治安的合力，真正从源头上治理违法犯罪、化解矛盾风险，最大限度地服务广大群众，形成维护基层社会公共安全治理的长效机制。

3. 重视和加强源头治理，从根本上维护社会安全稳定。社区警务作为主动性警务、预防性警务，强调把警务工作的重心从强调警察的快速反应能力和对犯罪嫌疑人的打击惩罚转移到案发前的管理和防范上来，注重发挥治安信息的主导作用，从诱发违法犯罪的根本原因入手，及时发现并从根源上解决违法犯罪问题。应该说，社区警务的这一理念符合现代警务发展的趋势，但现代社会治理强调解决社会问题不能就事论事，不能“头痛医头、脚痛医脚”，而应更加注重采取系统治理的理念和方法，从源头抓起，综合施策，才能推动社会治理的创新发展。枫桥警务模式在解决社会治安问题上，不再局限于违法犯罪本身，而是坚持场域安全理念，“跳出治安抓治安”，避免“碎片化”的安全认知，有效进行“关联性安全风险”的防控，防止其他领域的风险演变为安全领域的风险。在这一理念指引下，公安机关在警务工作中注重对治安信息的采集，争取对矛盾纠纷、违法犯罪及其他公共安全风险发现得早、处置得好，做到抓早抓小抓苗头；注重把末端处理与前端治理结合起来，重在预防、重在治本，推动对公共安全的治理向前端、向基层延伸，从源头上解决影响社会和谐稳定的突出问题，切实做到“小事不出村、大事不出镇、矛盾不上交”；注重认真研究分析可能引发的矛盾和问题，把问题和应对措施想在前面，及时反映和协调人民群众各方面各层次的利益诉求，精准发力，切实解决好群众最关心、最直接、最现实的利益问题，防止因决策不当而引发社会矛盾。

4. 推行“五治融合”，实现多元善治。社会治理的最终目标是实现善治。俞可平教授认为善治就是使公共利益最大化的社会管理过程和管理活动。善治的本质特征体现为政府与公民对公共生活的合作管理，是政治国家与公民社会的一种新型关系，是两者的最佳状态，包括十大基本要素：合法性、法治、透明性、责任性、回应、有效、参与、稳定、廉洁和公正。善治也被称作“善态治理”，是一种境界或者说是一种多元善治的常态，即虽然矛盾与冲突仍会频繁出现，却能最大限度地被社会所包容，被制度所接收，被机制所化解。要实现多元善治，其根本在于治理主体和治理方式的多元化。就治理主体的多元化而言，党的十九大报告提出要“打造共建共治共享的社会治理格局”，枫桥警务模式追求的善治，从治理主体上看就是打破了狭义警务主体的观念，将凡是能为社会治安作贡献的社会力量全部纳入警务主体的范畴，使“红枫义警”“武林大妈”等成为遍布各个街道里弄、村落庭院的治安力量，既弥补了警力的不足，又体现了参与式治理。就治理手段的多元化而言，枫桥警务模式借鉴吸收新时代“枫桥经验”中自治、法治、德治“三治融合”的先进经验，并在此基础上进一步创新发展，推动“三治融合”发展为“五治融合”，将其作为警务模式创新的重要内容和推进社会安全治理的有效手段。一是发挥政治的统领作用，加强派出所基层党组织对警务工作的领导，把党建贯穿于警务工作的全过程和各方面；二是发挥自治的基础作用，激发公众参与社会治安的活力；三是发挥法治的保障作用，以法治推进社会治安治理的规范化和现代化；四是发挥德治的先导作用，以德治树立文明乡风，为社会治安创造良好的人文环境；五是发挥智治的支撑作用，强化互联网思维，善于运用智能化手段推动警务工作创新。由此可见，枫桥警务模式所推行的“五治融合”，为打造完善的共建共治共享基层治安治理格局提供了有益的尝试，形成了基层治安治理多元善治的中国方案。

5. 依托“枫桥式公安派出所创建”，优化警务工作机制，确保警务机制良性运行。社区警务效能的有效发挥必须以现代警务发展规律和特征的警务运行机制为保障，但我国原来的社区警务运行机制普遍存在多种制约其效能发挥的因素。一是社区民警负担重，“上面千条线、下面一根针”在社区民警身上表现得尤为突出，职能部门“多头部署和重复部署”现象突出，社区民警忙于应付，无心沉下社区开展警务工作；二是因派出所警力紧张，社区民警勤务活动繁重，社区警务工作的时间被占用，警务室“只挂牌、不营业”的现象时常出现，基础防控措施难以落实；三是考核机制不科学，考核重点不突出、激励机制不健全，难以调动社区民警工作积极性。对于这些问题，各地公安机关做了不少探索，如从2008年开始，浙江公安机关进一步推行社区警务专职化工作，以充分保障社区民警在社区工作上时间和精力，提升社区见警率，畅通警民沟通渠道。但由于这一措施没有从根本上改变派出所的警务运行机制，上述问题依然或多或少地存在。枫桥警务模式改革依托“枫桥式公安派出所”创建工作，在做好公安派出所职能“减法”，减轻公安派出所负担的基础上，从优化公安派出所的警务运行机制入手，大力推行以“一室两队”为代表的“扁平化网络状”派出所警务组织结构改革，对现有警务力量进行整合，做警种整合、警力合成的加法。同时，以情报主导警务为牵引，优化警务运行机制，使社区民警真正做到沉得下、见得着、常沟通、多服务，并以科学的考核机制为保障，确保警务机制的良性运行。

（四）枫桥警务模式的工作目标

让人民满意是枫桥警务模式的最终工作目标，这是由党的宗旨和公安工作的宗旨决定的。行程万里，人民至上；民心所望，执政所向。中国共产党自成立之日起，就把坚持人民利益高于一切写在自己的旗帜上，把实现好、维护好、发展好最广大人民根本利益作为一切工作的出发点和落脚点。习近平同志指出：“必须牢记我们的共和国是中华人民共和国，始终要把人民放在心中最高的位置，始终全心全意为人民服务，始终为人民利益和幸福而努力工作。”① 只有牢牢把握人民群众对美好生活的向往，把以人民为中心贯彻到治国理政全部活动之中，才能真正做到发展为了人民、发展依靠人民、发展成果由人民共享，更好增进人民福祉，更好发展中国特色社会主义事业，更好推动人的全面发展、社会全面进步。党的十八大以来，以习近平同志为核心的党中央，把以人民为中心的发展思想摆在治国理政的突出位置，致力于实现人民对美好生活的向往。站在新的历史起点上，一切为了人民，就是要始终坚持人民立场，坚持人民主体地位，不断满足人民群众新需求，虚心向人民学习，倾听人民呼声，汲取人民智慧，把人民拥护不拥护、赞成不赞成、高兴不高兴、答应不答应作为衡量一切工作得失的根本标准，着力解决好人民最关心最直接最现实的利益问题。当前，我国社会主要矛盾已经转化为人民日益增长的美好生活需要和不平衡不充分的发展之间的矛盾。在物质生活水平达到一定程度之后，人民群众对民主、法治、公平、正义、安全、环境等方面的要求会越来越高，对获得感、幸福感、安全感会更加注重，因此，如何回应人民群众的上述需求，真正做到让人民群众满意就成为了枫桥警务模式的工作目标。

（五）枫桥警务模式的主要任务

枫桥警务模式是公安机关坚持发展新时代“枫桥经验”的实践创新成果，应将贯彻新时代“枫桥经验”的精神内核作为其主要任务，因此，枫桥警务模式的主要任务应包括以下三个方面：

---

① 《习近平谈治国理政》（第三卷），外文出版社 2020 年版，第 139 页。

1. 多元化化解矛盾，实现矛盾不上交。矛盾纠纷化解关系到基层社会稳定及和谐发展。要实现社会良性运行和协调发展，需要社会各方面的条件支持和机制保障，为实现这一目标，除了进行认同性整合、互补性整合外，还要运用各种方式，调动各种社会力量，促使社会成员遵循社会规范，以维持社会秩序、实现社会良性运行的目的。推进矛盾纠纷多元化解就是基于运用多种矛盾纠纷化解方式，调动各种力量，来纠正各种违反社会规范的现象并调处社会成员之间的互斥、斗争、冲突行为，从而为实现社会良性运行和协调发展创造条件。党的十八届四中全会提出，多元化矛盾纠纷解决机制改革是我党的一项改革任务。党的十九大提出，“加强社会治理制度建设，完善党委领导、政府负责、社会协同、公众参与、法治保障的社会治理体制，提高社会治理社会化、法治化、智能化、专业化水平”。作为国家治理体系和治理能力现代化的重要内容，创新基层多元化矛盾纠纷化解机制是贯彻落实“四个全面”战略布局的全局性、基础性、长期性改革工作，是坚持人民主体地位、决胜全面建成小康社会的重要体现，是实现社会治理体系与治理能力现代化的必然要求，是构建社会主义和谐社会的根本保障。

多元化化解矛盾是“枫桥经验”最重要的特色，公安派出所处于与广大人民群众接触的最前沿，在信息收集、矛盾纠纷苗头发现、隐患分析、矛盾化解等方面具有天然优势，应将矛盾纠纷化解作为枫桥警务模式的主要任务，不断探索矛盾纠纷的多元化化解机制，努力实现矛盾不上交。

2. 全方位守护平安，实现平安不出事。维护社会治安秩序，守护一方平安是公安机关的主业，当然也是枫桥警务模式的重要工作任务。为此，总体上，应结合枫桥式公安派出所创建活动，大力推进派出所层级的立体化社会治安防控体系建设。要以派出所综合指挥室为核心，治安防控队和社区警务队为骨干，构建多元主体参与、多种防控措施综合运用的立体化社会治安防控体系。在具体措施上，一是大力推行派出所警务机制改革，借助现代科学技术，构建以“一室两队”为主体的警务运行机制。二是将警务工作主动融入基层治理四个平台和全科网格管理服务体系，实现警务工作与乡镇（街道）四个平台之间的无缝对接，全面落实社区民警兼任网格治安指导员、辅警兼任网格员制度，全面实行社区民警兼任村（居）党支部副书记制度，调动城乡居民、企事业单位、社会组织“三治”结合，多元共治的积极性。三是发挥村级组织、党员群众参与社会治理作用，实现“百姓的事由百姓商量办、大家的事让大家一起办、村里的事照村规民约办、干部的事在群众监督下办”。四是深化开展平安创建活动，积极培育发展平安类社会组织和平安志愿者队伍，切实发挥安防体验区作用，切实加强防范宣传和法制教育，构建共建共治共享的警务共同体，在维护社会治安中的作用明显并具有示范效应。五是扎实推进智慧警务建设，不断提高“雪亮工程”“智安小区”“居住出租房屋旅馆式管理”成效，普及移动警务设备的使用，不断提升民警信息化应用能力水平，充分利用微信、钉钉等社交软件，搭建各类工作群或公众号，拓展警民沟通渠道，落实心防措施，不断增强群众防范意识。

3. 零距离服务群众，实现服务不缺位。做好服务群众是新时代“枫桥经验”的重要特征。服务群众不仅体现了我们党的群众路线和全心全意为人民服务的根本宗旨，更体现了习近平总书记以人民为中心的发展思想，是一切为了群众、一切依靠群众的有机统一，是新时代党的群众路线的新发展。对于公安机关而言，服务群众不仅是警务工作的重要内容和任务，也是加强警民沟通，密切警民关系的桥梁和纽带。要实现服务不缺位，总体上要求公安机关和广大民警以领跑者标准深入贯彻落实公安“最多跑一次”改革，自觉执行和严格落实“马上办、网上办、就近办、一次办”措施要求，不断改进、优化行政管理和公共服务。具体措施方面：一是推进网上服务平台建设和改进网下办理方式，将能够网上办理的事项尽可能网上办，同时依托基层治理四个平台和社区警务工作，推进服务向网格和警务站（室）延伸，在有条件的警务站（室）设立24小时警务自助服务区，在偏远的村（社区）服务中心设立代办点，按群众需求常态化提供代办、约办、上门办、自助办、容缺办等服务，努力实现“跑一次是底线、一次不跑是常态、跑多次是例外”，真正做到让群众少跑腿，让群众更省心、省力、省事、省劲。二是扎实开展以“破小案、办小事、解小忧、帮小忙、惠小利”为重点的新“五小工程”。通过“破小案”，把破辖区现发案件作为重点来抓，瞄准老百姓深恶痛绝的违法犯罪采取有效措施，确保人民群众生命财产安全不受侵害；通过“办小事”，用小警务保障大民生，推动大平安；通过“解小忧”，聚焦破坏安定有序社会环境、影响人民群众小康生活的各类问题，及时开展防范宣传、打击整治等行动，切实解决群众后顾之忧；通过“帮小忙”，在为民服务的小事中彰显人民警察为人民的真情大爱；通过“惠小利”，使便民小举措惠及更多群众，在密切警民关系的同时，增强群众获得感、幸福感。

知识拓展

枫桥警务模式的“123456”

第一目标：把握新时代人民满意新定位，创建新时代人民满意派出所。

两个理念：警务围着民意转，民警围着百姓转。

三项任务：矛盾不上交，平安不出事，服务不缺位。

四个基地："枫桥经验"公安史迹馆，"红枫义警"工作站，平安法治文化园，安全防范体验馆。

新五小工程：破小案，办小事，解小忧，帮小忙，惠小利。

六项机制：全方位服务群众机制，常态化警民沟通机制，立体化治安防控机制，深层次警民协作机制，多元化矛盾化解机制，精细化科学考核机制。

【引导案例参考答案】

诸暨警民互动新模式体现了新时代"枫桥经验"的一个重要特征：根据不同时期基层社会治理的需求，坚持走群众路线，积极组织、发动并依靠群众，不断在实践中创新群众工作方法，为基层社会治理提供源源不断的动力，成为社会基层治理的基石以及公安力量的左膀右臂，极大提高了新时代警务工作效率，也符合信息化时代群众参与共建共治共享的时代潮流，体现了新时代和谐紧密的警民关系。

第三节　枫桥式公安派出所创建与枫桥警务模式的推广

引导案例

长庆派出所：秉初心，打造"枫桥式派出所"城市样板①

长庆派出所管理着或许是全杭州最小的辖区。1.39 平方公里的面积，却集中了大量居民区、医院和学校。连派出所这幢小楼，都紧紧倚在居民楼旁边。这样一座"貌不惊人"的派出所多年来却赢得了许多荣誉，习近平总书记在浙江工作期间，曾两次亲临派出所视察。建所以来，长庆派出所已获得 8 项全国级荣誉……既然是"螺蛳壳里做道场"，又是如何做到长久不衰的？

牢记使命，不断进步，服务群众，始终是派出所的"初心"。派出所工作做得好不好，认不认真，群众最有发言权。辖区老小区多，老年人也不少。多年

① 长庆派出所：秉初心 打造"枫桥式派出所"城市样板［DB/OL］. 下城发布. https：//mp. weixin. qq. com/s/Fg4Zz_eteWq5Df3v31eQrA，2019-07-10.

来，长庆派出所坚持在节假日开展一项“长假照看”的便民举措。这很快就有了升级版：居民们都加上了民警的微信，有事发语音就行；家门口装上了高清的监控，再也不怕小偷惦记了。长庆的户籍窗口，也是习近平总书记曾经视察过的办事窗口。多年来，长庆派出所始终遵循总书记“派出所的工作要便民、利民”的指示，在“最多跑一次”改革推动下，户籍窗口不断升级提质。就在不久前，派出所率先在全省成功开展“互联网+可信身份认证”试点应用，只需“刷脸”即可办理业务，就算群众忘带身份证也能办理业务。

作为“枫桥式派出所”的城市样板，这样接地气又暖心的举措在长庆数不胜数。从2004年开始，所里几乎每年都会推出一些创新实用的便民安防小举措。“警民一键通”，方便群众有困难找民警；“金属防爬刺”，有效解决辖区盗窃案件多发情况，还有民警自己研发的窗锁扣、窗磁报警器……一经推出，迅速成为辖区的“网红”产品。街道的吴牙社区还有一支由社区群众组成的，家喻户晓的“巡更队”。69岁的老队员兼会长周志良，在火灾中挺身而出，被评为了市见义勇为积极分子。

问题：简要评价长庆派出所践行新时代“枫桥经验”的意义。

“枫桥经验”是我国基层社会治理创新的一面旗帜。习近平总书记始终高度重视坚持创新发展“枫桥经验”，提出了一系列新理念新思想新战略，党的十九届四中全会对坚持和发展新时代“枫桥经验”也提出了不同要求。

一、枫桥式公安派出所创建活动简介

贯彻好中央决策部署，维护好社会大局持续稳定，最终要落实到基层一线。基于此，公安部于2019年5月印发《全国公安机关创建“枫桥式公安派出所”活动工作方案》，在全国范围内组织开展创建“枫桥式公安派出所”活动，以此为载体推动新时代“枫桥经验”在全国公安机关的创新发展，并进一步明确重基层、打基础的工作导向。2019年11月28日，以“向人民报告”为主题的首批“枫桥式公安派出所”命名揭晓仪式在北京举行，全国100个公安派出所被命名为“枫桥式公安派出所”，吹响了全国公安机关坚持和发展新时代“枫桥经验”的新号角。2020年1月，公安部印发《公安部关于加强新时代公安派出所工作的意见》，将“全面创建‘枫桥式公安派出所’”列为新时代公安派出所工作的重要内容，要求以创建“枫桥式公安派出所”活动为载体，推动重心下移、警力下沉、保障下倾，推进派出所警务智能化、执法规范化、保障标准化、队伍正规化建设，切实增强实力、激发活力、提升战斗力，努力实现基础牢、出事少、治安好、党和人民满意的工作目标。

（一）创建原则

1. 紧扣主题，注重实效。准确把握新时代“枫桥经验”的精神实质和基本内涵，深入贯彻落实党的群众路线，积极构建多元化化解矛盾、全时空守护平安、零距离服务群众工作机制，维护辖区社会稳定。

2. 因地制宜，百花齐放。充分考虑各地经济发展水平、社会治安状况和工作基础条件等因素，既体现精髓、把握要义，又善于创新、因地制宜，实现“枫桥经验”与各地实际紧密结合，形成各具特色的生动局面。

3. 积累经验，辐射推广。充分发挥“枫桥式公安派出所”的示范引领作用，总结、推广创建工作中涌现出的典型事迹，有效辐射和带动基层公安机关和广大民警提升化解矛盾、守护平安、服务群众的能力。

（二）创建标准

1. 坚持党建统领，基层党组织战斗堡垒作用发挥显著。坚持把党的政治建设放在首位，有针对性地加强对民警的政治教育、忠诚教育、形势教育，引导民警忠实践行“对党忠诚、服务人民、执法公正、纪律严明”的总要求，确保党性教育入脑入心。将党的领导贯穿于派出所工作和队伍建设各方面、全过程，推行党员社区民警兼任社区（村）党支部副书记等经验做法，党组织战斗堡垒作用和党员先锋模范作用发挥明显。派出所党组织健全，“三会一课”、民主生活会、谈心谈话等制度落实到位，党建活动有阵地、有载体、有措施。

2. 坚持群众路线，新时代群众工作卓有成效。配齐配强社区民（辅）警，通过走访慰问、警民恳谈、警营开放等多种形式密切联系群众、广泛发动群众、热情服务群众，群众对社区民警知晓率超过95%。广泛开展防范知识、普法教育宣传，群防群治力量建设成效明显，创新培育平安类社会组织，群众参与维护社会治安积极性较高。民警开展群众工作能力强，日常执法执勤等群众工作主题教育培训合格，熟练应用移动警务终端，注重运用现代科技手段和新媒体，建立健全方便群众、畅通民意、沟通互动、宣传教育的网上群众工作平台。

3. 坚持源头治理，切实做到“矛盾不上交”。常态矛盾纠纷排查化解工作成效明显，滚动排查、调处化解一大批影响社会稳定的各类矛盾纠纷和风险隐患，涉及公安工作矛盾纠纷调处成功率在95%以上。主动融入基层治理平台和全科网格服务管理体系建设，采取“警调衔接”“民调入所”“律师进所”等举措，推动形成多部门协同、法理情融合的矛盾纠纷多元化化解机制。重点人员、重点群体帮教稳控到位，两年来辖区未发生个人极端暴力犯罪案件、重大群体性事件、重大“民转刑”案件以及进京涉公安机关管辖信访事项。

4. 坚持以防为主，切实做到“平安不出事”。“一标三实”基础信息采集应用工作成效显著。结合立体化信息化社会治安防控体系建设，全面开展智慧社区警务工作，智能安防社区建设成效明显。预防和减少违法犯罪措施有力，平安创建活动有亮点、有典型、有成效，群众法律意识和素养得到提高，“盗抢骗”“黄赌毒”、传销、非法集资等多发性违法犯罪问题得到有效遏制。辖区两年来未发生影响国家政治安全、暴恐、重大邪教案（事）件，刑事案件、治安案件数量下降，群众安全感指数较高且更有保障。

5. 坚持服务为先，切实做到“服务不缺位”。《公安派出所出具证明“五个一律”工作规定》执行有力，服务窗口规范便民，方便群众和企业办事创业。社区一警、农村一辅警机制建设推进有力，采取自助、预约、代办、上门服务等延伸服务触角举措。两年来未发生违法违规办理、经群众投诉被查证属实等问题，群众满意率指数较高。

6. 坚持从严治警，切实做到队伍过硬。派出所办公秩序井然、内务设置规范，“一岗双责”得到落实，队伍管理制度齐全规范，民警执法公正、纪律严明、作风严谨、警容严整。减负松绑和爱警暖警等各项政策措施落实到位，派出所民警定期体检、值班轮休、加班强制休息等制度得到完善，民警年休假全体率高于90%。两年来未发生民警、辅警违纪违法案件。

（三）深化发展

1. 牢固树立固本强基的战略思想和“两个大抓”的鲜明导向，切实把派出所工作置于基础性、先导性地位来抓。基础不牢，地动山摇。以习近平同志为核心的党中央高度重视公安基层基础工作，习近平总书记在全国公安工作会议上强调，要树立大抓基层、大抓基础的导向，推动重心下移、警力下沉、保障下倾，增强基层实力、激发基层活力、提升基层战斗力，要求公安机关坚持专门工作与群众路线相结合，坚持关口前移、重心下移、源头治理，充分发动群众、组织群众、依靠群众，推进基层社会治理创新，努力建设更高水平的平安中国。党的十九届四中全会审议通过了《关于坚持和完善中国特色社会主义制度 推进国家治理体系和治理能力现代化若干重大问题的决定》，强调要着力固根基、扬优势、补短板、强弱项，并就推动社会治理和服务重心向基层下移、构建基层社会治理新格局提出了新的要求。公安派出所是公安工作的根基所在，是社会治理体系的重要基石，是巩固基层政权的重要支撑。新形势下，必须从全局和战略的高度深刻认识加强派出所工作的重要性必要性紧迫性，大力加强公安派出所的基层基础工作。

2. 紧紧围绕“基础牢、出事少、治安好、党和人民满意”的工作目标，切实履行好派出所担负的职责任务。派出所是县市公安机关直接领导的派出机构，处于维护安全稳定最前沿、联系服务群众第一线。新形势下，派出所工作的主要目标是“基础牢、出事少、治安好、党和人民满意”。各级公安机关要紧紧围绕上述目标，以深入开展“枫桥式公安派出所”创建活动为载体，大力加强派出所工作，切实履行好派出所担负的职责任务。一要维护辖区稳定。影响安全稳定的主要矛盾集中在基层，解决问题的关键也在基层。派出所要始终把维护辖区稳定作为重大责任，统筹整合各方资源，积极预防化解矛盾纠纷，全力防范管控各类风险，切实把各种不稳定因素预防在早、处置在小、解决在萌芽状态，努力做到辖区少出事、不出大事，着力筑牢维护社会稳定的第一道防线。二要守护一方平安。辖区治安秩序好，是衡量和检验派出所工作的基本指标。派出所承担着防范和打击违法犯罪的重要职责，要坚持打防结合、标本兼治，专群结合、群防群治，更要注重基础防范、重点管控、整体防控，深入开展多种形式的平安创建活动，切实提高对辖区违法犯罪的发现控制能力，努力做到辖区少发案、不发案，着力夯实平安中国建设的第一层基石。三要服务人民群众。派出所工作触角多、接触面广，是密切联系群众的桥梁和纽带。要牢固树立以人民为中心的发展思想，始终坚守人民公安为人民的初心使命，继承发扬优良传统，深入开展“百万警进千万家”活动，深化落实各项“放管服”改革措施，不断提升管理效能和服务水平，努力做人民群众的“贴心人”，着力搭建密切警民关系的第一道桥梁。四要推进社区治理。城乡社区是社会治理的基本单元。派出所要坚持重心下移，深入实施城乡社区警务战略，不断健全与城乡基层治理体系相适应的新型社区警务机制，积极依靠基层社会组织，大力推进网格化管理和服务，推动形成基层社会治理新格局，着力构建基层社会治理的第一级平台。

3. 积极适应新形势新任务对公安工作提出的新要求，切实解决影响和制约派出所工作的突出难题。同新形势新任务提出的新挑战新要求相比，当前派出所工作还存在着诸多难题和不适应，严重影响和制约了公安事业的长远发展，必须坚持问题导向，突出抓重点、强弱项、补短板。要按照做精机关、做优警种、做强基层、做实基础的思路，深化公安机关机构改革，推进市县公安机关大部门、大警种制改革，着力推动重心下移、警力下沉、保障下倾，切实增强基层实力、激发基层活力、提升基层战斗力。一要加强派出所警力保障；二要强化派出所经费、基础设施和装备保障。要建立完善县级公安机关公用经费动态调整机制，加强派出所办公和民警值班备勤用房及“五小”工程建设，落实执法执勤用车纳入装备管理等措施，不断提高派出所保障水平。三要建立正确的激励导向和科学的考核导向。要坚持干部从基层出、保障向基层投、政绩以基础评，在提职提级、评先评优、立功受奖等方面向基层特别是派出所倾斜，着力激发广大民警投身基层、扎根基层的积极性主动性，并最大限度地为基层减负松绑。

4. 牢牢把握“四个铁一般”的标准，切实把派出所队伍锻造成党和人民满意的高素质过硬铁军。公安派出所在全国公安机关中队伍基数最大，与群众打交道最多。派出所队伍的整体素质和纪律作风，直接关系到公安机关的形象，关系到党和政府的形象。必须紧紧围绕对党忠诚、服务人民、执法公正，纪律严明的总要求，牢牢把握“四个铁一般”的标准，毫不动摇地坚持政治建警、坚持全面从严管党治警，大力加强派出所队伍革命化、正规化、专业化、职业化建设，做到让党中央放心、让人民群众满意。

热点聚焦

全国100个基层派出所获评首批“枫桥式公安派出所”①

新华社北京2019年11月28日电（记者白阳）28日晚，以“向人民报告”为主题的首批“枫桥式公安派出所”命名揭晓仪式在公安部举行，100个全国各地的基层派出所获得这一殊荣。

经中央批准，公安部于今年年初部署全国公安机关开展创建“枫桥式公安派出所”活动。活动期间，全国广大公安派出所始终坚持党的领导、坚守人民至上，扎根基层、耕耘基础，顽强拼搏、默默奉献，在一起起矛盾主动排查、一处处风险源头化解中做到了防范在先、处置在早；在一个个街角巷落严密守护、一起起案件公正执法中维护了一方稳定、保卫了一方平安；在一项项服务管理措施改革创新中让老百姓办事少跑腿、更便捷，有力增强了人民群众的获得感、幸福感、安全感。

历时一个半小时的仪式通过视频展示、嘉宾访谈、情境模拟和小品、歌曲、诗歌朗诵等形式，集中展现了公安部党委团结带领全国公安机关坚持和发展新时

① 新华社. 全国100个基层派出所获评首批“枫桥式公安派出所”［DB/OL］. http://www.xinhuanet.com/legal/2019-11/28/c_1125287023.htm.

代“枫桥经验”，坚决履行新时代职责使命的坚定决心和不断推进基层社会治理创新的生动实践。

一次次掌声，一次次致敬，一个个或暖心或感人的事迹谱写出一曲忠诚的赞歌。北京海淀派出所所长王辉、辽宁抚顺雷锋派出所所长李曹亮、福建福州东街派出所所长郭仕海深情讲述了传承初心、铸牢警魂、忠诚履职的故事；上海虹桥站派出所所长张雷、新疆乌鲁木齐红庙子派出所所长张鹏、四川泸州龙透关派出所所长唐戈等用坚持和发展“枫桥经验”的生动实践和切身体会，引发全场共鸣……

100位“枫桥式公安派出所”所长走上舞台向人民庄严宣誓：“做‘枫桥式公安派出所’，对党忠诚、服务人民、执法公正、纪律严明，一切为了群众、一切依靠群众，矛盾不上交、平安不出事、服务不缺位，为捍卫政治安全、维护社会安定、保障人民安宁作出更大贡献！”

二、以枫桥式公安派出所创建为载体，大力推行枫桥警务模式

公安机关坚持发展新时代“枫桥经验”的目的，是要充分挖掘其作为习近平新时代中国特色社会主义思想重要组成部分的重要内涵和实践价值，不断创新警务模式，完善公共安全治理机制，为人民群众提供更安全的生活环境和更优的服务。而要实现警务模式的创新，离不开以新时代公安基层基础工作为主要内容的公安派出所建设。从实际情况来看，枫桥警务模式在创建枫桥式公安派出所的过程中产生，是枫桥式公安派出所创建的主要内容，同时，枫桥警务模式的推广也离不开枫桥式公安出派出所创建这一载体，两者相互依存，共同促进。也正因如此，浙江省公安厅在认真学习领会全国公安厅局长会议和全省公安局长会议精神的基础上，经过周密部署，决定自2019年3月开始，在全省公安机关扎实开展“枫桥式公安派出所”创建活动，要求以习近平新时代中国特色社会主义思想为指导，以新时代“枫桥经验”为引领，将创建活动作为全省公安机关坚持发展新时代“枫桥经验”的重要举措和全面推广枫桥警务模式的有效载体，在建设“枫桥式基层所队”基础上，组织全省公安机关扎实开展“枫桥式公安派出所”创建活动。2019年5月6日，中共中央发布的《关于加强新时代公安工作的意见》明确指出，坚持和发展新时代“枫桥经验”，创建“枫桥经验式公安派出所”，完善基层社会治理机制，提升基层治理水平。自此，“枫桥式公安派出所”创建上升到中央层面在全国推行，从而使枫桥警务模式在全国推广有了明确的依据和载体。

【引导案例参考答案】

杭州市公安局下城区分局长庆派出所规模不大，管理规范精细，充分运用新时代“枫桥经验”，始终以党建引领凝聚警心、激发干劲，全体民警不忘初心、牢记使命，始终牢记习近平总书记嘱托，践行以人民为中心的发展理念，一心做好点点滴滴的惠民小事，依靠群众、发动群众，将群众工作融入血脉和灵魂，形成了“治安共治、感情共融、成果共享”的警民良性互动关系和价值取向，和群众形成了利益共同体，真正传承践行了新时代“枫桥经验”。

延伸阅读：国外社区警务发展概况

【学习目标】

通过这部分内容的学习，了解英、美、日以及新加坡等国家社区警务的思想、发展和运行，以加深派出所民警对社区警务的理解，拓宽实践和发展社区警务的思路。

【重点提示】

· 英、美国家社区警务的思想
· 英、美国家社区警务的具体实施和实践发展
· 日本的交番制度
· 新加坡的邻里警局制度
· 中外社区警务的比较

社区警务产生于美国发展于英国，日本和新加坡成为世界上最安全的国家和地区之一，也得益于其社区警务的蓬勃发展。了解、掌握和思考这几个国家社区警务的产生、发展和实施，并比较与我国的异同，有利于发展适合我国国情的社区警务。

美国社区警务发展概况

引导案例

2000年，美国司法部司法统计局在《执法监督和管理统计报告》中公布了一个调查结果，该项调查受助于联邦社区警务服务办公室，覆盖了超过700个州、拥有100名或以上全职的宣誓警察的地方警察局，这些警察机构共雇用了40.2万名全职警察。该项调查显示：截至1999年，66%城镇和62%城市拥有

100名或以上全职警察的警局做出了书面的正式的社区警务计划，46%的乡村警局也提交了类似计划。几乎所有大（95%）、中（97%）城市的警局都拥有全职的社区警察，而有88%乡村警局也同样拥有全职社区警察。而且，60%的警局与社区通过签订书面协议建立解决问题的伙伴关系，有64%警局鼓励社区警察积极参与具有社区警务思想的问题解决项目。近几年来，几乎所有的城市警局都与社区进行了沟通和交流，地方警局联系了96%的社区组织、88%的学校以及84%的商业机构。有三分之一的警局在互联网上为居民提供了日常接口以便于居民查询犯罪统计数据或者是犯罪地图。

问题：1. 社区警务在美国是如何产生的？
2. 美国社区警务的三大支柱是什么？

一、美国社区警务的产生

（一）美国社区警务产生的背景

1. 美国社区警务产生的社会背景。20世纪60年代，美国社会城市混乱、犯罪猛增。1964年至1968年是美国历史上著名的“四年暴乱”。警察与黑人的冲突是“四年暴乱”中许多城市暴乱的直接导火索。但警方对黑人的暴行早已有之，为什么唯独在20世纪60年代的四年里激发了大规模的暴乱呢？政府各部门、不同领域的学者纷纷介入，从各自的角度对城市暴乱的原因进行了研究。其中，“在没有冲突（违法事件）发生时，警察很少同居民接触”是原因之一。另外，犯罪问题并没有随着警察数量的不断增加，警察装备的逐步精良而得到改善。反而在1957年至1970年期间，美国犯罪率翻了三倍多，抢劫犯罪翻了四倍多。整个60年代，“治安”是保守派最高效的动员口号。

2. 美国产生社区警务的警务发展背景。巡逻警务是美国基层警务的主要形式。“一战”前后，美国出现了第一辆用于巡逻的警用汽车，很快汽车巡逻成为美国巡逻警务的主要巡逻方式。汽车巡逻提高了巡逻的覆盖率，但也加剧了警民之间缺乏交流与沟通的问题。1950年，美国学者威廉·威斯特利就指出：“汽车巡逻导致警察与社区隔绝”。美国对巡逻开展了一系列的研究，其中包括：

（1）堪萨斯市预防性巡逻研究。为了确认汽车巡逻的有效性，时任堪萨斯市警察局长的Clarence M. Chelley先生在美国警察基金会的支持下，于1972年至1973年间开展了为期一年的预防性巡逻实验。堪萨斯预防性巡逻研究是目前公认的对警察巡逻效能最完整的研究。但堪萨斯预防性巡逻实验引起轰动，主要在于该巡逻实验的实验方法以及实验结果。

在堪萨斯南区24个巡逻区域里选择了15个社会经济发展水平相似的区，并随机分成三个组，每组五个巡区。这三个组分别为：反应巡逻组、控制巡逻组和预警巡逻组。所谓反应巡逻组就是把该组巡逻区内日常性的巡逻车全部撤出，巡逻车仅仅在居民求助或报警的时才出现；控制巡逻组中巡逻区内的巡逻车不改变，还是每区一辆巡逻车进行例行性的巡逻；在预警组则是把每区的巡逻车增至二甚至三倍。研究结果显示车辆巡逻的增减对社区以及社区内发生的入室盗窃、机动车盗窃、抢劫、其他盗窃、损坏公私财物等可防性犯罪案件并没有产生影响。这一结果对警方日常车巡的作用提出了质疑。

虽然，实验结果得出后就有专家提出疑问，但其结果没有产生直接的后果，即并没有一个警局因此实验结果而减少巡逻，但是一致认为车辆巡逻导致警察与居民之间的实质性接触减少（Kelling et al. 1974），并对后来的社区警务产生了深远的影响。在社区警务战略中采用了如步行巡逻、挨家挨户巡逻、有针对性巡逻等（Trojanowicz and Bucquerous 1990）不同于传统机动车巡逻的巡逻方式，目的就是要让警察更接近群众，更利于彼此建立良好的关系。

（2）纽瓦克市步行巡逻效果实验。1977年至1979年，美国新泽西州纽瓦克市进行了步行巡逻效果实验。纽瓦克的步行巡逻试验就是为了探求步行巡逻对犯罪、逮捕率和社区态度的影响而进行的。试验发现："总的来说，步行巡逻对居民和商界中的犯罪程度影响并不显著。但它对巡逻区内的居民的态度却有很大影响。"纽瓦克实验证实：步巡虽然不能直接减少犯罪的发生，但是在增强居民的安全感以及改善警民关系方面能起到很大的作用。

3. 理论研究背景。美国犯罪学家凯令和威尔逊于1982年提出了著名的"破窗理论"。简言之，是指许多社区有这种现象——若干座空楼逐渐败坏，乱涂乱抹无人清理，路灯坏了无人修，而这些地方正是吸毒贩毒、抢劫和其他非法活动多发的场所。由"破窗理论"引申出来的一个主张：警察的职责要扩大，警察任务不仅要负责打击犯罪，还要担负维护社区秩序，为社区提供服务的任务，从而"执行社区本身的非正规的控制机制"（Wilson and Kelling1982：34），并期望通过这种努力来提高整个社区生活的质量，减轻社区居民的恐惧感，预防和制止犯罪。

（二）美国早期的社区警务形式——社区警务承包制

20世纪60年代的暴乱突出了警民关系的危机，此后，一些警察局扩大或恢复了徒步巡逻。与此同时，一些警察局开始借鉴英国的经验，实行了巡逻警务承包制。根据美国执法支援局《关于邻里警务承包制报告》，承包制共分四种。

第一种是基础巡逻警务承包组。它将警察按社区组合成若干个小组，负责该社区的防范巡逻、交通管理等工作；但承包小组不负责社区关系（社区服务）、案件侦查工作。

第二种是侦查巡逻承包组。这样的警察小组不但负责社区的防范巡逻、交通管理，而且负责社区内刑事案件的侦查工作；但也不负责社区关系（社区服务）工作。

第三种是社区服务与巡逻承包组。

第四种是全面服务承包组，即警察小组负责社区内的巡逻、侦查、社区服务等全部工作。

第四种警务承包制后来成为主要的警务形式，并最终发展成后来的社区警务。美国执法支援局在《关于邻里警务承包制报告》里提出，社区警务承包制所包含的要素主要有五个。一是分片管理，即将警察局所管理的地区范围，按一定规则分成若干片区；二是分散管理，即将警察局的执法、交通管理、社区关系等职权，下放到各个片区；三是全面服务，即由负责该片区的警务承包小组负责该片区的巡逻、交通管理、侦查、社区服务等工作；四是社区参与，即鼓励社区（片区）的居民与警务承包小组合作，警务小组的警务工作政策“要反映社区居民的意志”。警务承包制作成为解决当时美国警察机构及警务工作中存在问题的对策，其划分片区有利于基层警察工作反映居民的利益，其权力下放有利于基层警察参与决策而提高士气，其社区服务有利于改善警民关系。

（三）美国社区警务的产生

美国学者 A. C. 日耳曼早在 1969 年的论文里就提出了“社区警务”的概念。20 世纪 70 年代以来，要求警务改革的呼声再度高涨。人们尝试性地创造了各种各样的术语来形容这次改革——“社区警务”（community policing）、“问题导向的警务”（problem-oriented policing）、“社区导向的警务”（community-oriented policing）、“社区基础警务”（community-based policing）、“社区问题处理警务”（community problem-solving policing）等。最后，因为社区警务（community policing）这个词组简单易懂，而被公众普遍接受。90 年代以来，社区警务逐渐在美国的警务战略中占据了支配地位。1994 年议会通过了《暴力犯罪控制和执法法案》（The Violent Crime Control & Law Enforcement Act）后简称《刑法》（the Crime Law），根据该法案美国司法部成立旨在研究社区警务的社区警务服务办公室（the Office of Comuntiy Policing Oriented Sevrice，简称 cpos），该办公室促进和支持全美社区警务战略以及社区与警察的合作。该法案不仅为雇用 10 万名警察提供资金，以增加社区警察的数量，而且还设法在全美推进社区警务。在 2000 年提交给美国国会的报告（第 39 页）中，社区警务办公室提出："这正是事实——全国 87%以上的地区都由实行社区警务的部门提供服务"。

二、美国社区警务的理论

（一）美国社区警务的概念

社区警务也叫作以社区为中心的警务（community-oriented policing or COP），美国司法部社区警务服务办公室（the COPS Office）给其下的定义为："社区警务是促进和支持组织战略的警务哲学，该战略通过系统性地运用解决问题的策略和建立警察与社区间的伙伴关系来主动消除隐患和降低犯罪恐惧感及社会失序等公共安全问题。"

著名的美国社区警务专家特洛加诺维兹也认为："社区警务既是一种哲学，也是一种组织战略。在这一战略中，警察与社区居民紧密协作，以新的方式去解决犯罪、犯罪恐惧感、自然和社会失序以及邻里衰落等问题。"

东肯塔基大学的科德那教授则从反面阐述了社区警务的含义。他认为：

1. 社区警务不是万能药。社区警务不可能解决现代警务面临的所有问题，也不可能解决某一警察机构面临的所有问题。它只是解决现代警务及某一警察机构所面临问题的方法之一。

2. 社区警务不是全新的。社区警务不是对传统警务的全盘否定，它只有某些具体特征是相对较新的。实际上，有些警察机构或警察声称其早已开展社区警务，甚至认为他们向来都在实践社区警务。

3. 社区警务不是"拥抱暴徒"。社区警务不是反对执法和打击犯罪，也不是将警察工作变成社会工作。实际上，与多年来大部分警察机构奉行的以案件为中心的"911 警务"相比，社区警务更为注重减少犯罪和社会失序。

4. 社区警务不是烹饪书。社区警务没有固定不变的精确定义，也没有一套必不可少的具体做法。虽然可以确定一套普遍适用的社区警务原则和要素，但具体如何实施则随地点的不同而有所区别，因为不同的辖区、不同的警察机构有不同的情况和需要。

（二）美国社区警务原则

特洛加诺维兹（Trojanowicz）和巴克洛克斯（Bucqueroux）在其所著《社区

警务》一书中对社区警务的基本原则作了最为完整的论述，其内容主要包括：

1. 重新评估谁应对公共安全负责，重新定位警察与社区的角色及相互关系。该书认为，社区警务不仅仅是警察而是整个社区都应当对犯罪负责。单靠威慑、执法和监禁并不能解决产生犯罪和社会失序的根本问题。实际上，社区中具体的责任人，如教师、校长、牧师、选举产生的官员、社区服务团体的负责人、家长和商人等，都与整个社区的警务有极大的关系。

2. 警察和社区共同决策、共担责任。警察角色的变化以及其与社区之间建立新型关系要求二者对其自身进行调整。警察必须承认单靠自身的力量无法做好社区警务工作，要认识到他们在社区有大量可以利用的资源，要明白解决社区问题必须与社区分享权力、共同决策。管理方式也必须随之调整，要建立广泛的公众反馈渠道和有代表性的社区小组，使其能为决策提供依据。另外，要赋予社区（包括邻里、家庭、个人、学校、民选官员、地方政府机构、组织、教堂和企业等）一定的权力，使其能接受挑战，承担起维护社区安全和福利的责任。这些权力主要包括：与警察一道认定困扰社区的问题，分清问题的轻重缓急，研究解决这些问题的有效办法，确定适当的资源分配方案，评估和修订解决办法等。

3. 建立新的警务效果评估标准。在围绕案子转的警务体系下，特别是911紧急系统实施之后，警察的时间主要花在应付求助电话上。随意性预防巡逻、快速反应和提高逮捕率成为警察机构广泛采用的策略和评估警务效果的主要依据。然而多项研究表明，要对付日益增多的严重的和复杂的社会问题，警方必须采取更为有效的办法。

4. 增进警察和社区成员之间的理解与信任。警察和社区成员之间的相互信任是建立良好伙伴关系的前提。任何成功的伙伴关系都是靠平等和相互尊重来维系的。为了实施真正的社区警务，警察机构必须选拔和培养新型的指挥者——社区警官（CPO，the Community Police Officer），使其成为警察机构和社区居民联系的桥梁。社区警官必须与社区守法公众保持长久稳定的联系，以便与社区志愿者一道探讨出创造性地解决犯罪、犯罪恐惧感、自然和社会失序以及邻里衰落等问题的新办法。

5. 加强以社区为基础的改善生活质量的努力。社区警务大力倡导社区伙伴关系，鼓励社区成员行动起来保护自己的家园。它给社区成员提供适当的信息和技术，增强他们的勇气和力量，赋予其分担责任的权力。社区参与包括邻里守望组、未成年人安全娱乐设施和反毒品及反团伙方案等。对于社区的这些方案，警官要努力帮其完善，并积极参与其实施过程。这样，社区成员就不会在社会混乱和失序面前感到无助，而是会承担起执行社区守则的责任。

6. 灵活应对所有新兴问题。在传统的警务模式下，警察从事的工作中，实际上至多只有25%涉及执法或逮捕，这意味着75%的工作是应对非逮捕性报警和投诉、为公众提供帮助和进行随意性巡逻。警察除了被赋予基于刑事法律的逮捕权和拘禁权之外，很少有其他处理警察事务的权力。社区警务大大扩展了警察可以采用的预防和干预手段，邻里守望、街区巡逻、环境预防、家庭监禁等都是在社区警务实践中产生并被证明是行之有效的。总之，凡是有助于解决社区问题的办法都应得到鼓励。

7. 致力于寻求长期的主动的方案，以处理产生社区问题的根本原因。解决根本的公共安全问题需要对犯罪和社会失序采取主动进攻的态势。警察和社区必须齐心协力，长期奋斗，不断探索解决困扰社会和社区的根本性问题。

8. 充分利用社区现有资源，积极开拓新的资源。社区警务的成功取决于对社区可用资源的发掘和利用。警察作为社区警务的促进者，必须熟知本机构、其他城市机构、私有领域及社区内的资源，并要善于与其他机构进行合作，善于开展社区动员。这种不断加强的交流与合作为解决社区问题提供了多种途径，也有助于减少社区内的重复劳动。为调动社区的积极性，警察在认定问题、确定优先等级和制定应对措施时，要与社区协商，这应作为社区警务的一部分加以制度化。

9. 引入新的领导和管理风格。社区警务需要的是由价值驱动而不是由规则驱动的领导风格，这在私人企业被称为“质量领导”（quality leadership）。只有警察机构和警察个人吸收了这种领导理念，才有可能实现向社区警务模式的成功转型。

10. 整合社区警务参与者。社区警务作为一种组织战略首先要求这一组织内的每一个人，包括市民和警官，都必须努力寻求将社区警务哲学付诸实践的途径。

11. 分散警察服务和管理。警察专业化的改革运动导致了高度集中、准军事化指挥和控制的管理方式。而社区警务则是以社区服务为中心，以整个组织的知识、技术为依托，需要自下而上的、分散的管理与之相适应。社区警务也要求减少影响其实施的官僚性障碍，并需对警察机构内部的奖励和绩效评估体系作出调整（将评估标准重点放在社区发展和问题解决上）。

12. 将警察工作的重心由对个案的反应转到对问题的解决上来。长期以来，警察只是忙于应付公众的报警求助。在这种运作模式下，警察处理的只是犯罪的症状，而没有触及犯罪的根本原因。而社区警务则要求从以个案为中心转到以问题为中心，这就需要对产生这些个案的共同因素进行分析和认定，然后加以解决。

13. 加强对社区警务主体的技能培训。警察职能的扩张，要求培训也必须跟上。这些技能包括分析和解决问题、社区组织、沟通技巧、调解、资源意识和资源开发、人际关系、文化修养等。对政府机构雇员和社区成员也要进行培训，使其能理解和参与社区警务进程。

三、美国社区警务实践

（一）美国社区警务的实施主体

在美国，一般认为社区警务包括如下主体：

1. 警察机构。为适应向社区警务的转变，警方原有的从招募、选拔到培训、考核和奖励等一系列制度都需要调整。社区警官一般属于警察局的实地行动部门的中心执法大队，工作场所为各个社区建立的小警所（Substation 类似于我国的社区警务室）。这样警察就会比较熟悉街区的居民，了解街区的情况（Goldstein 1979；Manning 1984）。

社区警官的具体职责在各个州会有所不同。美国社区警官不接警（巡警的职责），不处警（侦查部门的职责），不到辖区单位、住户巡查、指导、监督犯罪和事故预防工作（犯罪预防队的职责，如果社区举行活动，由实地行动部门的社区服务队维护秩序），不办理任何证照（护照在邮局办理，驾照和居民登记在政府指定的机构办理）。

2. 社区。社区是积极的伙伴，它为警务提供人力和物力资源，包括处理问题以确保长期预防效果的志愿者。

社区并没有统一的概念，在不同的领域具有不同的含义。在美国，一般而言，社区被视为居于同一地理区域并能根据这一地理区域进行自我识别的人类群体。同时，在这一地理区域还存在一定程度的团结一致。也就是说，它不但与区域性定居点有关，而且也与社会关系有关。

3. 民选官员。政治领导在社区警务中起着关键作用。为了使社区警务可行，民选官员应支持必要的变通，并在可能的时候提供资源。

4. 商业团体。商业团体能提供志愿者和经济支持，而且商业领导往往与政治领导有关系。

5. 其他机构。医院、学校、社会服务中心、心理卫生中心等其他机构能够提供一系列的服务支持，有助于减轻社区警官的工作量。

6. 媒体。媒体通过广泛宣传，可使公众进一步意识到社区警务中的变通，进一步认识到充当警方伙伴的必要性。媒体在提高社区和执法警官的自豪感和自尊意识方面也有关键作用。

（二）美国社区警务的三大支柱

社区伙伴关系、解决问题和管理变革是美国社区警务改革的三大支柱。

1. 建立社区伙伴关系（Partnership with Citizens）。所谓社区伙伴关系是指社区警务强调警察与社区成员之间结成亲密的伙伴关系，共同研究、制定和实施解决社区治安问题的对策，而不是以管理者自居，从而缓解传统警务方式所造成的警民关系紧张。产生犯罪的源头在社会，遏制犯罪的根本力量也应当在社会。因此，研究社区警务的专家学者们都认为有必要改善警民关系，以鼓励社区成员理解、支持警察工作并参与社区的治安管理工作。在这一理论的支持下美国的社区警务基本措施有：

（1）邻里守望。

（2）建立各种委员会：“社区-警察”咨询委员会、机构顾问委员会（Agency Advisory Boards）、小组顾问委员会（Unit Advisory Boards）、巡区顾问委员会（Beat Advisory Boards）、特别顾问委员会（Special Advisory Boards）。

（3）召开“市政厅”会议。

（4）社区调查——通过多种方式（电话、信件、报纸或亲自采访等）展开调查，以获取公众对政策、工作重点、难点的看法。

（5）电子邮件/主页——利用互联网、在线服务、电脑公告牌等获取公众对政策、工作重点、难点的看法。

（6）无线/电视采访——利用无线通信和电视采访获取公众对政策、工作重点、难点的看法。

（7）市民巡逻——在许多辖区，市民积极配合警察开展邻里巡逻，他们往往通过无线设备和手提电话与警察保持联络。

（8）市民警察学校——许多警察机构开办了市民警察学校（通常在夜间开办），向有兴趣的市民介绍警察机构的情况，并为志愿者或参与巡逻的市民提供必要的技能培训。

（9）志愿者——许多警察机构在一系列警务活动中借助志愿者、辅助人员和预备人员共同参与。

（10）学校——许多警察局与学校的工作关系比过去更为紧密，不仅在数据检索方面，而且在学校资源配备、应对逃学等方面开展合作。

（11）执行行规——对于违反各种建筑和安全行规的场所，往往需要与有关行业管理部门一起采取措施。

（12）妨害社会行为控制——对于长期以来存在大量刑事和民事违法现象的场所，采取关闭、捣毁或充公的办法。

（13）房东及租户——许多警察机构与公寓管理人员、公屋管理人员、租户协会及其他类似团体紧密协作，以改进租赁准则，防止出租产业内发生问题。

（14）公众参与策划和监督警察行动。例如，警察可以通过纽约市的 CompStat 等项目，根据日常的社区反馈、社区走访和对犯罪发生地点的系统跟踪，记录特定区域的需求，以保证社区公众的参与。这些措施也可以用来向社区通告警察的工作计划。警察还负责建立社区成员监督警察行动的机制。

2. 管理变革。所谓管理变革就是放权（decentralization of command）。由于是联邦制，美国的警察构成很分散，但是在警局内部还是很集中的。放权是指警察内部的放权，即社区警务建议警察局的局长们应该下放部分指挥权来提高警察在社区中的机动反应能力，并给予基层警察更多的工作自主权，使他们可以根据社区的具体情况来实施并改进社区自定的各种处理邻里或社区内部问题的方案（Greene 1988）。

3. 解决问题（Problem Solving）。所谓解决问题就是改变以往被动反应型警务模式中一案一解决的工作方法，通过报警记录、居民反映情况、巡逻等发现案件发生的原因，从发生案件的源头来主动解决问题。解决问题的理论来自问题导向警务的主要创始人赫尔曼·歌德斯汀（Herman Goldstein）。“解决问题”的核心内容为四步解决问题，是包括“审视、分析、反应以及评估”的“S. A. R. A.”程序，具体来说就是鉴别问题、全面分析问题、提出应对措施以及评估结果。同时随着堪萨斯巡逻实验之后巡逻方式的多元化，要求在巡逻目的方面增加发现影响社区生活质量、社区治安等的问题。

（三）社区警务实施效果的评估

美国 1994 年《刑法》第一章鼓励州和地方执法机构增加街头宣誓警察的数量，并采用社区警务。该法案授权近 90 亿美元在 6 年内实现社区警务实施的目标。90 亿美元以资助各个警察机构实施社区警务的各种具体项目来促进社区警务在全美境内的实施。2000 年，美国司法部开展了项目评估，以评估该基金在促进社区警务开展中的作用。项目评估将成功实施社区警务定义为基于解决问题、与社区建立伙伴关系以及参与犯罪预防计划。该评估将项目的成功与否确定为：如何影响社区对警察的满意度、对犯罪的恐惧、社会和身体生活质量以及严重犯罪的程度。在方案评估过程中提出的具体问题集中在地方机构如何应对警察制定方案的能力、警察经费的分配、警察的雇用和部署、技术的实施、警务水平的提高，项目申请方与社区建立伙伴关系并参与解决问题和预防犯罪活动的程度，以及项目申请方支持和维持社区治安的程度。项目评估的总体结论是：(1) 虽然社区警务在不同的司法管辖区具有不同的含义，但申请的社区警务项目促进了社区警务的采用；(2) 在访问的许多警察机构中，解决问题的伙伴关系是普遍存在的，但这些伙伴关系往往只是名义上的或临时性的工作安排；(3) 大多数警察机构都在从事解决问题的工作，尽管解决问题的技巧、形式和可见性因警察机构而异；(4) 预防传统犯罪的方案被纳入社区警务的范畴。

四、美国社区警务的发展

（一）网络技术与社区警务相结合

近几年来，美国部分城市警察局将网络技术应用于社区警务工作，开展社区警务网络化实践，取得了比较好的成效。成功经验就是开发、使用和推广了电子警务（ePolicing）套装软件。电子警务套装软件是一套操作简单、实时互动的网站工具软件，是2006年美国洛杉矶警察局委托专业公司开发设计的专门应用于社区警务工作的套装软件。该软件既能将有关犯罪情况及时提供给当地公众，也可以接收有关信息反馈，在警方和社区民众之间建立了有效的沟通桥梁。该套装软件主要由两个工具软件组成，即犯罪地图和信息共享工具软件。

1. 犯罪地图工具软件（Crime maps）。犯罪地图工具软件是以谷歌（Google）卫星地图为基础平台，集成各类犯罪数据，以图示方式按区域实时描绘各类犯罪活动情况。该软件以标准数据传输方式把网站关联到警方犯罪数据库，使网站以小时为单位进行数据更新。用户可以免费实时了解各类犯罪活动情况，还可以按时间、地址和犯罪类型等分类查询6个月以来相关犯罪信息和历史数据等。

2. 信息共享工具软件。信息共享工具软件主要是警方以电子邮件等形式，与注册用户（一般为当地居民）进行联系和交流的网络联系渠道。居民只要免费注册，就可以参与信息共享。用户申请注册必须提供真实电子邮件地址、用户住址和邮政编码。警方根据用户地址等情况指定一名该辖区高级警员为警务联系人，与用户建立网络联系。根据区域实际和用户状况，一名警务联系人负责联络辖区若干注册用户。

社区警务网站上的联系人定期或不定期地把有关警务工作计划、重要信息等通过电子邮件发送给注册用户，向当地社区宣传治安情况、犯罪趋势、安全提示以及一些重大事件信息等。同时，警务联系人也接受注册用户提供的各类意见建议、犯罪线索，并回答注册用户的各类咨询。该软件提供了一些电子邮件模板，包括文档结构、特定标识、页眉注脚、固定用语等，帮助警员简单、快速地编写高质量电子邮件。软件支持输入疑犯相片、特殊格式文件和超文本链接等，使电子邮件更显专业化、个性化。

（二）创新警务

2009 年美国司法部推出了一项新的资助计划即智慧警务倡议（Smart Policing Initiative，简称 SPI），该资助计划强调本地驱动，即以本地为导向，通过对当地信息的多维度地研究，提出创新方法来控制犯罪。截至 2017 年 1 月，共有 58 个市（县）警局获得了资助，提供了 4240 万美元的资金，开展了 59 个项目。其中有的项目强调问题解决程序的警务方法，有的强调社区警务的方法，有的强调预测分析的模型，还有的强调运用先进的技术手段改善警察工作效率。SPI 没有规定任何模型或方法，只强调在专业人员的协助下深入分析问题，警察部门自由选择和组合各种方法。据此，社区警务成为美国目前智慧警务的基本内容之一。

案例分析

内华达州里诺警察局的 SPI 项目

2014 年，内华达州里诺警察局完成了一项实施预防和干预处方药滥用的 SPI 项目，该项目需要获取许多公共领域以及医学界的非传统伙伴。该项目始于 2009 年，当时里诺警察局获得了当地学校的支持，以理解处方药滥用的危害性和危害程度。得益于与一所大学的合作，警局调查了 6 所不同中学的 1100 名学生滥用处方药的方式，包括自我申报药物处方和药物使用。调查结果证实了研究小组关于青少年滥用药物的假设，并揭示了几个关于药物滥用程度的关键点：1. 15% 的学生讲述了自己在过去一年内曾消遣性地使用过处方药，并且有一半以上的学生说能很轻易地从朋友那里获取处方药；2. 被滥用的处方药通常包括止痛剂（占比 56%）、兴奋剂（占比 14%）和镇静剂（占比 15%）。这些信息有助于信息视频的发展，这些视频旨在教育学生和家长们关注药物滥用的危害和后果。而获取医学界的帮助也是非常关键的，其中包括本地医学院、药学技术学院、药物零售协会、药房、体检中心、牙科中心、私人药房及其雇员。通过这些伙伴，研究小组发现医药行业的从业者们并没有意识到处方药滥用以及滥用药物者们为了获取药物而采取的策略的后果和盛行程度。因此，研究小组对 800 多名医生、护士、药房售货员以及牙医等开展了关于滥用处方药的培训。此外，警察也起到了很重要的作用。里诺 SPI 小组认为该项目开展初期，警察的想法非常重要。研究小组发现如果警察认为检察官会将案件以轻罪进行指控，就不太可能会大力追查药物滥用案件。因此，执法部门解释了他们的目标和策略，并获得了检察官的加入。与检察官的合作揭示了控诉这些行为所要面对的挑战以及应当如何记录侦查活动以提高定罪率。里诺 SPI 项目中寻求合作和社区参与产生了良好的效果，包括处方减少以及还没有使用的处方药片回收数量的增加。分析显示：经过 SPI 项目培训的医生们比没有经过培训的控制组的医生们开出的药品会少一些。另外，通过青年运动以及药房贴在顾客处方袋子上的 10 万张宣传标签，社区内收集并销毁了 100 多万颗药片。

案例评析：该案例很好地诠释了社区警务中警民合作、社区参与的理念，而且为我们展示了成功获取社区支持和配合的经验。首先，围绕本项目的目标分析了可能涉及的各种社区力量（学校及其教师；医学界及其员工；警察本身以及检察官等其他执法机构）；其次，根据各种社会力量对本项目的影响力，建立合作并选择合适的合作方式（宣传、教育、合作等）；最后，对项目所能产生的影响和效果进行了评估（医生的处方和收回的药片）。

【引导案例参考答案】

1. 1957 年至 1970 年，美国警察数量不断增加，警察装备逐步精良，但犯罪率却翻了三倍多，抢劫犯罪翻了四倍多。到 20 世纪 60 年代美国历史上出现了著名的“四年暴乱”，警察与黑人的冲突是“四年暴乱”中许多城市暴乱的直接导火索。从不同角度对城市暴乱的原因进行研究，认为“在没有冲突（违法事件）发生时，警察很少同居民接触”是原因之一。这是美国社区警务产生的社会背景。而很少接触的原因之一是巡逻方式的改变，“汽车巡逻导致警察与社区隔绝”。美国对巡逻开展了一系列的研究，其中包括堪萨斯预防性巡逻研究和纽瓦克市步行巡逻效果实验，这两个实验质疑了车巡的效果，肯定了步巡虽然不能直接减少犯罪的发生，但是在增强居民的安全感以及改善警民关系方面能起到很大的作用。这是社区警务产生的警务发展背景。随着 20 世纪七八十年代一些犯罪学、社会学理论的诞生，包括社团主义、“破窗理论”等，为社区警务的产生贮备了理论基础。为此，美国学者 A. C · 日耳曼早在 1969 年的论文里就提出了“社区警务”的概念。1994 年，美国议会通过了《暴力犯罪控制和执法法案》，成立社区警务服务办公室促进和支持全美社区警务战略以及社区与警察的合作。在 2000 年提交给美国国会的报告（第 39 页）中，社区警务办公室提出：“这正是事实——全国87%以上的地区都由实行社区警务的部门提供服务”。

2. 美国社区警务改革的三大支柱包括社区伙伴关系、管理变革和解决问题。(1) 建立社区伙伴关系（Partnership with Citizens），是指警察与社区成员之间结成亲密的伙伴关系，共同研究、制定和实施解决社区治安问题的对策，而不是以管理者自居，从而缓解传统警务方式所造成的警民关系紧张。(2) 管理变革，是指放权（decentralization of command），指警察内部的放权，即社区警务建议警察局的局长们应该下放部分指挥权来提高警察在社区中的机动反应能力，并给予基层警察更多的工作自主权，使他们可以根据社区的具体情况来实施并改进社区自定的各种处理邻里或社区内部问题的方案。(3) 解决问题（Problem Solving），是指改变以往被动反应型警务模式中一案一解决的工作方法，通过报警记录、居民反映情况、巡逻等发现案件发生的原因，从发生案件的源头来主动解决问题。“解决问题”的核心内容为四步解决问题，是包括“审视、分析、反应以及评估”的“S. A. R. A.”程序，具体来说就是鉴别问题、全面分析问题、提出应对措施以及评估结果。

英国社区警务发展概况

一、英国社区警务的产生

(一) 英国社区警务的萌芽

1829年，英国内政大臣罗伯特·比尔提出建立现代职业警察，并制定了12条原则。英国国会当年通过了比尔创建的新警察制度的议案《大伦敦警察法》，西方公认的世界上最早的正式警察——职业制服警察从此诞生。罗伯特·比尔建警原则强调以预防为主，重视警民关系，突出服务职能。因此，绅士警察和良好的警民关系是英国警察的传统，而在传统中，英国公众对社区的认同感也较高，愿意为社区的公共事务出力。

(二) 英国社区警务产生的背景

1. 不断增长的警察数量并没有带来犯罪率的下降，引起民愤。随着社会的发展，英国警察数量不断增长。1966年英国警察人数8.6万人，1981年增至11万人，1991年攀升至14万人。25年内全国警察总数上升了61%。2005年，英格兰和威尔士有警察14.1万名、文职人员7.1万名，警务人员的人口万分比达40，其中伦敦大都市警察局警务人员的人口万分比更是达62.2。为此每年英国内政部向警察机构的拨款占其向下辖所有系统拨款的2/3左右。然而警力的增加并没有像预想的一样减少犯罪，反而出现警力与犯罪同步增长。在英格兰和威尔士，据警察机关统计，20世纪初，每年犯罪发案不足10万起，到1992年增至559万起，年递增5%以上。1967年英国发案120万起，1977年发案240万起，11年上升了1倍。因此，民众对警察的能力和效力产生了怀疑，对警察产生了怨恨。

2. 传统的警民关系受到了侵蚀。警力的增长并没有必然遏制违法犯罪的上升，尤其是到了20世纪70年代，英国警方在追求装备现代化和快速反应效能时，片面强调打击犯罪，逐渐失去了与社区居民以及社区其他部门的沟通与联系。时任伦敦大都会警察局长的约翰·斯蒂文森承认："这种警务模式使我们失去了与公众的联系"。1976年，英国警察进行了一次公众调查——"怎样才能做一个现代化的警察?"公众的回答没有一项是指向装备的，全部答案都指向理解、同情、合作等警察品质与道德。于是，英国开始反思警察与公众的关系。

在此背景下，从20世纪80年代后期英国警方开始引入源于美国的社区警务，并加以完善发展。通过增加步巡以改善警民关系，在兼顾、加强司法预防和社会预防的同时，着力强化情景预防，对犯罪实行由多机构参与的、有广泛群众基础的治安防范。此后，又根据皇家治安委员会斯卡曼勋爵的警察工作报告，在种族动乱地区推行了社区警务。1993年是英国犯罪发展趋势的一个转折点，从这一年到1996年，犯罪连年下降，四个年度分别比上年下降了1%、5%、3%和1.3%，累计共下降了10.3个百分点，犯罪案件减少了50多万起。

二、英国社区警务思想

（一）定义

在英国警务理论研究中，社区警务并没有一个明确的定义。总的来说，社区警务实质上是把为社区公众服务作为主旨，社区警察紧密联系社区公众，调动各种社会力量，警民携手共建社区和谐环境，体现了搞好社会治安之本在于广大社会公众的支持和参与。

（二）约翰·安德逊的社区警务原则

约翰·安德逊较早在英国德文郡艾克赛特市推行社区警务，因而被一些人士推崇为英国甚至世界警务变革的旗手。约翰·安德逊在建立英国第一个社区警务实验区时，提出以下社区警务原则：

1. 社会变迁对现存警察制度产生了巨大的压力，因此，警察必须适应这种变迁。

2. 公众从总的方面、相关部门从特殊方面，都对犯罪预防做出了巨大贡献，警察应当也能够与他们携手防范犯罪。

3. 社会变迁对警察的冲击，主要体现于要求警察从被动反应的警务风格向主动提前的警务风格转变。

4. 社区警务是一种日常性的地区性的警务。在警务辖区，公众与各种社会管理部门密切合作，通过社区与法律的形式共同预防犯罪，特别是青少年犯罪。

5. 各社区应对犯罪的种类、分布与特点等基本情况进行经常性调查，并应按照地理形态加以可视化分析、记录。

6. 依据犯罪信息，组织经常性会议，促进警民对话与社会交流。参加者应包括社区各管理部门、教师、社会工作者、缓刑官、住房管理人员、计划规划人员以及青少年。

7. 各种信息应与本地公众见面，警察应当经常与公众讨论采取什么样的社会活动来减少犯罪，应在有条件的地方建立地方咨询组织。

8. 建立社区警员制。社区警员一般由当地居民担任，在本社区公众共同关心与感兴趣的社会活动中起到带头的作用，组织本地方警务活动。

9. 各级警官都必须制定社区警务计划，并在各自范围内组织具体实施方法细则的解答会，以获取最佳效益。

10. 在各个城市建立犯罪预防支援总部，在大街小巷尽可能建立犯罪预防的咨询服务、及时救助点。

11. 未来的警务是一种三级警务战略。社区警务作为第一级警务战略，在抑制犯罪、维护社会治安等诸多方面，社区警务力图促进形成警察与公众密切合作的局面。紧急救助与快速反应是二级警务战略，在突发事件到来时大显神通，成为社区警务不可或缺的助手。刑事侦查是三级警务战略，从社区警务中获取相关信息，并为改善社区警务而提供相关信息和以各类司法活动所体现的有力支持。

12. 为提供最佳警务服务，警察必须与广大公众和各种社会机关密切合作。

（三）约翰·安德逊的“社区警务树”理论

约翰·安德逊提出著名的“社区警务树”理论对警务与社区关系进行描述，主要内容是：树干是警察机关，树枝、枝叶、果实是警察机关中的各个部门与警种。树下的土壤是社区，树的根基必须牢牢扎根于土壤根扎在教堂、学校、工厂、企业之中；一切产生犯罪的根源、抑制犯罪的主体在社区，社区是打击和抑制犯罪的主体，也是警务建设的主要源泉。过去我们只注意了对树的主干和枝杈的修整，而忽略最重要的部分：树的根基必须牢牢扎根于土壤，这个土壤就是社区，产生犯罪的根源、抑制犯罪的主体在社区，所有的警务工作包括巡逻、刑事侦查、交通管理，都离不开社区。

在1976年召开的剑桥大学警学研讨会上，安德逊提出："应特别重视市民传统与社区合作在控制犯罪中的作用。"并呼吁，必须建立一种新的观念以激发城市和社区投入预防犯罪工作。他认为："现代犯罪状况所要求投入的资源远远超过我们经济力量所能允许的范围。为打击犯罪，警察与市民必须同心协力，携手并肩。市民们将不再说：我们已经交了税钱，警察所做的与我们无关。警察们也不再有孤军作战的感觉，而把市民的同情转化为积极的支持。"

三、英国社区警务的实践

（一）英国社区警务的运行

1. 警务力量的配备。英国警方为每个社区配备了一个邻里警务小组，一般包括：宣誓警察［社区警员（beat managers）和社区巡官（Neighbourhood Sergeant and Inspector）］，是实施社区警务的主导力量；辅警（special constables），具有与警察一样的权力，但不领取薪金，每周自愿工作数小时；社区支援官（police community service officers，PCSOs），着制服从事社区巡逻工作，以及邻里监察员及其他职权人士，具体人数由当地警队根据实际情况自主决定。警察作为邻里警察服务主导力量，享有逮捕等警察特权；辅警，是群众性志愿人员，除制止罢工等特殊情形外，可参与全部警务工作，但不领取薪金，每周工作不超过四小时；社区支援官，着制服从事社区巡逻工作，在总警司特别授权下可享有部分警察权力，可处理轻微案件；邻里监察员，由地方警局、房屋协会及社区团体雇用，致力于发现、改善、解决社区内各种问题；其他职权人士，如保安、公园管理员等，负责为邻里警察服务提供帮助。英国邻里警察服务充分体现"放权思想"，辅警警员、社区支援官等辅助力量被授予全部或部分警察权力，刑事调查、司法鉴定、人员培训等环节采取社会化服务。

社区警务工作小组的首要职责是通过强有力的社区参与来打击犯罪和反社会行为，但其作用不仅仅局限于此。工作小组对辖区情况了如指掌，利用与社区建立的良好关系可有效预防重大犯罪活动的发生。社区警务工作小组在英国警务中发挥了巨大的作用。2004年，英国政府颁布了《建设社区，打击犯罪———21世纪更好的警察机构》白皮书，向公众做出了十项承诺，其中包括推行社区警务。警方将设立社区警务基金，建立社区警务队，并为其配备现代化的技术装备；为每个家庭提供本地警务工作情况的相关信息；建立明确的制度，要求警方必须及时通报其打击违法犯罪，维护社区安全的工作情况；警方必须加强与辖区公众的沟通与合作，了解他们最关心的问题，确实给予他们对本地警务工作提出建议的权利；地方警察委员会将指定专门人员，听取公众对社区安全提出的意见和建议；警方将不断增强在工作中的灵活性，支持更多的警察去基层工作。

2. 邻里警务小组的特点、工作目标和职责。

（1）邻里警务小组的特点。一是以民众为本，最大限度地挖掘具有责任感、公益观及自治能力的社区人力资源，构筑社区防范网络。例如，邻里辅助警员、特殊警察等。二是情报主导，以国家情报模式推动社区警务开展。英国是最早提出和确立情报信息主导警务理念的国家，其国家情报模式以法律形式加以确定。作为国家情报模式的延伸，英国警方专门制定情报信息采集汇总、储存集成、数据管理、分析研判、任务派遣等国家标准，警察在邻里警察服务中被要求和鼓励尽可能多地采集信息，占总警力3%~5%左右的警务人员专门研判整理采集到的初级信息，99%的初级情报通过计算机系统自动分析处理生成。三是充分整合，开展全社会交流协作，拓展社区警务工作广度，使社区公众直接受益。英国警察机构自成立后，十分注重与公众的沟通交流，警队普遍设置公共关系部门，对外筹划警察招募、预防犯罪及其他宣传活动，与媒体建立良好的工作关系，对内向警队反馈公众舆论。四是注重服务，积极为市民提供便利，加强警民联络沟通。

（2）邻里警务小组的工作目标。邻里警务小组的工作目标是致力于“建设一个更安全的社区”，具体来说，包括：更具智慧地减少犯罪，降低犯罪率；建立长久互信、积极合作关系，而并非只是管理与服从的警民关系；保护公共安全，并为公众提供帮助。

（3）邻里警务小组的工作职责。一是熟悉社区情况，要求社区警察“尽可能地熟悉每一张面孔，并尽可能地被社区居民熟悉”，更多了解收集情况；二是开展社区巡逻，一般由社区支援官员两人一组步行方式开展，配备对讲机，接受警局出警指令，随时报告发现的问题；三是召开社区会议，宣传安全防范知识，回答公众问题；四是安全防范宣传，张贴警示告示，发放宣传资料，在邻里守望和视频监控区域安装警示牌，提高公众安全防范意识能力；五是加强社区合作，将社区人员、机构纳入公共安全管理服务，争取协作配合，动员公众参与邻里守望、提供线索等活动；六是参与社区建设，对安装照明灯、设立停车场等社区建设提出建议，对在墙上乱涂乱刻、乱倒建筑垃圾等行为，坚决打击；七是推进技术防范。推动治安监控网络等技防措施建设。

（二）英国社区警务的考核监督方式

实施社区警务以后改变了传统警务模式的考核监督模式，开始注重公众的意见和感受，在考核中增加“被效劳对象的满意度”“公众对当地警方的信赖感”“公众对犯罪的恐惧感”等人性化指标。设立独立于警察部门的独立警察投诉委员会（IPCC），以独立公正、公开透明与健全完善的程序，更加有效地调查处理公众对警察行为的投诉。

知识拓展

埃克塞特市社区警务实验

安德逊不仅提出了社区警务的理论，同时也把他的理论付诸实践。安德逊的核心概念是通过主动预防警务来控制犯罪。为此，1977 年时任德文郡警察局长的约翰·安德逊在埃克塞特市警察局组建了预防犯罪支援部（CPSU），创建了英国的第一个社区警务实验区。

1. 埃克塞特市社区警务工作要点，包括：

（1）选择适当警区，分析调查，搞清犯罪与社区存在的问题；

（2）产生在新理念基础上的预防犯罪的新形式；

（3）鼓励与导向，把警力引入预防犯罪工作；

（4）利用社会支持，培养良好的市民风气，预防犯罪。

2. 埃克塞特市社区警务实施步骤

（1）了解社区犯罪问题。社区警务预防犯罪的第一步是：采取科学方法分析地区性犯罪问题以及社区矛盾。埃市警察预防犯罪支援部把重点放在统计图表上。不仅是警察统计数字，也包括整个社区各行各业的基本情况，综合分析。科学研究分析的六个基本出发点是：一是搞清基本犯罪情况、犯罪种类、犯罪时间与犯罪地点，特别是青少年的犯罪情况；二是搞清犯罪的地域分布；三是搞清青少年犯罪的高发点与特危区域；四是以上述情况为基础向警察、犯罪专家和社区一切部门提供有价值的信息；五是以上述情况启发警察思考，平衡主动预防警务与被动反应警务之间的关系；六是在上述基础上促进社会各部门的密切合作，齐抓共管，协调预防犯罪工作。

采用的方法是标图法（Spot—Mapping）。埃克塞特市警察局利用标图法分析地区性犯罪问题以及社区矛盾。这种方法曾被警察和市政部门采用过，但用在社区警务上还是第一次。埃市警察局用标图法划清了 1976 年地方犯罪分布走向。一开始，三类犯罪：暴力犯罪（人身攻击、抢劫等）、破坏行为和驾车盗窃分别标在三张图上。后来一名叫林斯代尔的警官发现把各种犯罪的分布综合在一张图上效果更好。他们把标图制成幻灯片，把各种犯罪的分布投影到一张图上。虽然各种犯罪类型的着色不一样，但可以很容易的找出“黑点”和犯罪高发区。埃市的犯罪分布有以下特点：一是高发区集中于市中心。犯罪以条辐射状从市中心向郊区放射。二是市内主要交通干线是犯罪的高发区。三是夜总会和食品外卖店与犯罪高发区重叠。四是犯罪的固定性。“黑点”犯罪高发区的犯罪是相对固定的。破坏性犯罪，即青少年盲目的破坏行为占全部犯罪的70%~80%。犯罪总数在每个月略有起伏，但变化不大。五是犯罪的活动性。建筑区内犯罪随防范措施（如铁门、栅栏）增加而减少，夜间犯罪多于白天，停车场内犯罪主要集中于盗车等。

埃市的犯罪主要是青少年犯罪，而青少年犯罪主要是夜间12点以后的盲目破坏行为。入夜，成群的青少年涌进酒店，不断地喝酒。根据英国法律，24点酒店要关门。喝得醉醺醺的青年人返回街头，无事可做，无处可去，于是借着酒疯盲目破坏，无故打架，大呼小叫，随地大小便。部分人去外卖店买小吃，于是犯罪又集中到外卖店。另一部分人开车回家或在街头游逛，又把犯罪带到街头和停车场。科学的犯罪情况分析，是社区警务科学对策的依据。标图法是埃市警察社区警务的主要经验之一。

(2) 再造社区凝聚力。社区警务在英国始于20世纪70年代。自“二战”后，现代化给英国社会带来巨大的矛盾，警察与社区疏远，孤立无援，传统的社区功能逐步瓦解，家庭、学校、街道等社会生态平衡的基本单位在社会巨变的浪潮下失去控制力。再造社会凝聚力（a sense of social cohension）是社区警务的理论基础。英国社会学家提出了四条要素：在住宅区设计时考虑加强邻里合作；加强家庭与社区的功能；加强地方人际关系；提高社会价值。埃市警察局认为，警察可以做许多工作帮助实现上述四要素。警察的工作是：建立市民与司法部门的联系渠道，扩大社区的联系；互通信息；为市民的行为提供咨询；鼓励社区为自身协调采取各种活动。这些行为旨在加强社会和谐，增强各种形式的非官方社会控制机制。具体做法：建立由社区警察、教会、学校及其他社区组织代表共同组成的社区委员会、创办社区刊物（《社区新闻》）、组织好邻居活动等。通过这些活动不仅让社区居民参与社区的安全管理，还增进了社区居民之间的了解和友谊，有助于加强社区自身的防控能力。

(3) 建立警务咨询组。由警察发起，与社区各个部门进行警务协商和合作。咨询组除警方外还包括社会服务、教育、缓刑与青少年社区服务等部门。

（三）英国社区警务活动简介

1. “安全街道建设计划”。1988 年，英国内务部把安德逊在埃克塞特市警察局的经验在全国进行了推广，提出了“安全街道建设计划”。该计划是由社区居民、自治团体、民间企业、警察等机关成立咨询委员会，由内务部提供资金援助，社区居民携手共建安全街道。这样在把埃克塞特市警察局的经验推向全国的同时，把这种联合机制提高到了中央级别，由相关的中央部委联合发起预防犯罪的行动，而且在形式上也更加多样化。包括邻里守望、街道联防和四邻联防。

2. 邻里守望（Neighborhood Watch）。

（1）邻里守望的引入和发展。邻里守望是从美国引进的安全防范方法。英国的第一个邻里守望项目是 1982 年在 Mollinton Cheshire 的 Cheshire 村庄建立的。最初建立的是一个非正式的民间活动，仅仅是邻居们为了防范入室盗窃而采取的相互照应活动。该活动在警察的支持下非常成功。于是一传十，十传百，回馈到警察和内政部后，就发展成了正式的组织。邻里守望在英国得到空前的发展。全国邻里守望协会（National Neighbourhood Watch Association，NNWA）是全国性的慈善机构，其资助、促进并代表全英国的邻里守望组织。在地方，根据英国内政部公布的犯罪调查显示到 2010 年邻里守望团体在英国已经发展到 17 万个左右（从覆盖几十个家庭的组织到覆盖全国成千上万家庭的组织），覆盖了 600 万个家庭。至此邻里守望成为英国最大的志愿组织。邻里守望的形式也是多种多样，有家宅守望、街道守望、社区守望、商业守望、车辆守望、农场守望等。

（2）邻里守望的目的。邻里守望的目的也从原来的预防犯罪扩展到现在的联系社区居民、联系社区和当地警方、关注社区生活质量（如清洗公共场所乱涂乱画的痕迹，清扫被闲置的土地来改善社区环境；帮助社区内的老弱病残；组织青少年活动等）、向当地警方提供犯罪预防的意见和建议等。就连保险公司也重视邻里守望，办理财产保险时给邻里守望成员一定的折扣。

（3）邻里守望的方式。邻里守望所采取的方式一般是社区居民在门上、窗户上贴上大大小小的“邻里守望”标志牌。标牌上写着“你已经走入邻里守望地区。我家所有的物品都刻有姓名与邮政编码”。或“社区安全，守望相助。财产刻有安全标记”。在街坊邻居互相照看的同时，警示违法犯罪分子。财产标刻法，即在电视机、电冰箱、照相机、摄像机等贵重物品的指定部位用特殊的笔标上邮政号码、所有人的姓名缩写。这样容易确认被盗物品，也有利于切断销赃渠道，预防盗窃案件的发生。

（四）英国社区警务中的宣传

在英国，社区警务注重宣传组织社区居民参与社区治安的管理和维护，并强调居民自身安全意识和安全防护能力的培养。例如，英国警方制作大批毛绒玩具熊，在巡逻时免费发给孩子们。小熊身穿警服，头戴警帽，形态小巧玲珑，滑稽可爱，是英国警察的化身。小熊身上披一条白色缎带，上面写着“不要和陌生人说话”“不要把陌生人带回家”等警示语。由于宣传教育工作细致，英国学龄前儿童普遍养成不与陌生人说话，不吃、不拿陌生人东西的良好安全习惯。除此之外，英国政府还编写各种实用有效的宣传册子，在公共场所（如商场等人群密集的地方）免费发放。这些册子有：由内政部公共关系部编写出版的《你的预防犯罪的实用指南》《击败盗贼》《永久的编号》《外出时的心境安宁》《保护你的汽车安全》《怎样购车并安全地拥有它》《买车人指南》《减少摩托车盗窃——关于摩托车安防的建议》《锁上登记它不要失去它——关于自行车安防的建议》《邻里守望——成功计划指南》《欢迎尝试邻里守望》《地方协作预防犯罪指南》《行政手册——关于怎样设立一个犯罪预防小组的建议》《对付犯罪的伙伴》《扑灭犯罪的实用方法家庭指南》等。

（五）社区支援官

1. 社区支援官的产生与发展。2002 年，英国内政大臣 David Blunkett 创建了社区支援官（Police Community Support Officer，PCSO），所以社区支援官又叫“Blunkett′s Bobbies”或“plastic police”。创建这支队伍的主要目的是通过身着制服的社区支援官在巡区内的步行或自行车巡逻，提高能见度，以提高市民的安全感。伦敦大都市区警察厅警监伊恩·布莱尔爵士曾经说过：“尽管伦敦警方的破案率越来越高，伦敦大都市区的犯罪率逐年下降，但调查显示伦敦居民的安全感并没有增强。这就是我们开展‘社区警务’的原因。我们的目标是让所有伦敦居民感到安全。”在社区警务工作组中社区支援官的作用就在于此。社区支援官自建立后受到了较多的推崇。到 2007 年 10 月，英格兰和威尔士的社区支援官大约有 1.35 万名。

社区支援官是由警察领导并管理的被雇佣来的辅助人员。他们将协助完成警察的日常工作，并通过提高着装人员的能见度来提升社区居民生活的质量和公共安全感。社区支援官并不是警察的替代品，而是从事那些不需要警察的经验或权力的工作，而这些工作往往会将警察从更需要他们的专业工作中脱离出来。

2. 社区支援官的权力。社区支援官只有在各自所属部门的局长授权下，并在上班期间着制服时，在辖区内才能行使权力。社区支援官不具有警察的权力，但是通常可以处理反社会行为。例如，恣意破坏公物、在公共场所乱涂乱画、逃学等行为、处理轻微违法、收集犯罪信息、支援基层警务等。那些从属于道路交通管理部门的社区支援官还可以从事相关的交通管理警务。

（六）社区安全认证计划

英国《2002 年警察改革法》引入了社区安全认证计划（community safety accreditation scheme，CSAS）。这些计划的目的主要有：（1）促进社区安全；（2）与警方合作共同打击犯罪、违反公共利益的行为以及其他形式的反社会行为。这是一项自愿性计划，根据该计划，警局局长可以选择已被认可的人员担任有助于维持和改善社区安全的工作人员。这些人员包括社区管理员、医院保安、公园管理员、购物中心警卫和火车警卫等。被认可的雇员可以被授予有限但有针对性的权力，使他们能够更有效地发挥作用。2005 年，地方警局有 945 名经认可的人员参与这项计划。到 2009 年，增加至 1667 名。

案例分析

科尔切斯特区议会雇用社区街道管理员巡逻街道

科尔切斯特区议会雇用了 10 名社区街道管理员巡逻街道，这些街道管理员都有 CSA 认证，主要执行处罚和教育有关乱扔垃圾和犬只粪便的人员。这些人员与公路局和住房协会等伙伴机构密切联系，这大大改善了与警方的沟通。警察局长每天都参加警察简报会，主要是关于低水平的犯罪和反社会行为的会议，通过这个会议可以让管理员了解应该重点注意的违规者，以及该区域内某些不安全的财产。与警方的合作关系延伸到联合巡逻和与警察队短期安置学生警官，以学习与公众打交道的技能。

案例评析：科尔切斯特区聘用社区街道管理员是社区警务中警民合作、社会多元参与社区治安治理在英国的运用。通过 CSA 认证的社区街道管理员不仅承担了一些类似我国城管或网格员的职责，及时发现社区内违法犯罪行为以及危害社区安全的事件，预防违法犯罪行为的发生，参与社区治安的治理，而且在警察和公路局、住房协会等之间架起了沟通的桥梁。

日本社区警务发展概况

交番和驻在所制度是日本实施社区警务的基本制度。

一、日本交番和驻在所制度的产生和发展

（一）交番和驻在所的产生

“交番”一词最早记载于我国的《隋书·裴政传》中：“时武职交番，通事舍人，赵元恺，作辞见帐，未及成。”在《北史·杨勇传》中也有：“恒於交番之日，分向东宫上下，团伍不别，岂非好事邪？”的相关记载，意思是“轮流值班”。不过现在使用最广泛的是在日本，意思也有所改变，是指“设在交叉道口的警察岗亭”，和驻在所一起成为目前日本开展社区警务的基层机构。其实日本最初的“交番”（koban）就是警察交接班的地方，并没有任何建筑物，警察往往站在风雨中值勤，后来才逐渐地建起了木制岗亭以致后来各式各样造型的“交番”建筑，并形成了交番制度。

明治维新后的1874年，日本明治政府在东京设立了负责社会治安的警察机构——警视厅，警视厅不在东京的街道交叉路口，一般都是在各地铁、电车的站口，或都市繁华地带的显眼位置，设立“派出所”和“交番所”，办公面积一般在10平方米左右。警察3~5人，工作期间着警服、佩带手枪、手铐、电棍等。1881年，交番所改称为派出所。1992年日本警察厅进行机构改革，又将派出所更名为交番。警视厅下属的各地区警察署轮流派出警察到所辖地区的“交番”值勤。传统交番的职责包括受理盗窃、火灾、传染病的报警和物品遗失、捡拾物品；批准道路暂时使用权；各种商店的管理；辖区内的巡逻；户口调查（为保证户籍的正确性而进行的实地调查）。到1920年，“交番”制度在日本已经普遍建立起来，交番警察的任务也有所扩充。交番警察不仅要接受报警还要组织发动居民参与社区安全的维护。

在农村和市郊类似“交番”的机构叫作“驻在所”（Chuzaisho），1888年在日本的市、町、村开始设立。根据1898年10月内务省训令《警察官吏配置及勤务概则》规定，警察署辖区的街村每1500~3000人配置一名外勤巡查。警察署将所管辖的街村划分为数个区，每一个区由1名管片巡查常驻辖区内，其住所被称为“驻在所”，没个月要对所管辖区域进行十五回以上的巡逻检查。同时，根

据地方的状况，认为必要时也可设置派出所。从1888年到1889年，日本在全国范围内设置了巡查驻在所。

驻在所的规模小，只有1名警察，警察的家属也与他们一起生活在那里。驻在所既是工作场所，又是生活场所。这种“村官”式的驻在所警察一般会挑选已成家立业的中年男性警察来担任。一方面，这个年龄层的男人不仅具备比较丰富的从警经验而且具备一定的社交能力，一般的治安案件、村民求助只要一人应付就足够了。另一方面，“丈夫当警察、太太也跟着搬进派出所”，真正实现了“以所为家”。丈夫外出处警时，留在所中的妻子（非警察身份）就要承担接待来访村民、接电话、指引道路等一些力所能及的事情。家属所干的这些工作，政府也会给予一定金额的补贴作为酬劳。

交番和驻在所是警察署的驻外机关，相当于我国的派出所。在那里工作的警察主要负责管界内的安全防范。日本警察法第53条第5项规定：“警察分局下的机构，得设派出所或驻在所。”1989年修订的外勤警察运营规则第45条第1项规定：“派出所或驻在所，应按人口、面积、行政区域及警察事物，于警察分局辖区内划分所管辖区设置之”，每个派出所再划分若干个“受特区”（相当于勤务区）。交番作为地域安全中心，是将警察厅各项方针贯彻到市民的接触点和桥梁。警察署派警察轮流到交番工作。

（二）交番和驻在所的发展

“二战”前，日本的“交番”已经发展到2600个，“驻在所”1万个。“二战”结束后，受到美国警务模式的影响，日本警方也开始注重快速反应和打击犯罪，忽视警民关系，忽略了“交番”的作用，导致犯罪案件上升，社会治安可控性差。于是到20世纪60年代，日本警方在现代警务的基础上，把“交番”与指挥中心、巡逻体制结合在一起，建立了具有现代化含义的“交番”制度。一般按照人口、户数、行政面积、治安状况来划分辖区，建立交番和驻在所。据统计，截至2010年4月全日本警署共1184个，交番共6232个，驻在所共6847个。所以基本上可以说是“五步一岗，十步一哨”了。“交番”和“驻在所”密布于整个日本国土，自然而然地成了警察与居民的联络点，成为日本维护社区治安的主要支点。

规范的交番一般要求面积有122平方米，要有供3人以上使用的办公室、计算机通信室、接待室、调查室、休息室、小食堂、餐厅、浴室、储藏室、对内以及对外的厕所。但是在城市很难有足够的空间。驻在所一般要求面积有118平方米，44平方米用于办公，包括办公室、计算机通信室、对外的厕所、接待室、调查室、储藏室等；其他77平方米用于警察及其家属的住宅，包括起居室、卧室、子女房间、厨房、厕所、浴室等。

交番和驻在所的装备主要有：自行车、摩托车、小型客车、警棍、盾牌、捕人叉、安全锤、防刺衣、防弹衣、救生圈、灭火器、头盔、保护现场的设备以及停车示意牌等。有的交番还配备有个人计算机、传真机，以及可视电话等用来向居民传达信息等。

交番警察或驻在所警察（社区警察）在工作时必须携带手枪、手铐、警棍、警笛、手电（夜间）、对讲机（用来与交番联系）、受令机（用来接收警署的指令）等。如有特殊情况，还要携带警绳、现场勘查工具，身着防弹衣或防刺服。

二、日本交番制度的运行

（一）社区警察的职责

交番警察和驻在所警察以前叫作“巡逻警察”或“外勤警察”，1993年以后叫作“社区警察”。

根据外勤警察运营规则第19条第3项规定：“为使派出所活动整体有效运行。认为必要时派出所得设日勤制外勤干部之所长。”未设所长的派出所，从各班班长中选任一名担任联络主任，除执行班长职务外，负责与其他各班长的协调、合作、沟通事宜。

外勤警察运营规则第17条规定：“派出所或驻在所之外勤警察，应致力掌握管区的地形、地物、交通状况、居住状况、疾苦、意见及期望事件或事故发生状况等治安情势及其他地区社会动态”。日本交番或驻在所没有类似于中国派出所的户籍管理工作，这项工作由区役所（译：区政府）负责。交番警察或驻在所警察的任务总的来说是保证市民日常生活的安全和稳定，具体来说包括走访所管辖区域的家庭、单位，掌握社区的治安状况，预防犯罪；根据居民的要求和意见实施相关活动；保持警戒，防止交通事故，灾害发生时实施应急措施；及时处理各种警务。或者自觉担当警察责任、积极向居民提供警务服务、与社区居民保持良好的关系。

其中处理警情和预防犯罪是社区警察的重要职责：

首先，处理警情主要包括：了解案（事）件的基本情况，保护受害人、救助受伤人员、收集犯罪嫌疑人的有关情况（包括犯罪嫌疑人的相貌特征、使用的车辆、逃跑方向）并向指挥中心报告，保护现场，制作逮捕书等。在一些案件尤其是一般盗窃案件中，社区警察也要承担现场勘查的任务，制作案件报告，收集有关情况。具体的工作范围由都、道、府、县的警察本部决定。社区警察对案（事）件，无权处理或处罚，只能临时处置，如疏通车辆、救护人员、保护现场、制止不法行为、当场捕获现行犯等。交通警察、刑事警察等专业警察到场后，即将其移交处理，巡逻警察则继续巡逻，恢复“警戒体制”。

其次，预防犯罪的职责主要包括：收集与社区治安有关的情况包括交通状况、住房安全状况、居民遇到的困难，居民的要求和想法以及需要特别关注的事项，如有犯罪倾向的人以及金融机构安全防范落实情况等。对收集的情况进行分析研究或进一步调查，然后针对问题组织交番或驻在所进行联络一起开会研究解决问题的对策，然后开展解决问题的行动，在交番发行的小报或者设置在显著位置的板报上发布警示信息，宣传防范知识，向有关部门通报情况，组织队伍对重点地区加强巡逻，预防犯罪发生。

关于对社区民警工作的考核评估标准，日本国家警察厅设立了三条评估原则：一是查获犯罪人员的情况，特别是有重大嫌疑的作案人员的情况；二是开展指导预防犯罪活动的情况，如巡逻、发出警示、巡回联络时提供防范信息等情况；三是与辖区居民关系密切程度。在三条原则中以第一条为最受重视，因为后两条被称作“无形”的成绩。尽管许多警察本部想出很多办法来衡量工作情况，但都承认目前还没有找到准确合理的衡量办法。

（二）交番制度的运行制度

1. 巡逻制度。交番警察通常被日本民众友好地称为“行走先生”，因为交番警察基本上都处于巡逻的状态，给人的感觉是交番警察总是在步行巡逻。尽管日本“交番”执勤的警官都配备有先进的巡逻车，但平常人们更多看到的是一两名身穿制服的警察骑着配有银灰色盒子的自行车在社区内巡逻。这种巡逻模式节省了警察机构的开支，增强了警察的机动性，拉近了警察与市民的距离，增强了警察的亲近感和亲和力。

交番警察在巡逻的过程中要注意发现可疑的人、事、物等以防止可能发生的危害，进行快速反应。交番警察一方面与警察局的无线电指令室保持密切的联系，另一方面在容易发生犯罪的时间段和地段进行警戒和巡逻，而且，交番警察在判断要发生犯罪的时候，作为预防措施可以向有关人员发出必要的警告，或者进行“职务质问”。如果经质问发现是违法犯罪嫌疑人，他们便有权立刻实行逮捕。交番警察在巡逻过程中还要了解居民的愿望和意见，并且与居民保持良好的关系。

2. 守望制度。外勤警察运营规则第 18 条第 1 项规定：“派出所的守望勤务，原则上是在派出所的适当处所站立警戒，并受理各种报案等。”具体来说守望工作主要包括犯罪预防与情报收集、交通指挥与稽查取缔、青少年辅导、保护醉酒者及迷童、受理遗失财物和拾得财物的申请、解答各种疑义、问路服务等。交番警察站在自己的“交番”或“驻在所”附近的交叉路口，为人指引方向、指挥交通及处理违反交通法规者等，这也是守望勤务的内容之一。除此之外还有积极推动社区建立预防犯罪协会、预防犯罪联络站、预防犯罪团体，开展社区安全活动，并指导私营保安公司采取有效的预防犯罪措施。

3. 巡回联络制度。巡回联络制度是1945年5月开始实施的，它取代了“户口调查”，所谓巡回联络由交番警察对其辖区内的居民、商店、公司等进行逐户访问。交番警察在访问时，指导居民、商户等进行犯罪、灾害事故的预防，为民众提供服务，从而也可以获得民众的协助和支持，收集治安信息。巡回联络的时间，以白天实施为原则。在巡回联络的种类上，有一般巡回联络、新迁入户的巡回联络和特别巡回联络。

案例分析

宫城是川内市桥区派出所的一名社区警务室的社区警察，他每个礼拜要探访并照顾辖区里一个75岁的老奶奶一次，这个老奶奶自己独居在这个社区里，而且患有糖尿病，腿脚不方便。有一天，宫城给老奶奶打电话，但是老奶奶没有接。宫城马上意识到问题的严重性，考虑到她的身体状况，便上门查看，发现老奶奶躺在地上，并且失去了意识，宫城立刻将老奶奶送到了医院，并联系她的亲人，发现老奶奶只有一个侄女在圣代。最后，老奶奶在侄女那里得到了更好的照顾。

案例评析：在该案例中，日本社区警察的及时出现，拯救了老奶奶的性命。这与日本社区警务的开展有密不可分的关系，尤其是巡回联络制度在此发挥了很大的作用。巡回联络制度在制度上保证了社区警察与居民之间的联络，在实践中社区警察也不折不扣地落实到位。这既密切了警民关系，也有助于维护公众的生命财产安全。当然，随着科技的发展，通过科技手段也可以及时地给予弱势群体相应的关注，也可以通过社会组织的参与实现，但无论是制度的设计还是科技手段的应用，都体现了社区警务中加强警民联系，关注社区居民生活质量的思想和理念。

4. 交番相谈员制度。为了达到日本民众向警察提出的“时常在所，时常巡逻”的要求，日本警察还实行了“交番相谈员制度”。其实交番相谈员就是来访接待员。主要是在交番警察外出巡逻或出警时，接待居民的来访。比方指路、失物认领、把居民的报案或报告及时地传送给警方等。相谈员一般由地方警察本部长（相当于中国的公安厅长级）委派具有地方公务员身份、经验丰富、精通警察业务的优秀退休警官承担。相谈员勤务基本采用日勤勤务制。相谈员没有统一制服，但一定要携带身份证、袖标和写有名字的胸章，以区别于正式警官。

根据统计，到2008年4月，日本有26个交番聘请了199名相谈员。除了交番相谈员之外，日本警方针对青少年问题，还聘请退役的资深警官和少年问题专家担任“少年相谈员”。他们的任务是对一些有不良行为或有不良行为倾向的青少年进行心理辅导和行为矫正，组织开展各种健康有益的文体活动，培养青少年的控制力和自信心，使他们在体会社会规范的过程中，成为品行端正、积极上进、生气勃勃的青少年。

5. 日本交番的值班制度。根据具体情况实行不同的轮班制：在大城市的交番实行四班轮勤制，在小城市的交番实行三班轮勤制，在驻在所实行正常班勤务制度。日本的外勤（巡逻）警察实行24小时勤务制度，“交番”24小时都不会下班关门，即使在深夜行人稀少的时候，“交番”里没有警察，室内还依然灯火通明，房门也会开着。需要警察帮助的人，可以使用“交番”内操作方便的高科技音像通信设备与警察取得联系。但在分班时间安排上，不同地区和不同勤务机构又有所不同。根据日本的《警察勤务条例》勤务实行：四班轮勤制、三班轮换制、正常班勤务制和驻在所勤务制。

三、交番制度的具体措施

（一）交番、驻在所联络协议会

交番、驻在所联络协议会的组织者是交番或驻在所所长，会议参加人员主要是辖区居民代表。交番、驻在所联络协议会会议目的包括：（1）了解辖区居民的要求和意见；（2）警方和居民共同协商和合作。会议的任务包括：（1）预防犯罪、事故和灾害；（2）被害预防和救助；（3）逮捕。会议模式包括临时会议和定期会议。

（二）警民联防活动

1993年至1994年，日本国家警察厅在全国开展了警民联防活动，其具体内容包括：

1. 发挥社会事业自愿服务组织的积极作用。

2. 支持残疾人的安全联防活动。

3. 开展自治体自主活动，进行辖区居民安全意识教育；建立安全档案，根除隐患；进行市民安全意识问卷调查。

4. 搞好环境安全设计，修建重点防范道路。

5. 成立“区域社会安全联防协会”。为有效开展区域社会安全联防活动，他们还建立了相应的警察内部机制，主要包括五个方面：在警察本部新设“区域社会安全联防对策办公室”；在各警察署内配备区域社会安全联防活动专职人员；建立区域安全联防聘用制，聘请女警或退休警察为“联防顾问”，担任联防活动的联络员；建立刑事犯罪统计业务联机系统；建立促膝谈心制等。

新加坡社区警务的发展概况

引导案例

新加坡的“邻里乐龄大使”

新加坡马西岭基层组织推出“邻里乐龄大使”（ElderlyIn Your Estates，简称EYES）计划，动员区内学生向年长居民传达个人安全和罪案防范信息。计划由马西岭社区安全与治安计划组织和兀兰邻里警局联合发起。36名来自共和理工学院以及73名来自兀兰中学的学生，在接受一天培训后，每3个月探访区内年长者，传达罪案防范信息。马西岭是兀兰最老的邻里社区，很多居民上了年纪，而基层领袖也从登门探访中发现，不少年长居民是单独居住。负责马西岭区的三巴旺集选区国会议员贺华吉说，“除了加强年长者的罪案防范意识，由区内学生和居民充当大使，与年长者分享知识，也有助于联系他们之间的感情，培养社区归属感。”

问题：从案例中可以看出新加坡邻里警局的职责是什么？

一、新加坡社区警务力量

（一）警察部队

警察部队的构成，包括正规警员、文职人员、国民服役人员、警察战备人员以及志愿者。

1. 正规警员。警察部队中的正规警员是新加坡警察部队的骨干力量。新加坡还有一个全国学生警察团，约有 3 万名成员，成员每年服务 6 周，对公众进行家访，开展各种活动，推动警方的宣传计划，并协助警方执勤。

2. 国民服役人员和警察战备人员。国民服役人员是警察部队的重要组成部分。根据新加坡法律规定，年满 18 岁的男性公民都要服兵役，时间两年半，他们中的一部分会被分配到警察部队。这些服役者虽然没经过警察学院的正规训练，但和正规警员一样执行各种任务，他们退役后成为警察战备人员。战备人员在 45 岁前，每年都有一段时间需要回队训练。

3. 志愿者。志愿者由社会热心人士组成，必须接受 9 个月的严格训练，通过体能和理论测试，才能成为警察部队的志愿者。他们利用业余时间为警察部队做事，一般做些辅助性的工作，他们是警察部队的重要补充。

（二）新加坡参与社区警务的社会力量

1. 居民委员会（或邻里委员会）。居民委员会或邻里委员会（在公共组屋区称为居民委员会，而在私人居住区称为邻里委员会）是新加坡社区建设中最小的区域性组织。居民委员会通过组织形式多样的活动来促进邻里和睦、种族和谐和社会团结。这些活动包括：组屋舞会、邻里守望、民防演练、家政课程、教育旅游、民众对话会、唱歌、社区联欢会等。这些活动使居住在同一组屋区的居民彼此增进认识与了解，更好地理解和响应政府的政策措施。

2. 罪案防范委员会。这是在商业购物中心或工业大厦内推行的一项自助罪案防范计划（简称 CPC），由工商业的业主或工作人员在邻里警岗或警署的罪案防范官协助指导下自愿组成，监视工商业机构内的保安情况，并采取相应的防范措施，协助警方举办并参加罪案防范会议、展览会、讲座等。

3. 罪案防范理事会。由专业人士自愿组成，主要任务是帮助警方筹募罪案防范基金，说服专业组织支持警方的各种活动。全国罪案防范理事会（Natioanl Crime Prevention Council），由 13 个小组委员会组成，分别负责乐龄人士（新加坡对老年人的尊称）、青少年、住宅区与邻里以及酒店业等不同范围。小组委员会由来自不同生活和工作领域的人士组成。理事会采取商议的合作模式，针对特定的关注范围和对象探讨及推展防范罪案计划，全面提高新加坡人的防罪意识。理事会小组委员会不断掌握演变的罪案趋势，以迅速采取灵活的应对措施。许多活动或计划都因此取得成效，其中包括“邻里守望相助区”、《绳之以法》电视节目及一年一度的佳节罪案防范运动等，深入民心。

4. 工商业保安机构。此机构是通过政府设立的，并且以商业化的手法经营。

工商业保安机构的组织形式是保安公司。警方与保安公司的关系是批准与签发执照，管理及控制保安公司的服务水准。

5. 社区调解中心。社区调解中心隶属于法务部，采用 ADR 调解模式，为社区纠纷提供实用、便捷的解决方式。社区调解中心可以调解的纠纷包括邻里纠纷、家庭纠纷、朋友纠纷和业主与租客纠纷及陌生人间纠纷等。

知识拓展

新加坡警察的社区调解中心

1996 年，新加坡建立了解决争端的跨机构委员会。1997 年，该委员会的年度报告建议应当采用费用不高，并具有非对抗性的方式解决争端，以防止出现好讼社会。于是，1998 年通过了《社区调解中心法》，该法要求建立社区调解中心以提供社区调解服务，并详细规定了调解中心能够调解的纠纷。调解中心的任务就是为新加坡的社会和社区提供有吸引力的、实用的以及便利的解决争端的方式。从 1998 年至 2009 年，社区调解中心共调解了 4846 起矛盾纠纷，成功率为 72%。调解中心可以调解的矛盾纠纷包括：邻里矛盾、家庭矛盾、业主与租客之间的矛盾、朋友之间的矛盾、商户之间的矛盾以及其他诸如雇主与雇员之间的矛盾等。社区调解中心不能调解的纠纷主要有：暴力犯罪、处于法院审理阶段或警察调查阶段的案件、经济纠纷任何一方当事人已经破产、被告信息不明确的、矛盾纠纷一方当事人存在精神问题的、商业纠纷、需要专业知识的案件、需要提供专业咨询而不是调解的、直接涉及其他政府机构的。

6. 其他。新加坡具有专门工作小组来应对家庭暴力、青少年犯罪和公共教育等。这些机构包括：新加坡社会发展、青年与体育部（MCYS），教育部（Ministry of Education），人力部（Ministry of Manpower）等，这些机构在维护社会稳定中发挥了重要作用。

二、邻里警局制

（一）邻里警局制的产生

1. 邻里警局（岗）时期的社区警务。邻里警局（岗）是新加坡社区警务的有效实践。新加坡于 1983 年在大巴窑设立了第一个邻里警岗，以此加强警察与社区之间的联系，预防犯罪，确保民众对警察的信任。在邻里警岗初建的几年里，邻里警岗并没有收到明显成效。1990 年后，其预防犯罪功效逐步显露出来，发案率逐年下降，社会治安逐年好转，公众对政府及警方的信任度和满意率逐年上升。到了1994年新加坡全岛已经设立了91个邻里警岗，分属于7个警区总部。在打击与预防犯罪方面，邻里警岗制已经被证实是重要和有效的策略，为新加坡创造了低犯罪率的环境。

2. 邻里警局制。1998年，新加坡正式开始推行邻里警局制。邻里警局（NPC）是新加坡一站式的社区警务服务中心，是由邻里警岗发展而来的。1996年新加坡警察对“21世纪应该如何开展工作”这个课题进行了研究，开始改革邻里警岗制。研究结果就是要继续把社区警务作为警察主要行动策略，并在“邻里警岗”的基础上建立“邻里警局”。自此，各个警区总部、邻里警局、邻里警岗就构成了新加坡实施社区警务的组织机构。在改革之前，警方有98个同民众接触的服务站：7个警署和91个邻里警岗；而改革之后共有104个服务站：6个警区总部、32个邻里警局和66个邻里警岗。

（二）邻里警局的特点

邻里警局（NPC）是新加坡一战式的社区警务服务中心，是由邻里警岗发展而来的。邻里警局有以下几个特点：

1. 一般设在附属于民众联络所或俱乐部，其他也有附属于警区总部和个别办事处独自运作的，便于控制社区犯罪，服务社区居民；

2. 建筑设计上外部形式基本统一，醒目突出，便于识别；

3. 建筑结构上强调服务功能，建筑主体部分是接待服务厅；

4. 内部设计上十分突出服务公众精神，采取面对面服务，为来访者安排沙发椅等；

5. 设有专有的“密谈室”，以保护个人隐私权。

（三）邻里警局的职责

邻里警局作为一站式的社区警察服务中心，主要承担以下职责。

1. 提供快速反应、查案、柜台、登门访问、社区访问以及巡逻等警察服务；

2. 承担入户走访、调解纠纷、处理轻微犯罪案件、110快速反应、巡逻守护、现场勘查、维护交通秩序、处理交通事故等工作。

3. 与社区发展理事会、公民咨询委员会、居民委员会和邻里委员会等社区和基层组织共同制订社区安全与治安计划，与社区成员共同解决社区内的安全与治安问题。在社区安全与治安计划（CSSP）下，组织的活动一般有：关怀和援助案件的受害者及其家属、罪犯的家属以及交通事故的受害者和家属；通过举办展览会或毒品讲座等活动防范滥用毒品；通过举办展览会、沿户访问进行火灾防范；通过举办展览会、设立安全驾驶区等维护公路安全；通过举办青少年营、举办防止青少年犯罪的展览会和讲座等活动防止青少年犯罪；通过举办罪案防范展览会、沿户访问、设立邻里守望区等进行罪案防范等。

（四）邻里警局的运行

邻里警局采取全天候、12 小时轮流值班制。2005 年后，在邻里警局里由副队长和 3 名邻里警局人员组成邻里警务小组，负责维持邻里警局管辖范围内指定社区的治安，以保证警员与社区的固定性。一些柜台服务需求量低的邻里警岗可能会在某些时段关门。在关门时前来求助的民众可以通过邻里警岗内设置的紧急通话系统或通过警区总部的值勤警员和警方取得联系。如果需要的话，就会有巡逻车来提供帮助。不过邻里警岗关门时段内，在邻里警岗值勤的警员会被派去巡逻，其提供服务的范围会扩大到其管辖范围之外。既保证了及时为民众提供服务，也提高了警察的工作效率。

三、社区警务具体措施

（一）社区安全与保安计划（CSSP）

社区安全与保安计划是一个由社区紧急应策与参与委员会成员、社区紧急应对小组、基层领导者、居民和内政团队共同起草的行动方案，旨在解决影响社区和街区安全的问题和困难。社区安全与保安计划属于社区。通过社区安全与保安计划，居民有机会积极参与到计划和活动的实施中，提高社区的安全和保障，而且每一位社区成员都必须参与并意识到他或她可以为社区的安全和保障做出贡献。警方通过展览、讲座、研讨会、年度运动、邻里相望、捐助分区等活动，推行自己的计划，实现与公众的互动。

案例分析

新加坡警方的反无证贷款活动

2010 年，CSSPs 组织了一系列反无证贷款活动。在这些活动中，被害人、群众中的积极分子、志愿者通常都会在易发生该类案件的社区开展邻里守望活动，成为警察在社区的耳目。邻里守望联络员以及居民巡逻队也组织开展了联合巡逻。还在开展邻里守望活动的社区内设置明显标志，表明该社区已经处在居民巡逻队的监控下，从而威慑该类案件的发生。这些基于社区的活动有助于减少居民以及受害人的恐惧和紧张，提高居民睦邻关系以及社区意识，以及提高居民互助合作的关系。同时，居民一旦发现了该类行为可以及时向警察报告，并协助警察开展侦查。实际上，经过一年以来邻里守望活动的开展，在公众的协助下，已经逮捕了一大批“跑路”的借贷人。

案例评析：该案例中，新加坡警方通过 CSSP 这个平台发动的反无证贷款活动，获得了公众的支持，打击了“跑路”的借贷人，并取得了良好的社会治安治理成效，是社会参与治安治理的优秀案例。

（二）邻里守望相助计划

1981 年由警方与居委会共同推行的邻里守望相助计划，属志愿性质的组织。通常由邻近的 4~6 个家庭组成一个小组，他们互相认识，并交换电话号码，熟知彼此的生活规律。邻里守望小组长由推选产生，最主要的工作是把警方印发的每月罪案简讯发给各组员，告知最新犯罪趋势及歹徒的作案手法。邻里警岗主动拜访居民并促请和帮助他们以最好方式设立邻里守望互助小组。

（三）罪案防范计划（CPC）

该计划在商业购物中心或工业大厦内推行。邻里警岗或警署的罪案防范官协助指导工商业的业主或工作人员自愿组成。主要任务是监视工商业机构内的保安情况，采取相应的防范措施，发现问题后及时纠正，协助警方举办并参加罪案防范会议、展览会、讲座等。

（四）“999”报警系统

这是警方提高快速反应和加强社会面控制的方式之一，从总警署到邻里警岗都设有“999”报警电话，并通过先进的设施与警方各部门和警员保持最快的联系，公民只要看到或怀疑罪犯正进行犯罪，即可拨打“999”报警，警方会在最短的时间内赶到。

（五）发放宣传册

印制大量宣传小册子，免费发放给居民。这些宣传册的内容包括“保护您的商店及工商业大厦以防范罪案”“防范恐怖主义的渗透——您应该如何去应对”“慎防电话骗局”“防范罪案——安享晚年”“提防扒手”等，提倡“让我们团结一致，为新加坡创造一个安全与稳定的美好家园”“同心协力，防范罪案”等，发动社区每个人的力量来共同维护社区安全。

【引导案例参考答案】

邻里警局是新加坡一站式的社区警察服务中心，主要承担的职责包括：(1) 提供快速反应、查案、柜台、登门访问、社区访问以及巡逻等警察服务；

(2) 承担入户走访、调解纠纷、处理轻微犯罪案件、999 快速反应、巡逻守候、现场勘查、维护交通秩序、处理交通事故等工作；(3) 与社区发展理事会、公民咨询委员会、居民委员会和邻里委员会等社区和基层组织共同制订社区安全与治安计划，与社区成员共同解决社区内的安全与治安问题。

中外社区警务比较

一、中外社区警务理论比较

(一) 中外社区警务理论的相似性

1. 都强调以预防为主。社区警务是在我国“防不胜防，打不胜打”的警务运行的恶性循环中应运而生的，因此作为我国社区警务理论依据之一的社会治安防空体系建设强调把防范、控制、打击、管理和服务等多种措施有机结合起来。这与西方社区警务的理论依据“破窗理论”中强调通过治理治安环境预防犯罪行为是一致的，都注重预防的作用。

2. 都强调社会共同参与。作为我国社区警务的理论依据之一的社会治安综合治理，其主要内容是依靠群众，部门联动，齐抓共管，共同解决违法犯罪问题和其他社会治安问题。这与西方社区警务理论中提出建立警察与民众的伙伴关系，强调警务社会化，强调民众对社会治安的参与和责任，具有异曲同工之妙。二者都以犯罪产生的社会性为依据，注重动员社会参与，赢得公众支持，最终以预防和打击犯罪、维护社会秩序为目的。

(二) 中外社区警务理论的差异

西方社区警务的重要方法论之一就是以问题为导向的警务，通过对社区民警进行以问题为导向的警务培训，提高社区民警解决问题的能力。我国社区警务虽然也重视社区民警解决问题的能力，但是在社区警务方法上，虽然各地有各种工作法，但是缺少理论性总结。而西方的问题导向警务理论不仅优化了警察参与模式的管理，还倡导警察必须有优良的工作成效。问题导向警务理论通过改善警察机构内部管理环境来提高警察的工作参与度，从而优化警察的工作成效。这些内部改变完成之后，警察将能为其顾客——社会公众提供更好的服务。

二、警务模式的比较

（一）社区警务模式的相似处

1. 基层社区民警。中外社区警务的具体工作都需要社区民警承担，中外社区民警都承担着社区内的安全防范、情报信息收集、警民关系建设等具体工作。

虽然中国社区警务都有具体的基层社区民警，但是中外社区民警还是存在一些差异。我国社区民警主要是公安派出所的辖区社区民警，其主要工作包括辖区人口管理；国外社区民警主要是辖区巡逻民警，主要承担辖区治安巡逻。

2. 警务工作方法相似。中外社区警务的具体工作方法具有相似性，都是通过宣传发动群众，调动社区公众参与社会治安的积极性，实现警务工作社会参与。在具体警务工作中，社区民警都通过邻里走访，了解辖区社会治安信息。社区民警都开展辖区巡逻，掌握辖区时空，严密社会治安防控。社区民警都开展社区社会治安管理，消除社区和社会的治安不利因素，同时开展治安专项活动，打击社区治安违法犯罪。

3. 社区群众工作。中外社区警务都开展了社区群众工作，虽然社区组织形态和政治体制不同，社区公众参与警务活动的机制不同，但是作为社区警务中的社区群众工作是相似的，都开展了社区群众工作。社区民警经常深入社区群众，开展各种宣传活动和警民联席会议。

中外社区警务都开展社区失足青少年帮教，同时，实施社区的帮扶活动，参与社区社会救济。

此外，作为社区警务的基本工作法，社区警务都包含警民关系共建，建立警民联系和沟通的渠道，及时相互沟通信息，密切警民关系。

4. 群众性防范组织建设。中外的保安公司、辅警虽然职责和权限不同，但都是群众性防范组织的重要力量。

此外，中外社区警务都往往建立了各种目的相似的群众性防范组织，如邻里守望组织、警民联系会议、群众治安志愿者协会、群众治安巡逻队、看楼护院队等。

（二）社区警务模式的差异

1. 社区发展阶段不同。有关国家和地区的社区警务计划实验表明，社区警务在某些方面是可以取得一定效果的，但这需要充足的资源保证。组织社区警力（包括专职社区警察和各种社区治安辅助力量），建立各种社区警务设施，开展各种社区警务活动，都需要不断增加经费投入和政治上的长期支持。因此，实施社区警务除需要政府给予政治上的支持和有限经费的投入外，主要应依靠社区力量。

在我国，就目前的社会现状而言，尚不存在严格意义上的社区，而是准社区。完整形态的社区尚未形成。2000年，我国民政部就《关于在全国推进城市社区建设的意见》，计划通过五至十年，将社区建设成为自我管理、自我服务的管理有序、服务完善、环境优美、治安良好、生活便利、人际关系和谐的新型现代化社区。

2. 社区警务的行政色彩不同。我国的社区警务都纳入统一的行政管理和规划之内。社区警务开展的社会治安综合治理、创建安全文明社区活动、社区精神文明建设等，都被纳入政府行政管理和考核工作。所有这一切是西方开展社区警务时所难以具有的优势和基础。

此外，我国社区警务，作为公安派出所的基层基础工作已经形成了相对固定的一些做法，如充分依靠地区（社区）行政管理组织和群众性防范组织，建立和健全了一系列社区内的人口、企事业单位、行业场所等各类防范制度和措施，对几类人的帮教、考查和监督等。值得一提的是，20世纪50年代公安机关所采用的户籍民警管理模式，其目的是管理社区人口、沟通社区群众关系和维护社区治安，与现时的社区警务模式并无质的区别，但的确是与社区行政管理相容度很高的一个范例。

3. 社区民警的工作职责不同。由于警察体质和法律制度不同，中外社区民警的执法权限不同，由此带来了社区民警的工作职责不同。

首先，我国警察具有较大的社会治安管理职责，能够对社区内的特行、易燃易爆危险品、娱乐场所等实施治安管理。

其次，我国社区警察具有人口管理的工作职责，必须了解辖区实有人口信息，进行户口管理和流动人口管理。

第三，我国社区民警具有一定的治安管理处罚权，能够对轻微治安违法进行当场处罚。

总之，中外社区警务之比较，既是为了寻找中外社区警务理论与具体警务工作的相似性和差异性，也是为我国社区警务发展寻找目标。虽然中外社区警务存在一些差异，但社区警务都是为了实现社区的长治久安，为此，对于我国社区警务的发展既要坚持已经取得的成功经验，也要吸收国外成功经验，求同存异，共同为社区警务的发展提供理论与实证经验。